シリーズ◈世界の思想

マルクス 資本論 第3巻

佐々木隆治

角川選書
1007

はじめに

本書はカール・マルクス（一八一八―一八八三）の『資本論』第三巻についての解説書です。『資本論』第一巻については、本書と同じ「シリーズ　世界の思想」から拙著『マルクス　資本論』が刊行されていますから、本書はその続編ということになります（なお、『資本論』第二巻についての解説書も同シリーズから刊行する予定ですが、さしあたり前作の『マルクス　資本論』を読んでいれば、本書は理解可能です）。

『資本論』第一巻では、資本がいかに労働者を搾取して利益をあげるか、利益を至上目的とした資本の運動がいかに失業者を生み出すかといった、私たちの生活と密接に結びついた資本主義の本質的なメカニズムについて論じられました。それにくらべて、『資本論』第三巻では「一般的利潤率の形成」や「利潤率の傾向的低下法則」などといった耳慣れない議論が登場し、「利子率」や「有価証券」などその存在は知ってはいるけれども、いかにも「経済学」的な、生活からは縁遠く感じられるようなテーマが扱われています。もしかしたら最初は取っ付きにくいかもしれません。

しかし、じつは『資本論』第三巻で扱われるこれらのテーマは、現代の資本主義システムを理解するうえで、決定的な意味を持っています。というのも、それらは一九七〇年代以降に進行した資本主義の構造転換と密接な関係があるからです。この半世紀の間に、先進国のみならず、グローバルな規模で製造業の成長がスローダウンし、金融収益や実物的な資産の所有から得られる「レント」（賃料ないし使用料）がますます大きな重要性を持つようになってきました。資本主義の「黄金時代」を支えた「ものづくり」によって収益を増大させることが困難になるなかで、金融部面での投機活動、あるいは知的財産やデジタルプラットフォームの独占をつうじた収益の拡大が追求されるようになってきたのです。

まさにこうした事態を解明するためのカギを与えてくれるのが、『資本論』第三巻にほかなりません。というのも、そこではなぜ資本主義においては「経済成長」がスローダウンせざるをえないのか、あるいは、金融収益やレントはいかなるメカニズムによって発生するのかといった問題について考察されているからです。しかも、気候危機やコロナ禍を背景として、こうした傾向はさらに強まっており、『資本論』第三巻はますます現代資本主義分析に欠かせないものになっていると言えるでしょう。

前作の『マルクス　資本論』を刊行した二〇一八年の時点でも環境破壊や格差などの資本主義の矛盾は深刻な状態にありましたが、その後、これらの問題はいっそう深刻化しました。氷床や永久凍土の融解の進行、大規模森林火災や熱波、水害の頻発化及び大規模化、農作物の不作やそれにともなう難民の発生など、気候危機がもたらす被害は拡大する一方です。二〇二〇年には、資本主義のグローバル化が森林伐採やブッシュミートの商品化、アグリビジネスの拡大などをつうじてパンデミックを生み出すのではないかという従来からの懸念が現実のものとなってしまいました。いわゆる「新自由主義」政策によって、医療体制が弱体化させられてきたことも致命的でした。

経済的不平等の拡大もとどまるところをしりません。いまや上位一〇％の人々が全世界の所得の約半分、資産では七五％以上のシェアを占めるにいたっています。この傾向はコロナ禍のもとでの金融政策や「デジタル・トランスフォーメーション」によって促進され、九九％の人々の所得が減少するなか、大富豪たちは資産を倍増させました。さらに、この危機的な状況に追い打ちをかけるように、ロシアによるウクライナ侵攻が勃発《ぼっぱつ》しました。この戦争そのものによる諸々の被害はもちろんのこと、エネルギー安全保障のために気候変動対策が停滞し、すでにコロナ禍のもとで始まりつつあったインフレが加速するなど、様々なかたちで人々の生活を苦しめています。

このような状況をうけ、資本主義という経済システムにたいする批判も高まりつつあります。それを象徴しているのが、近年の「ジェネレーション・レフト」の台頭です。若い世代の左傾化が世界中で進行し、その多くが資本主義に懐疑的である一方、社会主義に好感を持っていると言われています。実際、その傾向は選挙結果などにも明確に現れています。もちろん、ここでいう「社会主義」とはかつてのソ連や現在の中国のような強権的な政治体制を指すのではなく、民主主義的な方法で経済システムを制御することによって持続可能な社会の実現を目指すといったような、新しいタイプの社会主義を意味しています。

とはいえ、他方で見逃してはならないのは、このような危機の深まりにもかかわらず、資本主義はますます自らを強固なものにしつつあるように見えるということです。実際、多くの論者が指摘しているように、「監視資本主義」、「プラットフォーム資本主義」、「テクノ封建制」、「レント資本主義」などと呼ばれるような、資本主義の新たな形態が台頭しつつあります。この新たな形態は、その特徴的な現象形態だけに注目すれば、デジタルプラットフォームを中心とする様々なテクノロジーをつうじたデータの抽出と独占にもとづく「レント」の徴収体制だと言うことができるでしょう。これは、たんにGoogleやAmazonなどのデジタル企業の巨大化、高収益化だけを意味するのではありません。自動車や家電などの製造業、教育・医療・介護・保育などのケアワーク、さらには商業や金融など、あらゆる領域においてデータ独占にむけての産業構造および業界構造の再編が進行しています。私たちの生活領域はますます商品経済に包摂され、資本が収益を獲得するための手段となりつつあるのです。

だとすれば、もはや問題は、たんに資本主義が構造転換を遂げ、金融収益やレントに利益の比重が移りつつあるというだけではありません。そうした変化のなかで未曽有の危機に直面しながらも、まさにその危機を生み出し続けている資本主義システムがむしろ強力になっているという逆説について問わなければならないのです。世界中で若者の左傾化が進み、暴動やストライキが頻発するなかで、あるいは日本でも、資本主義を批判する言説をメディアで目にすることが珍しくないような状況が生まれるなかで、それらを飲み込むような資本主義の強大化がなぜ、いかにして可能になっているのか。一言で言えば、これほどの危機の深まりにもかかわらず、なぜ資本主義というシステムは――少なくとも今のところ――揺るがないのか。

『資本論』第三巻は、いわゆる「経済学」的な問題にとどまらず、こうした社会的権力関係をめぐる問いについても重要な示唆を与えてくれます。すでに『マルクス 資本論』を通読した読者の方は容易に予想できると思いますが、『資本論』第三巻はたんに金融収益やレントが発生する経済的メカニズムについて解明しているだけではありません。そのメカニズムのなかでいかに人々を従属させるような権力が発生するのかという問題についても、繰り返し論じています。現代資本主義の混沌とした状況を解き明かし、幾重にも折り重なった危機を克服するための展望を考えていく際にも、頼りにすることができる著作なのです。この意味でも、『資本論』第三巻は「最強の理論的武器」だと言えるでしょう。

さて、以上から『資本論』第三巻のアクチュアリティについて大まかなイメージをもっていただけたかと思いますが、本書を読むにあたり留意しておかなければならないことがあります。それは『資本論』第三巻特有の「難しさ」です。

もちろん、第一巻もけっして簡単ではありませんが、それでもマルクス自身によって完成させられ、マルクスの生前に実際に刊行された著作です。そのため、完成度が高く、マルクス自身の意図も明確に示されていますので、長年の『資本論』研究をつうじてその大枠は解明されてきたと言えるでしょう。実際、第一巻の全体について解説した前著の『マルクス　資本論』も「わかりやすい」という評価を多くいただき、予想を遙《はる》かに超える読者の方に読んでいただくことができました。

それにたいし、第二巻や第三巻はマルクスの死後に盟友のエンゲルスが未完成の遺稿を編集して刊行したものであり、完成度が低く、マルクス自身の意図が明確に示されているとはいえません。とりわけ第三巻は、長年にわたって多くの草稿が書かれた第二巻と比べても、さらに完成度が低く、マルクス自身の意図がどこにあったのか判然としない箇所が頻出します。さらに悪いことに、マルクス自身のテキストを尊重しつつも、できるだけ読者に読みやすい本に編集しようとしたエンゲルスのサービス精神が、マルクスの叙述を歪《ゆが》め、その本来の意図を把握することをいっそう困難にしてきました。そのため、第三巻についてはいまだに研究者の間でも決着がついていない問題がいくつも存在します。

以上のような事情があるため、これまで『資本論』第三巻の全体について詳細に解説するタイプの入門書はほとんど出版されてきませんでした。第三巻について紹介するとしても、各々の研究者の問題意識に合致する部分だけが論じられるか、非常に雑駁《ざっぱく》なかたちで全体像が示されるにとどまってきたのです。しかし、そのような部分的な、あるいは大雑把な紹介では『資本論』第三巻の核心に迫ることはできません。やはりマルクス自身の意図に肉薄するには、なんらかの工夫をこらして、その全体に取り組む必要があるでしょう。

そのため、本書は二つの特徴を持っています。第一に、本書では、マルクスの死後にエンゲルスが編集し刊行した『資本論』第三巻ではなく、マルクス自身が執筆した『資本論』第三部草稿のテキストを収録しています（なお、草稿全体の翻訳は筆者をふくむ研究グループがすすめており、桜井書店より近刊予定です）。これによって少なくともエンゲルスによる善意の「歪曲《わいきょく》」の影響を被ることはなくなります。

とはいえ、エンゲルスの影響を排除したとしても、第三部草稿はあくまで草稿にすぎず、未完成なものであることには変わりありません。たんに叙述として完成していないというだけでなく、理論そのものの記述が不十分であったり、場合によっては矛盾していることさえあります。第一巻や未完成とはいえ完成に近づいていた第二巻とは異なり、ただテキストを「マルクス自身のテキストとして虚心坦懐に読む」だけでは包括的な理解に到達することはできません。

そこで、第二に、本書では、未完成ながらもマルクスの叙述のなかに存在する一貫した論理を意識的に抽出し、それにもとづいて内容を整理するという方針をとっています。これによって、かなり見通しがよくなり、また理解しやすくなったのではないかと自負しています。ただ、前作の『マルクス　資本論』と比べて、筆者自身の解釈が入り込む余地が大きくなっている点には留意していただければと思います。やはりご自分で整合的な解釈にトライしてみたいと思われる方は、ぜひ近刊予定の第三部草稿の翻訳をお読みください。

本書は、そのような独自の読解のさいにも、一つの参照軸として役立つことでしょう。

目次

人と作品

『資本論』の執筆にいたるまでのマルクスの軌跡と『資本論』の「最終目的」については前著『マルクス　資本論』の「人と作品」で述べました。そこで、ここではマルクスが『資本論』第三巻を含め、『資本論』をどのように執筆していったのかを概観したうえで、『資本論』第三巻が何をテーマとした著作なのかを見ていきたいと思います。ここでは、さしあたり大まかなイメージを摑《つか》んでいただければよいので、わかりにくい箇所は読み飛ばしながら先に進んでいただければと思います。

『資本論』完成にむけての歩み

一八四八年革命の敗北後、マルクスはロンドンに亡命しました。当時のロンドンは世界最大の都市であり、資本主義の中心地でした。マルクスはこの地で、それまでに獲得していた「新しい唯物論」——社会変革の根拠を理念やイデオロギーにではなく、人々の日常の物質的な生活のなかに見出《みいだ》す——にもとづいて、経済学の研究に没頭したのです。以下では、この執筆過程について簡単に概観してみましょう（表1）。

執筆年(草稿)ないし刊行年(著作)	生前に刊行された著作はゴシック体	邦訳
1857-58	『経済学批判要綱』	『マルクス　資本論草稿集』①②(大月書店)
1858	『経済学批判』原初稿	『マルクス　資本論草稿集』③(大月書店)
1859	**『経済学批判』**	同上
1861-63	『1861-1863年草稿』	『マルクス　資本論草稿集』④～⑨(大月書店)
1863-64	『資本論』第1部草稿(「直接的生産過程の諸結果」のみ残存)	光文社古典新訳文庫ほか
1864-65	『資本論』第3部第1稿(主要草稿)	桜井書店(近刊予定)
1864-65	『資本論』第2部第1稿	マルクス・ライブラリ3(大月書店)
1867	**『資本論』第1巻初版**	幻燈社書店
1867-68	『資本論』第3部第2稿～第3稿(第1章冒頭のみ)	『マルクス研究会年誌』第6号(第2稿のみ)
1867-81	『資本論』第2部第2稿～第8稿	大谷禎之介『資本論草稿にマルクスの苦闘を読む』(第8稿のみ)
1872-73	**『資本論』第1巻第2版**	幻燈社書店
1872-75	**『資本論』第1巻仏語版**	法政大学出版局

表1　『資本論』および関連草稿

ロンドンに到着したマルクスはさっそく大英博物館の入場券を手に入れ、経済学の著作や経済関連の雑誌を渉猟し、膨大な量の研究ノートを作成していきます。そして、一八五七年には、世界規模で発生した恐慌に刺激をうけ、ついに経済学にかんする草稿の執筆を始めました。当時のエンゲルス宛の手紙のなかで、「大洪水が来る前に少なくとも要綱だけは明らかにしておきたいと思って、僕は経済学研究のとりまとめの仕事を、毎晩徹夜で狂ったように進めている」とマルクスは書いています。これが『経済学批判要綱』です。のちの『資本論』の最初の草案にあたるものだと言ってよいでしょう。この『要綱』は非常に荒削りなものでしたが、そのぶん驚くほど豊富なアイデアを含んでおり、アントニオ・ネグリをはじめ、現代のマルクス主義者たちにも参照され続けています。

さらに、マルクスは『要綱』を基礎とした著作の刊行を計画します。これが一八五九年に刊行された『経済学批判』です。これは、商品、貨幣、資本など後の『資本論』で扱われるテーマにとどまらず、国家や世界市場の分析を含む壮大なプランをもつ著作として構想されていました。しかし、実際に刊行されたのは最初の第一分冊だけであり、そこには商品と貨幣の章しか含まれていませんでした。しかも、その内容が難解だったこともあり、マルクスの期待にもかかわらず、反響はほとんどなかったと言われています。また、「これほど自分を失望させた本はいまだかつてなかった」（ヴィルヘルム・リープクネヒト）、「何の役に立つのか〔わからない〕」（エラルト・ビスカンプ）と言われるなど、身近な社会

『資本論』の構成(案)	マルクスによる刊行(案)	現行版
第一部「資本の生産過程」	第一巻(独初版、独二版、仏版)	第一巻
第二部「資本の流通過程」	第二巻(未刊行)	第二巻
第三部「総過程の諸形象化」		第三巻
第四部「理論の歴史」	第三巻(未刊行)	『剰余価値学説史』(『1861-1863年草稿』の一部をカウツキーが編集したもの)

表2

主義者たちのあいだでの評判も芳しくありませんでした。

その後、マルクスは資本の章を含む第二分冊の執筆に取り掛かりますが、これは結局、完成することはありませんでした。というのも、『一八六一―一八六三年草稿』と呼ばれる準備草稿を書いている過程で、当初の執筆プランを大幅に変更することになったからです（なぜ、どのようにプランが変更されたかについては巻末の「補論」をご覧ください）。

こうして、マルクスは、変更されたプランにもとづいて、新たな著作を構想しました。これが『資本論』です。マルクスは『資本論』第一巻の序文で「この著作は……『経済学批判』の続きである」と述べていますが、実際には、評判が悪かった商品と貨幣についての章も全面的に書き直されていますし（貨幣章については理論構造そのものは維持されていますが、商品章については理論的にもまったく別物になったといっても過言ではありません）、先に述べたようにプランそのものが大きく変更されているので、両者は別の著作だと考えるべきでしょう。この新しいプランでは、もはや国家や世界市場はテーマにふくまれておらず、もっぱら資本が主題となっています。その構成プランは表2のとおりです。

ここで注意していただきたいのは、マルクスによる刊行案とエンゲルスが編集した現行版と呼ばれるヴァージョンでは、どの部をどの巻に収めるのかについて食い違いがあるということです。そのため、研究者のあいだでは「巻」は紛らわしいのであまり使用せず、「部」を使用する傾向があります。たとえば、一般に『資本論』第三巻と呼ばれるものはじつはマルクスの刊行案では第二巻の後半部に収められる予定であったので、研究者のあいだでは『資本論』第三部と呼ばれることが一般的です。そこで本書でも今後は基本的に『資本論』第三巻ではなく、『資本論』第三部という呼び方を採用することにしたいと思います。

では、新たなプランにもとづいて書かれた『資本論』の執筆過程についてもう少し詳しくみてみましょう（表1）。

プランを大幅に変更し、『資本論』の執筆にとりかかったマルクスは、まず、これまでの草稿を基礎にして第一部の草稿を書き上げます。そして、おそらくは一八六四年夏頃に第三部の草稿の執筆を始めます。これが「第三部第一稿」ないし「第三部主要草稿」と呼ばれているものです。マルクスは利潤率の傾向的低下をテーマとした第三章（なお、第三部草稿の「章」はエンゲルス編集の現行版『資本論』第三巻の「篇」にあたります）の執筆中に、いったん第三部草稿の執筆を中断し、第二部草稿の執筆をおこないます。そして、おそらくはこの第二部草稿第一稿を仕上げた後に、ふたたび第三部草稿の執筆にもどり、一八六五年一二月にこの草稿を一通り書き上げました。

その後、マルクスは『資本論』第一部の仕上げの作業に入り、一八六七年についに『資本論』第一巻初版を刊行します。マルクスとしては続いて第二部と第三部もすぐに刊行するつもりでしたが、インターナショナル（国際労働者協会）の活動に時間をとられ、また、研究テーマそのものが拡大し、深化したこともあり、この作業は難航します。

第二部については、マルクスは最晩年の一八八一年にいたるまで改稿を繰り返しています。まず、一八七七年から一八七〇年頃にかけて書かれた、いわゆる第四稿および第二稿で第一稿を全面的に書き直しました（なお、第〇稿という名称はエンゲルスによるものであり、現在の文献考証の順序とは必ずしも一致していません。また、エンゲルスが第〇稿という名称をつけていない草稿も存在します）。また、資本循環について論じた第一章については七〇年代に何度も改稿を繰り返します。そして、「再生産表式」にかんする議論をふくむ第三章についても一八七八年から一八八一年にかけて第八稿で抜本的な改稿をおこない、飛躍的な理論的前進をなしとげました（第二部の執筆過程の詳細については大谷禎之介『資本論草稿にマルクスの苦闘を読む』をご覧ください）。このような長年の試みによって、第二部についてはは第一稿のときとは比べものにならないほどの水準に到達することができたのです。理論的にはほぼ完成に近づいていたと言ってよいでしょう。しかし、残念なことに、最後の仕上げをする時間はもはやマルクスには残されていませんでした。

これにたいし、第三部については六七年から六八年にかけて第一章の冒頭部分だけに限定された四つの草案（いわゆる第二稿および第三稿をふくむ）を執筆するにとどまりました。ほかにも剰余価値率と利潤率の関係について、あるいは利潤率と資本の回転の関係について膨大な計算をした草稿が残っていますが、これらはあくまで準備作業であり、整理された記述に仕上がることはありませんでした。こうして、第三部については第一章の冒頭を除いては、「ただ一つの、そのうえひどく脱漏の多い、最初の下書きだけ」（エンゲルス）が残されることになったのです。第三部第一稿が「主要草稿」と呼ばれるゆえんです。

ですから、私たちが第三部草稿を（あるいはその草稿を編集して作成された現行版の第三巻を）読むときに忘れてはならないのは、その草稿の内容が未完成なものであるということです。もしマルクスに時間が残されており、何度も改稿を重ねることが可能であったとすれば、第二部がそうであったように、第三部草稿第一稿の内容はほとんどすべて書き直されたはずです。実際、第三部草稿第一稿には議論が未展開であったり、矛盾しているようにみえる記述がいくつもあります。私たちに残された第三部の草稿が第一稿しかないからといって、それを実際に完成にまで漕ぎ着けることができた第一部や何度も改稿を重ねることができた第二部と同様の完成度をもっていると考えるならば、整合的な解釈を打ち立てることは難しくなってしまうでしょう。要するに、『資本論』第三部については草稿の完成度が低いために、ただ「テキストを虚心坦懐に読む」だけでは十分な理解に到達することはできないのです。ここに第三部特有の「困難」があるといえるでしょう。

そこで本書では、とりわけ「形象化」とマルクス独自の「均衡」概念（これを本書では「マルクス均衡」と呼びます）に注目して草稿の内容を整理していくことにより、この「困難」を解決することを試みています。「形象化」については――これまであまり注目されてこなかったとはいえ――マルクス自身が一貫した論理で記述していますので、この筋を見つけ出すことはそれほど困難ではありません（その中身についてはこのあと説明します）。他方、「マルクス均衡」についてはマルクス自身の記述が必ずしも一貫しておらず、それを摑み出すことは容易ではありませんが、結局のところ、これもマルクス自身の記述から導きだせるものです（「マルクス均衡」の中身については第二章で詳しく説明します）。本書の解釈になんらかの独自性があるとすれば、マルクスが記述してはいるけれども徹底させることができなかったアイデアを全面的に活用し、包括的な解釈を打ち立てようとしたところにあります。つまり、本書はあくまでマルクスによってマルクスを理解しようとする試みだと言えるでしょう。

他方で、もしマルクスが第三部草稿を何度も改稿することができたとしたら、本書の解釈を超える、より革新的なアイデアを打ち出した可能性もあります。それゆえ、「困難」の解決にあたり、マルクスが残すことができなかった、まったく新しいアイデアを追求するという大胆なやり方もありうるでしょう。本書はあくまでマルクス自身のテキストを理解することに主眼を置いていますので、そうした方針はとりませんが、もしそのような独創的なアイデアを生み出すことができれば、『資本論』研究を飛躍的に発展させることができるかもしれません。そのような独創的な試みにとっても、本書は一つの手がかりとなるはずです。

第三部の主題——大雑把なイメージ

さて、次に第三部の主題について見ていきましょう。第三部は『資本論』体系の締め括《くく》りの位置にありますので、第三部の主題を理解するためには、どうしても『資本論』体系全体の理解が必要となります。ただ、これをいきなり正確に説明しようとすると難しい話になってしまいますので、以下では三つの段階を踏んで考えていくことにします。まずは『資本論』体系全体についての大雑把なイメージについてみていきましょう。

通俗的な解釈においては、『資本論』体系は次のように理解されます（表3）。まず、『資本論』第一部「資本の生産過程」では、資本による剰余価値の生産がいかにして行わ

『資本論』体系の大雑把なイメージ（第三部のタイトルはエンゲルス版のもの）		
第一部	資本の生産過程	剰余価値の生産（生産過程での労働者の搾取）
第二部	資本の流通過程	剰余価値の実現（商品販売による儲けの実現）
第三部	資本主義的生産の総過程	剰余価値の分配（商業利潤、利子、地代などへの分配）

表3

れるのかという問題が取り扱われます。前作の『マルクス　資本論』でみたように、剰余価値とは労働者が生産活動によって生み出した「価値」からその労働者を雇うために資本家が支出した「労働力の価値」を引いたものです（図1）。端的にいえば、労働者を搾取することによって得られた資本家の「儲《もう》け」にあたる部分です。ですから、第一部の主題は資本ができるだけ多くの剰余価値を取得するために生産過程においていかにして労働者を搾取しているかを分析することになります。

次に、『資本論』第二部「資本の流通過程」では、資本の生産過程で生み出された剰余価値がいかに「実現」するのかという問題が取り扱われます。ここでいう「実現」とは、商品を販売し貨幣を手に入れることで、生産した商品の価値をいつでも自由に使用できる価値へと変換することを意味します。生産過程で労働者を雇って商品を生産させ、それに

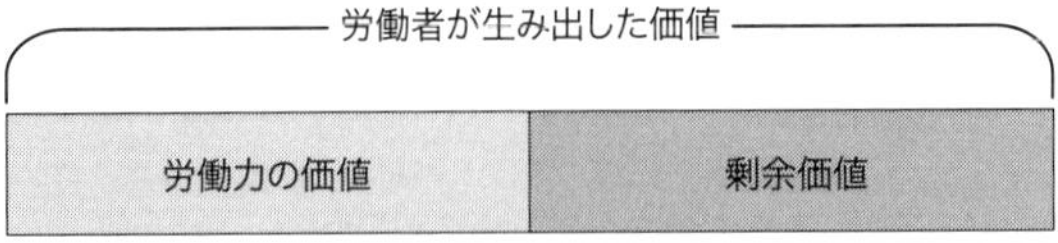

図1

よって「剰余価値」を生産することに成功したとしても、生産した商品を販売してそれを貨幣に変換することができなければ、実際に「儲けた」ことにはなりません。このような剰余価値の実現が流通過程において、すなわち商品の売買をつうじていかにしておこなわれているかが第二部の主題であるということになります。

『資本論』第三部「資本主義的生産の総過程」（これは現行版の第三部のタイトルです）では、実際に産業にたずさわる産業資本家が生産し、実現した剰余価値が、いかに分配されていくのかという問題が取り扱われます。産業資本家が生産した商品の剰余価値はすべてその産業資本家のものになるわけではありません。まず、多くの場合、産業資本家は生産した商品を実際の消費者に直接に販売するわけではなく、商品の販売を専門的におこなう商業資本家（卸売や小売）に委託することで商品販売にかかるコストを削減しようとします。ただ、その分、産業資本家は商業資本家に本来の価値よりも安く商品を販売しなければなりません。このときの販売価格と本来の商品価値との差額が商業資本にとっての「儲け」の源泉になるからです。こうして、剰余価値の一部は商業利潤として商業資本家に分配されることになります。

また、産業資本家は自前ですべての資本を用意することはできません。新興資本家はもちろんのこと、巨大資本であっても急速に事業を拡大する場合にはやはり銀行などから資金を調達しなければなりません。調達した資金にたいしては一定の利子を払わなければならず、これによって剰余価値の一部は利子として貨幣を貸し付ける貨幣資本家に分配されることになります。同様に、産業資本家が生産することができない生産条件である土地は、土地所有者に独占されているので、産業資本家がみずから土地を購買し取得しないかぎり、土地所有者から借りて事業を営む必要があります。ですから、剰余価値は地代というかたちで土地所有者にも分配されることになります。このように、第三部においては資本主義的生産の総過程においていかに剰余価値が分配され、それぞれの収入形態へと分岐していくのかを分析することが主題となります。

第三部の主題——より正確なイメージへ

以上に述べてきた解釈はきわめて粗っぽい、非常に不正確な解釈ではありますが、『資本論』体系についての最初のイメージを形成するうえでは有益だといえるでしょう。実際、マルクス自身もエンゲルスに第三部の概要を紹介した手紙（一八六八年四月三〇日）のなかでは、「第三部では、われわれは、そのいろいろな形態および互いに分離した諸構成部分への剰余価値の転化に移る」と述べています。とはいえ、マルクス自身の草稿のテキストを読み解いていこうとするこの本では、この水準にとどまるわけにはいきません。多少わかりづらくても、やはりマルクス自身が意図した『資本論』体系の構想をできるだけ正確に把握しておく必要があります。そこで、もう少し正確なイメージへと接近してみましょう。

図2をご覧ください。第一部「資本の生産過程」と第二部「資本の流通過程」では資本主義的生産様式の「本質的メカニズム」が問題になっていたのにたいし、第三部「総過程の諸形象化」では資本主義的生産様式の「現象的メカニズム」が問題になることが示されています。この図に書かれている記号の並びは貨幣資本循環を表しています。最初に資本家が貨幣を投下して生産手段と労働力を購買して商品生産をおこない、完成した商品を販売して剰余価値を含んだより大きな額の貨幣を獲得するという循環です。この資本循環のうち薄い網掛けは資本の生産過程にあたる部分であり、濃い網掛けは資本の流通過程にあたる部分です。第一部と第二部はそれぞれ剰余価値生産がおこなわれる資本の生産過程と剰余価値を実現し生産過程を準備する流通過程に焦点をあて、資本主義的生産様式の本質的なメカニズムを分析したわけです。第三部では、この分析を前提として、「ではその本質的なメカニズムが現実の資本主義経済においてどのように現象するのか」という問題が主題となるのです。先に見た「大雑把なイメージ」における剰余価値の分配は、まさにこ

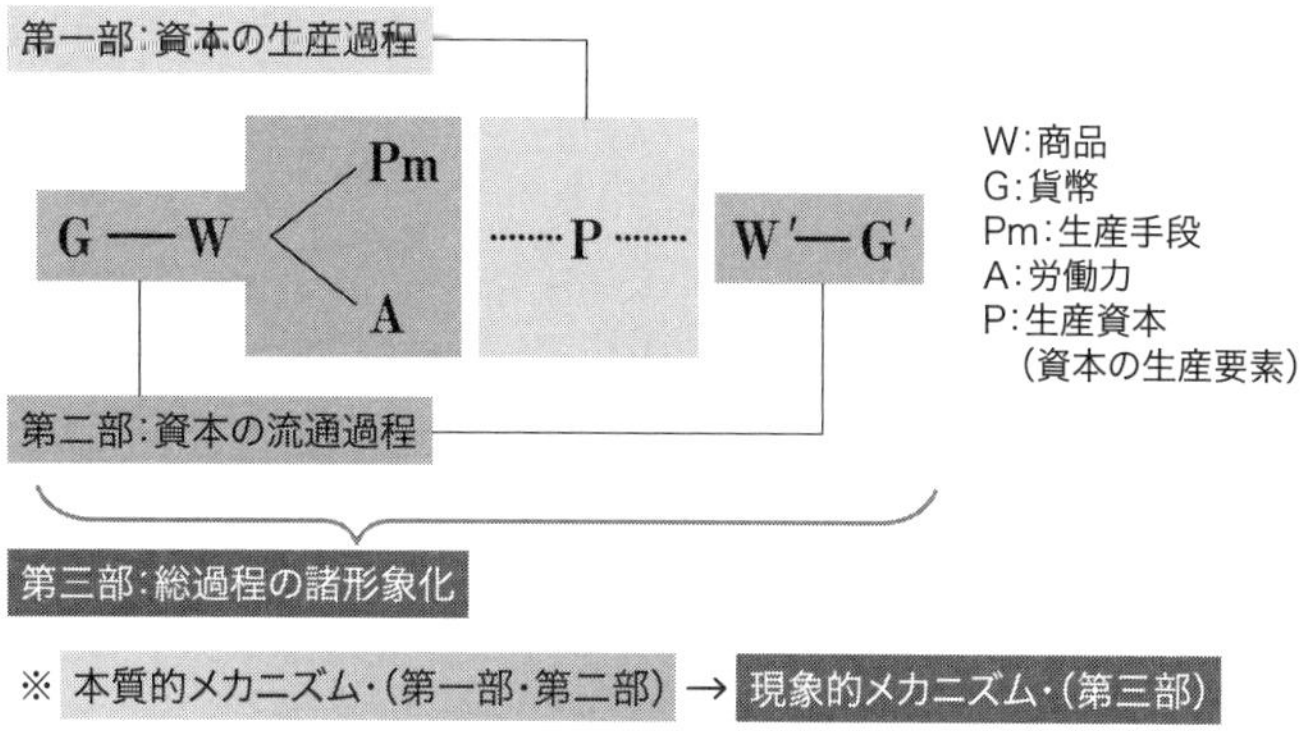

図2 『資本論』体系のより正確なイメージ

の「現象的メカニズム」において発生する事態だと理解できるでしょう。

それでは、ここでいう「本質」と「現象」とは何を意味するのでしょうか。マルクスはこれらの概念を明らかにヘーゲル哲学にもとづいて使用していますが、ここではヘーゲルには立ち入らず、『資本論』の読解に必要なかぎりで見ていきましょう。

さしあたり、「現象」は人間の感覚によって直接に捉《とら》えることのできる世界として、「本質」はその現象の背後にある感覚によっては直接に捉えることのできない世界として理解することができます。[1] ここで注意が必要なのは、だからといって、両者は互いに切り離されたものではないということです。むしろ、ヘーゲルが述べたように、「本質は現象しなければならない」のであり、両者は互いに密接な関係にあります。つまり、マルクスは、これらの概念をもちいることによって、私たちが日常的に目にする「現象」的な世界が、直接には見て取ることができない「本質」的なメカニズムの現れであることを示唆しようとしたのです。

このことを、最もイメージしやすいニュートン力学の世界を例にとって考えてみましょう。地球はやや傾きながら自転し、太陽のまわりを公転しています。しかし、このような地球の運動は日常の人間の意識にはそのままのかたちでは現象しません。地球で生活する人間の目には地球の自転は太陽が東から昇り西へ沈むという太陽の運動として「現象」し、公転は日の出と日の入りの時刻や位置の変化として「現象」します。このとき、太陽が東から昇り西へ沈むという「現象」や、季節にともなって日の出と日の入りが変化するという「現象」は、実際の出来事を人間が知覚したものであり、けっして錯覚ではありません。しかし、だからといって、この目に見える現象的な運動だけに拘泥し、知覚された現象だけから太陽の運動を分析しようとしてもうまくいきません。実際、天動説の立場にたつかぎり、プトレマイオスのように、天体の運動についての理論はきわめて複雑なものにならざるをえません。太陽の運動を合理的に理解するには、地球から観察することのできる太陽の現象的な運動を手がかりとして、その背後にある「本質」的な運動、すなわち地球の自転と公転を発見することが必要になります。これによって、地球や太陽をはじめとする天体の運動を「万有引力の法則」によって統一的な仕方で合理的に理解することが可能になるのです。

1　なお、「本質」という言葉には、なんらかの対象にたいして固定的な属性を押しつけてしまうイメージがあり、現代ではあまり好まれません。それが社会に向けられるとその社会の変化や変革の可能性を否定することになりがちですし、人間に向けられると「女性とは〇〇するものである」などのような決めつけになり、差別につながりかねません。しかし、マルクスのいう「本質」は、あくまで変化しうる特定のメカニズムのなかの内的な法則性――直観的には理解することができず一定の理論的考察をつうじて初めて把握することができる法則性――であることにご注意ください。マルクスは『一八六一―一八六三年草稿』において次のように述べています。「ここで問題になっているのは、もちろん、ブルジョア的生産の自然諸法則である。つまり、一定の歴史的段階のうえで、また特定の歴史的諸条件のもとで生産が行われるのは、こうした自然諸法則の内部においてなのである。もしそのような法則がなかったとすれば、そもそもブルジョア的生産のシステムは理解できないものであろう。問題はもちろん、この特定の生産様式の自然を、つまりそれの自然諸法則を叙述することである。しかし、この生産様式自身が歴史的であるように、それの自然およびこの自然の諸法則も歴史的である。アジア的生産様式または古典古代的生産様式または封建的生産様式の自然諸法則は、本質的に別のものである」。

この例が端的に示しているように、現象的メカニズムは、それだけを見ていたのでは合理的に理解することはできません。それを本質的メカニズムが現象したものとして捉えたときに、はじめてその現象的メカニズムの運動法則を統一的な仕方で合理的に説明することができます。ですから、現象的メカニズムの考察においては、その現象の科学的分析をつうじて本質的メカニズムとそれを規制する法則を発見し、そこから現象を捉え返すことが必要になるのです。

もう一つ例を挙げておきましょう。地球上で物体が地面に落下する運動は天体の運動と同様に万有引力の法則によって理解することができますが、現実の落下運動は万有引力の法則だけによっては説明できません。たとえば、万有引力の法則によれば同じ高さから同時に落下した物体は重さが違っても同時に着地するはずですが、実際には空気抵抗が働くことにより重い物体のほうが早く着地します。ですから、私たちの日常的な現象だけをみれば、万有引力の法則は成り立っていないようにみえます。しかし、だからといって、万有引力の法則を放棄してしまえば、物体の落下についての合理的な説明は不可能になってしまうでしょう。万有引力の法則を基礎にしてこそ、空気抵抗の影響も考慮した、実際の物体の落下のあり方を解明することができるのです。

この例が示しているのも、現象形態だけに固執しているかぎり、その現象形態を理解することはできないということですが、その原因が先ほどの例とは異なります。先の例ではいわば観察当事者の視点の制約が本質的メカニズムの認識をさまたげていたわけですが、この例では実際に本質的なメカニズムの作動を妨げる要素が入り込むことによって、その認識が妨げられるのです。

以上の例はあくまで自然科学のなかの話ですが、同様のことは資本主義的生産様式の考察においてもあてはまります。『資本論』第一部における「労働力の価値」が「労働の価格」として現象するという議論を思い出してみましょう（『マルクス　資本論』第一七章）。マルクスはそこで次のように述べていました。

ともかく、「労働の価値および価格」または「労賃」という現象形態は、現象となって現われる本質的な関係としての労働力の価値および価格とは区別されるのであって、このような現象形態については、すべての現象形態とその背後に隠されているものについて言えるのと同じことが言えるのである。現象形態のほうは普通の思考形態として直接にひとりでに再生産されるが、その背後にあるものは科学によってはじめて発見されなければならない。（『マルクス　資本論』428頁）

ここでは、「労働力の価値」が「本質的関係」であり、「労働の価格」がその「現象形態」となります。私たちが日常的に経験するように、賃労働者が資本家に雇用されたときに受け取る労賃は、当事者である資本家と賃労働者にとっては労働の対価、すなわち「労働の価格」として現象します。しかし、この現象形態にとどまっていては労賃についての合理的な理解に到達することはできません。ここでマルクスが述べているように、科学によってその現象の背後にある本質的関係――賃労働者が販売するものは労働ではなく労働力であり、その価値は労働力の再生産費によって規定される――を摑み出し、そこから現象形態を捉え返す――たとえば時給を、一日の労働力の再生産費を標準的な労働時間によって除したものとして理解する――必要があるのです。

ここでマルクスが労働力にたいして行っている分析を、資本にたいして行ったのが『資本論』第三部だと考えることができるでしょう。第三部草稿第一稿（主要草稿）の冒頭に書かれている次のパラグラフをご覧ください。

すでに見たように、全体として見られた生産過程は生産過程と流通過程との統一である。このことは、流通過程を再生産過程として考察したさいに……詳論した。この〔第三〕部でしなければならないのは、この「統一」について、一般的にあれこれと反省することではありえない。むしろ肝要なのは、資本の過程――全体として見られた――から生じてくる具体的な諸形態を見つけだして叙述することである。〔諸資本は、それらの現実の運動では、そのような具体的な形態をとって相対するのであって、これらの形態にとっては、直接的生産過程における資本の姿態も流通過程における資本の姿態も、特殊的な契機として現れるだけである。だから、われわれがこの〔第三〕部で展開していく資本のもろもろの形象化は、それらが社会の表面で、生産当事者たち自身の日常の意識のなかで、そして最後に、さまざまな資本が互いになしあう行動のなかで、つまりは競争のなかで、姿を見せるときの形態に、一歩一歩近づいていくのである〕。

ここでは「本質」や「現象」という言葉は使われていませんが、資本の生産過程と流通過程を考察した『資本論』第一部と第二部が本質的メカニズムにあたり、第三部が現象的メカニズムにあたることが読み取れるでしょう。第三部では、第二部までに考察された「全体として見られた資本の過程」を前提としたうえで、そこから生じてくる具体的な諸形態を考察することが課題となるのです。そして、そのようなもろもろの現象形態の考察をつうじて、「社会の表面で、生産当事者たち自身の日常の意識のなかで、そして最後に、さまざまな資本が互いになしあう行動のなかで、つまりは競争のなかで、姿を見せるときの形態に、一歩一歩近づいていく」ということになります。この引用文で登場する「形象化」という言葉は、本質的メカニズムが現象的メカニズムに転化するさいに新たな経済的形態規定をまとって現れることを意味していますので、第三部の主題を一言で表現するとすれば、マルクスが第三部のタイトルとして名付けたとおりに、資本の「総過程の形象化」ということになるでしょう（表2）。

ここで重要なのは次の三つの点です。第一に、私たちが日常的に目にする資本主義的生産様式の具体的な諸形態——たとえば利潤、利子、地代など——を合理的に理解するには、それらを直接に分析するだけでは不十分であり、第二部までに考察された本質的メカニズムから生じたものとして理解しなければならないということです。だからこそ、『資本論』ではいきなり利潤、利子、地代を考察するのではなく、それに先だって、より本質的な関係の表現である剰余価値の考察を行ったのです。まさに、第三部の課題は、第二部までの資本の本質的メカニズムの理解にもとづいて、資本の現象的メカニズムを解明することにあると言って良いでしょう。

第二に、この引用文から、本質的メカニズムから具体的な現象形態が生じる仕方には、二つの場合があることを読み取ることができます。ひとつが「生産当事者たち自身の日常の意識」から現象形態が発生する場合です。これはニュートン力学の例で言えば、地球の運動が地球上の人間からは太陽の運動として現象するという事態に相当するといってよいでしょう。これはまた、先ほどの労働力の価値が労働の価格として現象するというケースにも当てはまりますし、『資本論』第三部で言えば、剰余価値が利潤として現象するケースがこれにあたります。ふたつ目が「さまざまな資本が互いになしあう行動のなかで、つまりは競争」をつうじて現象形態が発生する場合です。『資本論』第三部で言えば、価値が生産価格や市場価値として現象するといったケースがこれに相当します。ここでは本来の価値法則が競争にまつわるもろもろの特殊な条件によって修正され、あるいは歪《ゆが》められて現れますので、これはニュートン力学の例で言えば、地球上での物体の落下を観測するさいに万有引力の法則が空気抵抗のために歪められて現象するという事態に相当すると言ってよいでしょう。

第三に、第三部では現象的メカニズムのすべてを考察するわけではなく、そのうちの「具体的な諸形態」に焦点があてられているということです。より正確な言い方をすれば、第三部の主題は資本主義的生産様式の現象形態にかかわる経済的形態規定の考察に限定されているということです（「経済的形態規定」という言葉がもつニュアンスについては『マルクス　資本論』の142～143頁もご覧ください）。それゆえ、『資本論』第三部で現象的メカニズムの解明が完全になされるわけではありません。その総体を理解するには、第三部での経済的形態規定を対象とする一般的分析を基礎として、さらに、現象的メカニズムについてのより専門的な特殊研究をおこなう必要があるのです。この点は第三部の主題を正確に理解するうえで重要な論点ではあるのですが、やや専門的な議論になりますので、「プラン問題」について解説した巻末の「補論」でより詳しく説明することにしましょう。

第三部の主題――物象化の深化としての形象化

以上に見てきた「本質―現象」モデルによる説明――直接に見て取ることができるのが「現象的メカニズム」であり、理論的考察をつうじてはじめて理解できるのが「本質的メカニズム」であるという区別にもとづいた説明――は、マルクス自身の叙述に則ったものですのでそれなりに正確なものですが、それでも若干の不正確さが残っています。というのも、第三部の主題である「形象化」において問題になっているのは、たんに本質的メカニズムがそれとは違ったかたちで現象するということだけではないからです。

もし形象化がそれだけのことを意味するのであれば、「形象化」論のポイントは外観上の「現象」の背後にある「本質」を見破り（第一部および第二部）、この「本質」から「現象」を再構成する（第三部）ということになるでしょう。しかし、この理解には若干の問題があります。読者の方にはお気づきの方もいるかと思いますが、じつは「現象」という表現は第一部でも多用されており、たとえば価値形態論においても価値という「内実」が「現象」したものが価値形態であるとされていました。だとすれば、第一部や第二部では「本質」が扱われ、第三部では「現象」が扱われるという説明の仕方では十分ではないことになります。

この問題をとくカギは「物象化」にあります。マルクスの物象化論の詳細については『マルクス　資本論』の関連項目を読んでいただきたいのですが、ここでも簡単に振り返っておきましょう。市場経済においては、人々は自由意志にもとづいて行為しますが、それらの行為が総体として作用し合うことによって、逆説的に、自分たちの意志によってはコントロールすることができないような市場メカニズム、あたかも人々から独立に運動するような市場メカニズムを生み出してしまいます。このように、人々の行為が人々によってはコントロールすることができない経済的なメカニズムを生み出し、人間たちにたいして商品や貨幣などのモノが「物象」として重要な社会的意味をもち、人間たちと生産物の関係が転倒してしまうことをマルクスは「物象化」と呼びました（『マルクス　資本論』135〜138頁）。

じつは、第一部や第二部で論じられる本質的メカニズムは、この物象化のもっとも根源的な発生機序にかかわるものでした。つまり、そこで扱われるメカニズムはその根源的な転倒——生産者と生産物との転倒——に直接に関わるものに限定されていたのです。それゆえ、そこで登場する商品の交換力としての「価値」や資本の取得する「剰余価値」は生産者の労働と直接的な対応関係にあり、価値は抽象的人間的労働の対象化であり、剰余価値は剰余労働の対象化にほかなりませんでした。

これにたいし、第三部で論じられる現象的メカニズムは、この本質的メカニズムの「形象化」にともなって発生する転倒、すなわち形象化にともなう物象化の深化にかかわるものなのです。それゆえ、本書でみていくように、商品の平均価格である「市場生産価格」はもはや労働量には直接には一致せず、また資本が取得する諸々の収益も資本が動員する剰余労働の量とは一致しません。このように考えると、本質的メカニズムと現象的メカニズムの区別は物象化が発生する位相の違いに求められると言えるでしょう（図3）。

本質的メカニズムから現象形態が発生する際には当事者の日常意識と競争の介在という二つのケースがありましたが、形象化にともなう転倒にもこれに対応する二つのケースがあります。第三部の内容を先回りすることになるので、やや理解しづらいと思いますが、さしあたりイメージだけでもつかんでおきましょう。初学者の方はとばしていただいてもかまいません。

まず、日常意識の介在による形象化においては、物象化にともなう転倒が当事者たちの日常意識に無批判的に現象することによる転倒が発生します。たとえば、本質的メカニズムにおいては生産手段（資本）と労働者（賃労働者）の関係の転倒が、すなわち、資本こそが主体であり、労働者は客体にすぎないのだという転倒した関係が形成されるわけですが、当事者たちの日常意識にたいしては、そのようにして形成された結果である転倒した関係だけが、そのまま現象します。そのため、資本が労働者から搾取した剰余価値が、労働者が生み出したものではなく、むしろ主体としての資本が生産過程を組織することに

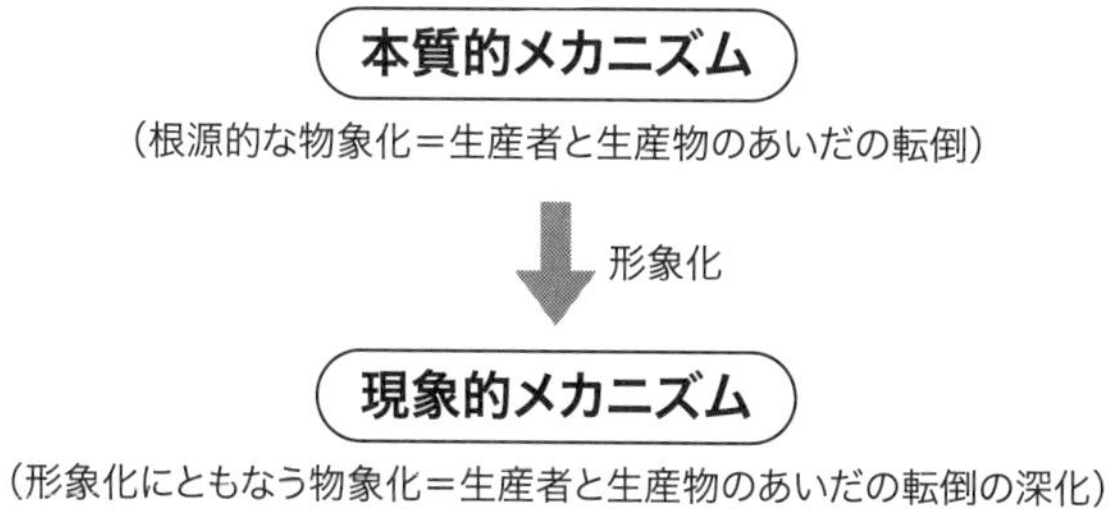

図3　本質的メカニズムと現象的メカニズムの関係

よって生み出したものとして現象するのです。こうして、本質的には資本が労働者から搾取したものである「剰余価値」が、現象形態においてはむしろ資本が生み出した「利潤」として、転倒したかたちで現れることになります。

さらに、競争の介在による形象化においては、たんに物象化にともなう転倒がそのまま現象形態に反映されるだけではなく、競争をつうじてこの転倒そのものをいっそう深化させます。たとえば、「剰余価値」が日常意識にたいして資本の産物として現象することによって発生した「利潤」は、資本どうしの競争をつうじて実際に投下資本額に比例して取得することのできる「平均利潤」へと転化してしまうのです。こうなると、もはや形態においてだけではなく、金額においても「剰余価値」とは異なるものになります。こうして、現象的メカニズムにおける転倒は競争をつうじていっそう深化することになります。

「はじめに」でみたような金融収益やレントの台頭は、じつは、このような形象化の論理と密接に関わっています。というのも、剰余価値生産に直接には携わらない資本が莫大《ばくだい》な収益を上げることを可能にしているのは、まさに形象化にともなう転倒――資本がそれじたいとして、労働者による剰余価値生産から独立に、収益を生み出すことができるという転倒――だからです。この説明だけではわかりづらいかもしれませんが、本文で繰り返し登場するテーマですので、議論を順に追っていただければ理解はそれほど難しくないはずです。

第三部の主題を正確にお伝えするために、かなり抽象的な話をしてきましたが、もっとも重要なのは『資本論』の目的です。第一巻序文でマルクスが書いたように、『資本論』の目的は、ポスト資本主義社会すなわち共産主義社会を生み出すさいの「産みの苦しみを短くし、やわらげる」ことであり、そのような実践をおこなうための理論的指針を与えるために「近代社会」すなわち資本主義社会の「経済的運動法則」を解明することでした。第三部においても常に社会変革が意識されており、物質代謝の攪乱《かくらん》や階級闘争についての議論が登場します。ですから、第三部も狭義の経済学の問題に限定して読むのではなく、その社会変革上の意義を頭に置きながら読むことで、いっそう多くの示唆をえることができるでしょう。

さて、以上で第三部を読むための準備が整いました。本書は、かりに第二部についての知識がなくても、第一部についての知識があれば読み進めることができますが、念のため

第二部の内容を確認しておきたいという方は、本文に進むまえに巻末の「第二部のまとめ」をお読みください。

凡例

・『資本論』第三部草稿からの引用については、その該当箇所を（①7、E33）のように示します。丸数字（①）はそれがどの草稿にあたるかを示し（丸数字と草稿の対応関係については表4を参照）、その後の数字（7）はその草稿が収録されているMEGA（『マルクス＝エンゲルス全集』）の巻における頁数を示しています。近刊予定の第三部第一稿の翻訳にはMEGAの頁数も示されていますので、それによって該当箇所を調べることができます。E33は引用されている箇所がエンゲルス編集の現行版『資本論』第三巻（E）のどの頁数（33）に該当するかを示しています。この頁数は『資本論』の岡崎訳と新日本出版訳においてページの上のほうに書かれている丸括弧でくくられた数字で示されているものであり、これは現行版『資本論』のドイツ語原本の頁数にあたります。ただし、草稿と現行版では内容が異なっているケースも少なくありません。また、そもそも該当箇所が現行版には存在しないというケースもあり、その場合は現行版の頁数は表記していません。なお、頁数のあとにfやffという記号が付されていることがありますが、これらはそれぞれ、引用文が次頁にわたること、引用文が三頁以上にわたることを意味しています。

・①の訳文は筆者も参加している翻訳プロジェクトの翻訳（桜井書店より近刊予定）に依

	執筆時期	草稿(MEGA)	エンゲルスによる名称	おもな内容
①	1864-65	第三部主要草稿(II/4.2)	第一稿	第1章から第7章まで
②	1867.6	第一章第一草案(II/4.3)	なし	第1章冒頭の短い断片
③	1867.9	第一章第二草案(II/4.3)	なし	同上
④	1867.9-10	第一章第三草案(II/4.3)	第三稿	第1章冒頭のやや長めの草稿
⑤	1868.春	第一章第四草案(II/4.3)	第二稿	同上
⑥	1867-68	利潤率および回転にかんする諸草稿(II/4.3)	なし	利潤率、剰余価値、回転の数学的関係についての考察
⑦	1871-82	利潤率と剰余価値にかんする諸草稿(II/14)	なし	利潤率と剰余価値の数学的関係についての考察
⑧	1876	「土地資本」についての断片(II/14)	なし	「土地資本」についての覚書
⑨	1878	利潤率、利子、レントにかんする断片(II/14)	なし	利潤率、利子、レントについての覚書

※(II/4.2)などの表記は所収のMEGAの巻数を表しています。また、執筆時期はMEGA編集者による推定にもとづいています。

表4 『資本論』第三部関連草稿

拠していますが、よりわかりやすくするために一定の修正を加えています。他の三部草稿については既存の翻訳がないため、すべて筆者による翻訳です（なお、⑤については拙訳が『マルクス研究会年誌』第6号に掲載されています）。

・必要におうじて『資本論』第一巻や『資本論』の準備草稿からも引用しますが、前者については現行版『資本論』第一巻のドイツ語原本の頁数、後者については大月書店から刊行されている『資本論草稿集』の巻数、頁数を示します。

・その他のマルクスの著作については大月書店から刊行されている『マルクス＝エンゲルス全集』（こちらはMEGAではなく、Marx-Engels-Werke（マルクス・エンゲルス著作集）の翻訳）の巻数、頁数を示します。

・前作の『マルクス　資本論』についての参照指示は（マ34）のように示してあります。これは、『マルクス　資本論』の34頁を参照せよ、という意味です。

・マルクス自身による強調はすべて太字で示しています。

・引用文中の（）や〔〕はマルクス自身によって書かれた括弧です。

・［］のなかの語句はMEGA編集者による補足です。

・原文に傍線が引かれていることがありますが、この傍線はポイントを明確にするためのものであり、すべて筆者によるものです。わかりやすくするために、引用したテキストを筆者が補ったり、注釈を加えたりした場合には、〔〕でくくってあります。

・本書では、基本的に原文の翻訳を掲げ、それを解説するというスタイルで進めていきます。ただし、原文が明快であり、それ以上の説明が不要だと思われる場合には、解説は加えていません。
・内容をわかりやすくするために、引用文のまえに筆者が見出しをつけています。この見出しはすべてゴシック体になっています。
・注釈は、やや発展的な内容に言及するさいにつけられています。
・本書では、「ポンド」はいずれもイギリスの貨幣単位である「ポンド・スターリング」のことを意味します。

第一章　剰余価値の利潤への転化、および剰余価値率の利潤率への転化

第一章のテーマは「利潤」です。一般に、「利潤」という言葉は企業があげた利益のことを意味しますが、ここでは、『資本論』第一部と第二部で解明した資本主義システムの本質的メカニズムについての知識、具体的には「剰余価値」についての知識にもとづいて、この「利潤」をより正確に理解することが課題となります。

私たちはすでに第一部で資本の儲《もう》けの源泉が「剰余価値」であることを学びました。資本家は労働者を雇い、その労働者に彼を雇ったときに支払った価値（賃金）以上の価値を生産させることで、価値を増やすことができます。マルクスはこのときの価値の増加分のことを「剰余価値」と呼び、これが資本主義システムにおいて資本が獲得することのできるあらゆる儲けの源泉になると考えたのです。

しかし、このような資本主義の本質的なメカニズムは、資本主義社会で経済活動を営んでいる私たちの日常意識にそのままのかたちで現象するものではありません。たとえば、現実の資本家が産業活動に投資をするときに考えるのは、その投資によってどれだけの利

益をあげることができるかであって、自分が雇用した労働者からどれだけの剰余価値を絞り出すことができるかではありません。あるいは、そもそも資本家は産業活動に投資をしないかもしれません。資本家にとって重要なのはどんなかたちであれ利益をあげることであり、商業に投資して儲けても、あるいは金融商品に投資をして儲けてもよいわけです。

けれども、他方で、私たちが目にしている現実は第一部や第二部で解明した本質的メカニズムとけっして無関係ではありません。たとえば、資本家は直接に剰余価値を意識しているわけではないとしても、通常、雇用した労働者をできるだけ長い時間、できるだけ効率よく働かせることを熱心に追求します。これはまさにマルクスが第一部で解明した剰余価値生産のメカニズムと一致しています。また、商業や金融に投資することによって得ることのできる収益も、もし産業活動全体が上手《うま》くいかず、そこから収益を得ることができない状況が続けば、いずれは干上がってしまうでしょう。ですから、正確な説明には、これから本書で説明していく、いくつもの「中間項」が必要になるとしても、究極的には剰余価値があらゆる儲けの源泉だということは直観的に理解していただけるはずです。

第三部の課題は、まさに、第一部や第二部でみた「本質的メカニズム」から、いかにして私たちが日常的に目にするような「現象的メカニズム」が現れてくるかを一つ一つ丹念に追跡し、順を追って説明することにあります。そのことによって、現象的メカニズムにおいても本質的メカニズムの考察で解明されたさまざまな法則が貫徹していることが明らかになり、本質的メカニズムから逸脱するようにみえる現象的メカニズムの挙動も合理的に理解できるようになるのです。

　このような「現象的メカニズム」の生成の出発点となるのが「利潤」にほかなりません。第一部で解明された「本質的メカニズム」の中核をなすとも言える剰余価値は――というのも資本主義システムの最大の特徴は金銭的な利益のために生産活動を行うという点にあるのですから――まず、利潤という形態を受け取るのです。第一章で論じられる利潤はまだ抽象的なものであることもあり、これまでの研究においてはあまり重視されてきませんでした。しかし、剰余価値の利潤への転化は形象化の出発点であると同時に、その後のあらゆる形象化の基礎をなしており、その意味で、本章は第三部全体の基礎をなす重要な章となります。

「人と作品」において『資本論』第三部における現象的メカニズムの生成には、大きく分けて、日常意識への現象と競争をつうじた現象という二つのパターンがあることを指摘しましたが、さしあたりこの章で問題となるのは「日常意識への現象」です。つまり、本質的メカニズムとしての剰余価値が、資本主義社会の経済活動の当事者の日常意識にたいして、利潤という形態をとって現れてくるのです。以下、本章でこの仕組みについてできるだけ丁寧に見ていくことにしましょう。

文献考証

本書は現行版ではなく草稿に依拠していますので、章ごとに簡単な文献考証を示しておきたいと思います。すでに現行版に慣れ親しんでいる読者のためのものですので、初学者の方はとばしていただいても大丈夫です。

現行版『資本論』第三巻はエンゲルスによって編集されたものであり、マルクスの草稿そのものとは構成が違っている箇所があります。とりわけ本章については、両者のあいだに大きな違いがあります（表1.1）。

その理由としては、本章では、他の章と異なり、複数の草稿が用いられていることがあります。マルクスは本章の第一節のために四つの改訂草案（②〜⑤）を書いていますが、そこでは節のタイトルが第三部主要草稿（①）の「剰余価値と利潤」から「費用価格と利潤」に変更されています。また、第一章そのもののタイトルも「剰余価値の利潤への転化」から「剰余価値の利潤への転化、および剰余価値率の利潤率への転化」へと変更されています。

マルクスは、この四つの改訂草案を書くことをつうじて、本章の構成を抜本的に構成しなおしたと言えるでしょう。①では剰余価値率と利潤率の関係についての数量的な考察から費用価格をふくむ諸々の概念の考察に移っていたのですが、改訂草案ではむしろ冒頭で費用価格の考察をおこない、それによって利潤というカテゴリーを導き出しています。また、①では費用価格の考察ぬきで利潤という概念を規定しようとしたため、利潤率から利潤そのものを導き出すことになり、章の最後で「利潤そのもの」について考察するという込み入った構成になってしまっています。もちろん、改訂草案で述べられている理論構成そのものは①においても見出《みいだ》すことができますが、それが適切な順序で示されていないという欠点があったのです。マルクスはこの欠点を改訂草案の執筆をつうじて克服したと言えるでしょう。

とはいえ、第二節以降については改訂草案が存在せず、マルクスがどのような構成にしようとしていたかはわかりません。ただ、少なくとも第二節が「費用価格」でないものになったことは確実です。そこで、本書では第二節については現行版と同様に「利潤率」という節題をつけ、それに関連する①の叙述を配置しました。他方で、本書は第三節以降についてはの構成にそのままにしたがっています。ただし、第七節についてはマルクスの改訂草案によって節として独立させることは不要になったと考え、節としては採用していません。なお、現行版では第六節を第四章に移し、第四節と第五節をまとめて第五章にし、第七節は補遺という章題に変更するという処理が施されていますが、本書ではできるだけマルクスの草稿に近い構成にしてあります（表1.2）。

また、①の第六節は未執筆であり、現行版ではこの章（第四章）の全体をエンゲルス自

第三部主要草稿(①)	現行版(E)(使用した草稿)
第1章　剰余価値の利潤への転化	第1篇　剰余価値の利潤への転化、および剰余価値率の利潤率への転化
第1節　剰余価値と利潤	第1章　費用価格と利潤(①④⑤)
[第2節　費用価格]	第2章　利潤率(①)
第3節　不変資本の充用における節約	第3章　利潤率の剰余価値率にたいする関係(①⑦)
第4節　原料の価格変動	第4章　利潤率にたいする回転の影響(エンゲルス執筆)
第5節　遊離と拘束。減価と増価、資本の価値上昇と価値低減	第5章　不変資本の充用における節約(①第三節)
第6節　流通時間の変化、短縮あるいは延長(またそれと結びついた交通手段)の利潤率への影響〔未執筆〕	第6章　価格変動の影響(①)
第7節　利潤(ブルジョアに現れるままの)	第7章　補遺(①)

※エンゲルス編集における「篇」はマルクス草稿の「章」にあたり、前著の「章」は後者の「節」にあたります。[]内の節番号および節題はMEGA編集者によるものです。

第一章　剰余価値の利潤への転化、および剰余価値率の利潤率への転化	
第一節	費用価格と利潤(①④⑤)
第二節	利潤率(①)
第三節	不変資本充用上の節約(①)
第四節	原料の価格変動(①)
第五節	資本の遊離と拘束、資本の増加(価値増大)と減価(価値減少)(①)
第六節	流通時間の変化、短縮あるいは延長(またそれと結びついた交通手段)の利潤率にたいする影響(①)

上／表1.1　下／表1.2

身が執筆していますが、本書では、ほかの章の記述を取り入れてマルクス自身の記述によって事柄を理解できるようにしました。

なお、本書では、現行版のように草稿の文章を「修正」することなく、基本的には草稿をそのまま引用しています。ですので、場合によっては、現行版と似たような文章でも違うように読めたり、現行版とはかなり違った内容を示していることもあるでしょう。

第一節　費用価格と利潤

剰余価値の直接的現象形態に立ち返る

「**剰余価値**はさしあたり**生産物の価値のうち**その形成に**支出された**生産諸要素の**価値総額**を超える**超過分**として現れる」。[2]

この剰余価値の直接的現象形態に――剰余価値の性質、剰余価値の起源、剰余価値生産の方法、剰余価値の大きさを規制する諸法則はすでに第一部で研究したので――いまやわれわれは立ち返る。（⑤383）

すでにみたように、『資本論』第三部は剰余価値の現象形態である「利潤」についての話から始まります。

じつは、剰余価値のもっとも単純な現象形態はすでに第一部で登場していました。冒頭の第一部第七章からの引用文のなかにある「**生産物の価値のうち**その形成に**支出された**生産諸要素の**価値総額**を超える**超過分**」がそれにあたります。つまり、「資本家の儲けは、商品をその生産にかかったコストよりも高く販売することによって生じるのだ」という素朴な観念です。

ただし、第一部ではそこから利潤についての議論へと進むのではなく、むしろ、この現象形態の「本質」がつまるところは剰余価値であることが論じられました。第一部や第二部の課題は、私たちの目の前にある現象的メカニズムを分析することによってその背後にある本質的メカニズムを摑《つか》み出すことであり、現象的メカニズムそのものを分析することではないからです。

それにたいし、第三部の課題は現象的メカニズムそのものを解明することであり、第二部までの考察をつうじて獲得してきた本質的メカニズムの知識にもとづいて、現象的メカニズムそのものの性質を明らかにしなければなりません。そこで、マルクスはさしあたりすでに第一部で登場していた最も単純な「剰余価値の直接的現象形態」に立ち返り、そこから現象的メカニズムについての議論を始めようとしているのです。

2 この引用文は『資本論』第一部第七章からのものですが、若干簡略化されています。該当箇所の正確な文章は以下になります。「前貸資本Cが生産過程で生み出した剰余価値、あるいは前貸資本価値Cの価値増殖は、さしあたり生産物価値のうちその生産要素の価値総額を超える超過分として現れる」。

費用価格

資本主義的に生産されるあらゆる商品の価値は $c+v+m$ に分解しうる。この生産物価値から剰余価値を引き去れば、残るのは**商品の生産要素に支出された資本価値** $c+v$ にたいする、すなわち消費された生産手段と充用された労働力の価格総額にたいする**商品でのたんなる等価**、すなわち**補塡《ほてん》価値**である。商品価値のこの部分は、資本家にとっては、商品が**資本家自身に費やさせる**ものだけを補塡するのであり、それゆえ、**資本家にとっては**商品の**費用価格**をなす。商品価値をwとし、費用価格をkとすれば、定式 $w=c+v+m$ は定式 $w=k+m$ に、すなわち**商品価値＝費用価格＋剰余価値**に転化する。（④14、E34）

マルクスが「剰余価値の直接的現象形態」、すなわち「**生産物の価値のうち**その形成に

支出された生産諸要素の**価値総額**を超える**超過分**」について考察するにあたって最初に注目するのは、「生産諸要素の**価値総額**」の部分です。なぜなら、その部分が本質的メカニズムとは異なった現象形態をとることによって、剰余価値の方もその本質とは異なる現象形態をとることになるからです。

第一部で見たように、商品の価値の大きさはその商品の生産に必要とされた労働量によって決まります。もちろん、ここでいう労働量とは個別ケースの労働量ではなく、平均的なケースの労働量のことであり、平均的な生産力のもとで平均的な熟練を持つ労働者が平均的な強度（労働密度）で働いた場合の労働時間によって測ることができます。マルクスはこれを「社会的必要労働時間」と呼びました。

しかし、商品の生産に必要なのは労働だけではありません。原料や機械等の生産手段も必要です。そのため、商品価値には労働によって付加される価値だけでなく、その商品を生産するのに必要な生産手段から移転された価値も含まれます。原料などの場合には使用された分の価値が、機械や道具など生産に繰り返し利用できるものの場合には使用によって摩耗した分の価値が移転されるのです。ですから、「商品価値＝その商品の生産のために消費された生産手段の価値＋その商品を生産する労働によって付加された価値」という定式が成り立つことになります。

さらに、資本家によって剰余価値の取得を目的として生産される商品の場合、労働によって付加される価値が二つの部分に、すなわち労働力価値の部分と剰余価値の部分に分割されることもすでに見たとおりです。資本家に雇われた労働者が労働によって商品に付加した価値のうち、労働力の価値を上回る部分が剰余価値となるわけです。こうして、先の定式は、「商品価値＝消費された生産手段の価値＋労働力価値＋剰余価値」になります。生産手段に投下された資本を不変資本（マルクスはこれをcという記号を使って表現します）、労働力に投下された資本を可変資本（マルクスはこれをvという記号を使って表現します）と呼びますので、商品価値をw、剰余価値をmという記号を使って表現すると、「w＝c＋v＋m」という定式が成り立ちます。たとえば、一台の机を生産するためには五万円の木材をもちいて八時間労働することが必要であり、また、この労働が生み出す価値を三万円という金額で表すことができ、さらに、この労働をおこなう労働力を一万円で買うことができるとすれば、この机一台の価値（価格で表示）＝五万円（c）＋三万円（労働者が付加した価値）＝五万円（c）＋一万円（v）＋二万円（m）＝八万円となります。

ここで重要なのは、商品価値が三つの成分に分割されることではありません。むしろ、生産手段から移転されてきた価値（c）と労働者が労働することによって付加した価値（v＋m）という二つの価値成分が異なるメカニズムによって商品価値を構成しているということがポイントとなります。商品価値のうちのcとvはいずれも資本家が商品生産のために支出した価値部分ではあるのですが、本質的メカニズムの視点からみると、cが生産手段の価値が移転されたものであるのにたいし、ｖは労働者が商品に付加した価値の一部分であり、両者がまったく異なるメカニズムによって商品価値を形成していることがわかるのです。この両者の違いはそれぞれの要素の価値変化を考えてみると、一目瞭然です。例えば、先ほどの例の場合に木材の価値が六万円に増えたとすれば、その増大した価値が商品へと移転しますので、商品価値は九万円に上昇します。他方、労働力の価値が二万円に上昇したとしても、商品価値は変化せず八万円のままです。労働力の価値は商品に移転するのではなく、労働者が付け加えた価値（三万円）から補塡されるものだからです。そのぶん、剰余価値が一万円に減少することになります。

ところが、先の引用文に出てきた「剰余価値の直接的現象形態」、すなわち資本家の儲けは「**生産物の価値のうち**その形成に**支出された**生産諸要素の**価値総額**を超える**超過分**」であるという観念においては、商品価値は「ｃ＋ｖ＋ｍ」という形では現れてきません。資本家の儲けは労働者の付加した価値と労働力価値との差額としてではなく、商品価値と生産コストとの差額として現れています。それゆえ、このような資本家の日常意識においては、ｃとｖはどちらも生産要素の費用であり、資本家がそのコストを負担しなければならないという意味では同じものだとされ、両者は一括されて同じカテゴリーのもとに現れてくるのです。これが「費用価格」にほかなりません。

費用価格は資本家が商品の生産のために負担した費用であり、商品の販売価格のうち、

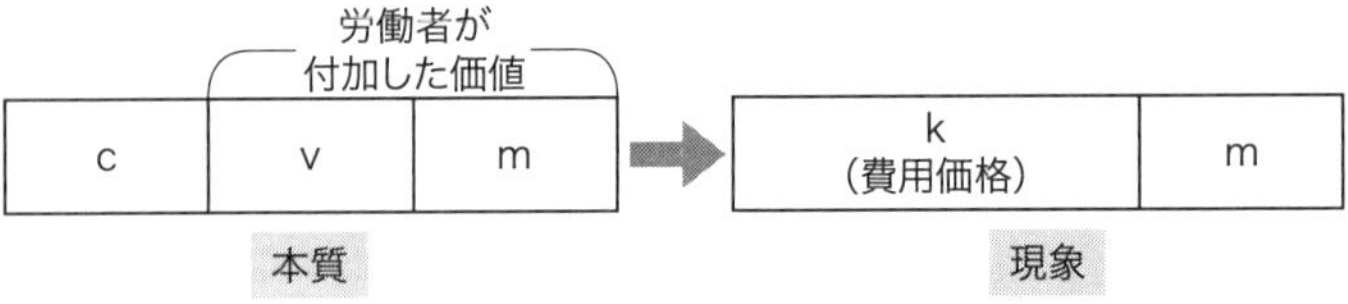

図 1.1

その費用を補塡するための価格部分をなします。費用価格をkという記号をつかって表現すると、本質的メカニズムの分析をつうじて解明されたw＝c＋v＋mという定式は、資本家の日常意識にたいしてはw＝k＋mという現象形態をとって現れてくることになります（図1.1）。

費用価格の現実的基礎

商品がその**資本家に費やさせる**ものと、**商品の生産そのものが費やす**ものとは、もちろん、二つの全く異なる大きさである。商品価値のうち剰余価値から構成される部分が資本家に**なにも**費やさせないのは、それが労働者に**不払い労働**を費やさせるからにほかならない。とはいえ、資本主義的生産という基礎の上では、労働者自身も、生産過程にはいってからは、資本家のものとして機能する生産資本のたんなる一成分なのであり、したがって、資本家が現実の**商品生産者**なのだから、商品の**費用価格**も**資本家にとっては商品そのものの費用価格**として必然的に現象するのである。……

　それゆえ、商品の価値のうちただその商品の生産に**支出された資本**価値だけを補塡する様々な諸部分を、**費用価格**というカテゴリーのもとに総括することは、一面では資本主義的生産の独自な性格を表している。商品の資本主義的な費用は**資本の支出**によって計られ、商品の現実の費用は**労働の支出**によって計られる。それゆえ、商品の資本主義的な費用価格は商品価値あるいは商品の現実の費用価格とは異なっており、すなわち**商品の価値よりも小さい**。というのも、**w＝k＋m** なのだから、**k＝w−m** となるからである。他面では、商品の費用価格はけっして、資本家の**簿記**のなかだけにある項目ではない。この価値部分の**自立化**は現実の商品生産においてたえず実際に現れている。というのは、それは流通過程をつうじて周期的にその商品形態から生産資本の形態に再転化しなければならず、したがって商品の費用価格は商品の生産に消費された生産要素をたえず**買い戻さ**なければならないからである。（④28f、E34f）

　費用価格は、このあと詳しく述べていくように、資本主義的生産様式の本質的メカニズムを見えなくさせる役割を果たすわけですが、他方で、それはけっして資本家の錯覚から発生するものではありません。それは資本主義の本質的メカニズムのうちに必然的な発生根拠をもっています。この点についてマルクスは二つの側面から述べています。

一つ目の側面は社会的費用と資本主義的費用の違いです。社会的な観点からみれば、商品生産が費やすものは商品価値の全体にほかなりません。というのも、第一部でみたように、社会はその商品の生産のために必要な労働を動員しなければならず、労働を動員するためには商品価値を費やさなければならないからです。経済活動が共同体的な人格的紐《ちゅう》帯《たい》によって組織されておらず、市場メカニズムをつうじて編成されている資本主義社会では、労働の動員は強制や道徳によってではなく経済的な利害をつうじてなされなければなりません。それゆえ、あらゆる労働の特殊性――必要な技能や知識など――を度外視し、単純化して考えると、それぞれの生産部門に必要な労働を動員するためにはその労働量（社会的必要労働時間）に応じた価値を支払うことが必要だということになります。すなわち、社会は商品生産者に商品価値を払わなければなりません。もし社会が価値以下しか払わなければ、その商品を生産する生産者はやがていなくなってしまうでしょうし、逆に価値以上を支払うとしたらその商品の供給が過剰になり、社会のなかの限られた労働量のなかから過剰な労働量を動員してしまうことになるでしょう（マ130ff）。

さらに、その商品を生産するための労働には生産手段が必要であることを忘れてはなりません。社会が商品生産のために労働を動員するためには、労働量に対応した価値を支払うだけではなく、商品生産者が生産手段を入手するための費用も負担しなければなりません。したがって、社会は、労働を動員して商品を生産するためには、「生産手段価値＋労働者が付加した価値」という商品価値の全体を費やさなければならないのです。

ところが、資本主義社会において生産活動を担っている資本家は、商品生産をおこなうために商品価値の全体を負担する必要はありません。資本家は自分自身では労働せず、労働者を雇って労働させるので、彼が費やさなければならないのは労働者を雇うための費用、すなわち労働力価値と、生産手段を購入するための費用、すなわち生産手段の価値だけです。だからこそ、資本家にとっては生産要素を購買するための資本支出が商品生産そのものの費用として現れるのです。じっさい、この引用文でマルクスが述べているように、まさに社会が商品生産に費やす商品価値と資本家が商品生産に費やす費用価格とが異なっているからこそ、剰余価値の取得を目的とする資本主義的生産が可能になるのです。

二つ目の側面は資本循環にかんするものです。資本家が資本家として生きていくためには継続的に剰余価値を取得しなければならず、そのためには生産活動を継続していかなければなりません。そのためには生産した商品を販売して取得した貨幣で、たえず生産要素を買い戻すことが必要になります。たえず繰り返される資本循環を、生産資本（生産手段と労働力から構成される資本）を起点とした循環として把握したものを「生産資本循環」と言いますが（「第二部のまとめ」第一章）、この循環において登場する貨幣の一部は商品の費用価格分が貨幣化されたものにほかならず、この貨幣によってたえず生産要素を買い戻すことが資本循環の継続の必要条件になっているのです。ですから、費用価格の補填は、現実の資本主義的生産の継続という点で現実的な意義を持っていることになります。

労働力の価値が労働の価格として現象することによる不変資本と可変資本の区別の隠蔽

……ところですでに見たように、労働力の支払いに投下された資本部分は労働の支払いないし**労賃**に投下された資本として現れる。しかし、労賃においては、生産過程において流動させられた労働が**支払われた**労働として**現象する**。こうして、労働力に投下された資本部分の**可変的**性格は見えなくなり、それによってまた、その対立物である生産手段に投下された資本部分の、その価値が生産物価値に**再現する**だけであるという、**不変的**性格も見えなくなってしまう。

費用価格k＝**支出された生産手段の価値**（**生産手段に支出された資本**）＋**労賃**（**労働に支出された資本**）という定式においては、労働に投下された資本部分が、生産手段に、たとえば綿花に投下された資本部分から区別されるのは、それが**素材的に**異なる生産要素の支払いに役立つということによってだけであって、けっして、それが生産物の価値形成において、したがってまた資本の価値増殖過程において機能的に異なる役割を演じるということによってではない。（⑤384f、E41f）

すでに見たように、費用価格は不変資本と可変資本という商品価値の形成においてまったく異なる役割を果たす二つの要素を、それらがともに資本家が自らの資本を支出することによって負担しなければならない費用であり、したがって商品価値の一部から補塡しなければならないものであるという共通性にもとづいて一括することで、両者の区別を隠蔽《いんぺい》する第一歩を踏み出します。しかし、これだけでは両者の区別の隠蔽は確固たるものになりません。というのも、ただ価値を移転させるだけの生産手段とは異なり、労働力がみずから価値を生産し付加する力をもっていることはまだ見失われていないからです。

ここで決定的な役割を果たすのが、第一部第六篇で論じられた労働力価値の労働価格（労賃）への転化です（マ422ff）。そこで詳論されたように、当事者である資本家や賃労働者の日常意識にたいしては、資本家が賃労働者に支払う賃金は「労働の対価」という外観をとって現れてくるのです。

そもそも、その本質からすれば賃金は労働力という商品の価値を貨幣で表現したものにほかなりません。賃労働者の大半は生産手段を持っておらず、あるいは生産手段を入手するための資金力もないので、自分だけで労働をおこない、商品を生産することはできません。それゆえ、この資本主義社会で生き延びていくためには、自分自身がもっている労働力――すなわち労働することができる能力――を資本家に販売して貨幣を入手しなければならないのです。ここでは、労働は労働者が資本家に雇われた後に資本家の指揮のもとに行われるものであり、労働者たちが直接に資本家と取引できるようなものではありません。ところが、現象形態においてはむしろ労働力商品の消費である労働そのものが売買されているようにみえます。というのも、私たちの日常意識においては、自分が資本家に労働を提供したからこそ、その対価として賃金を受け取ることができたのだ、というように事態が現象するからです。多くの場合、賃金が後払いであり、また、時間給（日給、週給、月給など）や出来高給であるという事情が「私たちが売買しているものは労働である」という観念をいっそう強めます。

このように、労働力価値の労働価格への転化が発生すると、もはや労働力という商品が価値を生産し付加するという特別な力を持っていることは見えなくなってしまいます。本質的には賃金は労働力の価値によって規定され、労働者が労働によって生み出した価値の一部をなすにすぎませんが、賃金が労働の対価という外観をとることによって、労働者がおこなった労働全体にたいする支払いであるように現れてくるからです。つまり、「前貸資本の可変部分は、労賃に支出される資本として、生産中に支出されるすべての労働を**支払う**資本価値として現象する」ことになるのです（④19、E41）。

こうして、「費用価格＝支出された生産手段の価値（生産手段に支出された資本）＋労働力の価値（労働力に支出された資本）」という定式が「費用価格＝支出された生産手段の価値（生産手段に支出された資本）＋労賃（労働に支出された資本）」という定式に転化すると、もはや不変資本と可変資本がそれぞれ持っている独自の性格は見えなくなってしまいます。「われわれに見えるのはただ**現存する価値**――前貸資本価値のうち生産物価値の形成にはいる部分――だけであって、新価値を創造する要素はなにも見え」ず、「不変資本と可変資本との相違は消えてしまっている」のです（④22、E42）。ここでは、生産手段も労働も生産活動に必要な生産要素にすぎず、それらに費やした資本支出を商品の販売価格の一部によって補填すべきものにすぎません。したがって、資本家の日常意識には、労働者が労働によって価値を生み出すのでそれによって労働力の価値を補填することができる、というようにではなく、むしろ、生産手段と同じように労働を無駄なく有益に使用したからこそ、その労働の購入に必要とされた費用が商品価値に移転し、その費用を補填することができるのだ、というように事態が現れるのです。

流動資本と固定資本の区別による不変資本と可変資本の同一化

前貸資本の価値要素が商品の費用価格、それゆえ商品価値一般に異なった影響を与えるかぎりでは、この違いはただ、生産に漸次的にだけ利用される充用資本の部分については**価値の**ほんの一**部**だけが費用価格にはいり、それにたいしてそのすべてが生産に利用される資本部分については**総価値**が費用価格にはいる、ということにあるだけである。

> 他方、この区別の基礎のうえに……労働力に投下された資本が生産材料に投下された資本と、したがって、**不変資本の一部分**と一緒になり、また、その部分とともに**流動資本**として、**不変資本の別の部分**、すなわち労働手段において存在する**固定資本**の対立物をなすのである。**可変資本**である労働力に投下された資本と**不変資本**である生産手段に投下された資本との区別がすでに、労働力の支払いに投下された資本が同時に労働そのものあるいは**労賃**に投下された資本として現れることによって解消されてしまっているとすれば、いまや労働力に投下された可変資本が生産材料に投下された**不変**資本部分と**はっきりと同一視される**のである。これによって費用価格からは、生産資本の異なった構成部分が商品の価値形成過程において、それゆえ資本の価値増殖過程において現実に遂行する、異なった諸機能のどんな痕跡《こんせき》も見えなくなるというだけではない。費用価格が示しているのは、この諸機能の相違の明確な反対物なのである。（⑤386）

すでにみたように、原料のようにそのすべてが生産に利用される生産手段の場合はその全価値が費用価格に入りますが、機械や道具のように生産に繰り返し使用することのできる生産手段はその価値を徐々に移転させていくので、費用価格にはその一部だけしか入りません。他方、労働力については生産手段のように価値が移転するわけではありませんが、労働者が付加した価値からその全価値を補填することになるので——もし補填できなけれ

<table>
<tr><td>労働手段(機械、道具など)</td><td rowspan="2">不変資本</td><td>固定資本</td></tr>
<tr><td>労働対象(原料など)</td><td rowspan="2">流動資本</td></tr>
<tr><td>労働力</td><td>可変資本</td></tr>
</table>

※労働手段のなかには稀に流動資本になるものもある(労働手段の使用期間が商品の生産期間を下回る場合)。

表1.3

ば剰余価値が取得できないどころか赤字になってしまいます――原料の場合と同じようにその全価値が費用価格に入ります。そのため、機械や道具に投下された資本はその価値を徐々にしか回収することができませんが、原料や労働力に投下された資本は生産した商品を販売するたびに全額回収することができるということになります。この観点からみれば、投下した資本価値の還流の仕方の違いからも資本を区別することができることがわかります。マルクスは『資本論』第二部において、機械に投下された資本のように徐々に生産物に価値を移転し、その価値を回収していく資本部分のことを「固定資本」と呼び、原料や労働力に投下され、生産物が販売されるたびにその全価値を回収する資本部分のことを「流動資本」と呼びました。

不変資本と可変資本の区別が費用価格において隠蔽されてしまうのにたいして、固定資本と流動資本の区別は費用価格に直接的な影響をおよぼします。流動資本はそのすべてが費用価格に入りますが、固定資本はその一部しか費用価格には入りません。このような資本価値の還流の仕方にもとづく区別が、価値形成メカニズムにかかわる不変資本と可変資本との区別をいっそう曖昧《あいまい》にすることは明らかでしょう。前者の区別では、不変資本の一部と可変資本の全体がともに同じ「流動資本」となっているからです（表1.3）。先に見た労働力価値の労働価格への転化が不変資本と可変資本の区別を隠蔽したとすれば、ここではいわば不変資本の一部と可変資本との「**同一化**」（①58）が発生していると言えるでしょう。こうして、費用価格における価値形成メカニズムの隠蔽はいっそう深化することになります。

剰余価値は費用価格および支出された資本の増加分であるだけでなく、充用された資本の増加分でもある

……まず、この剰余価値は、**商品価値のうちの商品の費用価格を超える超過分**である。しかし、商品の費用価格は支出された資本の価値に等しく、またこの資本の素材的諸要素に絶えず再転化させられるのだから、この価値超過分は、商品の生産中に支出されて商品の流通によって帰ってくる資本の**価値増加分**である。……

とはいえ、剰余価値は……商品の費用価格から補填される**支出された**資本にたいしてだけではなく、およそ生産に**充用された**〔投下された〕資本にたいして、ある価値増加分をなしている。生産過程にはいる前にはわれわれは一六八〇ポンドの資本価値をもっていた。すなわち、労働手段に投下された固定資本一二〇〇ポンド――そのうち二〇ポンドだけが損耗分として商品の価値にはいる――プラス生産材料および労賃に投下される流動資本四八〇ポンド〔生産材料価値が三八〇ポンド、労働力価値が一〇〇ポンドであると想定されている〕である。生産過程が済んだあとでは、われわれは生産資本の価値成分としての一一八〇ポンドプラス商品資本六〇〇ポンド〔剰余価値率＝剰余価値÷労働力価値＝一〇〇％と想定されているため、剰余価値＝一〇〇ポンドでなければならず、労働者が商品に付加する価値は二〇〇ポンド。したがって、商品価値＝生産材料価値三八〇ポンド＋労働手段の損耗分二〇ポンド＋労働者が付加する価値二〇〇ポンド〕をもっている。この二つの価値額を合計すれば、資本家は今では一七八〇ポンドの価値をもっている。彼がそこから前貸総資本一六八〇ポンドを引き去れば、価値増加分一〇〇ポンドが残る。だから、剰余価値一〇〇ポンドは、**充用**資本一六八〇ポンドにたいしても、生産中に**支出された**その一部分五〇〇ポンドにたいしても、同様に価値増加分をなしている。（④24、E44f）

さて、費用価格についての考察が一通り終わったので、今度は商品価値のもう一つの部分、すなわち剰余価値について考察しましょう。冒頭でみたように、最も素朴なイメージにおいては、資本家の儲けの源泉である剰余価値は商品の販売価格から費用価格を差し引いたものとして現れます。この観点から見れば、剰余価値は費用価格の増加分――すなわち商品生産に費やされた金銭的な費用を上回る部分――として考えることができます。

とはいえ、そもそも商品に含まれている費用価格とは資本家が商品生産のために負担しなければならない費用であり、それゆえまた、資本家が生産活動を継続していくために商品の販売価格から取り戻さなければならない費用でした。ですから、資本家の立場からすれば、費用価格は、結局のところ、資本家が生産のために実際に支出した資本部分にほかなりません。この観点からみれば、剰余価値は資本支出にたいする増加分として捉《とら》えることができます。

このことをマルクスが挙げている例で具体的にみておきましょう。まず、原料の購入に支出された三八〇ポンドと労賃を払うために支出された一〇〇ポンドは流動資本部分にあたり、資本循環が始まるたびに資本家は自分の手持ちの資本から原料と労賃の費用である四八〇ポンドを支出しなければならず、また、商品の販売価格のうちからその四八〇ポンドを補填し、次の資本循環の際の支出に備えなければなりません。

他方、労働手段に投下された一二〇〇ポンドは固定資本部分にあたり、労働手段を購入するときに一二〇〇ポンドの資本が投下されますが、原料とちがって労働手段は繰り返し使用することができますので、それぞれの資本循環で生産された商品の販売価格から少しずつその費用を回収していけばよいことになります。この例では、一回の資本循環での労働手段の損耗は二〇ポンドと想定されているので――一二〇〇÷二〇＝六〇ですので、この労働手段は六〇回の資本循環の使用に耐えられると想定されているわけです――一回の資本循環ごとに商品の販売価格から二〇ポンドずつ回収していき、それを六〇回繰り返して一二〇〇ポンドを積み立てれば、新たな労働手段を購入することができるということになります。このとき、この労働手段は六〇回の生産過程のあいだはずっと正常に使用することができるわけですが、価値の観点から見れば、この労働手段は資本循環のたびごとに二〇ポンドずつ価値を失い、その失った分の二〇ポンドを生産物に移転させていく、というように考えることができます。最初に労働手段を買った時点ですでに一二〇〇ポンドの資本が労働手段の購買に投下されているわけですが、労働手段は一回の資本循環では二〇ポンドの価値しか失わず、残りの価値は労働手段のなかに残り続けるので、実際に労働手段にかんして支出された費用は二〇ポンドであるということになるのです。

このように、剰余価値は、たんに商品の費用価格の増加分であるというだけでなく、資本家の立場からすれば、実際に生産に支出された資本部分――この場合でいえば原料の購入と労賃の支払いに支出された四八〇ポンド＋労働手段の損耗分二〇ポンド――にたいする増加分として捉えることもできます。

しかし、この見方も資本家の見方を十分に反映したものではありません。なぜなら、資本家は実際に生産過程で支出された費用だけを負担しているわけではないからです。資本家はまた、はじめに労働手段を購入するために必要となる資本も投下しなければなりません。いまの例でいえば、資本家は資本循環のたびにたえず戻ってくる四八〇ポンドを流動資本として投下するだけでなく、六〇回の資本循環を経てようやくその全体を回収することのできる一二〇〇ポンドも固定資本として投下しなければならないのです（もちろん、資本循環の進行とともに徐々にその価値を貨幣として回収することができますが、この貨幣ものちに新しい労働手段を購入するために積み立てておかねばなりません）。それゆえ、たとえ商品の販売価格から回収しなければならない費用価格が五〇〇ポンドであったとしても、実際に資本家が剰余価値を取得するためには一六八〇ポンドの資本を投下することが必要になるのです。ですから、剰余価値は費用価格および支出された資本の増加分であるだけでなく、充用された資本の増加分でもあるということになります。

剰余価値は生産に充用された資本から生じるものとして現象する

> いまや、この剰余価値が**いかにして**生じるのかは、ひとつの謎である。ただ明らかなのは、剰余価値が**前貸資本**から生じるということ、この資本価値のあらゆる要素が、生産過程に支出されようとそうでなかろうと**同じように**この価値増加分の形成に寄与しなけ

ればならないということである。……総資本、すなわち労働手段の（固定資本の）全体および生産材料と労働の全体が素材的には商品の……生産に入るのである。総資本は、たとえ価値増殖過程にはその一部しか入らないとしても、素材的には通常の労働過程にはいる。おそらく、資本が全体として労働過程にはいり、かつ、部分的にだけ価値増殖過程にはいるからこそ、まさにそれゆえに、資本は部分的にだけ費用価格にはいるのであるが……剰余価値の形成には全体として入ると考えられるのである。事情はどうであれ、明らかなのは、充用された資本のさまざまな構成部分がその価値量におうじて**同じように**剰余価値の形成に寄与するということである。この推論は、マルサスとともに単純に次のように言うならば、さらに簡略化することができる。「資本家は前貸する資本のどの部分についても等しい利益を**期待する**」。（⑤389f、E45f）

すでにみたように、商品価値にふくまれている生産手段価値の部分と労働力価値の部分の双方が「費用価格」として現象することによって、商品価値の形成メカニズムは隠蔽され、資本家の日常意識には見えなくなってしまいます。こうして、「いまや、この剰余価値が**いかにして**生じるのかは、ひとつの謎」になるのです。

それでは、剰余価値生産の本質的メカニズムが見えなくなってしまっている資本家の日常意識にたいして、剰余価値はどのようなものとして現象するのでしょうか。先の項目で述べたように、剰余価値はさしあたり費用価格の増加分あるいは支出された資本の増加分として理解することができます。しかし、これは資本家の立場を十分に反映したものではありません。資本家が実際に生産活動を組織し、そこから剰余価値を得ようとすれば、支出された資本部分だけでなく、費用価格に入らない不変資本部分もふくむ投下資本の全体を手持ちの貨幣から――それが自ら蓄積したものであれ、あるいは銀行から借りたものであれ――捻出《ねんしゅつ》しなければならないからです。それゆえ、マルサスが述べているように、資本家は自分が実際に投下しなければならない資本額全体にたいして、すなわち「前貸する資本のどの部分についても等しい利益を**期待する**」ことになります。こうして、資本家たちの日常意識にたいしては、剰余価値はなによりも投下された資本の全体から生じるものとして現象するのです。

さらに、ここでマルクスが強調しているように、剰余価値が投下総資本の全体から生じるという外観は、「総資本は、たとえ価値増殖過程にはその一部しか入らないとしても、素材的には通常の労働過程にはいる」という事情によっても補強されます。たとえば、生産過程において機械はその価値の一部分しか商品価値に移転させませんが、素材的――物質的と言い換えてもよいでしょう――な観点からみれば、その機械全体が生産過程に入って労働の生産力を高める役割を果たしています。このような事実を基礎にして、資本のすべての要素が生産活動に寄与しているのだから、資本の全体から剰余価値が生じるのだという観念が発生してくるのです。

利潤とはなにか

剰余価値――商品の費用価格を超える商品価値の超過分――が労働力に投下された資本部分からではなく、したがって不払い労働からではなく、**前貸総資本**から生じるように見えるかぎりで、剰余価値は**利潤**という転化形態をうけとる。ある価値額が資本であるのは、それが利潤を生むために支出されるからであり、あるいは、利潤が出てくるのは、ある価値額が資本として充用されるからである。利潤をpと名付ければ、定式：**w＝c＋v＋m＝k＋m** は定式：**w＝k＋p** すなわち**商品価値**＝**費用価格**＋**利潤**に転化する。（⑤391、E46）

この引用文の意味は、ここまで述べてきたところからすでに明らかでしょう。まず、商品価値にふくまれる生産手段価値と労働力価値がともに費用価格として現象することにより、商品価値の形成メカニズム、さらには剰余価値の形成メカニズムが隠蔽され、商品価値のもう一つの要素である剰余価値もたんなる「商品の費用価格を超える商品価値の超過分」として現象します。そしてそのことによって、ほんらいは労働者が生み出した価値の一部であるはずの剰余価値が、資本家の日常意識にとっては、資本家が生産のために前貸した総資本の全体から生み出されるものとして現象します。「費用価格の外観上の形成では不変資本と可変資本との区別は認められないので、生産過程で起きる価値変化の根源は可変資本部分から総資本に移されざるをえない」（④26、E46）というわけです。そのような総資本の産物として、剰余価値は「利潤」という転化形態を受け取るのです。

こうして、「定式：**w＝c＋v＋m＝k＋m** は定式：**w＝k＋p** すなわち**商品価値＝費用価格＋利潤**に転化」します。

利潤は剰余価値が神秘化された形態であるが生産過程の物象化という現実的基礎をもっている

> したがって、利潤――ここでさしあたりわれわれの前にあるような――は剰余価値と同じものであり、ただ、それが転化した、しかも神秘化された形態を、すなわち、剰余価値を前貸総資本から生じるものとして**観念させる**形態をとっているだけである。しかし、この観念は資本主義的生産様式から必然的に生まれ、その生産様式の特定の実際上の関係を表現するのだから、それは資本主義経済の**カテゴリー**をなすのである。（⑤391）

……商品の費用価格と価値のあいだの区別はじっさいの関係を表現している。それは、資本主義的な商品生産者が現実の生産者ではないということに基づいている。剰余価値、すなわち費用価格を超える商品価値の超過分が前貸**総資本**から生じるという資本家の観念も、生産手段——不変資本部分——がたんに使用価値の生産に役立つだけではなく、他人の労働を取得するために役立ち、したがって資本主義的価値増殖過程において一定の機能をはたすかぎりで、現実的な基礎を持っている。生産手段の**資本**としての定在は労働力を資本に合体するための条件である。（⑤392）

資本のすべての部分が、**超過した価値**（利潤）の原因として同様に現れることによって、資本関係は神秘化される。

しかし、……剰余価値が利潤という形態に転化される仕方は、すでに生産過程の間に生じている主体と客体との転倒がさらに展開したものでしかない。いかに労働のすべての社会的生産諸力が資本の諸生産力として現れるかは、すでにそこで見た。一方では、価値、つまり過去の労働——それが生きた労働を支配する——が、資本家において人格化する。他方では逆に、労働者がたんに対象的な労働能力、商品として現れる。この転倒した関係に対応して、すでに本来の生産過程自体においても、それに対応するかたちで、転倒した観念、置き換えられた意識が必然的に生じるのである。（①61、E55）

この段階では、剰余価値と利潤は量的にはまったく同じものです。ただその形態だけが神秘化されたものに、すなわち「剰余価値を前貸総資本から生じるものとして**観念させる**形態」になっているにすぎません。とはいえ、この神秘的な形態は資本家の恣意《しい》的な思い込みから生まれてきたものではありません。

まず、「**費用価格の現実的基礎**」の項目で詳しく見たように、剰余価値の形成メカニズムを覆い隠してしまう「費用価格」という現象形態は、商品が社会に費やさせるものはその生産に必要な労働であり、またその労働を可能にする生産手段であるが、商品が資本家に費やさせるのは生産手段のための費用と労賃でしかないという事実に現実的な基礎を持っています。

さらに、費用価格という現象形態を前提にして成立する、「費用価格を超える商品価値の超過分が前貸**総資本**から生じるという資本家の観念」も現実的基礎を持っています。それは、生産過程における主体と客体の転倒、すなわち資本主義的生産過程においては生産手段が主体となり、労働者のほうは客体になってしまうという転倒です。『マルクス　資本論』で述べたように、これを「生産過程の物象化」と呼ぶこともできるでしょう。利潤という現象形態を成立させる「転倒した観念」は、現実の生産過程における転倒、すなわち物象化を基礎にしているのです。この点は従来の研究においてはほとんど注目されてきませんでしたが、本章のみならず第三部全体を理解するうえで非常に重要な論点になりますので、丁寧にみていくことにしましょう。

「人と作品」でもみたように、人々の行為が人々によってはコントロールすることができない経済的なメカニズムを生み出し、人間たちにたいして商品や貨幣などのモノが「物象」として社会的な力をもつようになることを「物象化」と言いました。第一部で詳論されたように、この物象化は市場メカニズムそのものにおいてだけでなく、資本が組織する生産過程においても（マ315f）、あるいはそれを絶えず拡大する規模で繰り返していく資本蓄積の過程においても発生します（マ483）。労働力が価値増殖のための手段となってしまう資本主義的生産においては「労働者が労働条件を使うのではなく逆に労働条件が労働者を使う」（マ374）という転倒が生じるのです。

第三部では、この本質の次元における転倒を基礎として、もうひとつの転倒が発生します。それは、本質的メカニズムの現象的メカニズムへの転化にともなう、現象の次元での転倒です。すでにみたように、マルクスは本質的メカニズムの現象的メカニズムへの転化を「形象化」という言葉で言い表していましたので、「形象化」にともなう転倒と言うこともできるでしょう。

この引用文の文脈に即して具体的にみていきましょう。本質的メカニズムにおいては労働者が生産手段を使用するという関係が転倒し、資本こそが主体であり、労働者は客体にすぎないのだという関係が形成されます。ところが、当事者たちの日常意識にたいしては、そのようにして形成された結果である転倒した関係だけが、そのままのかたちで現象します。そのため、資本が労働者から搾取した剰余価値もまた、労働者が生み出したものではなく、むしろ主体としての資本が生産過程を組織することによって生み出したものとして現象するのです。

なにやら抽象的な議論に聞こえてしまうかもしれませんが、これは私たちが日常的に抱いている経済活動のイメージを的確に説明するものです。たとえば、ふだん私たちはハイブリッド車の「プリウス」を生産する主体は「トヨタ」という企業であると考えがちです。しかし、よく考えてみると、「プリウス」の生産活動を実際に担っているのはトヨタの工場で働いているさまざまな――期間工などを含む――労働者たちです。にもかかわらず、なぜ私たちは当たり前のように企業を生産の主体だと考えてしまうのでしょうか。それは、現実の生産の現場において、資本こそが主体であり、労働者は客体であるという関係が成立してしまっているからにほかなりません。

どんな生産過程でも、労働者が自分の意志で能動的に生産手段にかかわり、それを使用することなしには生産活動を行うことはできません。しかし、資本主義的生産過程では、この能動的なかかわりそのものが、雇用契約によって強制されるものになっています。しかも、機械や道具、原料などの生産手段は労働者ではなく資本家が揃えたものであり、労働者は資本家の生産プランにしたがって、資本家の所有物である生産手段を無駄にしないようにできるだけ「効率的」に労働することを求められます。ここでは、労働者のほうが生産手段の都合に合わせて労働しなければならないという関係が現実に存在しているのです。

さらに、この転倒は生産力の発展とともにますます強化されていきます。資本主義社会において、多くの人々を結合することによって生産力を社会化し、新たなテクノロジーを導入して生産力を高度化することができるのは、巨額の貨幣という社会的権力を手にしている資本だけです。現実の生産活動を担っている労働者たちは資本に雇われることによってしか高度な社会的生産に携わることができません。こうなると、資本が生産の主体であり、労働者はそのための手段にすぎない――プリウスを生産する主体はトヨタであり、そこで働いている数多くの労働者たちではない――という転倒した関係は非常に強固なものになります。

このように、生産の主体が労働者ではなく資本であるような関係が現実に成立しているのならば、その生産活動の所産である剰余価値が労働力の生み出したものではなく、資本の生み出したものであるように現象するということは、いわば必然であると言えるでしょう。第三部では、このケースにかぎらず、形象化にもとなう転倒がたびたび登場しますが、いずれも本質的メカニズムにおける物象化をその現実的基礎としているということが、そのメカニズムについて理解するための重要なポイントとなります。

剰余価値が販売によって発生するという幻想

費用価格は商品の**最低価格**をなしている。商品がその費用価格以下で売られるなら、その販売価格によっては生産資本の支出された構成部分は完全に補塡されない。この過程が継続するならば、前貸資本はなくなってしまう。すでにこの観点からも、資本家は費用価格を商品の固有の**内在的価値**だと考えがちである。なぜなら、費用価格は彼の資本を維持するためだけに必要な価格だからである。だが、商品の費用価格は資本家自身がその商品の生産のために支払った**購買価格**であり、したがってその商品の生産過程そのものによって規定された購買価格であるということが加わる。それだから、商品の販売によって実現される価値超過分または剰余価値は、資本家にたいしては容易に、**商品の価値が商品の費用価格を超える超過分としてではなく、商品の販売価格が商品の価値を超える超過分**として現象するのであり、したがって、商品に含まれている剰余価値は、商品の販売によって実現されるのではなくて、販売によってはじめて発生することになるのである。(⑤394、E47f)

利潤そのものについての説明は一通り終わりましたので、ここから節のおわりまでは、費用価格や利潤という現象形態が生み出す様々な幻想について指摘した文章を見ておきましょう。

一般的な『資本論』解釈ではほとんど区別されていませんが、マルクスは現象形態とその現象形態から生じてくるさまざまな幻想とを明確に区別しています（マ85f）。たとえば、資本主義社会では富の大部分が「商品」という形態をとって現れるということは社会関係的に成立している事実であり、経済活動の当事者たちの幻想によるものではありません。ところが、もしその当事者たちが「どんな富であれ、社会関係とは関係なく、それじたいに内在する性質として「価値」を持っているのだ」と考えるならば、この考えはまさに「幻想」です。マルクスはこれを「物神崇拝」と呼びました。とはいえ、この「幻想」は商品そのものの「物神的性格」に現実的基礎をもっているので、商品生産社会から必然的に発生する「幻想」であると言えます。

本質的メカニズムにおいても経済的形態規定の成立にともなって、すでにこのような錯覚が生じていたわけですが、現象的メカニズムにおいては本質的メカニズムからの距離が遠くなるため、この錯覚はより強固なものになります。たとえば、この引用文においては、資本家にとっての費用は「費用価格」にほかならないので、これを価値そのものと取り違えてしまう錯覚が発生することを指摘しています。つまり、資本家たちは「商品を価値よりも高く売ることによって利潤を得ることができるのだ」という幻想を抱くのです。ここでは利潤は剰余労働から完全に切り離されることになります。マルクスはすでに『資本論』第一部第四章でも商品を価値より高く売ることから剰余価値を説明しようとする経済学者たちの幻想を批判していましたが、このような幻想は費用価格という経済的形態規定を経由することによってより強固なものになるのです。

資本と利潤の関係の神秘化

資本と利潤との関係、すなわち資本と剰余価値との関係においては、剰余価値が一面では流通過程で実現される商品の費用価格を超える超過分として、また他面では総資本にたいする比率によってより詳しく規定される超過分として現象するように、**資本は自分自身にたいする関係として**、すなわち資本が、それ自身によって措定される新価値にたいして元々の価値額として区別されるという関係として現象する。そして、資本が、この新価値を生産過程と流通過程を通しての資本の運動の間に生み出すということ、このことは意識のうちにある。しかし、これがどのように起こるかは、いまや神秘化され、資本自身に帰せられる摩訶不思議な性質から生じてくるように見える。（①64、E58）

利潤についても、費用価格の場合と同様の幻想が起こります。現象的メカニズムにおいては、剰余価値は総資本の産物として、すなわち「利潤」として現れることになりますが、この現象形態は剰余価値の源泉を隠蔽することによって成立しているものなので、これだけを見ているかぎり不可避的に、「剰余価値は資本自身に帰せられる摩訶《まか》不思議な性質から生じてくるのだ」という幻想が発生することになります。

第二節　利潤率

利潤率

G—W—G′は、資本の運動をなすが、そこでは二番目のG′は最初のGよりも大きくなっている。すなわち、一〇〇ポンド—W—一一〇ポンドとなる。GとG′との差額＝一〇が剰余価値であり、そして剰余貨幣の生産にたいして一〇〇が利用された比率、つまり一〇〇の価値総額が価値増殖した比率は、この剰余価値一〇の前貸された総資本一〇〇にたいする比率であって、すなわち**利潤率**である。つまり、$\frac{10}{100}=10\%$……である。（①52）

前節の考察によって、利潤とは、剰余価値が「商品の費用価格を超える商品価値の超過分」として現れることによって、労働力からではなく、投下総資本から生じるものとして現象するようになったものであることがわかりました。すなわち、利潤とは、投下総資本の産物として現象した剰余価値にほかなりません。

じつは、この利潤の定義と合致する、資本についてのイメージはすでに第一部第四章で与えられていました。それが資本の一般的定式であるG―W―G′です。マルクスはこの資本についてのもっとも漠然とした現象の世界のイメージから出発して、その資本の価値増殖の秘密が剰余価値の生産にあることを明らかにしたのでした。そしていまや、第三部第一節の費用価格と利潤の分析をつうじて、私たちはふたたびこの資本の一般的定式に帰ってきたわけです。

本質的メカニズムにおいて決定的なのは購買した労働力にどれだけ多くの剰余価値を生産させることができるかですが、現実の当事者である資本家にはこの剰余価値は投下資本の産物、すなわち利潤として現象します。現実の資本家たちにとっては総資本を投下することによってどれだけ多くの剰余価値を得ることができるかだけが問題となるのです。したがって、資本家が関心をもつのは投下総資本と剰余価値の比率であり、これは「利潤率」として現象します。

剰余価値率と利潤率

> 剰余価値率は、剰余価値がvとの関連で、すなわち剰余価値が生じる部分の資本との関連で計算され、利潤率は、同じ剰余価値が総資本との関連で計算される。一方は、$\frac{m}{v}$であり、他方は$\frac{m}{v+c}$あるいは$\frac{m}{C}$〔Cは前貸総資本を意味する〕である。両方の場合において、剰余価値の大きさが**計られ**ている。区別されるのは、剰余価値そのものではなく、その大きさを規定するのに用いられる尺度である。$\frac{\text{剰余価値}}{\text{可変資本}}=m'$（剰余価値率）である。$\frac{\text{剰余価値}}{\text{総資本}}=p'$（利潤率）である。可変資本のもとで計られた剰余価値の率が**剰余価値率**と呼ばれ、総資本のもとで計られた剰余価値の率が**利潤率**と呼ばれる。
> （①52）

本質的メカニズムにおいて重要なのは労働力をどれだけ搾取したかを表す剰余価値率ですが、現実の当事者である資本家にとって重要なのは利潤率です。とはいえ、利潤が剰余価値の現象形態であり、その本質的メカニズムから切り離すことができないように、利潤率もまた剰余価値率から切り離すことはできません。たとえば、不変資本と可変資本の割合が不変だとすれば、一般に剰余価値率が上昇すれば利潤率も上昇し、剰余価値率が低下すれば利潤率も低下するという関係が成立します。

利潤率の分母は費用価格ではなく、固定資本部分も含めた前貸総資本である。

> 諸商品の価格（価値）のうち、その**費用価格**を超える**超過分**は——その生産に**前貸された総資本、あるいは充用された総資本**（＝商品の生産において**消費された**資本の部分＋固定資本の消費されない部分）で計られて、**利潤率**を形成する。

……**費用価格**（＝生産において消費された不変資本と可変資本の総額）を超える**超過分**として現象するのが、一定の貨幣総額を超えた超過分としての剰余価値であり、この形態においては、資本の構成要素の本質的な区別、すなわち不変資本と可変資本との区別、したがってまた剰余価値と可変資本との概念的な関係は、消し去られ、不鮮明になっている。**ある貨幣総額**——費用——の諸部分としては、それらは、量的な区別しかもたず、質的には同一のものである。**利潤率**においては、超過分もまた資本の区別なき総価値にたいする比率で計られており、この総価値の貨幣表現においては、資本自体のすべての部分が同種の貨幣総額でしかない。例えば、一〇〇〇ポンドのある資本の剰余価値が二〇〇ポンドであるならば、これは、一二〇〇ポンドという諸商品の販売価格のうち、一〇〇〇ポンドの費用価格を超える超過分＝二〇〇ポンドと表され、この二〇〇＝二〇％〔の利潤率〕であろう。しかし、一〇〇〇に含まれる不変資本の損耗分の他に、さらにたとえば、充用されてはいても消費されてはいない一〇〇〇ポンドの不変資本、つまり**固定**資本が存在するときは、超過分の二〇〇は、二〇〇〇にたいして計られ、利潤率は一〇％でしかない。（①56f）

一部の解説書などでは記述が不鮮明であることや、現行版の『資本論』第三巻で誤解を招きかねない記述がいくつかあることもあり、利潤率の分母は費用価格であるという誤解を招きやすいので、利潤率の分母が前貸総資本であることはとくに強調しておきたいと思います。第一節でもみたように、剰余価値はさしあたり費用価格の超過分として現象しますが、資本家が現実に投下しなければならない資本は費用価格の補塡分にとどまらず、固定資本の全体をふくむ前貸総資本であり、費用価格の超過分として現象した剰余価値はこの総資本の産物として現れてきます。これが利潤にほかなりません。だからこそ、利潤率の計算においては前貸総資本が分母でなければならないのです。じっさい、現在でも資本家たちが利益率の指標として主に用いているのは、ＲＯＥ（自己資本利益率）やＲＯＩＣ（投下資本利益率）です。

利潤率の分母が前貸総資本であることの現実的意義は、すでに固定資本の存在を考えるだけでも明らかですが、第六節で述べるように、流動資本の回転の問題を考慮にいれるとさらに明確に理解できるでしょう。

第三節　不変資本充用上の節約

$\frac{m}{c+v}$という定式から直ちに理解できるように、資本家は不変資本を節約することによって利潤率を高めることができます。不変資本を節約する方法を大まかに分ければ、二つのものがあります。ひとつは、労働者の働き方を変化させるという方法です。たとえば、労働時間を長くしたり、多くの労働者を一カ所に集めて労働させたりすることによって、機械や建物を大幅に節約することができます。もうひとつは、不変資本を構成している生産手段の使用法を変えたり、生産手段そのものを変化させたりするという方法です。使用された原料の再利用や労働手段の耐久性の上昇、さらには必要な安全装置の「節約」などがこのケースにあたります。

もちろん、これらの方法は互いに関連しています。多くの労働者を一カ所に集めて労働させるにはそれだけの大規模な生産設備や建物が必要ですし、他方で不変資本の節約を可能にするような生産手段の変化には多くの労働者の協業、すなわち労働の社会化が必要となる場合がほとんどです。本節でマルクスが強調しているように、一般に不変資本の節約は、生産手段の大規模化が労働の社会化と結びつくことによって、進んでいきます。

とはいえ、ここでいう「節約」があくまで資本の利潤獲得のための節約であることを忘れてはなりません。資本主義的生産における不変資本の節約は利潤率を高めるためのものであり、労働力の浪費や自然環境の破壊をともなうことも少なくないからです。この点も、本節でマルクスが強調するポイントの一つになります。

以下では、不変資本の節約の方法とその具体例についてマルクスの草稿に沿いながら見ていきましょう。

労働日延長による固定資本の節約

絶対的剰余価値、つまり**剰余労働の延長**、またそれゆえに**労働日**の延長は、可変資本が同じままである際には、したがって同じ労働者数が使用され、また名目的に同じ賃金で使用される際には……総資本および可変資本と比較した不変資本の価値を相対的に**減少させ**、また**そのことによって**、上昇する剰余価値率や、剰余価値の量の増大を度外視しても、**利潤率を高める**。**固定資本**――たとえば工場建物や機械設備など――からなる不変資本の部分の規模は、それでもって一六時間の労働がなされようと一二時間の労働がなされようと、変わらない。労働日の延長は、この部分、不変資本の最も費用のかかる部分への新たな投資を必要としない。……したがって、労働日の延長は、超過労働時間が支払われるときでさえ、また（当然だが、ある一定の限界までは）それが標準労働時間よりも高く支払われるときでさえも、利潤をもたらすのである。したがって、近代産

> 業システムにおける固定資本の発展は、利潤をむさぼる資本家たちにとって、労働日の延長への主要な刺激の一つであった。
>
> 労働日が不変である場合には、同じような関係は生じない。この場合には、より大きな量の労働を搾取するために、労働者の数と、それと一定の比率で建物や機械設備などの固定資本の［量］を増大させる必要がある。（①111、E 87f）

労働日の延長による不変資本の節約については、すでに第一部第一三章「機械と大工業」第三節「機械経営が労働者におよぼす直接的影響」で詳細に述べられていましたが（マ367）、この現象は利潤率の観点から考察することによってよりクリアに理解することができます。

賃労働者の一日の労働時間、すなわち労働日を増やすことなく生産量を増大させようとすれば、雇用する労働者の数を増やすほかなく、また、その増大した労働者の数におうじて建物や機械などの固定資本も新たに購入するほかありません。しかし、労働日を延長させることができれば、雇用する労働者の数を増やすことなく、したがってまた建物や機械を新たに購入することなく、ただ原料を増やすだけで、生産量を増大させることができるのです。この場合、労働日の延長によって剰余価値率が増大する場合はもちろん、残業代の支払いによって剰余価値率が低下する場合でさえも、固定資本節約の効果によって利潤率を高めることができます。

しかも、労働日の延長は、機械や道具などの労働手段に投下した資本の回収を早めることによっても利潤率を高めることができます。この点については第五節および第六節をご覧ください。

大規模な生産手段の共同的消費による節約

労働様式がかわらない場合でも、かなり多数の労働者を同時に使用することは、労働過程の対象的諸条件における一つの革命を引き起こす。多くの人々がそのなかで労働する建物や、原料などのための倉庫や、多くの人々に同時にまたは交互に役立つ容器や用具や装置など、要するに生産手段の一部分が労働過程で共同に消費されるようになる。一方では、商品の交換価値は、したがって生産手段のそれも、それらの使用価値の利用度がどんなに高められても、少しも高くならない。他方では、共同で使用される生産手段の規模は大きくなる。二〇人の織工が二〇台の織機で作業する部屋は、二人の職人をもつ一人の独立の織匠の部屋よりも広くなければならない。しかし、二〇人用の仕事場を一つつくるためには、二人用の仕事場を一〇つくるためよりも少ない労働しかかからない。したがって、一般に、大量に集中されて共同で使用される生産手段の価値は、その規模や有用効果に比例しては増大しないのである。……このような、生産手段の充用における節約は、ただ、それを多くの人々が労働過程で共同に消費することだけから生じるものである。（『資本論』第一巻343f）

労働者の集積と彼らの大規模な協業とによって、一面では不変資本が**節約**される。同じ建物、暖房、照明などは、小規模な生産段階よりも大規模な生産段階で充用された方が比率的には費用は少ない。同じように、機械設備等のある部分の費用、例えばボイラーの費用は、その馬力に比例して増大することはない。機械設備の絶対的な価値は増大するにもかかわらず、その**相対的な**価値は、生産の規模や運動させられる可変資本の大きさ、つまり搾取される労働力の量にたいしては、低下する。（①116、E92）

資本家は、労働者が大規模な協業を行うことによっても、不変資本を節約することができます。この点もすでに第一部第一一章「協業」において論じられていましたが、改めて利潤率との関連で取り上げられています。比較的わかりやすいので、第一部の叙述も引用しておきました。大規模な協業が生産手段の節約を可能にすることは直観的に理解できると思います。典型的な例は建物です。マルクスも指摘しているように、二〇人を収容する部屋をひとつだけつくるケースと、二人を収容する部屋を一〇室つくるケースを比較すれば、明らかに前者の方がコストがかかりません。

また、この引用文の後で具体例を挙げてマルクスが指摘しているように、二〇人を収容できる部屋に無理をして二五人を収容して労働させることもできるでしょう。したがって、先ほどの労働日の延長の場合と同様に、協業による不変資本の節約は、多くの場合、労働者の犠牲をともなうことになります。

廃棄物の生産手段への再転化による節約

……**生産の廃棄物**、いわゆる**屑**を、同一の産業部門であれ、異なる産業部門であれ、**新たな生産諸条件**に再転化すること……。それは、この廃棄物が、生産の循環に、したがってまた（生産的なまた個別的な）消費の循環に再投下される過程である。この部類〔の節約〕も……大規模な労働の結果である。この規模に照応してこれらの屑《くず》が大量にあることによって、それら自身が再び取引の対象になり、それゆえに生産の新たな諸要素になるのである。これらの屑は——新たな生産諸要素として果たす役立ちを別とすれば——それらが再び販売可能なものになるにつれて、原料の費用——そこには**標準的**な損耗、すなわちそれを加工する際に通常平均的に失われるものがつねに計上されている——を安くする。そして、不変資本のこの部分の費用の減少は、可変資本の大きさと剰

余価値率が与えられている場合には、それだけ利潤率を高めるのである。（①113f、E89f）
この再利用の諸条件は、概して次のようなものである。大規模な労働から生じる**この廃棄物が大量であること**。以前の形態では利用できなかった素材を新しい生産のために作り変えるようにする**機械設備の改良**。**科学の進歩**、とりわけ、そのような生産の屑の使用可能な属性を発見する**化学**の進歩。生産から生じるのと同様に、（**個々の**）消費から廃棄物が生ずるが、それらが、例えば天然の廃棄物やボロ切れなどのように、ふたたび生産に入って行く。これらは、ふたたび生産要素として利用可能であるためには、まず**収集**されなければならない。それらの考察は、ここには属さない。この点では、なお**多くの浪費**が、ブルジョア的体制、あるいはむしろ資本主義的体制において生じることを述べておけば十分である。（①150、E111）

ここからは生産手段の利用法の変化、あるいは生産手段そのものの変化による不変資本の節約が取り上げられています。マルクスがはじめに挙げているのは、生産過程で発生した廃棄物の再利用です。廃棄物を体系的に利用するには、それなりに大規模な生産過程が必要ですから、この場合もやはり大規模な協業を前提しますし、他方ではそのような再利用を可能にするような科学の発展も必要です。

ここでも重要なのは、資本主義的生産のもとでは、このような再利用はあくまで利潤率を高めるものであり、社会全体の資源を節約するためのものではないということです。資本主義的生産は一方ではコスト削減のために生産手段の節約を追求しますが、他方ではできるだけ多くの利潤を得るために商品生産を可能な限り拡大しようとし、膨大な産業廃棄物や廃棄商品を生み出します。現在も、廃棄物の処理にともなう温室効果ガスの発生や環境汚染、さらには膨大な食品ロスや衣料ロスが深刻な社会問題になっています。

機械設備の改良から生じる節約

……ここで考察されなければならないのは、機械設備の不断の改良――それが例えば、木ではなく鉄といった素材の改良であれ――から生じる節約である。しかし、とりわけ(1)機械工場一般の改良によって機械設備が低廉化することから生じる節約。したがって、不変資本の固定部分の価値が大規模な労働の発展とともにつねに増加するにもかかわらず、その価値は〔大規模な労働の発展と〕同じ**度合い**では**増大**しない。(2)既存の機械設備さえもより安くより効率的に利用することを可能にする特殊な改良から生じる節約。例えば、ボイラーなどの改良……。（①115、E91）

ここでマルクスが指摘しているのは機械の改良から生じる節約です。これには大きくわけて二種類あり、一つは規模に比しての機械の低廉化です。つまり、生産規模が大きくなればなるほど機械設備も大規模なものになっていきますが、その規模の増大におうじてその価値が増大するわけではないので、結果として不変資本の節約につながるというものです。もう一つは、既存の機械設備の改良です。たとえば、同じ機械であってもボイラーを改良することによって使用する石炭の量を減らすことができます。

不変資本の低廉化

他方、**ある生産部門における労働の生産力の発展**、例えば、鉄生産、石炭生産、機械の生産、建築術などにおける生産力の発展は――さらに、その一部は、知的生産すなわち自然科学とその応用の領域における新たな発展と関連するであろうが――ここでは**他のある生産部門における生産手段の費用**（価値）**の減少**の条件として現れる。このことは自明である。というのも、一つの産業部門から生産物として生み出される商品が、生産手段として他の産業部門に再び入るからである。またその商品の大なり小なりの低廉化はその商品を生産する生産部門における**労働の生産性**に依存するが、他方で、その商品の大なり小なりの低廉化は、その商品が生産手段として生産過程に入っていく商品の低廉化の条件であるだけではなく、それが他の生産部門において不変資本の要素となる際に、その不変資本の**価値を減少させる**ための条件でもあり、したがってまた**利潤率**を増大させる条件でもあるのである。

……進展する産業の発展から生ずるこの種の**不変資本の節約**の特徴的なことは、ここでは、ある産業部門での**利潤率の上昇**が、他の部門での**労働の生産力**の発展のおかげであるということである。ここで、資本家にとって役に立つのは、ふたたび**社会的労働の産物**であるが、とはいえ、それは剰余価値の場合とは異なっているばかりか、先に言及した不変資本の使用における節約、**資本家自身によって直接搾取される労働者**の使用における節約の場合とさえ異なっている。その生産力の発展は、最終的には、充用される労働の社会的性格につねに帰着させることができる。すなわち、社会**内部**の分業に、あるいはまた精神的労働の発展（**自然科学**など）に帰着させることができる。ここで資本家が利用するのは、**社会的分業**、社会全体における分業である。ここで**資本の利潤率を高める**のは、ある外部部門、つまり資本家に生産手段を提供する部門における**労働の生産力**の発展である。（①115f、E91f）

最後にマルクスは、社会的生産力の発展による不変資本の低廉化、すなわち機械や原料などの価値の低下が、結果として不変資本の節約をもたらし、利潤率を上昇させることを指摘しています。ここでもカギとなるのはやはり社会的労働の発展ですが、これまでのケースとは異なり、むしろ社会全体のなかでの分業の発展、さらにそこでの精神的労働の発展に依存するものになります。

他方、資本主義社会における生産力の発展は、資本の有機的構成の高度化、すなわち可変資本にたいする不変資本の割合の増大をもたらしますので、長期にわたる傾向をみれば、利潤率を押し下げる作用をもつことになります。このことについては、第三章で詳しく考察することになります。

搾取のために必要なのは不変資本の使用価値であり、その価値ではない

……労働そのものを直接に搾取するために重要なことは、固定資本であれ、原料や補助材料であれ、充用される搾取手段の**価値**ではけっしてない。労働の伝動体および吸収者としては――労働、したがってまた剰余労働が対象化される場、あるいはその手段である媒体としては――機械設備、建物、原料などの**交換価値**は、まったくどうでもよい。もっぱら問題となるのは、一方では、それらの分量であり、それらが一定量の労働にとって（一定量の生きた労働と結びつくために）**技術学的**に必要とされる量である。他方では、それらの効率性であり、それは機械設備などにおいては自明である（すなわち、すぐに思いつく）が、原料の良さ等においても役割を果たすのである。……このことから、生産手段の節約にたいする資本家の熱狂が理解される。〔何事もだめにしないこと、無駄がなく、また生産そのものによって必要とされる方法でのみ生産手段が消費されることなどは、一部は労働者の訓練や教育に依存しており、一部は、資本家が結合した労働者に行使する規律に依存しており、それは、より高い水準での自己管理、合目的な振舞い等として〔現れる〕〕。この熱狂は、とりわけ**生産諸要素の偽造**において現れており、そのことが、可変資本に比べて不変資本の価値を低下させ、利潤率を上げる主要な手段となっている（その場合に、さらにこの生産諸要素がその価値——生産物においてその価値が再現される限りでの——**を超えて売られる**ことが詐欺の重大な要素として付け加わる）。

（①117f、E93f）

さて、前の引用文までで不変資本充用上の節約の方法について、ひととおり概観しました。ここからは、不変資本充用上の節約がもつ意味について検討していきます。

当たり前のことではありますが、資本家が生産手段を買うのはそれが生産活動の役に立つからであって、それに値段がついているからではありません。つまり、資本家が労働者を搾取するために必要とするのはあくまで生産手段の使用価値であり、その価値ではありません。むしろ、本節でみてきたように、生産手段にかける費用は少なければ少ないほどよいのです。それゆえ、資本家は技術的に必要とされる生産手段をできるだけ節約し、それを低価格で入手することに「熱狂」します。この「熱狂」を際限なく突き詰めていけば、「生産諸要素の偽造」にまで突き進むでしょう。

実際、現在の資本主義においても、食料品の産地や原料の偽装の事例には事欠きません。日本の基幹産業である自動車産業においてさえ、ディーゼルエンジンの排出ガスについてのデータの改竄《かいざん》が明らかになっています。これは直接には生産諸要素の偽造というよりも、生産物そのものの性能の偽装と言った方が正確かもしれませんが、より低い性能の浄化装置をもちいることによって生産手段のコストを節約しようとしているという意味では、ここでいう「生産諸要素の偽造」の例として考えることができます。

不変資本の節約は資本に固有な力として現象する

……不変資本の充用上の節約は、それがどのような側面から考察されようとも、一部は、**結合した労働者**の**共同的な**生産手段として、生産手段が機能し、消費されることの結果であり、したがってこの節約はそれ自体、**直接的に生産的な労働**の社会的性格の**産物**として現れるが、一部は、資本［家］にその生産手段を提供する諸部門における**労働の生産性の発展**の結果として現れる。だから、資本家Aによって使用される労働者が資本家

Aに対立するものとして考察されるのではなく、総労働が総資本に対立するものとして考察されるならば、後者の節約も、社会的労働の生産諸力の発展の産物なのであり、違うのはただ、資本家Aが、直接に自分の作業場の労働の生産性を利用するのではなく、他人の作業場から労働の生産性を利用するということだけである。だが、このような事情があるとしても、このような**不変資本の節約**の原因とはかかわりなく、資本家にとってはこの節約が、労働者には完全に無縁で、絶対になんの関係もない条件として、労働者がまったく関わらない条件として現象するのであるが、他方で資本家にとってつねに非常に明らかなのは、資本家が同じ貨幣で労働を多く買うか少ししか買わないかということは（というのは、資本家と労働者との取引が資本家の意識にはそのように現象するから）、たしかに労働者にもなにか関係のあることだということである。労働に内在する他の諸力の場合に比べればはるかに高い程度で、この**生産手段の充用における節約**、すなわち一定の成果を最小の支出で達成しようとするこの方法は、**資本に固有な力**として現象するのであり、また資本主義的生産様式に特有な、それを特徴づける方法として現象するのである。（①118f、E94f）

『資本論』第一部では、なぜ労働の生産力が資本の生産力として現象するのかが詳細に論じられました。資本主義的生産においては、労働者たちが生産過程において発揮する生産力は、資本が組織する協業と分業、さらには資本家が購入した機械設備に大きく依存するものになるために、資本そのものが持っている生産力として現象します。同じように、資本主義的生産においては、不変資本の節約もまた、資本そのものがもっている力として現象するのです。

マルクスが繰り返し指摘しているように、不変資本の節約は労働者の協業の発展を不可欠の前提としていますので、その観点からみれば労働の社会的性格の発展の産物にほかなりません。本節でみてきたような不変資本の節約の方法は、労働が協業というかたちで大規模に行われることによって、言い換えれば、そのような社会的労働を合理的に遂行する労働者の能力に依存することによってはじめて実現することができるのです。しかし、他方で、不変資本は直接には資本家の所有物であり、その資本家だけがそれをどう扱うかを決めることができます。そのため、それぞれの資本家にとっては、不変資本の節約は労働者とはまったく関係なく、もっぱら自分自身の工夫によって実現しているようにみえるのです。このようにして、不変資本を節約する方法は資本そのものに内在する固有の力として現象し、利潤の最大化を追求する資本こそが生産手段の合理的な使用を実現することができるのだという観念が発生することになります。

労働の生産力の場合には、たとえそれが資本の生産力として現象するとしても、そこに労働者がなんらかの関与をしていることは誰でもわかります。しかし、不変資本の節約の場合には、直接にはもっぱら資本家の介入によって実現されるため、それが資本そのものに内在する力によって実現されるのだという外観はいっそう強固なものになるのです。

この現象の現実的基礎

このような〔不変資本の節約が資本に固有の力として現れるという〕観念の仕方は、事実の外観がそれに合致し、労働者と彼の労働の生産諸条件とが完全に無関係にされ、外的にされ、疎外され、それによって資本関係が実際にその内的な連関を隠してしまうだけに、いっそう奇異なものとはならなくなる。

第一に、不変資本を構成する**生産手段**は、その**価値**から考えれば、ただ**資本家の貨幣**だけを表しており……、資本家とだけ関係している一方で、労働者は、実際の生産過程で生産手段と関係する限りでは、生産手段にたいしてそれを**生産の使用価値**、つまり労働材料および労働手段とするようにして関係する。したがって、生産手段の価値の増減は、労働者の資本家にたいする関係にはほとんど関係のない事柄である……。……**第二**に、この生産手段が資本主義的生産過程において同時に**労働の搾取手段**である限り、労働者には、この**搾取手段**が相対的に安くなろうが高くなろうがどうでもよい。それは馬を制御するくつわや手綱が高くても安くても、馬にとってはどうでもよいのと同じである。最後に、すでに見たように、労働者は、実際に彼の労働の社会的性格（結合）にたいして、それが彼にとって疎遠なものであるようにして関わり、また、彼の労働の実現諸条件は彼にとって他人の所有物であるのであって、もし労働者がその節約を強制的に強いられなければ、それの浪費は労働者にとって完全にどうでもよいことになるであろう。（例えば、労働者たち自身に帰属する工場では事情は異なる。例えばロッチデール〔ユートピア社会主義の思想の影響のもとで、マンチェスターの北方にあるロッチデールの労働者たちが一八四四年に公正先駆者組合を結成した。もともと消費組合であったが、まもなく協同組合的な生産施設も運営するようになった〕）。言うまでもなく、ある生産部門における**労働の生産性**が、他の生産部門における生産手段の**低廉化**や**改良**として現れる限りでは〔そして、それが利潤率を上昇させるのに役に立つ限りでは〕、社会的労働のこの一般的な連関は、**労働者たちにはまったく疎遠な**ものとして現象し、資本家だけがこの生産手段を**取得し、購買する**限り、実際に資本家とだけ関係するものとして現象する。（①119f、E 95f）

不変資本の節約が資本に固有の力として現象し、資本こそがこの節約を可能にするのだという観念が成立するのは、労働者と生産手段の関係が実際に無関係で疎遠なものになってしまっているからに他なりません。マルクスはこのことを三つの観点から説明していますが、これらはいずれも、すでに第一節で詳しくみた生産過程における主体と客体の転倒、すなわち生産過程の物象化にかかわるものです。

そもそも生産過程の物象化が発生するのは、労働者たちが生産手段にたいして自分たち自身の意志で自分たちのための使用価値を生産するための手段として関わるのではなく、他人（資本家）の計画にしたがって他人（資本家）のために剰余価値を生産する手段として関わっているからです。労働者たちがこのような「疎外」された労働のあり方を強制され、実際にそのような振る舞いを継続しているかぎり、生産手段は労働者たちによってはどうすることもできないもの、ただ資本の強制のもとでその使用価値の性質に自らの働き方を適合させなければならないものとして現れてきます。このような関係において生産手段の合理的使用について労働者たちのイニシアチブが発揮されず、それがもっぱら資本の能力として現象するのは当然のことでしょう。

しかし、マルクスがここで指摘しているように、資本主義社会のなかでも、労働者協同組合では労働者が生産手段にたいして自らのものとして関わることができるので、生産手段の合理的使用にたいしてイニシアチブをある程度――市場経済のなかでの経営という限界があるとはいえ――発揮することができます。ましてや、物象化から完全に解放された社会システムにおいて、労働者たちが生産手段の合理的使用を実現することができないと考える理由はどこにもありません。むしろ、そこでは貨幣や資本の力から自由になっているのですから、より人間らしい、そして持続可能な生産手段の合理的な使用を実現できるはずです。

労働者の犠牲にもとづく不変資本の節約

資本主義的生産様式は、一方では社会的労働の生産諸力の発展へと駆り立てられ、他方では不変資本の**充用上**の**節約**へと駆り立てられる。

しかし、ことは、一方での労働者、つまり生きた労働の担い手と他方での彼らの労働諸条件の経済的な充用とのあいだの疎外や無関心にとどまらない。資本主義的生産様式は、その矛盾した対立的な本性にしたがって、**労働者の生命、健康の浪費、労働者の生存諸条件**そのものの**引き下げ**を、**不変資本充用上の節約**に数え入れ、そうして**利潤率を高める**ための手段とするところまで進むのである。

労働者は、生活の大部分を生産過程において過ごすのだから、部分的には生産過程の諸条件は彼の生活過程、彼の活動的生活の諸条件であり、彼の生活諸条件である。また、こうした生活諸条件における節約が、利潤率を高める一つの方法なのであり、このことは、以前にすでに見た、過剰労働、すなわち労働者の労働家畜への転化が、資本の自己増殖の基礎——剰余価値の生産——を加速する一つの方法であるのと同様である。この節約は、狭い空間への労働者の押し込め――これは建物の節約と合致する――危険な機械設備の詰め込み、またそれにたいする防御手段の欠如、その性質上不健康な労働（生産部門）における危険予防対策の欠如、鉱山などにおける危険予防対策の欠如にまで及んでいて、それらは支出を節約する等々のためなのである。労働者にとって、生産過程を人間らしいものにし、快適にするための、あらゆる設備が欠落していることは言うまでもない。このような設備は、資本主義的な立場からすれば、まったく目的と意味を欠いた浪費になるであろう。資本主義的生産は、そもそも**人間材料**なるものについてはまったく浪費的であり、それは、他方で、資本主義的生産が（商業による）生産物の分配の方法によって、また競争の仕方によって、物質的手段を非常に浪費的に扱い、そして一面で得るものを他面で失うのとまったく同様である。（①120f、E96f）

資本主義的生産はある程度まで――流通の全過程や競争の増大を捨象するならば――**実現される労働**、商品に実現される労働を最も節約する。資本主義的生産は、いかなる他の生産様式よりもはるかに、人間や生きている労働の浪費家であり、肉体や血だけではなく、脳や神経までもの浪費家である。実際に、人類の社会主義的構成に歴史的に先立つこの時期においては、人間全体の発達が確保されるのは、個人的な発達を最も浪費することによってでしかないのである。（①124f、E99）

ここでは、先に述べた生産過程の物象化のために、たんに労働者と生産手段との関係が疎遠なものになるだけではなく、生産手段の節約のために労働者が犠牲になってしまうような事態が発生することが指摘されています。

マルクスが草稿のなかで詳細に述べているように、労働者の安全や健康を保護するためには、指や手の切断などから労働者をまもる防護装置や、空気の汚染から労働者を守るための換気装置や最低限の部屋の広さが必要です。このような危険予防対策は、「生産過程を人間らしいものにし、快適にする」という立場からすれば、きわめて合理的なものです。ところが、手持ちの資本でできるだけ多くの利潤を獲得することを目的とする資本主義的生産の立場からすれば、こうした危険予防対策は「まったく目的と意味を欠いた浪費」だとされてしまうのです。現在でも、危険予防対策をもとめる労働者たちの運動やそれにもとづいて制定された各種の安全・健康確保のための法律にもかかわらず、劣悪な労働環境による労働災害や健康被害の発生は後を絶ちません。

こうして、資本家たちはもっぱら利潤率の最大化のために不変資本の節約を徹底し、人間たちの安全や健康を蔑《ないがし》ろにすることで、人間そのものを「浪費」してしまうことになります。経済的効率の最大化にもっとも適した経済システムであるようにみえる資本主義的生産様式は、他方できわめて不合理な「浪費」を生み出す経済システムであることがわかります。マルクスが指摘しているように、「資本主義的生産は、いかなる他の生産様式よりもはるかに、人間や生きている労働の浪費家であり、肉体や血だけではなく、脳や神経までもの浪費家」なのです。

ここで注目すべきは、「労働者は、生活の大部分を生産過程において過ごすのだから、部分的には生産過程の諸条件は彼の生活過程、彼の活動的生活の諸条件であり、彼の生活諸条件である」という文章でしょう。生産過程は同時に労働者にとっての生活過程の一部であり、不変資本充用上の節約はまさに労働者の生活過程、すなわち労働者と自然との物質代謝を不正常な状態におき、攪乱《かくらん》することになってしまうのです。マルクス自身は明示していませんが、このことは不変資本充用上の節約が生産過程の外部にある労働者の生活過程に及ぶ可能性を示唆していると言えるでしょう。資本は不変資本充用上の節約を生産過程における労働者の生活条件を犠牲にして行うだけでなく、生産過程の外部における労働者の生活条件を犠牲にして行うだろうからです。つまり、不変資本の節約は、労働者にとっての危険予防対策の「節約」にとどまらず、人類にとっての環境保護対策の「節約」にもなってしまうのです。このことは現在の地球温暖化対策の遅れはもちろん、これまで発生してきた数多くの公害からも容易に見て取ることができるでしょう。

不変資本の節約と労働の社会化

これらの節約は、すでに述べたように、労働諸条件が大規模に充用されること、要するに、直接的に社会的な、**社会化された**労働の諸条件として、あるいは**直接的生産過程内部の**直接的な**協業**の諸条件として、役割を果たすことの結果である。このことは、一方では、**商品の価格を高くすることなく**、機械学的・化学的な諸発明を充用するための諸条件であり、またこのことは常に**不可欠な条件**である。他方では、このような大規模な生産においてはじめて、**共同的な**（**生産的な**）**消費**から生まれてくる**節約**が可能となる。しかし、最後に、どこでどのようにして節約すべきか、すでになされた諸発見をどのようにして最も容易に実行しうるか、理論の実行――生産過程への理論の充用――に際してどのような**実践上の摩擦**を克服するか等は、**結合された労働者の経験**によってはじめて発見され、示されるのである。

（**ついでながら言えば**、**一般的労働**と**共同的労働**は区別されなければならない。両者とも、生産過程において、それらの役割を担っており、両者ともお互いに混ざりあうが、両者は区別されもする。一般的労働は、すべての**科学的**労働であり、すべての**発見**、すべての**発明**である。それは、一部は、共存するものたちの協業によって条件づけられ、一部は、過去の人々の諸労働を利用することによって条件づけられている。――**共同的**

労働は諸個人の**直接的協業**を前提している。）

上述したことは、しばしば観察される次のことによって一つの確証をうる。すなわち、(1)**機械を最初に新しく製作する費用**とそれを**再生産する費用**との大きな相違。……(2)一般的に新しい発見に基づいた事業は、のちにその事業の没落、その遺骨から立ち上がる同じ種類の諸事業と比べると、はるかに多くの費用によって営まれること。このことから、最初の所持者たちがたいてい破産し、その物件などをより安く手に入れる後続者たちが、はじめて成功するということになる。それゆえ、人間的精神の一般的労働のあらゆる新たな諸発展と、結合労働によるそれらの社会的な充用から、最大限の利潤を引き出すのは、たいていは最も卑劣で最も無価値な部類の貨幣資本家たちなのである。（①158f、E113f）

ここで、マルクスはあらためて不変資本の節約と労働の社会化との関連について述べています。資本家がおこなう不変資本の節約が労働者たちの協業の発展によって可能になっていることはすでに述べましたが、ここではさらに、そのような節約を実行するにあたっては実際に現場で労働する労働者たちの創意工夫が決定的な役割を果たすことが指摘されています。労働者たちが協業のなかでおこなう労働は、たんに生産過程で直接に結合しているという意味で「共同的労働」であるだけでなく、科学の応用に携わり、それに関わる実際の技術を発展させる営みでもあるという意味で「一般的労働」でもあるのです。それゆえ、資本家が不変資本の節約を実現する際には、共同的労働を実行する労働者たちの能力だけでなく、創意工夫によって生産過程をたえず改善する彼らの知的能力に依存していることになります。

すでにみたように、資本主義的生産においては生産過程の物象化が発生しており、労働者と生産手段の関係は疎遠なものにされてしまっています。それゆえ、労働者から生産手段の合理的使用のためのイニシアチブが発揮されることはありません。にもかかわらず、生産手段の節約、あるいはその合理的使用を資本家が現実の生産過程で実現するには、やはり現場で作業をする労働者の諸々の精神的能力を利用しなければならないのです。

マルクスはさらに、このような労働者たちの創意工夫の力から「最大限の利潤を引き出す」のは、新たな事業に果敢に取り組む資本家たちではなく、それらの資本家の没落や破産をつうじてその事業を買収する「貨幣資本家」（直接に産業や商業を営むのではなく、貨幣を貸し付けたり、金融市場に投資したりすることによって収益を獲得しようとする資本家。）たちであることを指摘しています。この資本主義システムにおいては、「最も卑劣で最も無価値な部類の貨幣資本家」が「人間的精神の一般的労働」の成果を搾取し、収奪することになるのです。

第四節　原料の価格変動

石油や半導体など、現実の経済をみても明らかなように、原料の生産および供給は自然条件や国際情勢などに影響されるので、その価格が大きく変動することも少なくありません。本節では、このような原料価格の変動が利潤率におよぼす影響について考察します。

原料価格の変動と利潤率

利潤率は、$\frac{m}{C}$すなわち$\frac{m}{c+v}$なので、mとvおよびその比率もまた変わらないときは、cの大きさの（したがってまたCの）変化を引き起こすことすべてが、利潤率の変化を引き起こすことは明らかである。しかし、**原料**は、不変資本の主要な**構成要素をなす**。……**したがって**、その他の**事情が変わらない**場合には、**利潤率は**、**原料の価格に反比例して低下あるいは上昇する**。このことからとりわけ明らかになるのは、工業諸国にとって原料の低い価格がいかに重要であるかであり、それは原料の価格の諸変動が生産物の販売部面での諸変動をまったく伴わないときでさえ〔したがって、**需要と供給の関係を全く度外視したとしても**〕そうなのである。さらに明らかになるのは、**外国貿易**は、労賃にたいするそれの作用のすべてを、すなわち外国貿易による第一義的な生活手段の低廉化を度外視しても――すなわち**製造業あるいは農業へと**入り込む原料あるいは補助材料の価格が外国貿易によって影響を受けるかぎりで――**利潤率**に作用するということである。(①165f、E116f)

原料は不変資本の一部を構成しますので、その価格の上昇は利潤率を低下させ、下落は利潤率を増大させます。それゆえ、原料を低価格で確保することは資本にとって死活問題となります。これを端的に示しているのが「先進国」が「途上国」から原料を低価格で収奪してきた歴史です。二〇世紀の「高度成長」も、「途上国」にたいする植民地主義的な支配をつうじて石油をはじめとする天然資源を破格の低価格で入手することができたという事情があったことを忘れてはなりません。

資本家にとっての関税の廃止ないし引き下げの重要性

それゆえ、工場主たちにとって、原料にたいする関税の廃止あるいは引き下げが非常に重要であることがわかる。したがってまた、原料をできるかぎり自由に輸入することが、すでに、より合理的に展開された保護関税制度の主要教説だったのである。それは、穀物関税の廃止とならんでイングランドの自由貿易論者たちにとっての主要目標であった

が、彼らはとりわけ「**綿花**にたいする**関税を廃止すること**等」を求めていた。（①166、E117）

原料を海外から低価格で入手するもっとも手っ取り早い方法は、関税の廃止ないし引き下げです。近年も、資本蓄積（マ458）が停滞し利潤率が低迷するなかで、資本家たちは各種の自由貿易協定の拡大を一貫して追求してきました。現在、国際情勢の急速な変化により、国際的なサプライチェーンの寸断が懸念されていますが、もしそのような状況が深刻化すれば資本家たちにとっては利潤率の低下の要因となり、大きな負担を強いられるでしょう。

原料の価値は一度にそのすべてが生産物に移転する

原料の価値（補助材料の価値と同じように）は、それが原料あるいは成分となる生産物の価値に、**まるごと**一度に**入り**込む。他方で、機械設備、一般に固定資本は、その損耗に照応した分だけ、ただ漸次的に生産物に入り込む。このことから導き出されるのは、**利潤率**は——充用された資本のどれだけの大きさの部分が消費されるか、あるいは消費されないかに関わりなく——**充用された**資本の総量によって規定されるが、**生産物の価格**

は、**原料の価格**によって、ずっと高い度合いで影響を受けるということである。明らかなのは……市場の拡張と収縮は**個々の商品価格**に依存し、この価格の**拡張と収縮**に反比例するということである。それゆえまた、現実には、原料の価格が上昇しても、工業製品の価格は、この製品の成分と比例して上昇するわけではなく、原料の価格が低下する場合に、それと比例して〔製品価格が〕低下するわけではないということである。それゆえ、利潤率は、商品がその価値で売られる場合に比べると、一方の場合には、より大きく低下し、他方の場合には、より大きく上昇する。さらに、充用される機械設備の大きさと価値は、労働の生産力の発展とともに増大するが、この機械設備がより生産的になる、あるいは労働の生産力がより生産的になるのと同じ比率で増大するわけではない。それにたいして、そもそも原料が入り込む産業部門、すなわち労働対象そのものがすでに過去の労働の生産物であるような産業部門では、労働の増大する生産力は、**より多くの原料**がある一**定量の労働を吸収する**比率に現れるのであり、したがって例えば、一時間労働において生産物、商品へと転化され、加工される原料の増大する量に現れるのである。したがって、労働の生産力が発展するのと同じ比率で、**原料**の価値が、**商品の価値**のいっそう大きな構成部分をなすのは、原料の価値が**まるごと商品の価値に入り込む**からだけではなく、**総生産物**の各**可除部分**において、機械設備の損耗がなす部分と新たに付加された労働がなす部分との両者がつねに低下し、減少するからである。他方で、

> この低下する運動によって、原料が形成する**価値部分**は、**比率的に増大する**が、それはこの増大が、原料自身の産出のために充用される労働の増大する生産性から生じる、原料の側での**価値減少**によって相殺されなければのことである。（①167f、E118f）

すでにみたように、固定資本をなす機械や建物などは生産物に価値を徐々に移転させていくだけなので、たとえその価格が変化したとしても、生産物の価格にたいする影響は限定的です。ところが、流動資本をなす原料は使用された分だけその全価値を生産物に移転させることになるので、その価格の変化は生産物の価格に大きな影響を及ぼします。

しかも、生産力の発展とともに商品価格に占める原料コストの比重は増大する傾向にあります。生産力の発展とともに一単位あたりの商品に労働が付加する価値量が減少することはすでに第一部の「相対的剰余価値の生産」のところでみました。次に機械についてですが、たとえば、労働の生産力を以前の機械にくらべて二倍だけ高めることのできる機械だからといって、その価格が以前の機械の二倍になるとはかぎりません。むしろ、それを下回ることが一般的であるとマルクスは指摘しており、そのような場合、商品一個あたりの機械のコストは減少することになります。他方、原料については、それを使用する生産過程で労働の生産力が高まったとしても、その価値が下落することはありません。生産過程全体でみれば、むしろ労働の生産力の発展におうじてより多くの原料が必要になり、そのぶん原料を確保するためのコストも増大します。もちろん、なんらかの事情で原料価格が付加価値と機械から移転される価値の減少の効果を打ち消すほどに低下すれば話は別ですが、そうでない限り、商品一個あたりに占める原料コストの比重が高くなっていくことになります。

以上のような理由から原料価格はとりわけ商品価格に大きな影響を及ぼすわけですが、このことは、原料価格の変動が生産に必要な資本を変化させることによって利潤率を増減させるというすでにみた議論とは別の仕方で、利潤率を増減させることになります。

これを理解するためのカギは「需要の価格弾力性」にあります。詳しくは次章の市場価値論をめぐる議論で扱いますが、端的に言えば、ある商品の価格が高くなるとその分その商品にたいする需要は減少し、逆にその価格が安くなれば需要は増えるということです。これは、みなさんの日常的な消費行動を振り返ってみても容易に理解できると思います。

じつは、このような需要の弾力性は、原料価格が高騰した場合に、資本家にとってやっかいな問題を引き起こします。これまでみてきたマルクスの価値論によれば、商品価値＝生産手段から移転された価値＋労働者が付加した価値であり、原料価格はそれがたとえ増大したとしても商品価格にそのまま移転することができるという前提で考えてきました。しかし、現実には、原料が高騰した場合に、その価格をすべて生産物価格に転嫁することは容易ではありません。なぜでしょうか。もし高騰した原料価格をすべて生産物価格に転嫁すれば商品価格は非常に高くなってしまい、需要の価格弾力性のために、需要が低迷し、思うように商品が売れなくなってしまうからです。それゆえ現実には、資本家は高騰した原料価格のすべてを生産物価格に転嫁することはできず、転嫁できなかった分だけ利潤が減少することになります。こうして、原料価格が高騰した場合には、需要の弾力性の効果によって利潤率が減少することになります。

他方、原料価格が低下した場合には逆のことが起こります。生産物の価格に転嫁すべき原料価格が低下すれば、そのぶんだけ生産物価格が低下し、需要の価格弾力性によって、需要が増大するからです。それゆえ現実には、資本家は低下した原料価格を転嫁した生産物価格よりもやや高い価格でそれらの商品を販売することができ、それによって利潤を増大させることができます。こうして、原料価格が低下した場合には、需要の価格弾力性の効果によって、利潤率が増大することになります。

第五節　資本の遊離と拘束、資本の増価（価値増大）と減価（価値減少）

本節で問題となるのはおもに二つの事態です。ひとつは、なんらかの原因で原料や機械の価格が変動することによって、これらの原料や機械を構成部分としている既存の資本価値が変化するという事態です。もう一つは、原料や機械の価格変動にくわえ、労働力の価格変動をつうじて、同じ規模の事業の継続のために必要な資本が増大したり減少したりするという事態です。以下では、これらの二つの事態が利潤率に及ぼす影響についてみていきます。

資本の減価と増価とはなにか

〔資本の〕減価と増価……が意味するのは、何らかの一般的な経済的諸事情の結果——というのも、ここでは任意の私的資本の特別な運命が問題ではないので——既存の資本の価値が増減することにほかならず、したがってまた、生産に前貸された資本の価値が**——その資本によって取得された剰余労働によって価値増殖するのとは関わりなく——**上昇あるいは低下するということにほかならない。（①178f、E120f）

ここで説明されている減価と増価とは、たんに資本家の手持ちの資金が減ったり増えたりしたということではありません。あるいは、資本蓄積によって資本の規模が増大するという事態でもありません。ここで問題となっているのは、「一般的な経済的諸事情の結果」として既存の資本価値が増大したり減少したりするという事態です。ここで主として取り上げられているのは、原料や機械などの生産手段価格の変動をつうじて、資本家が持っている生産資本（生産要素の姿をとっている資本）や商品資本（生産した商品の姿をとっている資本）の価値が変動するといった事態です。

原料の価格変化の資本価値への影響

原料、例えば綿花の価格が上昇すれば、いっそう安い綿花で製造された、完成した綿製品（糸のような半製品あるいは織物などのような完成した商品）の価格も上昇する。また同様に、まだ加工されずに倉庫にある綿花も、最後に、すでに労働の手が加えられた綿花の価値も、上昇する。後者は、それが遡及《そきゅう》的により多くの労働時間の表現となるので、それが成分として入りこむ生産物に、それ自身がもともと持っていたよりも高い価値を、また資本家がそれに支払ったよりも高い価値を付け加える。

それゆえ、原料等の価格が上昇したときに、半製品であれ、どの段階での生産物であれ、完成した商品が市場に大量に存在しているならば、この商品の価値は増大し、それとともに**既存の資本**の価値の**上昇**が生じる。この価値の上昇は、個別の資本家に、あるいはまた資本の特殊な生産部面に、原料の価格上昇に伴う利潤率の低下を補償しうる（補って余りあることすらありうる）。同じことは、生産者の手に存在する、倉庫にある原料や半製品などの在庫についても妥当する。ここでは、競争の問題には立ち入らないが、万全を期すために、次のことは述べることができる。⑴倉庫にある原料の在庫がかなりの量であれば、それは、原料の価格の上昇にたいして反対に作用する。⑵市場にある半製品あるいは完成した商品が市場を非常に強く圧迫している場合は、完成した商品あるいは半製品の価格が、それに入り込む原料の価格に比例して増大することは妨げられる。

原料の価格の下落——一般的には利潤率を高める——の場合には逆のことが起こる。市場にある商品は減価し、原料の在庫、最後に半完成品、あるいはそもそも製造中の物品も減価する。（①179f、E122f）

この引用文で述べられているのは、原料価格の変動による資本価値の変化についてです。たとえば、綿花の価格が上昇すれば、それを原料とする紡績業の生産物、すなわち綿糸の価格も上昇します。このとき、ただ綿花の価格が上昇するだけであれば、すでにみたように不変資本の増大によって利潤率は低下してしまいます。

ところが、他方で綿花の上昇は資本価値の増大をもたらすことがあります。たとえば、綿花価格が高騰したときに、すでに綿花の在庫をたくさん抱えている紡績業の資本家は、市場で新たに綿花を入手しなければならない他の資本家に比べて、低いコストで原料を入手することができたことになります。かりに高騰した綿花価格をすべて綿糸に転嫁することができたとすれば、綿花の在庫を抱えていた資本家にとっては、高騰した綿花価格とそれ以前の綿花価格との差額がまるごと利潤になります。つまり、原料価格の高騰によって原料在庫として持っていた商品資本の価値が増加した結果、この資本家は利潤を増大させることができたのです。さらにマルクスは、加工されつつある綿花や、完成してすでに市場に出回っている綿糸についても、原料価格の上昇によって同様のことが起こりうることを指摘しています。

そして、逆の場合、すなわち原料価格が下落する場合には、以上のメカニズムとは逆の事態が発生し、利潤率を低下させる要因となることを指摘しています。

とはいえ、以上のマルクスの議論にはやや理論的な混乱がみられます。「ここでは、競争の問題には立ち入らない」と述べているように、マルクスは引用文の前半では具体的な競争関係をいっさい無視して、現在の原料価格が在庫として抱えている原料の価値や市場に出回っている生産物の価格にそのまま反映されると機械的に考えているふしがあります。しかし、たとえば、原料価格の高騰が資本の増価をもたらすというケースを考えるには資本家同士の競争の問題をある程度具体的に検討しないわけにはいきません。なぜなら、そのようなケースが発生するには、特定の資本家がほかの資本家よりも低いコストで原料を入手することができていなければならないからです。もしそうでなければ――例えばほとんどの資本家が安く入手した大量の原料在庫を抱えていたとすれば――たとえ現在の市場の原料価格が高騰しているからといって、その高騰した原料価格をそのまま生産物価格に反映させることはできないでしょう。

同じように、すでに完成した商品が市場に大量に存在する場合に原料価格が上昇すれば、それらの商品価格も上昇し、結果として資本価値が上昇するというマルクスの議論にも十分な根拠がないように思われます。その産業部門全体の資本家がすでに大量に商品を供給しているときに、将来の生産に使用される原料価格が高騰したからといって、その高騰した原料価格を現在の市場に存在する商品に反映させることは困難であり、少なくともこれが一般的に成立するとは考えられないからです。

もっとも、マルクス自身も引用文の最後のあたりで、競争を考慮した場合には、原料価格の高騰による資本価値の増大という命題が一般的には成立しないことを指摘しています。多くの資本家が在庫を抱えていたり、完成した商品が市場にかなり多く供給されているというケースにおいては明らかにこの命題は成立しないからです。また、ここでは指摘されていませんが、前節でみたような「需要の価格弾力性」の問題を考慮に入れれば、現在の原料価格の高騰を、過去のより安い原料で生産された商品の価格に反映させ利潤を増大させることは、よりいっそう困難であることになります。

もちろん、以上に述べたことは、原料価格の高騰がすでに市場に流通している商品価格に反映され、その価格を高騰させるようなケースが存在しないということではありません。原料価格の高騰が供給量の深刻な不足によるものであれば、それを原料とする生産物がまもなく品薄になることが予想されるので、その価格も上昇し、原料価格の高騰を反映させることが可能になるでしょう。ただ、こうしたことは、すべて市場における具体的な競争関係によって決まるものであり、一般的に原料価格の変化が生産物価格にただちに反映されると考えることはできません。

機械設備などの価格変化の資本価値への影響

不変資本の他の部分、すなわち機械設備や一般に固定資本については……減価について一般的に重要なのは、次のことである。すなわち、(I)不断の改良によって、既存の機械設備や工場施設などから相対的にその使用価値が奪われ、したがってまたその交換価値が奪われる。とりわけ、この過程が暴力的なのは、新たに導入された機械設備が一定の成熟度に達していない最初の時期であり、したがって機械設備が自らの価値を再生産するだけの時間が経過しないうちに絶えず時代遅れになってしまう時期である。これこそが労働時間の延長、昼夜の交代労働の理由の一つなのであって、これによって、一定の期間内に、機械設備の損耗を大きくしすぎることなく、その価値を再生産するのである。これにたいして、機械設備の短い作用時間（その短い寿命）がそのようにして埋め合わせられなければ、機械設備は損耗を償却するためにあまりに大きい価値部分を生産物へと移転させることになり、そのため機械設備は手労働とさえ競争できなくなってしまう。(Ⅱ)機械設備、会社建物、一般に固定資本が、ある一定の成熟度に達し、そのため長い間、少なくともその基本構造が変わらないならば、この機械設備、この会社建物などの再生産における諸改良がなされる。それらの価値が減少するのは、それらがより新しく生産的な機械設備等によって取って代わられる、あるいは少なくともある程度まで時代遅れにされてしまうからではなく、それらが初めに生産された時よりも、より安価に再生産することができるからである。これこそは、なぜ大きな企業が二番手のもとではじめて繁栄するのかということの理由の一つなのであり、最初の所持者が破産したあとに、二番目の所持者はそれによって最初からより僅《わず》かな費用価格でその過程を始めるのである。(①181、E123f)

ここでは、固定資本のなかでも機械の価値低下による資本価値の減少について述べられています。すでに第一部において社会的損耗による機械の減価について触れられていました(マ367)。つまり、いま使用している機械の償却を——すなわちその機械の購入に必要だった金額の回収を——終えてしまうまえに、ライバルの資本家たちがより高性能な、あるいはより安価な機械を導入することによって、自分の機械の償却が十分にできなくなってしまい、結果として資本価値が減少してしまうという事態です。

このような事態が発生すれば、もちろん、利潤は減少し、利潤率も低下するでしょう。しかも、このとき重要なのは原料価格の下落の場合とちがって、固定資本の社会的損耗の場合には利潤率の増大をもたらす要因が存在しないということです。原料価格が下落すれば、そのぶん不変資本が減少しますので、それによって利潤率は上昇します。ところが、固定資本の「社会的損耗」の場合には、投下された不変資本の額じたいは変化しないので、このような利潤率の上昇はおこりません。固定資本の「社会的損耗」はもっぱら利潤率を引き下げる要因にしかならないのです。

資本家たちはこのような事態を回避するためにできるだけ早く償却を終えようとしますが、その際、労働時間の延長や昼夜交替制という労働者に大きな負荷をかける方法が強力な手段となることも指摘されています。

資本の拘束と遊離とはなにか

一般に資本の**拘束**として理解されるのは、生産が旧来の規模で継続されるとすれば、**生産物の総価値**から一**定の所与の割合**が新たに不変資本あるいは可変資本の諸要素に再転化されなければならないということである。資本の**遊離**として理解されるのは、生産が旧来の規模の制限内で持続するとすれば、以前は不変資本か、可変資本に再転化されなければならなかった**生産物の総価値**の一部分が、自由に処分できるようになる、あるいは**余分**になるということである。（①182、E121）

本節のもう一つのテーマは資本の拘束と遊離です。資本の拘束とは、旧来の規模での生産を維持する場合に、つねに一定額の資本が生産要素の購買に充てられなければならないものとして拘束され続けるということを意味します。他方、資本の遊離は、生産手段や労働力の価格が低下することによって生産に拘束されていない余剰の資本が生まれることを意味します。以下ではこれらの具体例が述べられます。

可変資本価値の遊離

労賃が低下すれば……これまで労賃に投下されていた資本部分は**遊離**される。**可変**資本の遊離が生じるのである。このことは、新たに投下されるべき資本にとっては、ただ、高められた剰余価値率で資本が仕事をするという作用をもつだけである。同じ量の労働が以前よりも少ない貨幣で運動させられ、それだけ不払い労働は支払い労働にたいして比率的に高くなる。しかし、すでに使用されている資本にとっては、剰余価値の率が上昇するだけではなく、さらにこれまで労賃に投下されていた資本の一部が遊離される。

その部分はそれまでは拘束されていたものであり、事業が旧来の規模で継続されたならば、生産物の売り上げから分離して、労賃に投下され、可変資本として機能しなければならなかった一定の部分をなしていた。いまやこの部分は自由に処分可能なものになり、したがって、同じ事業の拡張のためであれ、他の生産部面で機能するためであれ、新たな資本投下として利用されうるのである。（①182、E124f）

労賃が低下すれば、それだけ剰余価値が増大します。これだけでも労賃の低下は資本家にとって大きな意味を持っているわけですが、さらに資本の遊離という観点から考えると、既存の規模での生産に拘束されない余剰の資本が生じるというメリットもあります。つまり、賃金の低下によってこれまでの事業をより少ない資本で運営できるようになるので、余剰になった資本をこれまでと同じ事業の拡張に投資したり、他の生産部面に投資したりすることができるようになるのです。これによって、資本家たちは利潤を増大させ、利潤率を高めることができます。

逆に、労賃が上昇した場合には剰余価値が減少するだけでなく、より大きな額の資本がこれまでと同じ規模の生産に拘束されるようになってしまいます。もちろん、この場合には剰余価値が減少するだけでなく、投下資本が増えるので、利潤率は低下します。

不変資本の遊離と拘束

不変資本も、それを構成する要素の増価あるいは減価の結果、拘束されたり遊離したりすることがありうる。このことを別にすれば、不変資本の拘束は、生産力が増大して同じ労働量がより多くの生産物を生産し、それゆえまたより多くの不変資本を運動させる場合にだけ可能である（可変資本のある部分が不変資本に転化するということがなければ）。（例えば、農業などでみられるように、生産力が低下し、同じ労働が同じ生産物を生み出すためにより多くの生産手段、例えばより多量の種子や排水装置等々を必要とすることになるならば、同じ結果が生じるであろう）。不変資本が（減価なしに）遊離されうるのは、改良や自然諸力の充用などによって、より少ない価値の不変資本が、以前のより大きな交換価値の不変資本と、技術学的に同じ働きをする場合である。（①188、E127）

不変資本の遊離と拘束のケースにおいては剰余価値の大きさは変化しませんが、遊離の場合には余剰資本の投資によって利潤および利潤率が増大し、拘束の場合には投下資本の増大によって利潤率が低下します。

資本の流通過程の観点からみたとき最も重要な生産要素は原料である

流通過程の考察において見たように、商品が貨幣に転化され、販売されたあと、この貨幣は資本の素材的諸要素へと、与えられた生産部面の一定の技術学的な性格がその諸要素を必要とする比率で再転化されなければならない。あらゆる部門において、最も重要な要素は――毎週あるいはそうでなくても一定の期限で支払われなければならない**労賃を度外視すれば**――すなわち可変資本を度外視すれば――**原料**である〔補助材料も含まれており、これは採取産業や鉱山業などのように本来の原料が何も入り込まない生産部門ではとりわけ重要である〕。というのも、機械設備の損耗分を補塡しなければならない価格部分は、機械設備がそもそもまだ機能しているかぎり、むしろ観念的に計算に入るのであって、それが、今日か明日か、あるいは資本の回転期間（時期）のどの部分で、支払われ、補塡されるかは厳密には重要ではないからである。原料（補助材料を含む）の場合は異なっている。原料の価格が上がれば（労賃などを控除したあとの）商品の価値からその分を補塡することは不可能であるかもしれない、等々。それゆえ、原料の激しい価格変動は再生産過程における中断など、大きな衝突や破局を引き起こす。（①188、E127）

資本の流通過程が円滑に進行するためには生産要素の購買と完成した商品の販売が滞り

なく行われる必要があります。ここでは資本の拘束と遊離について考えていますので、生産要素の購買に焦点があてられています。

さしあたり労働力は度外視し、生産手段だけを考えると、とりわけ重要なのは原料です。すでにこれまでみてきた理由にくわえ、長期的に資金を回収し購入資金を積み立てていけばよい固定資本とちがい、流動資本の一部をなす原料の場合には回収した資金でたえず新たな原料を購入しなければならない、という事情があるからです。そのため、原料価格が大きく変動すると、たちどころに生産要素の購買に拘束される資本が増大して経営が厳しくなり、「大きな衝突や破局」をもたらすことがありうるのです。

日本の大企業は中小企業を「下請企業」として自らの原料供給網に組み込み、それらの企業（およびそれらの企業に雇用されている労働者）の負担で低価格での安定供給を実現したり、「ジャストインタイム」と称して「下請企業」の負担で可能な限り在庫を切り詰めようとしたりしてきましたが、これらも原料の確保に拘束される資本をできるだけ削減し、利潤率を高めるための試みだったといえるでしょう。

資本主義的生産においては農業生産物である原料が不足し高騰する傾向がある

とりわけ、本来の農業生産物（植物界か動物界に属する原料）は、そのような価値変動に……さらされている。ここでは同じ量の労働が、制御できない自然諸関係や季節の順不順などのために、非常に異なった量の使用価値に表されうるのであり、また、それにともなってこの使用価値の一定量が非常に異なった価格を持つことになるだろう。……第二の要素は……事柄の性質上、植物性および動物性の素材――それらの成長や生産はある自然的な時期と結びついた一定の有機的な諸法則に従っている――は例えば機械設備、固定資本、また石炭など――それらの増大は、他の自然的諸条件を前提すれば、また産業が発展した民族のもとでは、非常に短い期間に∞に生じうる――と同じ割合で突然増大させることはできない、ということである。したがって、機械設備などの固定資本からなる不変資本の部分の生産と拡張は原料（植物性および動物性原料、補助材料を含む）からなる不変資本の部分を顕著に上回るということがありうるし、発展した資本主義的生産では、不可避でさえあって、その結果、これらの原料などにたいする需要がその供給よりも急速に増大し、それゆえその**価格**が上昇するのである。（①188f、E128）

これまで展開してきたことからも、次のことはすでに明らかである。すなわち、資本主義的生産がより発展していればいるほど、したがって機械設備などからなる不変資本の部分を急激に、また持続的に増大させる諸手段が大きければ大きいほど――（繁栄期におけるように）蓄積が急速であればあるほど――ますます機械設備や他の固定資本の**相**

対的過剰生産は大きくなり、また（植物性および動物性の）原料の**相対的過少生産**もますます頻繁になり、すでに述べた原料価格の上昇とそれに対応する暴落もますます頻繁になる。したがって、再生産過程の諸要素のうちの一つがこうして激しく価格変動することを原因とする激しい動揺も、ますます頻繁になる。（①189f、E129）

原料のなかでも大きな価格変動にさらされるリスクが高いのは農業生産物です。マルクスが述べているように、農業生産物はその生産が自然条件によって大きく制約されていますし、また、それゆえに工業製品のように急激に生産量を増大させることもできません。それゆえ、資本主義的生産の発展につれ、農業生産物の原料が不足し、価格が高騰するという事態がたびたび発生することになります。典型的なのがマルクスの時代の綿花です。

問題は原料価格の高騰にとどまりません。たとえば、綿花が高騰すれば、資本家たちは綿花生産に参入したり、生産量を増大させたりするでしょう。しかし、綿花の生産は自然状況に制約されているために実際に供給を増大させるには時間がかかります。そのため、綿花不足と価格高騰はなかなか解消されず、綿糸や綿製品の価格も高騰を続けますが、いずれは需要の価格弾力性のために需要が低迷し、それらの商品に綿花価格を転嫁することは徐々に難しくなっていきます。もしそのような状況で、増産された綿花がいっぺんに供給されることになれば、綿花は値崩れを起こしてしまうでしょう。

こうして資本主義的生産の発展とともに、農業生産物原料の過少生産はますます頻繁になり、「原料価格の上昇とそれに対応する暴落もますます頻繁になる」のです。

原料価格の高騰と暴落が資本家と原料生産地におよぼす影響

原料生産物価格の突然の暴落は原料生産物の再生産を抑制し、そのため、すなわち最も良い条件のもとで生産をおこなう供給地ないし諸供給地による**独占**が回復する。それは、おそらくある程度の制限のもとで回復するであろうが、ともかくも回復する。たしかに、原料の再生産は、与えられた刺激の結果、拡大された規模で行われる。とりわけこの生産を独占している国々ではそうである。しかし、機械設備などの拡張の結果として生産がなされる**基礎**は、そしていまやいくつかの変動のあとに新たな標準的な基礎として、新たな出発点として見なされるべき基礎は、最後の回転期間のあいだの過程によって非常に拡大されている。しかし、原料の二次的仕入れ先の一部では、再生産は著しく抑制されている。例えば、輸出表からも指摘することができるように、最近三〇年間にインドでの綿花生産はアメリカなどの綿花生産が不足すれば増大し、それから突然また多かれ少なかれ継続的に抑制されている。原料高騰の時期には、産業資本家たちはともに手を組み、**生産**を調整するために連合体を形成する。例えば、一八四八年の綿花価格の高騰の後などがそうであり、マンチェスターで連合体〔が形成された〕。アイルランドの亜麻**生産**などについても同様であった。しかし、直接の刺激が過ぎ去り、そして当然、「最も安い市場で買う」……という競争の一般原理が再び最高規則になるやいなや、供給の調整は再び「価格」に委《ゆだ》ねられる。原料の生産を共同的、包括的、予見的に制御するというあらゆる考えは——〔制御というものは概して資本主義的生産の諸法則とは決して相容《あいい》れるものではなく、それゆえつねに無邪気な願望にとどまるか、あるいは、大きな当面の危険や混乱の時期に例外的に取られる共同的処置に限られる〕——供給と需要とが互いに調整し合うだろうという信仰に席を譲る。……もちろん、季節の変化によって再びより安い原料等がもたらされることもある。このことが需要の拡張に及ぼす直接的な影響を度外視しても、すでに述べたような利潤率への影響が刺激材料として付け加わる。そして、機械設備などが不変資本の原料によって構成される部分を徐々に上回って生産されるような上述の過程が、さらに大きな規模で繰り返される。実際に原料が改良され、原料が量的にだけでなく、必要とされる質に従っても供給されるようになるには、例えば綿花がインドから供給されるようになるには、長期にわたって規則的に増大する安定的なヨーロッパの需要が必要であろう〔インドの生産者たちが置かれている国内の経済的な諸条件は全く別としても〕。このように、原料の生産部面はただ突発的に拡張あるいは強化され、それから再び暴力的に収縮される、等々。〔①190f、E129ff〕

歴史的教訓は、農業に関する他の考察によっても得られるが、ブルジョア的システムが合理的な農業にそぐわないこと、あるいは農業がブルジョア的システムと相容れず（そのシステムが農業の発展を技術学的に促進するとはいえ）、自営小農民の手か、アソーシエイトした生産者たちによる制御を必要とするということである。（①191、E131）

ここでは、先に見た原料の高騰と暴落が資本家や原料生産地にあたえる影響について検討しています。前者については、原料の高騰によって経営が厳しくなると資本家たちは自発的に「連合体」を形成し、供給量を調整して生産物価格を維持することによって、危機を乗り切ろうとします。もちろん、これは一時的な対処にすぎず、当面の危機が過ぎ去れば、供給の調整はふたたび「価格」に委ねられることになります。いずれにせよ、マルクスが指摘しているように、私的利益の追求を根幹にすえる資本主義的生産は生産の社会的制御とは根本的に矛盾するものであり、前者の内部では後者は原料の高騰と暴落を一定程度よわめるために例外的にとられる措置にすぎません。

他方、原料生産地への影響ですが、ここでもっとも深刻な影響を受けるのが「原料の二次的仕入れ先」です。当時の綿花の場合であれば、インドです。これはつまり、イギリスの植民地として経済的に弱い立場に置かれているインドが資本主義的生産の変動に直接的にさらされ、深刻な打撃を被ったということにほかなりません。大きな景気変動をともないながらも資本主義システムが存続することができたのは、このような植民地の農民や労働者の犠牲によってなのです。

その後、「先進国」は植民地やかつての植民地国においてモノカルチャー経済を形成し、農業生産物の安定確保をはかりました。これによって資本主義システムは原料高騰のリスクを低下させることに成功しましたが、他方でそれは植民地やかつての植民地国の農民の伝統的なライフスタイルを破壊し経済的に弱体化させることによって、彼らから過酷な搾取をおこなうものでした。資本主義的生産の拡大とそのもとでの生産力の発展によって「解決」されたようにみえる問題が、実際には、「途上国」や「グローバルサウス」と呼ばれる地域の人々のおおきな犠牲のもとに成り立っているという事実はやはり現在でもかわりません。

第六節　流通時間の変化、短縮あるいは延長（またそれと結びついた交通手段）の利潤率にたいする影響

資本の回転とはぐるぐると何回も繰り返される資本循環のことであり、この回転の速度は資本循環に必要な時間（以下の考察でマルクスはこれを「資本の流通時間」と呼んでいま

す）が変化するにつれて変わります。資本循環に必要な時間が長くなれば、回転速度は遅くなり、回転数は減ります。短くなれば、その逆のことが起こります。また、回転速度は流動資本と固定資本で違ってきます。前者の回転時間は貨幣資本循環の時間と一致しますが、後者は何回もの貨幣資本循環の結果としてはじめて一回転することができます（詳細は「第二部のまとめ」の第二章の箇所をご覧ください）。ここでは、このような事情が利潤率に及ぼす影響について考察します。マルクスは草稿のこの節の部分を書いていませんので、関連する内容を次章から引用することによって解説したいと思います。

数的な関係としては、回転と利潤率の関係は難しいものではありません。資本の回転という時間的要素を考慮して利潤率を考察する場合には、一定の期限を設ける必要がありますから通常は年利潤率（資本が年間にあげた利潤÷投下総資本）で考えることになります。このとき、流動資本の年回転数＝ｎとすると、可変資本部分も一年にｎ回だけ回転することになります。それゆえ、可変資本が一回転するたびにもたらす剰余価値をｍとし、投下総資本をｃ（不変資本）＋ｖ（可変資本）とすると、年利潤率＝$\frac{nm}{c+v}$となります。

したがって、利潤率に直接影響を与えるのは流動資本の回転数だけです。しかし、これは固定資本の回転速度がまったく影響を及ぼさないということではありません。というのも、すでにみたように、固定資本の回転速度が速ければ速いほど、その自然的損耗や社会的損耗のリスクは少なくなるからです。また、そのさい、固定資本の回転速度を速めるために昼夜二交代制が採用されるならば、それによって流動資本の回転数も増大するでしょう。とはいえ、総資本の大きさを所与とし、その増価や減価について考慮しないかぎりでは、先ほどの定式が妥当することになります。

固定資本と流動資本からなる資本の構成比率は利潤率には影響をあたえない

これにたいして、**固定資本と流動資本**からなる資本の**構成の比率**について言えば、それは、それじたいとしてみれば、利潤率にはまったく影響を与えない。それが利潤率に影響することができるのは、ただ、この構成の相違が**不変部分と可変部分**のあいだの比率の相違を生み出す（あるいはそれと一致する）場合、つまり、利潤率の相違が**この**相違に帰せられるのであって、**流動**部分と**固定**部分の相違に帰せられるのではない場合か、固定構成部分と流動構成部分のあいだの比率の相違が**回転時間、つまり一定の利潤が**実現される**回転時間**の相違を引き起こす場合だけである。例えば、Aはたえず生産物の一部分を原料などに転換しなければならないが、Bはより長い時間おなじ機械装置などを使用するとしても、どちらも、それらが生産をしているかぎり、つねにそれらの資本の一部分を働かせているのであり、つまり一方は原料（**流動**資本であるもの）として、他方は建物、すなわち**固定資本**であるものとして働かせているのである。Aはたえず資本の一部分を生産物形態から貨幣形態に転化し、貨幣形態から原料の形態に再転化するが、Bはこのような変化なしに、資本の一部分をかなり長い期間にわたって労働用具として継続的に利用する。もし両者が同じ大きさの労働を充用し、一年のあいだに、等しくない価値をもつとはいえ（というのも一方には固定資本の摩耗分だけが、他方には流動資本の総価値が入り込むのだから）、同じ量の剰余価値を含んでいる生産物を販売するならば、両者の利潤率は（というのも利潤は前貸総資本にたいして計算されるのであり、それが消費されたか否かにはかかわらないのだから）、それらの固定資本と流動資本との構成が異なっているにもかかわらず、そしてそれらの**総流通時間**が異なるにもかかわらず、**同じ**である。両方の資本は、**完全**に回転するための**流通時間**が異なるにもかかわらず、同じ**流通時間**で同じ量の利潤を実現する。（流通時間の相違がそれ自体として意義を持つのは、ただ、それが、**一定の期間**に**同じ資本**によって取得され、そして実現されうる剰余労働の量に影響を与えるかぎりにおいてのみである）。（①226f、E160ff）

この節の冒頭にみた定式からも明らかですが、投下総資本のうちどれだけが流動資本であり、どれだけが固定資本なのかということは、それじたいとしては問題になりません。このことを明確にするために、ここでは、不変資本のすべてが流動資本であるAと不変資本のすべてが固定資本であるBという極端な例を考えています。不変資本部分だけを考えれば、AとBでは回転時間が全く違います。Aは一年間に二回転するけれども、Bは一〇年かけてやっと一回転するというケースもありうるでしょう。たとえこのような違いがあったとしても、AとBが同額の資本であり、一年間のうちに生み出す剰余価値の量が同じであれば、利潤率は変わりません。たとえば、AとBの資本の有機的構成が同じである場合には、AとBの可変資本の回転数が同じでありさえすれば、すなわち流動資本部分の回転数が同じでありさえすれば、年間に生産される剰余価値量は変わらず、利潤率は同じであることになります。

したがって、流動資本と固定資本の比率が利潤率に影響をあたえるのは、それが間接的に資本の有機的構成に影響を与えたり、あるいは、可変資本の（したがって流動資本の）回転数に影響を与えたりする場合だけなのです。

コラム1　エンゲルスによる『資本論』第三巻の編集

エンゲルスは、マルクスの死後まもない一八八三年三月二五日に、『資本論』第二部および第三部のための膨大な草稿を発見しました。「われわれはこの原稿がどの程度まで印刷できるようになっているかを知らないのだし、また、われわれはまだほかになにを見つけることができるかということを知らない」（ラウラ・ラファルグ（マルクスの次女）宛の手紙）と述べているように、この時点では、エンゲルスはその中身についてほぼ何も知らない状態でした。マルクスと日常的に交流していたエンゲルスは第二部および第三部の大まかな構想については知っていましたが、具体的な仕事の進行やその中身については知らされていなかったのでしょう。このような手探りの状態から『資本論』第二巻および第三巻刊行のためのエンゲルスの苦闘が始まったのです。とりわけ、第二部と比べて草稿の完成度が低かった第三部の編集には、エンゲルス自身の健康状態が悪化したこともあり、九年以上の歳月が費やされることになりました。

本書では、マルクスが考えたことをできるだけ忠実に再現するために、エンゲルス編集に基づく現行版ではなく、マルクス自身が執筆した草稿をもちいています。しかし、歴史的にみれば、エンゲルスが『資本論』第二巻（一八八五年）および第三巻（一八九四年）の刊行を成し遂げてくれたからこそ、多くの人々が第二部草稿および第三部草稿の大枠を知ることができたのであり、その歴史的意義を忘れてはならないでしょう。

第二章　利潤の平均利潤への転化

第二章のテーマは「平均利潤」です。他の章と比較して具体例に乏しく、一見すると難解ですが、「これまで経済学によって理解されてこなかった資本主義的競争の根本法則」（⑤384、E47）を解明することを課題とする重要な章となります。

第一章で登場した「利潤」は、すでに概念としては、すなわち経済的な形態としては剰余価値とは別のものになっていましたが、量的にみれば、依然として剰余価値と同じものでした。ところが、平均利潤の場合には、形態のみならず、量的にも剰余価値とは異なるものになります。どういうことでしょうか。

資本主義的生産様式の本質的メカニズムの解明を課題とする第一部および第二部では、商品は価値通りの価格で交換されるという前提にしたがって考察がおこなわれてきました。資本の儲《もう》けの源となる「剰余価値」も基本的にはこの前提にもとづいて考察されてきました。ところが、第三部にはいり、剰余価値の現象形態である「利潤」について具体的に考えようとすると、やっかいな問題が生じます。価値通りの交換という前提にしたがうかぎ

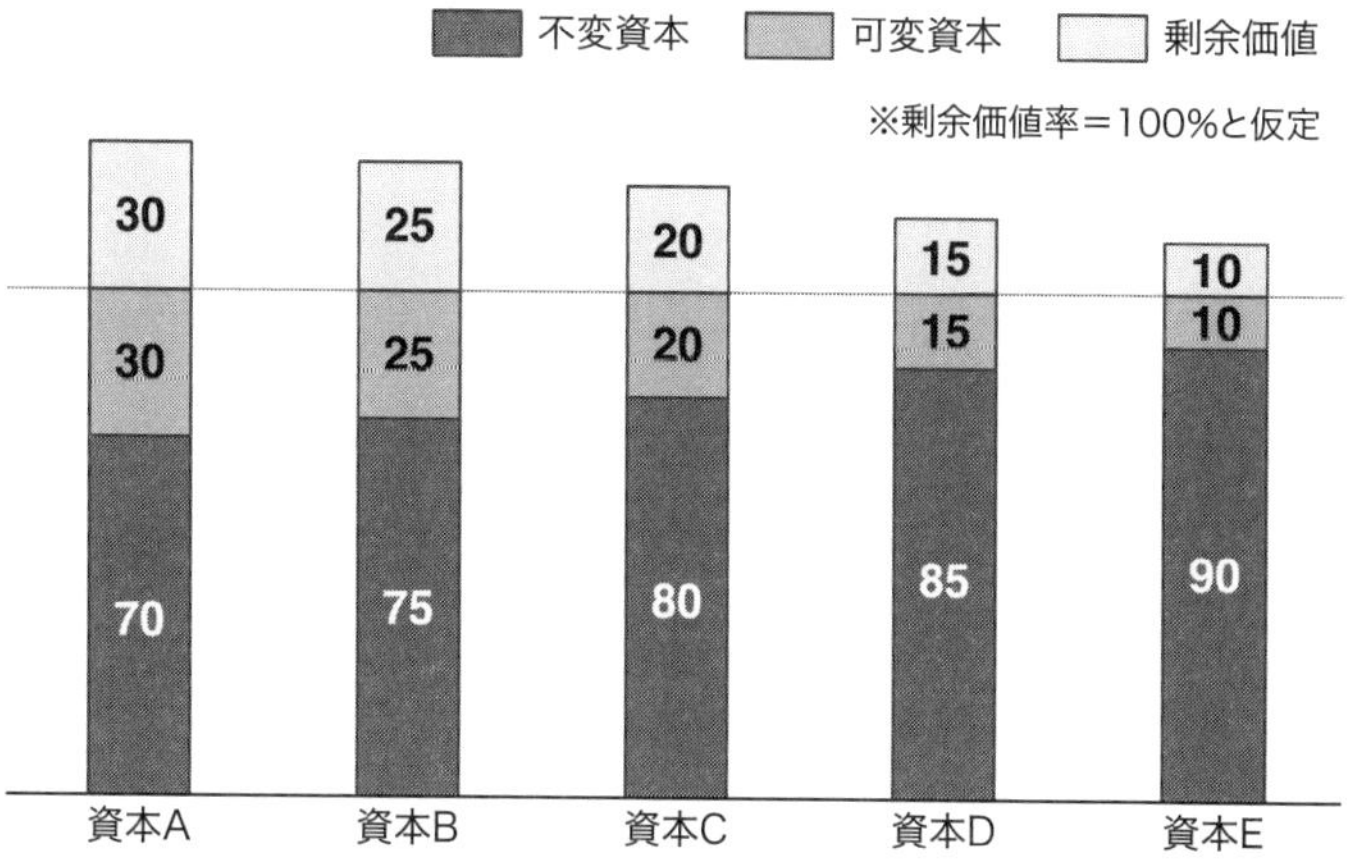

図 2.1

り、資本の有機的構成（マ476）が高い産業の資本は可変資本が少なく、生産される剰余価値も少ないので利潤率が低くなり、逆に、資本の有機的構成が低い産業の資本の利潤率は高いということになってしまうからです（図2.1）。

これは明らかに現実の資本主義システムの諸現象とは食い違っています。実際には、資本の有機的構成の違いにかかわらず、どの産業の資本もおおむね同じような利潤率に収斂《しゅうれん》していく傾向があります（とはいえ、あくまで傾向ですので、例外は無数に存在しますが）。つまり、資本は、その有機的構成がどうであれ、それとかかわりなく、投下総資本に比例した大きさの利潤を生み出す傾向があるのです。『資本論』ではこのような利潤のことを「平均利潤」と言いま

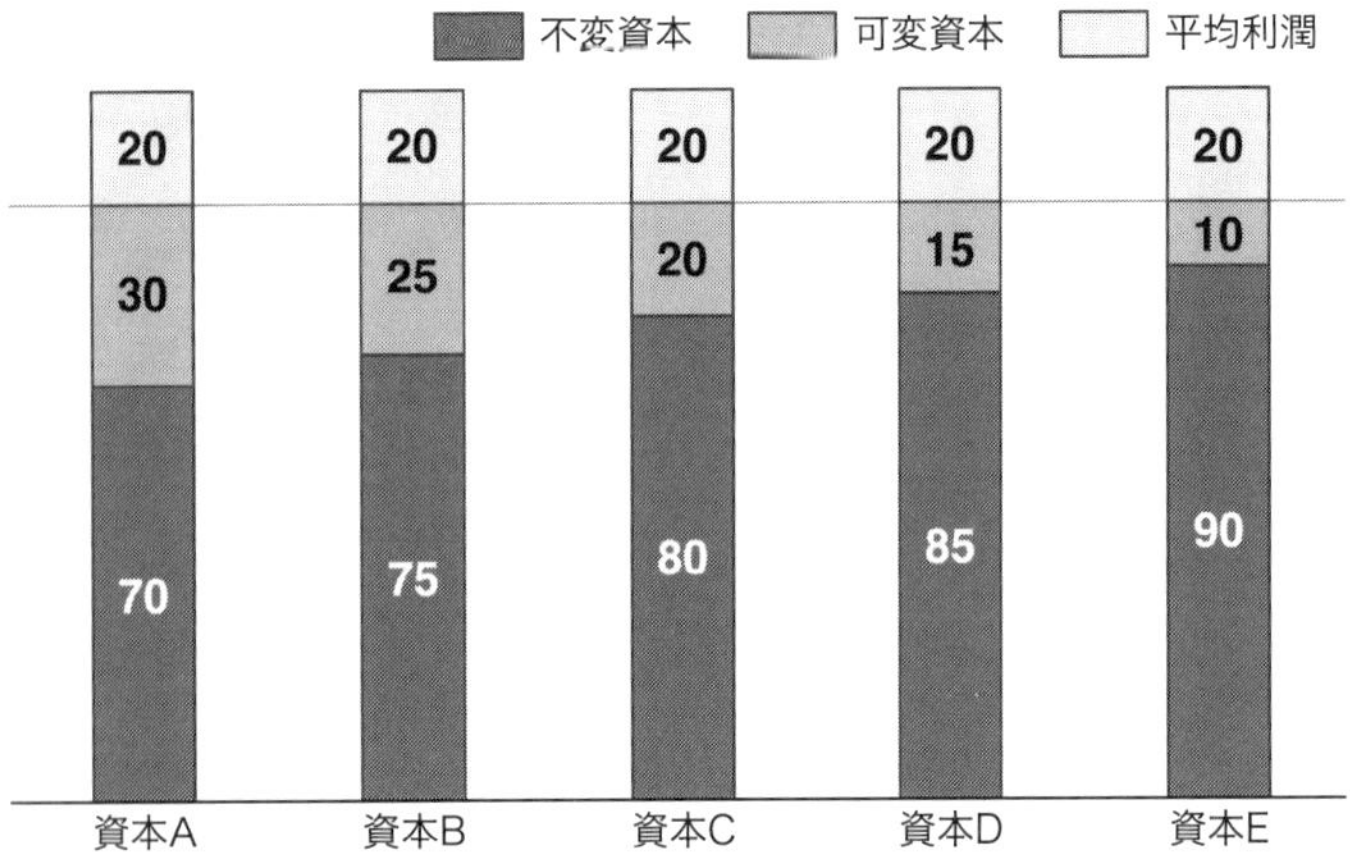

図2.2

す（図2.2）。この平均利潤が剰余価値と量的に異なっていることは言うまでもありません。

そのため、剰余価値の現象形態である利潤について理解するためには、いっけん剰余価値とは矛盾するようにみえる、この「平均利潤」についても解明する必要があるのです。その際、ポイントとなるのは次の三点です。

第一に、平均利潤は、いっけん剰余価値とは相容《あいい》れないようにみえますが、にもかかわらず剰余価値という本質的メカニズムの現象形態として理解されなければなりません。たとえば、図2.2では平均利潤が二〇とされていますが、これがなぜ二〇になるのかは現象形態を眺めているだけではけっして解明できません。現象形態からわかるのは、どの産業の資本であっても同じ利潤率に収斂していく傾向があり、したがって平均利潤を生み出すということだけであり、たとえば平均利潤がなぜ二〇なのか、その場合の利潤率がなぜ二〇％になるのかということは剰余価値という本質的メカニズムから考えることなしには解明することができないのです。

第二に、剰余価値という本質から平均利潤という現象を考える際に重要になるのは、第一章でみた「利潤」の概念です。そこでみたように、利潤とは投下総資本の産物として現象した剰余価値のことでした。この利潤という剰余価値の現象形態はけっして資本家の「錯覚」にもとづくものではありません。前章で詳しくみたように、資本家が労働者を搾取して剰余価値を獲得するには、労働力のみならず、生産手段をも購買し入手しなければならないという事情が現実に存在するからこそ、そしてそれによって組織された生産過程において労働者ではなく資本が主体であるという転倒が現実に成立しているからこそ、剰余価値は利潤という現象形態をとるのです。第二章で登場する平均利潤は、いわば、この利潤という概念を量的にも徹底させたものだと考えることができます。というのも、もし利潤が投下総資本の産物であるとすれば、それは――雇用した労働者の数におうじてではなく――投下総資本の量におうじて獲得されるべきものだからです。たとえば、三億円を投下した資本家は一億円を投下した資本家の三倍の利潤を獲得してしかるべきだと資本家たちは考えるでしょう。

第三に、資本家たちがこのような考えにもとづいて実際に行動することによって、すなわち「競争」することによって、利潤の平均利潤への転化が発生します。すでにみたように、現象的メカニズムの生成には日常意識への現象と競争をつうじた現象という二つのパターンがありました。前章で問題となったのは「日常意識への現象」でしたが、本章ではそれによって生じた利潤という現象形態にもとづいて資本家が実際に競争をおこなうことによって「平均利潤」という現象形態が生まれてくるのです。ここでは、剰余価値がたんに投下総資本の産物として現象するだけでなく、投下総資本の量に比例して生じるものとして現象するので、剰余価値と平均利潤は量的に一致せず、もはや価値どおりの交換は成り立ちません。商品は価値ではなく、費用価格と平均利潤の合計である「生産価格」で交換されるようになります。あたかも空気抵抗が万有引力の法則の作用を歪《ゆが》めるように、利潤形態にもとづく資本家の競争が価値法則の作用を歪めるのです。とはいえ、空気抵抗が万有引力の法則を廃棄しないように、利潤形態にもとづく競争は価値法則を廃棄するものではありません。むしろ、どんなに空気抵抗があろうとも物体の落下運動が万有引力の法則なしには理解できないように、どれほど利潤形態にもとづく競争による歪曲《わいきょく》があろうとも平均利潤は価値法則なしには理解できないのです。それゆえ、本章では価値法則を基礎としつつ、「これまで経済学によって理解されてこなかった資本主義的競争の根本法則、すなわち一**般的利潤率**とそれによって規定される、いわゆる**生産価格**を規制する法則」

（⑤384、Ｅ47）を解明することを課題とすることになります。

さて、以上の三点を念頭に置きながら読んでいけば、かなり見通しはよくなると思いますが、それでも本章の内容はなかなか難解です。実際、本章で扱われる平均利潤や生産価格をめぐっては、マルクス経済学者のあいだで一〇〇年以上にもわたって論争が続けられてきました。というのも、本章で扱われる問題については、マルクス自身も明確な記述を残すことができていないからです。場合によっては相互に矛盾するようにみえる記述さえ存在します。このような完成度の低さの原因としては、問題そのものの難しさにくわえ、何回も書き直した第一章の冒頭部分と違い、第二章以降については基本的に一つの草稿しか存在しないという事情もあるでしょう。そのため、本章で扱われる平均利潤や生産価格をめぐる問題については、テキストを虚心坦懐に解釈するだけでは解決することができないのです。

そこで、本章では、第一部や第三部草稿の記述から導き出すことのできる「マルクス均衡」という概念を第三節において導入することによって、テキストをできるだけ整合的に読み解いていきたいと思います。具体的には、テキストに忠実に解釈しながら、しかし、相互に矛盾する記述がある場合には「マルクス均衡」に合致する記述のほうを採用し、場合によっては「マルクス均衡」に合致するようにテキストの記述を補う、という方針でテキストを解釈していきます。もちろん、他の解釈の余地を否定するわけではありませんが、筆者としては、「マルクス均衡」を補助線とすることによってこそ、マルクス自身の意図をクリアに説明することが可能になると考えています。また、「マルクス均衡」に合致しない記述についても引用して、なぜ合致しないのかを解説していきますので、マルクスの草稿そのものの全体を知りたい読者の方もご安心ください。

文献考証

本章以降は、一部の例外をのぞいて、もっぱら第三部主要草稿（①）だけを参照していきます。なお、現行版も第六篇の一部を除いてはもっぱら①を用いて編集されています。

ＭＥＧＡ編集者は、頁数の振り方や紙の種類などの手がかりから、マルクスが第三部主要草稿（①）を第一章からではなく、第二章から書き始めたのではないかと推測しています。この推測が正しいとすれば、その理由は『一八六一―一八六三年草稿』においては競争の観点からの一般的利潤率の考察が十分に行われておらず、「資本主義的競争の根本法則」が依然として解明されていなかったということに求められるでしょう。つまり、第二章については第一章に比べて未解決問題が多く存在したために、マルクスはそれに先に取り組んだのではないかと考えられます。このことは同時に、①が「資本主義的競争の根本法則」にはじめて本格的に取り組んだ草稿であるために、①のなかでも第二章がとくに完成度の低い箇所となっているということを示しています。

第三部主要草稿(①)	現行版(E)
第2章　利潤の平均利潤への転化	第2篇　利潤の平均利潤への転化
第1節　異なる生産部門における資本の構成の相違とその結果生じる利潤率の相違	第8章　異なる生産部門における資本の構成の相違とその結果生じる利潤率の相違
第2節　一般的利潤率(平均利潤)の形成と商品価値の生産価格への転化	第9章　一般的利潤率(平均利潤率)の形成と商品価値の生産価格への転化
第3節　一般的利潤率の均等化のための競争。市場価格と市場価値。超過利潤	第10章　競争による一般的利潤率の均等化。市場価格と市場価値。超過利潤
第5節　労賃の一般的引上げあるいは引下げ(下落)がさまざまな商品の生産価格に及ぼす影響	第11章　生産価格にたいする労賃の一般的変動の影響
第4節　資本家の補償理由	第12章　補遺 1節　生産価格における変化を引き起こす諸原因 2節　中位構成の商品の生産価格 3節　資本家の補償理由
生産価格への補遺	
第三部の第1章から第2章への移行についての補遺	
[補遺]中位構成の商品の生産価格	

第二章　利潤の平均利潤への転化	
第一節	異なる生産部門における資本の構成の相違とその結果生じる利潤率の相違
第二節	一般的利潤率(平均利潤)の形成と商品価値の生産価格への転化
第三節	一般的利潤率の均等化のための競争。市場価格と市場価値。超過利潤
第四節	資本家の補償理由
第五節	労賃の一般的引上げあるいは引下げ(下落)がさまざまな商品の生産価格に及ぼす影響

上 / 表2.1　下 / 表2.2

主要草稿第二章と現行版第二篇の構成は表2.1のようになっています。第一章とは異なり、後半部分に多少の入れ替えがあるくらいで、大きな違いはありません。とはいえ、第四節の「資本家の補償理由」は第三節への補足として考えるべきものですので、草稿通りに第四節に配置したほうがわかりやすいように思われます。そのため、本章では草稿の順序をそのまま取り入れています。また、補遺の部分は必要な限りで各節に組み込んであります(表2.2)。

第一節　異なる生産部門における資本の構成の相違とその結果生じる利潤率の相違

本節では、第一章の理解にもとづいて利潤率について考察することをつうじて、本章で解決すべき課題が提示されます。

なお、本章では基本的に剰余価値率を一定(一〇〇%)とし、同じ産業部門のなかでの資本の有機的構成や回転の違いも存在しないものとします。というのも、本章で考察する「平均利潤」や「生産価格」といった新たな経済的カテゴリーはそれらの違いによって生み出されるものではないからです。それらが一定であろうとも、さまざまな産業のあいだで資本の有機的構成や可変資本の回転速度が異なるのであれば「平均利潤」や「生産価格」は必然的に生成します。それゆえ、余計な要素を取り除いて本章で考えるべき問題をクリアにするためには、さしあたり剰余価値率は一定であり、産業部門内部での資本の有機的構成や回転の違いは存在しないと仮定することが必要になります。

資本の有機的構成の相違による利潤率の相違

したがって、異なった大きさの諸資本を百分率で計算したものが、あるいは、ここでは結局同じことになるが、**同じ大きさの諸資本が非常に異なった利潤量**を生むのは、それらが非常に異なった剰余価値量を生むからであり（労働日が同じであり、労働搾取度が同じである場合でも）、つまり、さまざまな生産部面における諸資本の有機的構成の違いによって諸資本の可変部分が異なり、したがって諸資本によって運動させられる生きた労働の量が異なり、したがって諸資本によって吸収され取得される（あるいは実現される）剰余労働の量すなわち不払い労働の量が異なるからであり、この剰余労働が剰余価値の実体をなし、それゆえ利潤——量からみれば剰余価値と同一である——の実体をなすからである。さまざまな生産部面における総資本の同じ大きさの部分を考えれば、不等な量の剰余価値の源泉がそれらの部分に合体させられるのであり、そして剰余価値の唯一の源泉は生きた労働なのである。同じ労働の搾取度を前提すれば、一〇〇の資本によって運動させられる労働の量、それゆえ取得される剰余労働の量は、その資本の可変構成部分の大きさに依存する。……したがって、百分率で計算された諸資本――すなわち同じ大きさの諸資本――がさまざまな生産部面において違ったように不変要素と可変要素に分割され、違った量の生きた労働を運動させ、それゆえ違った量の剰余価値、それゆえ利潤を生みだすのだから、**利潤率**――まさに百分率で計算された総資本の剰余価値である――は**諸生産部面**において**異なる**のである。（①221f、E158f）

資本の有機的構成の違いによって、利潤率の相違が生まれることは先にみた図2.2からも明らかでしょう。繰り返しになりますが、ここでは剰余価値率がつねに一定であることにご注意ください。

このように、商品が価値どおりに交換されるという前提にたつかぎり、資本が獲得する利潤はそれぞれの産業部門の資本の有機的構成によって異なり、投下される資本の規模に比例して取得されることはない、ということになります。

資本の回転の相違による利潤率の相違

……別々の生産部面にある同じ大きさの資本が動かす剰余労働の量の相違のほかに

……利潤率のこの不等性のもう一つの源泉として次のものが付け加わる。すなわち、生産部面の相違による……同じ大きさの諸資本の**回転の相違**、あるいは同じことであるが、百分率で計算された不等な大きさの諸資本の回転の**相違**である。……

……利潤pが実現される**流通時間**〔流動資本の回転時間〕が一方の産業部門において他方の産業部門の二倍であるならば、同じ利潤を生産するために、一方の場合において、他方の二倍の資本が必要とされるのであり、その逆もまた然りである。

したがって、**それらの回転時間の差異**は、なぜ別々の生産部面にある同じ大きさの諸資本が同じ大きさの期間〔草稿には「不等な大きさの期間」と書かれているが誤記であろう〕に等しい大きさの利潤を生産しないのか、それゆえなぜ**利潤率**がこれらの部面のあいだで異なるのかについてのもう一つの理由である。（①225f、E160）

次に資本の回転の相違から生じる利潤率の違いについて見てみましょう。前章でもみたように、投下される資本の額が同じであり、かつ、資本の有機的構成が同じであったとしても、可変資本の回転数の違いによって、一定期間のうちに、例えば一年間のうちに生産される剰余価値の量は違ってきます。

たとえば、投下される資本の総額が一〇〇〇万円であり、資本の有機的構成が可変資本：不変資本＝二〇〇万円：八〇〇万円であるというケースを考えてみましょう。剰余価

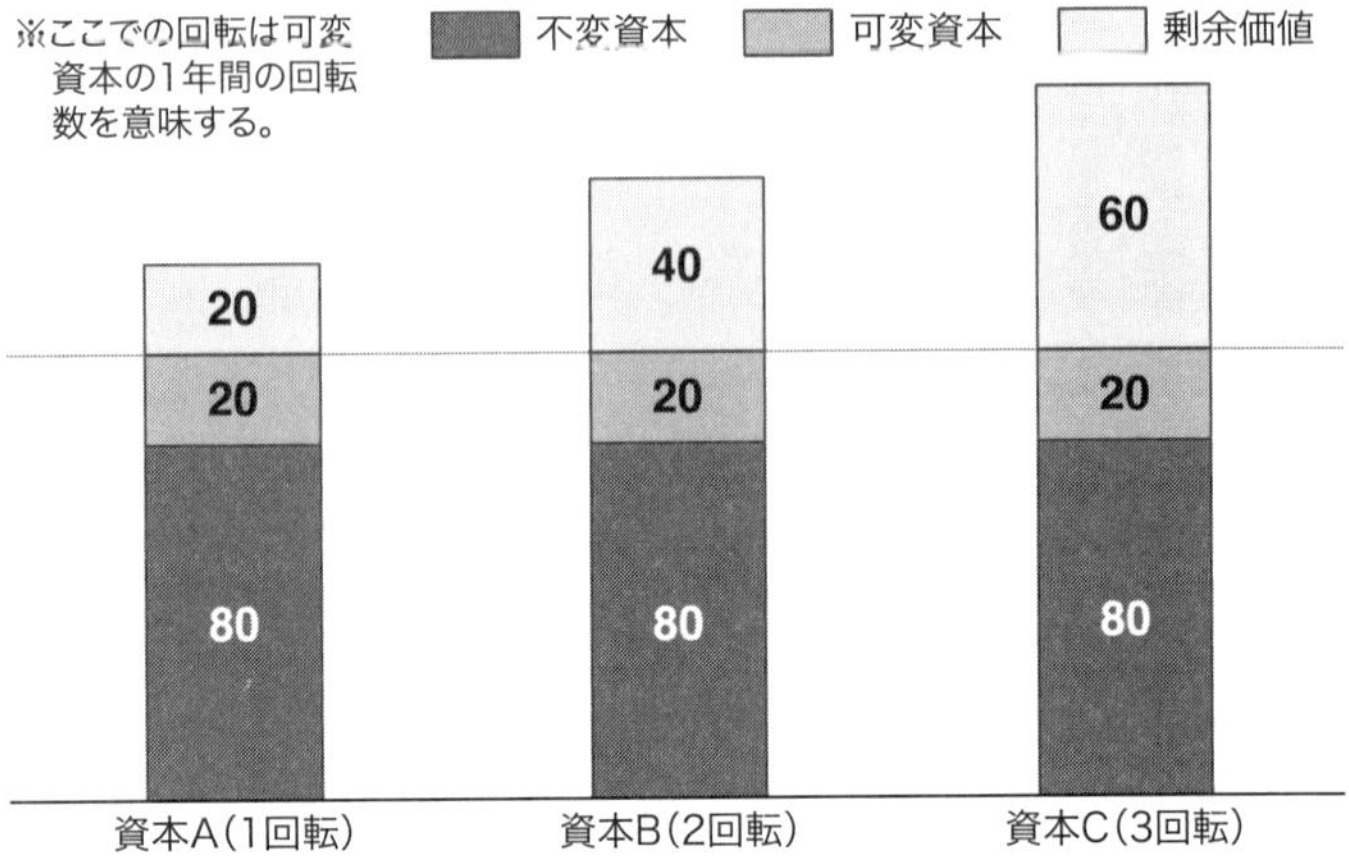

図 2.3

値率＝一〇〇％とすれば、二〇〇万円の可変資本によって生み出される剰余価値は二〇〇万円ですので、この資本の利潤率は二〇〇万円÷一〇〇〇万円＝二〇％ということになります。しかし、この利潤率の計算は時間の問題が考慮されていないので不十分です。通常、利潤率は一年間に生産された剰余価値÷投下総資本によって計算されます。

そこで、資本の回転を考慮に入れて考えてみましょう。もし可変資本が一年間に一回転だけすると仮定すれば、一年間に生産される剰余価値は二〇〇万円で変わらず、利潤率もさきほどと同じ二〇％となります。ところが、可変資本が二回転するとしたらどうでしょうか。投下総資本の額も、そのうちの可変資本の額もいっさい変化していませんが、可変資本が二倍の速度で回転するので、一年間に生み出す剰余価値の量も二倍の四〇〇万円になります。この場合、利潤率も四〇％に上昇します。このように、資本の有機的構成がたとえ同じであったとしても、可変資本の回転の違いによって一年間に生産される剰余価値が変化し、利潤率が変動しうることになります（図2.3）。

価値論が現実の運動と矛盾してしまうように見える

したがって明らかになったのは、諸産業部門が違えば、諸資本の有機的構成の相違に対応して、そして流通時間〔可変資本の回転時間〕の相違に対応して……**同じではない利潤率**が支配するということであり、それゆえ**利潤は諸資本の大きさに比例し**、したがって**同じ大きさの諸資本は同じ期間に同じ大きさの利潤をもたらすという**法則が（一般的な傾向からみて）妥当するのは**等しい有機的構成を持つ**諸資本にたいしてのみ（同じ流通時間〔可変資本の回転時間〕を前提する）であるということである。我々によって展開されてきたことは、およそこれまで我々が展開してきたことの土台をなしていた、商品はその**価値**どおりに販売されるという土台のうえでは、妥当なものである。他方、現実には、非本質的で偶然な、互いに相殺される相違を度外視すれば、産業部門の相違による**平均利潤率**の相違は**存在しない**し、ブルジョア的生産の全システムを廃棄することなしには、それは存在しえないだろうということには何の疑いもない。したがって、**価値論**はここでは**現実の運動**と相容れず（現実の生産の諸現象と一致しえず）、それゆえ総じてこれらを把握することを断念しなくてはならないように見える。（①229f、E162）

本節の考察で資本の有機的構成の違い、さらには可変資本（したがって流動資本）の回転速度の違いによって、利潤率の違いが生じることがわかりました。これまでの考察の基礎をなしていた価値論、すなわち商品の価値はその生産に社会的に必要とされた労働時間によって規定されるという理論にもとづくかぎり、剰余価値は労働力によって生産されるのですから、このような結論が出てこざるをえません。

問題はこれが現実の資本主義経済において観察される諸現象と食い違っているということです。現実の資本主義経済においては、どれほど資本の有機的構成や流動資本の回転が違っていようとも、どの産業でもおおむね同じ利潤率になる傾向があります。もし産業部門による利潤率の著しい違いが存在し、それが定着するとすれば、利潤率が極端に高い産業には資本が過剰に投下され、他方で利潤率の低い産業においては資本が不足することになり、社会全体の需要を満たすような生産活動を組織することが不可能になってしまうでしょう。

それでは、『資本論』第一部および第二部の理論的基礎となってきた価値論によって現実の諸現象を分析することは断念しなくてはならないのでしょうか。実際、多くの「マルクス批判者」たちはこの「食い違い」を根拠にして『資本論』は間違っていると主張してきました。今でもそのような古くさい批判を書いている人が少なからずいます。

しかし、そもそも「事物の現象形態と本質とが直接に一致するとすれば、あらゆる科学は余計」（①721、Ｅ825）だというのがマルクスの立場です。マルクスからすれば、むしろ重要なのは、第一に、現象形態とは直接には一致しない、現象の奥にある本質的メカニズムをいかに掴《つか》み出すかということであり、第二に、その本質的メカニズムから現象的メカニズムの挙動をいかに解明するかということなのです。前者が第一部および第二部の課題であり、後者がこの第三部の課題であることは繰り返し説明してきたとおりです。ここでも、課題は価値法則（商品の価格変動の重心をなす価値の大きさが社会的必要労働時間によって決まるという法則）という本質的メカニズムから平均利潤という現象形態を解明し、それを合理的な仕方で説明することなのです。

とはいえ、本質と現象が直接に一致しない以上、本質的メカニズムから現象的メカニズムを説明するにはいくつかの媒介項が必要となります。すでに第一章において資本家の日常意識が導入され、その観点からは剰余価値が利潤として現象することが解明されました。第二章では、この利潤を最大化させようとする資本家たちの行為、すなわち競争がいかに価値法則の現れ方を歪め――空気抵抗が万有引力の法則の現れ方を歪めるように――利潤の平均利潤への転化を引き起こすのかを明らかにすることが課題となります。

第二節　一般的利潤率（平均利潤）の形成と商品価値の生産価格への転化

本節からいよいよ一般的利潤率、平均利潤、生産価格の議論に入っていきます。いっけん簡単そうですが、誤解されることが多い箇所ですので、丁寧にみていきましょう。

なお、本節においても引き続き剰余価値率は一定であり、一〇〇％であると仮定します。さらに本節では、基本的には、可変資本の回転数は一回である（つまり、流動資本の回転時間はちょうど一年である）と仮定し、産業間での資本の回転数の違いについては考えないこととします。

剰余価値率とは異なり、可変資本の回転は本節で考察する「平均利潤」や「生産価格」といった経済的カテゴリーの生成と密接に関連しています。にもかかわらず、本節でこの問題を扱わないのは、理論的には、回転数の違いを資本の有機的構成の違いと同等のものとして扱うことができるからです。ここで問題となっているのは、価値法則にもとづくかぎり同じ規模の資本が生み出す剰余価値量に差異が生じることであり、その観点からすれば、可変資本の回転数が大きな（小さな）資本は有機的構成が低い（高い）資本として、すなわち可変資本の割合が高い（低い）資本として扱うことができます。それゆえ、資本

	剰余価値率	剰余価値	利潤率	商品価値	費用価格
I）$C^{80}V^{20}$	100%	20	20%	90	70 つまり40の原料と10の磨滅分
II）$C^{70}V^{30}$	100%	30	30%	111	81
III）$C^{60}V^{40}$	100%	40	40%	131	91
IV）$C^{85}V^{15}$	100%	15	15%	70	55
V）$C^{95}V^{5}$	100%	5	5%	20	15

の有機的構成の相違から生じる剰余価値の相違にかんする考察を、そのまま可変資本の回転の相違から生じる剰余価値の相違にかんする考察にあてはめることができるのです。

さまざまな生産部門に投下された複数の資本を単一の総資本とみなして利潤率と商品価値を考え、一般的利潤率、平均利潤、生産価格の概念規定をおこなう

〔上記の表の〕IからVの諸資本を一つの総資本とみなすとすれば、この総資本の構成＝$C^{390}V^{110}$＝$C^{78}V^{22}$であり、一〇〇ごとの平均剰余価値＝二二である。なぜならV＝二二かつm′＝一〇〇％だからである。この剰余価値が一〇〇ごとに均等にIからVに分配されると、次のような商品価格が出てくるだろう〔次頁の表を

	m′	剰余価値	商品価値	商品価格	利潤率	商品価値からの商品価格の偏差
I) $C^{80}V^{20}$	100%	20	90	92	22%	価値より+2
II) $C^{70}V^{30}$	100%	30	111	103	22%	価値より−8
III) $C^{60}V^{40}$	100%	40	131	113	22%	価値より−18
IV) $C^{85}V^{15}$	100%	15	70	77	22%	価値より+7
V) $C^{95}V^{5}$	100%	5	20	37	22%	価値より+17

見よ〕。

合計すれば商品は価値より＋2＋7＋17＝26だけ高く売られ、価値より－18－8＝－26だけ安く売られるのであり、したがって価値からの価格の偏差は、一〇〇〔の投下資本〕につき**平均二二の利潤**をIからVの商品の**それぞれの費用価格**にたいして均等に配分し、付加することによって均等化され、相殺される。しかも商品の一部分がその価値以上で販売されるのと同じ割合で商品の他の部分が価値以下で販売されることによってである。そしてそのような価格での商品の販売だけが、利潤率IからVが、資本IからVの有機的構成の相違とはかかわりなく、均等であり、二二％であることを可能にするのである。さまざまな生産部面のさまざまな利潤率の平均をとり、この**平均利潤**をさまざまな生産部面の**費用価格**に加えることによって成立する価格が、**生産価格**なのである。生産価格の前提は一般的利潤率の存在であり、その一**般的利潤率**は特殊な生産部面の利潤率の平均を、すなわちあらゆる生産部面におけるどんな特殊な生産部面の利潤率もm/Cであることを前提するのであり、そしてその一般的利潤率はただ商品の**価値**からのみ展開されうるのである。この展開なしには一般的利潤率は〔それゆえ商品の生産価格も〕無意味で没概念的な表象にとどまる。したがって、商品の**生産価格**＝商品の費用価格＋一般的利潤率にしたがって百分率的に費用価格につけ加えられた利潤、すなわち＝商品の費用価格＋平均利潤である。（①233f、E166f）

この例では、固定資本が存在し、それゆえ不変資本の一部しか生産物の費用価格に入っていかないというケースについて考えています。

たとえば、Ⅰの資本の場合、不変資本は八〇ですが、そのうち流動資本は原料の購買に充てられる四〇であり、残りの四〇は固定資本となります。Ⅰの資本全体でみれば、固定資本は四〇で、流動資本は四〇〔原料の購買に充てられる価値〕＋二〇〔労働力の購買に充てられる価値〕＝六〇です。「一〇の磨滅分」と書かれているように、ここでは、固定資本は毎年、生産物に一〇ずつの価値を移転させていくと想定されているので、この固定資本は四年かけて一回転することがわかります。

さて、この場合、流動資本の価値＝四〇はすべてそのまま商品の費用価格に入っていきますが、固定資本の価値＝四〇はその一部である一〇しか費用価格には入りません。可変資本の価値＝二〇ですので、費用価格の総計は七〇になります。また、剰余価値率一〇〇％であるため、二〇の価値をもつ労働力によって生み出される価値は四〇であり、剰余価値は二〇になります。それゆえ、Ⅰの資本によって生産される生産物の価値＝五〇〔不変資本の価値移転分〕＋四〇〔労働力によって付加された価値。そのうち二〇が可変資本価値の補塡《ほてん》分で、残りの二〇が剰余価値〕＝七〇〔費用価格〕＋二〇〔剰余価値〕＝九〇ということになります。

このような場合、利潤率を20÷70というように計算したくなりますが、これは間違いです。繰り返し見てきたように、利潤は前貸総資本の産物として現象した剰余価値のことであり、利潤率は前貸総資本にたいして計算されなければなりません。この場合でいえば、Ⅰの前貸総資本は一〇〇であり、これが分母にならなければなりません。したがって、利潤率は20÷100＝20％となります。

ⅡからⅤの資本についても、Ⅰのケースとまったく同じように考えることが出来ます。165頁の表にはⅠと違って原料価格が書かれていないので、流動資本と固定資本の価値を求めることはできませんが、費用価格が書かれているので、商品価値は費用価格＋剰余価値で求めることができます。利潤率は剰余価値÷前貸総資本なので、費用価格がどうであろうとまったく影響されません。いずれにせよ、この表では、先の引用文の例と同様に、資本の有機的構成の違いによって利潤率の違いが生まれることが示されています。

ここで重要なのは、マルクスが「ⅠからⅤの諸資本を一つの総資本とみなす」という概念操作をおこなっているということです。詳細な説明がないので、マルクスが具体的にどのような事態を想定しているのか判然としませんが、①235頁（本書171頁）における同様の例についての記述をみるかぎり、おそらくⅠからⅤの生産部面がそれぞれ異なる商品の生産と販売を行ってはいるが、それらの資本がいずれもただ一人の資本家によって投下されているという事態をイメージしているのでしょう。

この場合、ⅠからⅤはそれぞれに独立した社会的分業をになう生産部門であり、ⅠからⅤのあいだには利潤率の差異が現実に存在することになります。しかし、これらの資本を投下したのはいずれも一人の資本家ですので、彼にとっては五〇〇の総資本を投下した結果、一一〇の利潤が得られたというふうに事態は現象します。生産部門間でいかに利潤率の違いが存在しようとも、彼の視点から見れば、自分の投下した総資本の利潤率は二二％以外のなにものでもありません。この観点からすれば、一〇〇の資本はそれがどこに投下されようとも、二二の利潤を実現すべきものとして現象するはずです。なぜなら、資本家からすれば、どこの産業部門に投下されようとも一〇〇は一〇〇であり、いずれも一〇〇の資本として同じ意義をもっているからです。彼からすれば、同じ一〇〇を投下したにもかかわらず、利潤率が著しく異なるのは本来おかしな話なのです。

そこで、この資本家の観念をそのまま現実にスライドさせ、一一〇の剰余価値をIからVの資本に均等に割り振ってみましょう。これが二番目の表〔166頁〕です。どの部門の利潤率も同じ二二%になっていますが、そのかわり、それぞれの部門の商品価格は商品価値から乖離しています。しかし、この価値からの価格の偏差は全体で見れば相殺されてゼロになります。費用価格についてはまったく変化が起きておらず、また、剰余価値についても全体として一一〇の剰余価値を生産していることには変わりなく、たんに分配の仕方が変わったにすぎないからです。したがって、個々の商品の価格が価値から乖離するにもかかわらず、商品総額は価値に規定されており、この意味で依然として価値法則は妥当しているということをマルクスは言おうとしているのです。

とはいえ、同じ資本額は同じ利潤を生み出すはずだという資本家の観念を現実に当てはめることによっては価値法則の妥当性を示すことはできません。それぞれの生産部門への剰余価値の「分配」がどのようなメカニズムで発生するのかはまだまったく説明されていないからです。むしろ、ここでのポイントは、以上の仮想的な考察にもとづいて重要概念の定義を行っていることです。

まず、一般的利潤率は均等化された利潤率のことを意味し、さしあたりあらゆる生産部門の利潤率の平均だと考えることができます。さらに、平均利潤は一般的利潤率によってもたらされる利潤のことであり、投下資本×一般的利潤率で求めることができます。生産価格は平均利潤の取得を可能にする商品価格のことであり、生産価格＝費用価格＋平均利潤となります。したがって、二番目の表で示されている「商品価格」とはじつは「生産価格」であることになります。

マルクスも強調しているように、商品価格は一般的利潤率が成立することによって価値から乖離しますが、この一般的利潤率そのものは価値法則によって規制されます。上述の暫定的な定義にもとづけば、一般的利潤率＝総剰余価値÷総投下資本となります。

価値の総計と生産価格の総計は一致する

それゆえ**IからV**で与えられた例は次のように扱うことができる。これらの五つの異なる資本投下が一人のものであると仮定しよう。IからVのそれぞれの投資において、充用された資本一〇〇あたり、どれだけの（可変及び不変）資本が商品生産において**消費される**のかは与えられているであろうし、またIからVの商品のこの価値部分は一見して商品の価格の一部をなすだろう。というのも、この価格は再生産のために必要な、しかし消費されてしまった前貸資本の部分を補填するために必要だからである。このIからVの**費用価格**はさまざまに異なっており、そのようにさまざまに異なるものとしてIからVの所持者によって確定されるだろう。しかしIからVにおいて生産された剰余価値と利潤のさまざまな量について言うなら、資本家はそれらを一〇〇の自分の前貸された総資本の利潤として非常に適切に計算することができ、そのため一〇〇にたいして一定の可除部分が帰属するであろうし、ⅠからⅤの費用価格は異なっているが、ⅠからⅤの商品価格のうち一〇〇あたりに付加された等しい利潤からなる**部分**は等しいであろう。ⅠからⅤの商品の総価格はその**総価値**に等しい、すなわち、**ⅠからⅤの費用価格の総計＋五つの部面で生産された剰余価値あるいは利潤の総計**とイコールであり、したがって、実際に、**総労働量、つまりⅠからⅤの商品に含まれている死んだ労働＋付加された労働の貨幣表現**であろう。そしてこのように、社会そのものにおいても——社会的な生産部門の総体を考察するならば——**生産された商品の生産価格の総計はその価値の総計に等しいのである。**（①235f、E169）

すでにみたように、一人の資本家が自分の投下した一〇〇の資本はどれも同じ利潤率を持つはずだと考え、総資本が生み出す総剰余価値をそれぞれの生産部門に均等に配分するならば、商品価格は価値から乖離し生産価格に転化します。しかし、このとき、費用価格には変化はなく、また剰余価値についてもそれぞれの生産部門への配分の仕方が変わっただけなので、「生産された商品の生産価格の総計はその価値の総計に等しい」という関係が成り立っています。それゆえ、個々の商品の価格はともかく、商品全体の総価格は依然として価値に規定されていることになります。

これは「マルクス経済学」において「総計一致命題」と呼ばれており、価値の生産価格への転化において本当にこの命題が成り立っているのかについて数多くの論争が行われてきました。しかし、そのような議論に入るまえに考えていただきたいのは、この命題の成立根拠です。マルクスはここではあくまで一人の資本家が五つの産業部門に自分の資本を投下するというモデルについて考察しており、もしこの資本家が自分の総資本を投下して得られた総剰余価値をそれぞれの部門に投下された資本から均等に生まれたものとみなすならば、この「総計一致」が成り立つということを示しているだけです。

しかし、ほんらいここで考えなければならないのは「社会そのものにおいて」、すなわち「社会的な生産部門の総体を考察」したときに、なぜ「総計一致命題」が成立するのかということです。マルクスも指摘しているように、「現実には……さまざまな社会的生産部面におけるさまざまに異なった利潤率は、**競争**によって、これらさまざまな利潤率の全体の**平均**である一つの**一般的な利潤率**へと均等化される」（①234、E167）ことになります。ところが、この引用文のなかではマルクスは「このように」という句で、単一の資本家のモデルをそのまま「社会そのもの」に、すなわち多数の資本家がたがいに競争する現実の資本主義社会にスライドさせているだけです。このスライドがなぜ可能なのか、その根拠については何も述べていません。

実際には、前者のモデルと現実の資本主義社会には決定的な違いがあり、このようなスライドは可能ではありません。前者においては一人の資本家が実際に取得した総剰余価値を観念のなかで均等に分配しているだけですが、後者においては多数の資本家のあいだでの競争が総剰余価値の均等な配分を成し遂げなければならないからです。したがって、実際に総計一致命題が成立するかどうかを明らかにするには、資本家同士の利潤をめぐる競争がいかにして一般的利潤率を形成するのか、そのメカニズムを解明しなければなりません。マルクスはこの課題に次節で取り組むことになります。

以上から、本節で一人の資本家が総資本を投下するという特殊なケースを考察してきた理由がわかるでしょう。マルクスは次節のテーマとなる競争をあつかうことを回避しつつ、競争を考察するための前提となる概念（一般的利潤率、平均利潤、生産価格）の定義をおこなうために、あえて仮想的な例を設定して考察をすすめてきたのです。

それゆえ、この引用文でマルクスが主張している命題はまだその根拠が明らかにされていないわけですが、それが成立するということをさしあたり認めたうえで、残りの議論をみていくことにしましょう。

一般的利潤率においては資本の回転の違いから生まれる利潤率の相違も均等化されている

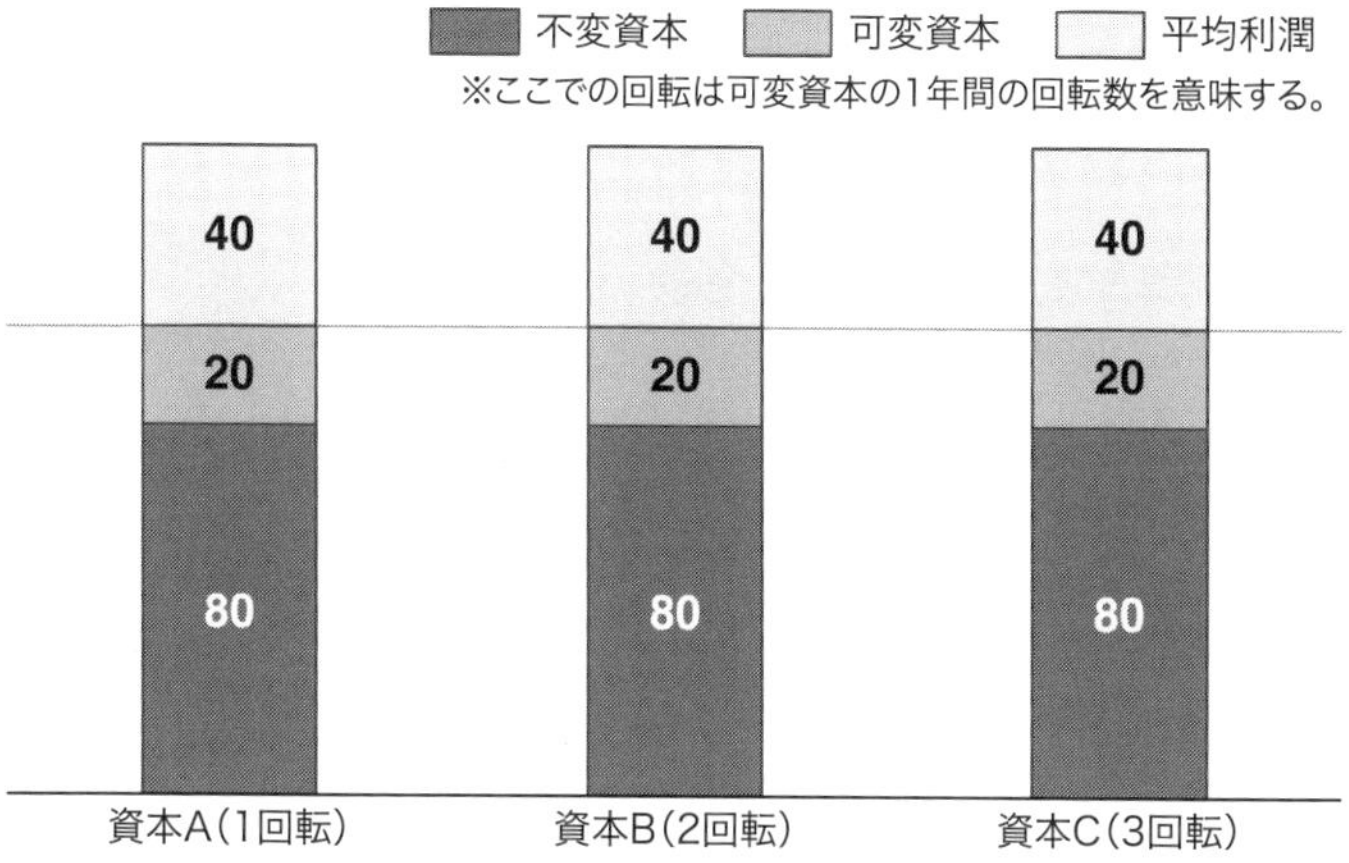

図 2.4

一般的利潤率は一定期間、例えば一年間の一〇〇あたりの**さまざまな利潤率**の平均によって形成されるのだから、そこでは**流通時間**〔可変資本の回転時間〕**の相違**（さまざまな資本にとっての）によって生じる相違もまた消滅している。だが、この相違は、さまざまな生産部門の**さまざまな利潤率**に規定的に入り込み、それらの平均によって一般的利潤率が形成されるのである。（①237、E171）

みてきたように、本節においては一般的利潤率を形成する競争メカニズムについてはまだ解明されていませんが、かりに一般的利潤率が形成され、資本規模にしたがって剰余価値が均等に配分されるとすれば、そこでは可変資本の回転時間の相違から発生する利潤率の相違（図2.3）も均等化されているはずです（図2.4）。そこでは、ある生産部門の可変資本の回転数の多さは一般的利潤率を引き上げ、回転数の少なさは一般的利潤率を引き下げる方向に作用するでしょう。とはいえ、すでに述べた理由で、この回転数の違いは基本的には本節や次節においては捨象されています。

一般的利潤率はそれぞれの生産部面の利潤率だけではなく、その生産部面に投下される資本の相対的な大きさによっても規定される

……**一般的利潤率**は、**さまざまな部面に投下された諸資本**の**それぞれの大きさ**におうじて非常に異なるだろう。例えば、剰余価値が一〇〇％の場合に、Aでは一〇〇ごとの可変資本＝二五、Bでは＝四〇、Cでは＝一五、Eでは＝一〇であるなら、

I）
A）一〇〇ごとの総資本－剰余価値ないし利潤　＝25
B）　＝40
C）　＝15
E）　＝10
――――
90

となり、したがって、90/4％＝二二1/2％の平均利潤率となるだろう。……

もし左のようであれば、

Ⅲ）	A）	200	50
	B）	300	120
	C）	1000	150
	E）	4000	400
		5500	720

＝一三1/11％である。

……それゆえ、**異なる諸生産部面における利潤率**……の相違だけが問題になるのではなく、異なる諸部面の利潤率が一般的利潤率の形成に参加する、**相対的な重さ**も問題となっている。しかし、この重さは、それぞれの特殊な部面に投下される**相対的な大きさ**、すなわち、それぞれの特殊な生産部面に投下された資本が社会的総資本のうちのどれだけの**可除**部分をなすのかに依存する。（①238f、E172）

これまでは五つの生産部門にそれぞれ同じ一〇〇ずつを投下するという前提で考察してきました。しかし、現実にはそれぞれの生産部門への投下額は異なっています。ここでは、この事情を考慮にいれたうえで、一般的利潤率について考察しています。

たとえば、資本の有機的構成が同じであったとしても、投下資本額が大きければそれだけ全体の利潤率の平均に与える影響は大きくなりますし、逆に投下資本額が少なければそれだけ全体の利潤率の平均に与える影響は小さくなります。それゆえ、一般的利潤率はそれぞれの生産部門の資本の有機的構成（と可変資本の回転数）だけでなく、社会的総資本がどのような大きさでそれぞれの生産部門に配分されるかによっても決定されることになります。

資本の構成が社会的平均資本の構成と一致する資本が生産する商品の生産価格はその価値と一致する

労働の社会的生産力の独自な発展は、それぞれの特殊な生産部面において、**一定量の労働**によって、したがって所与の労働日において一**定数の労働者**によって**運動させられる生産手段の量**がどれほど大きいのか、したがって、一定量の生産手段にたいして**必要とされる生きた労働の量**がどれほど**小さい**のかに比例して、より高い程度であったり、より低い程度であったりするのだから、われわれは、不変資本が総資本にたいしてより大きな割合で存在し、可変資本がより小さな割合で存在することによって、その構成が社会的資本の平均構成とは……異なる資本のことを、社会的平均構成よりも**高度な**構成の資本と呼ぼう。これは、その**構成**が社会的平均**以上**である資本である。逆に、不変資本が可変資本よりも相対的に小さな場を占めるような資本を、われわれは**低度な**構成の資本と呼ぼう。すなわち、それは、その構成が社会的平均**以下**である資本である。最後に、その構成が社会的平均資本の構成と等しい資本を**平均的**構成の資本と呼ぼう。……第一の資本〔高度な構成の資本〕によって生産された商品にとっては、その価値は生産価格より小さく、第二の資本〔低度な構成の資本〕にとっては生産価格がその価値より小さい。そして、その構成が偶然に社会的平均……に一致する資本にとってのみ、それらの資本によって生産された商品が価値＝生産価格となるであろう。（①241、E173f）

ここでは高度構成の資本、低度構成の資本、平均構成の資本の定義を行いつつ、重要な指摘をしています。それは、平均構成の資本が生産した商品については価値＝生産価格が成立するということです。なぜなら、平均構成の資本の利潤率は、剰余価値の分配がなされる前から、一般的利潤率と一致しているからです。この命題は、もっぱら総計一致命題だけを重視する一般の「マルクス経済学」においてはほとんど注目されていませんが、第三節における競争の考察において重要になる命題ですので頭に入れておいてください。

費用価格の生産価格化についての考察①——利潤が剰余価値から乖離するだけではなく費用価格も価値から乖離するが、この乖離は社会全体ではおおむね相殺される

たとえば、資本Bの生産物の**価格**がその**価値**から乖離するのは、Bにおいて実現される**剰余価値**がBの商品の価格に付加される**利潤**よりも大きいことも小さいこともありうるからであるが、このことのほかに、**同じ**事情がまたBの**不変**部分およびBの**可変**部分をなす諸商品にたいして妥当するからでもある。不変部分について言えば、この部分そのものが＝費用価格＋剰余価値であり、したがって今や＝費用価格＋利潤である。そしてこの利潤はまたそれがとって代わる剰余価値よりも大きいことも小さいこともありうる。そして可変部分について言えば、たしかに平均的な一日の労賃は、労働者が必要生活手段を生産するために労働しなければならない時間数につねに等しいが、しかし、この時間数そのものもまた、生活必需品の生産価格がその**価値**から乖離することによって、ねじ曲げられている。とはいえ、このことはつねに、剰余価値として入るものが一方の商品で過剰な分だけ、他方の商品では過少であるということ、それゆえまた、商品の費用価格に含まれている**価値**からの乖離もまた相殺されるということに、帰着する。総じてこのブルジョア的なクソ全体において一般的法則が支配的傾向として自己を貫徹するのは、つねに非常に複雑で、非常にラフな仕方においてのみである。（①237、E170f）

これまでの一般的利潤率の考察において注目されたのはもっぱら剰余価値部分だけであり、その均等な配分が価値の生産価格への転化をもたらすという説明がなされてきました。これは一人の資本家が投下した五つの産業部門の商品だけを考察するという限定的なモデルの必然的帰結であったと言えるでしょう。

しかし、現実に一般的利潤率が形成されるさいに変化がおこるのは剰余価値部分だけではありません。費用価格部分もまた変化します。というのも、不変資本を構成する商品の価格もまた、価値から生産価格＝費用価格＋平均利潤に転化するからです。同様に可変資本の総額も、労働者の生活手段を構成する商品の価格が価値から生産価格に転化することによって変化するでしょう。このことを考慮に入れるならば、もはや総生産価格＝総価値は成り立ちません。みてきたように、マルクスはこの総計一致を価値法則が成立する根拠として考えていたのですから、これは重大な問題です。

ここでマルクスはこの問題を次のように「解決」しています。たしかに、個々の商品の費用価格は価値から乖離するであろうが、すべての商品の費用価格を総計すれば価値からの乖離はなくなるだろう。なぜなら、費用価格に入っていく商品のなかには高度構成の資本によって生産された商品も低度構成の資本によって生産された商品も存在し、前者は生産価格＞価値であり、後者は生産価格＜価値なので、費用価格の価値からの偏差は両者のあいだで相殺されて無くなるからだ、と。

しかし、少し考えればわかるように、この「解決」は完全なものではありません。たとえば、商品の中には労働者はほとんど消費せず、その大部分が資本家によって消費される奢侈《しゃし》品が数多く含まれるわけですが、これらは費用価格の中には入っていきません。それゆえ、奢侈品生産部門の有機的構成とそれ以外の商品の生産部門全体の有機的構成が異なれば、費用価格を総計しても価値からの乖離が相殺されることはないでしょう。マルクスもこのことに気づいていたようで、若干の苛立《いらだ》ちもこめながら、「このブルジョア的なクソ全体において一般的法則が支配的傾向として自己を貫徹するのは、つねに非常に複雑で、非常にラフな仕方においてのみである」と述べています。

それゆえ、ある時期までの「マルクス経済学」においては「マルクスは価値の生産価格への転化の問題を解決していない」という説が有力になっていました。そのため、これをどう解決するかをめぐる論争、すなわち「転形問題」論争が長きにわたっておこなわれてきたのです。ほとんどの「マルクス経済学者」はなんらかの商品の生産に投入されたある商品の価格と生産されたその商品の価格が完全に一致するという前提のうえで連立方程式を立てることによってこの問題を解決しようとしましたが、[3] その結果、明らかになったのは「総計一致」命題は成立しないということでした。こうして、「マルクス経済学」は迷路に入ってしまい、ますますマルクス自身の議論からかけ離れていってしまったのです。

こうしたかつての「マルクス経済学」の議論には二つの問題があります。ひとつは、そもそも価値法則が妥当かどうかの指標を「総計一致」の成立に求めることができるのかという問題です。本節だけをみているとマルクス自身が「総計一致」を重視しているのでそのように考えても問題なさそうにみえますが、価値法則の基礎について論じた第一部や生産価格の具体的な成立メカニズムについて論じようとした次節の内容を考慮に入れるとそう言い切ることは難しくなります。実際、マルクスは、なぜ総計一致が成立すれば価値法則が貫徹していることになるのか、その理由をどこにも書いていません。

もう一つは、そもそも費用価格に入る商品の価値から生産価格への転化がここでの考察に大きな影響を与えるものなのか、という問題です。というのも、マルクスはすぐ後にみる引用文において、費用価格の価値からの乖離、すなわち費用価格の生産価格化についてまったく違ったアプローチを採用しているからです。

[3] たとえば小麦を生産する際に、種として投入される小麦の価格とその結果として生産された小麦の価格が完全に一致するという前提にたてば、小麦の価格を変数として方程式を立てることが可能になります。ここでは詳細には立ち入りませんが、このような方程式はひとつの固定的な技術体系を前提し、生産手段や労働力をその現象形態のままに生産要素として同列に置いたうえで、そこから均衡価格を導き出そうとするものであり、生きた労

働の社会的性格の対象化が価値量を規定するというマルクスの価値論を表現するものではありません。

費用価格の生産価格化についての考察②——資本家にとって費用価格は所与であり、彼の生産から独立した前提である

以上に述べた展開によって、もちろん、諸商品の**費用価格**の規定について、一つの修正が生じている。はじめに仮定したのは、一商品の**費用価格**＝その生産に**消費された**商品の**価値**ということであった。しかし、ある商品の**生産価格**は、費用価格として、別の商品の価格形成に入り込むのだから、生産価格は商品の価値から乖離しうるのだから、したがって、ある商品の費用価格もその商品に入り込む生産手段の価値によって形成される、**商品の総価値のうちの一部分**よりも**大きい**か**小さい**ものでありうる。費用価格のこの修正された意義を想起すること、それゆえ、ある特殊な生産部面で商品の**費用価格**とそれらの生産で消費された生産手段の**価値**が等置されるなら、つねに**誤り**が生じうることを想起することが必要である。われわれの当面の研究にとっては、この点にこれ以上詳しく立ち入る必要はない。ともあれ、商品の費用価格はつねにその価値よりも小さいという命題は正しいままである。というのも、商品の**費用価格**が商品に消費され

た生産手段の**価値**からどれほど乖離しようとも、資本家にとっては、この過去の誤りはどうでもよいことだからである。商品の費用価格は資本家にとっては所与であり、彼の生産から独立した前提であるが、他方、彼の生産の結果は**剰余価値**、つまりその商品の費用価格以上の**価値超過分**を含む商品を生産することである。（①241f、E174f）

……たとえば、中位構成が$C^{80}V^{20}$であるとしよう。ところで、このような構成の現実の資本においては、このCを構成する諸商品の**生産価格**がその**価値**から乖離しているために、C^{80}がこのC（不変資本）の価値よりも大きいかまたは小さいということもありうる。同様に、労賃にはいる商品の生産価格がその価値から乖離している場合には、V^{20}もその価値から乖離しうるであろう。つまり、労働者がこれらの商品を買いもどす（補塡する）ために労働しなければならない時間が、必要生活手段の生産価格がその価値と一致する場合に必要であるよりも、より長いかまたはより短いのであり、つまり、労働者がしなければならない必要労働がより多いかまたはより少ないのである。

とはいえ、このような可能性は、中位構成の商品について立てられた諸命題の正しさを少しも変えるものではない。この商品に割り当たる利潤の量＝その商品自身に含まれている剰余価値の量である。C^{80}とV^{20}にかんして、剰余価値の規定にとって重要なことは、これらがその現実の価値の表現であるかどうかではなく、これらが互いにどういう割合をなしているかである。それはV＝総資本の1/5で、C＝4/5だということである。この割合になってさえいれば、Vが生む剰余価値＝平均利潤である。他方では、それが平均利潤に等しいからこそ、生産価格はK＋p（費用価格＋利潤）＝K＋mであり、実際に商品の価値に等しくなるのである。（①283f、E217）

ここでは、先ほどとは違った角度から生産価格の費用価格化の問題が取り上げられています。まず、マルクスは費用価格の生産価格化による価値からの乖離を指摘したあと、「われわれの当面の研究にとっては、この点にこれ以上詳しく立ち入る必要はない」と述べています。すなわち、費用価格の生産価格化による価値からの乖離は、ここで考察されている点にとっては重要ではないというのです。なぜでしょうか。

その理由として、マルクスは、費用価格が「資本家にとっては所与」であるかぎり、資本家にとって費用価格の価値からの乖離という「過去の誤りはどうでもよい」ことを指摘しています。資本家の目的は「商品の費用価格以上の**価値超過分**を含む商品を生産する」ことであり、この生産をおこなう資本家にとって費用価格は「独立した前提」となっています。つまり、費用価格がどんな値であれ、それは現在の生産にとってはその生産物の販売によって回収されるべき額であり、それを上回る部分が利潤になるという事実は何ら変わりありません。生産手段の価格がどれほど価値から乖離していようと、資本家たちはこのすでに確定されている費用価格を前提にして、現在の剰余価値生産をおこなうのです。

これ以降、マルクスは先ほどの「偏差相殺」論を捨て、こちらの「費用価格所与」論を採用しており、これによって議論がかなりクリアになっています。とはいえ、この箇所は一読しただけでは理解しづらい箇所なので、もう少し詳しい説明が必要でしょう。まず、重要なのは「量」の問題だけに関心を奪われないことです。ポイントとなるのは「形態」の問題であり、現在の考察においてどのような経済的形態規定が問題になっているかをつねに頭に置きながら考えていくことが重要です。

すでに述べたように、本章で考察する平均利潤は前章で考察した「利潤」という剰余価値の現象形態を基礎としています。資本家の儲けの源泉は労働者から搾取した剰余価値ですが、この剰余価値を取得するためには労働力のみならず諸々の生産手段を購買しなければならず、そのために自分の資本を投下しなければなりません。それゆえ、資本家の日常意識にたいしては剰余価値は投下総資本の産物として、すなわち「利潤」として現象するのでした。次節で考察するように、この「利潤」という現象形態を基礎にして資本家が行動することにより、「平均利潤」が成立することになります。

このような「利潤」にもとづいた現実の資本家の行動を考えるときに重要なのは、言うまでもなく、生産手段や労働力の価値が本来どのくらいであったかということではなく、現実に資本家がそれらをいくらで購買したのかということです（もちろん、ここで問題になっているのはその時々の需給関係の変動によって価格が価値から乖離するケースではなく、標準的なケースにおいて資本が購入する商品の価格が生産価格になり、価値から乖離するというケースです）。価値からみればそれらの総額が九〇〇万円だったとしても、それらが生産価格の総額である一〇〇〇万円で売られているならば、資本家は一〇〇〇万円を投下しなければなりません。資本家にとって生産手段や労働力の本来の「価値」などというものは「どうでもよい」のであり、重要なことは実際にそれらがいくらで販売されているかということだけです。利潤率はもちろん、「本来の」資本価値である九〇〇万円ではなく、現実の投下資本額である一〇〇〇万円を分母として計算されるでしょう。また、その資本が生産した商品の生産価格も、生産手段価値や労働力価値から算出される「本来の」費用価格にではなく、実際に投下された一〇〇〇万円の資本を補塡するために必要な現実の費用価格に平均利潤を加えたものになるでしょう。つまり、市場で販売されている商品の「本来の」価値などというものは、それじたいとしては、資本家の行動になんの影響も及ぼさないのです。

　このことは、二つ目の引用文からも見て取ることができます。ここでは生産物の価値と生産価格が一致する平均構成の資本がとりあげられていますが、ここでも費用価格の価値からの乖離が問題になるようにみえます。というのも、$C^{80}V^{20}$の資本は生産価格化することによって例えば$C^{85}V^{15}$となり、もはや平均構成の資本ではなくなってしまうという事態が発生するように思われるからです。

しかし、ここでも重要なのは現実に資本家がいくら投下し、その資本の有機的構成が現実にどのような割合になるかということです。この引用文の例でいえば、「本来の」資本価値がたとえ $C^{80}V^{20}$ であったとしても、現実に投下する資本が $C^{85}V^{15}$ であるならば、そもそもそれは平均構成の資本ではありません。資本の有機的構成はあくまで現実に投下された資本で計算されなければなりません。極端な例ですが、ある資本家が現実に不変資本に九〇〇万円、可変資本に一〇〇万円を投下したとすれば、たとえその不変資本の価値が四〇〇万円であり、可変資本の価値が一〇〇万円であるとしても、利潤率は現実の資本の有機的構成にしたがって計算された一〇%となり、資本の「本来の」価値の有機的構成にしたがって計算された利潤率である二〇%にはなりません。それゆえ、どのような構成が一般的利潤率をもたらす平均構成となるかは現実の資本投下にもとづいて規定されなければならないのです。

さらに重要なことは、以上のことを前提としたうえで、平均構成の資本が生産した商品の「生産価格はK＋p（費用価格＋利潤）＝K＋mであり、実際に商品の価値に等しくなる」と述べられていることです。すなわち、たとえ費用価格が生産価格化されていようとも、利潤部分が剰余価値に合致していれば、すなわち付加価値部分が価値に合致していれば、その商品の生産価格は価値に等しくなるというのです。

したがって、ここでは事実上の商品価値の再定義が行われていると考えて良いでしょう。第一部でも商品価値＝生産手段から移転された価値＋労働力が付加した価値とされていましたが、「生産手段から移転された価値」の部分についてはその生産手段の生産に実際に投下された労働量によって規定されるものとして例解がなされていました（マ245）。しかし、いまや「生産手段から移転された価値」は生産で消費した生産手段の生産に実際に投下された労働量によっては決まらず、資本家がその生産手段を現実に入手する際のコスト、すなわち購買価格によって決まります。たとえば、投下された労働量から見れば生産手段部分の費用価格が三〇〇万円であり、付加価値部分が二〇〇万円である商品があるとしましょう。第一部から第三部の第一章までの議論では、この商品の価値は文句なく、三〇〇万円＋二〇〇万円＝五〇〇万円となるでしょう。しかし、費用価格の生産価格化によって生産手段部分の費用価格が四〇〇万円になるならば、この商品の価値はいまや四〇〇万円＋二〇〇万円＝六〇〇万円となるでしょう。それゆえ、再定義された商品価値においては、生産手段から移転された価値については、それが現実の労働量を反映しているかどうかはどうでもよく、資本家が現実に生産手段の購買のために投下した資本を補塡することのできる価値量を意味することになります。

既存の「マルクス経済学」になじんできた方にとっては、突拍子もない議論に聞こえるかもしれませんが、じつは、再定義された商品価値のほうが第一部の商品章（第一章）で展開されているほんらいの価値概念に合致しています。だからこそ、マルクスもこのような再定義を行っているのでしょう。この点については次節で説明します。

なお、この価値の定義にもとづけば剰余価値および剰余価値率にも一定の修正が必要でしょう。すなわち、剰余価値の大きさは「労働力がおこなった労働が付加した価値－労働力の再生産に必要となる生活手段の生産に実際に投下された労働量によって規定される価値」によって決まるのではなく、「労働力がおこなった労働が付加した価値－労働力の購買価格に表現されている価値」によって規定されることになります。また、剰余価値率も「労働力がおこなった労働が付加した価値－労働力の購買価格に表現されている価値」÷「労働力の購買価格に表現されている価値」によって規定されることになります。

さらに、この価値についての定義を総価値と総生産価格に当てはめると、総計一致が成立することがわかります。この価値の定義によれば、商品価値のうち費用価格部分についてはそれが価値なのか生産価格なのかは全くどうでもよく、もっぱら現実に補塡しなければならない費用によって決まるのですから、もはや費用価格の価値からの乖離などという問題は発生しません。他方で、これまでの議論から総剰余価値＝総利潤が成立することはわかっていますので――これが競争をつうじて実現するメカニズムの解明はまだ行われていませんが――総生産価格＝総価値という総計一致命題が文句なく成立することになります。ただし、たとえ総計一致命題が成立したからといって、そのことが価値法則の妥当性の証明にはならないことにはご注意ください。この点については次節で詳しく検討します。

平均利潤による剰余価値の神秘化

いままでは、ある特殊な生産部面において現実に生み出された剰余価値が、それゆえまた利潤が商品の販売価格に見積もられた利潤に一致するのは、もはや偶然に過ぎない。……労働の搾取度〔剰余価値率〕が所与である場合、いまや、ある特殊な生産領域において生み出される剰余価値の量は、直接にそれぞれの特殊な生産諸部門のなかの資本家にとってよりも、社会的資本の総平均利潤、すなわち資本家階級一般の総平均利潤にとって重要なのである。資本家にとっては、彼の部門で生み出される剰余価値の量が共同規定的に平均利潤率の規制に介入するかぎりでのみ、それは重要であるが、とはいえそれは、資本家の背後で不可視的に生じ、資本家が見ることも理解することもない過程、また実際には、資本家の関心をひかない過程なのである。……利潤と剰余価値とのあいだの現実的な**量の相違**は、利潤の真の本性と起源とを、ここで自らを欺くことに特別な関心をもっている資本家にたいしてのみならず、労働者にたいしても、いまや完全に隠蔽する。価値の生産価格への転化とともに、価値規定そのものの基礎が目にみえなくなる。最後に、たんなる剰余価値の利潤への転化において、利潤を形成する商品の価値部分は商品の**費用価格**としての他の価値部分に対立し、その結果、ここではすでに価値という概念が資本家にとってなくなってしまい——というのも、資本家の眼前にあるのは、商品の生産に要する**総労働**ではなく、資本家が生きた**生産手段**かまたは死んだ**生産手段**という形態で**支払った**、この総労働の部分だけであるから——そしてこうして利潤が資本家にたいして商品の内在的な価値の外部にあるものとして現れるとすれば、いまや、この表象は完全に確証され、固定され、骨化される。というのも、費用価格に**付け加えられた利潤**は、実際に、**特殊な**生産部面が考察される場合には、この生産部面そのもののなかで行われる価値形成を規定する、それに固有の価値形成の限界によってではなく、それにたいしてまったく外的に確定されるからである。（①244f、E177f）

「利潤」においてもすでにその源泉が剰余価値にあることは隠蔽《いんぺい》され、その神秘化が発生していましたが、「平均利潤」においてはさらに量的にも剰余価値から乖離するので、その源泉が剰余価値にあることはよりいっそう隠蔽され、その神秘化もさらに深化します。というのも、平均利潤が剰余価値から量的に乖離することによって、現象面の観察だけでは商品の価値規定にたどりつくことは容易ではなくなるからです。

また、実践的にも、資本家にとっては費用価格が商品に内在する「価値」として現れるのにたいし、平均利潤のほうはそれぞれの生産過程には依存せずに、外在的に決定されるものとして現れます。費用価格はそれぞれの生産部門の内部での支出によって決定されるものであり、その生産部門の特殊性に依存しています。たとえば、投下資本が同じ一〇〇であったとしても、流動資本と固定資本の割合の違い、あるいは固定資本の回転時間などによって費用価格はまったく異なってきます。ところが、平均利潤は社会的に決定される一般的利潤率に左右されるものであり、その生産部門の特殊性に依存するものではありません。このように、平均利潤が実際に自分の生産部門とは直接には関わりないものとなることで、費用価格だけが現実の商品の「内在的価値」なのだという外観はますます強化され、利潤はますます外的なものとして現象するようになります。

第三節　一般的利潤率の均等化のための競争。市場価格と市場価値。超過利潤

本節は第三部のなかでももっとも難解な箇所となります。理論的に難解な問題を扱っているうえに、完成度がきわめて低いからです。マルクスの叙述は錯綜《さくそう》しており、このテキストだけをいくら丁寧に読んでも理解するのは困難だと言わざるをえません。そこで、ここでは、マルクス自身の記述の順序にはとらわれずに、第三部草稿の他の箇所や第一部の内容をも参照しつつ、マルクス自身がもしこの節を完成させたとしたら、どのようなもの

になったのかを考えていくことにしましょう。

本来の困難な問題

ここでは、本来の困難な問題は、このような利潤の均等化あるいはこのような一般的利潤率の形成はどのようにして行われるのかという問題である。というのは、この均等化は明らかに結果であって、出発点ではありえないからである。（①250、E183）

「残余の価値すなわち余剰は、それぞれの産業において、充用される資本の価値と比例関係にあるだろう」（**リカード**）。困難はまさに、いかにして、そしてなぜ、このような事態が生じるのかを示すことにある。（①215）

前節において一般的利潤率、平均利潤、生産価格という新たな概念が導入されましたが、いかにして一般的利潤率が成立し、利潤が平均利潤に転化するのかという問題は解決されていませんでした。前節では、競争を排除することのできる、仮想的な条件のもとでそれらの概念の定義をおこなったにすぎないからです。しかし、この引用文で述べられているように、「本来の困難な問題」は「このような利潤の均等化あるいはこのような一般的利潤率の形成はどのようにして行われるのかという問題」です。まさにこの問題を解決するのが本節の課題となります。

しかし、本節の記述にその答えを見出《みいだ》そうとしても、期待外れに終わるでしょう。残念なことに、本節では議論の大半が市場価値論（これについては後で詳しく説明します）に費やされており、生産価格の成立メカニズムについてはほんのわずかな考察しかなされていません。しかも、市場価値の考察に大きな分量を割いているにもかかわらず、その成果は生産価格の成立メカニズムの考察にはほとんど活《い》かされていません。少なくとも、残されている記述そのものはマルクス自身が提起した問題――すなわち利潤の平均利潤への転化が資本家の競争をつうじてどのように成立するのかという問題――を解決するものにはなっていないのです。

では、マルクスはこの問題の解決に失敗したのでしょうか。そうとは言い切れません。というのも、マルクスは本節の考察をつうじて価値法則についての考察を深め、それ以前の著作や草稿では明確に整理することのできていなかった重要な論点――需要と供給との一致とは何を意味するのか――を浮き彫りにしているからです。ただし、この論点の意義を明確に理解するためには、これにもとづいてマルクスがのちに到達した価値法則の理解――すなわち『資本論』第一部における価値法則に関連する記述の理解――が必要です。

じつは、みなさんがすでに読んだ第一部第一章「商品」の内容は本節での考察を踏まえたものになっています。「人と作品」の表1にあるように、第一部第四章「貨幣の資本への転化」以降の草稿については第三部草稿を書く以前に書かれていましたが、第一部第一章「商品」から第三章「貨幣または商品流通」までの部分は第三部草稿第一稿のあとに執筆されました。当初マルクスは――プランの大幅な変更があったものの――商品と貨幣についての内容をふくむ前作の『経済学批判』の続きから記述を開始するつもりでしたが、第三部草稿を執筆するなかで『経済学批判』の不十分さに気づき、商品と貨幣についても抜本的に書き直すことにしたのです。とりわけ商品については『経済学批判』とはまったく異なる理論構成になっており、完成度も数段高いものになっています。それゆえ、第一部で示されている価値法則の理解は本節の問題を考えるうえでのもっとも重要な土台になります。

そこで、やや遠回りになりますが、第一部第一章「商品」における価値法則にかかわる内容を再確認することから考察を始めることにしましょう。

価値法則と社会的総労働の配分

第一部の価値法則についての基本的な解説は『マルクス　資本論』の117～133頁でなされています。ここでは、その内容をふまえたうえで、あらためて価値法則について立ち入って説明していきたいと思います。

まず重要なのは、どんな社会においても、その社会を再生産していくためには社会的総労働の適切な配分が必要だということです。たとえば、農業生産性があまり高くない農耕社会においては、社会的総労働一万時間から食料生産部門に七〇〇〇時間、衣料生産部門に二〇〇〇時間、住居生産部門に一〇〇〇時間を配分しなければならない、といった具合です。

前近代社会およびアソシエーション社会（共産主義社会）においては人格的な紐帯《ちゅうたい》が社会関係の土台となっているので、社会的総労働の配分を共同体的な秩序によって――前近代的な伝統や人々の自由な意思決定によって――解決することができます。ところが、近代社会では共同体的秩序が解体しているので、このような仕方で社会的総労働の配分を実現することはできません。近代においてこれを実現するものこそが市場システムにほかなりません。この仕組みについて詳しく見てみましょう。

市場システムにおいては商品交換以外に生活の糧を手に入れる方法はありません。そのため、商品生産者はできるだけ有利な交換比率をもつ商品を生産しようとします。いま従事している生産部門の商品が不利な交換比率でしか交換できないのなら、彼はより有利な交換比率が望める他の生産部門に移り、その産業に自らの労働を投入するでしょう。このとき、交換比率が有利か不利かを判断する基準となるのが、商品の生産に費やされた労働量、すなわち抽象的人間的労働にほかなりません。なぜなら、商品を生産するための究極的なコストは労働だからです（なお、この段階では原料や労働用具などの生産手段の存在は捨象されていることにご注意ください）。誰でも労働をおこなえばそれだけ疲労するし、時間も費やします。それゆえ、商品生産者にとって自分がおこなう労働量は有限であり、この労働量を基準にして自らの生産物の交換比率の有利不利を判断して、行動することになるのです。こうして、商品交換によって自らの生活の糧を手に入れなければならない商品生産者たちは、「価値」を基準として自分の生産物の交換価値の有利不利を判断して行動することを強制されることになります。

社会的総労働の配分を可能にしているのは、まさにこのような価値を基準とした商品生産者たちの行動なのです。たとえば、なんらかの事情で商品の生産量が十分ではなく、価格が価値を上まわる場合には、投下した労働が商品価格においてその投下労働量以上に評価されるので、商品生産者たちはその産業部門へと流入するでしょう。逆に、商品が必要以上に生産され、価格が価値を下まわる場合には、投下した労働が商品価格においてその投下労働量以下にしか評価されないので、その産業部門から流出するでしょう。こうして、商品生産者たちは誰に強制されることもなく、私的利害にもとづいて自分たちの労働配分を調整し、結果として社会的総労働の配分を成し遂げるのです。

以上から、価値法則の根幹にあるのが、商品形態を媒介とした労働配分のメカニズムであることがわかるでしょう。ここで重要なのは、たんに商品価格が労働量に対応していることではありません。むしろ、生産者たちが商品の交換比率をつうじて無意識的、間接的、事後的に社会的総労働のうちからその生産部門に均衡的に労働が配分されているかを考慮し、行動し、そのことによって商品の交換比率が制約されるというメカニズムこそが重要なのです。

端的にいえば、資本主義システム＝全面的な市場システムとは、金銭的利益（商品価格）をつうじて生きた労働を動員し、社会的総労働の配分を成し遂げる経済システムである、ということです。だからこそ、より労働が必要な生産物の価格は高くなり、逆の場合には逆の結果になる。これが、商品価格が労働量によって規制される根本的な理由なのです。

さらに、第一部では明確に述べられていなかった点について付け加えておきましょう。マルクスがたんに「労働」というとき、特殊な文脈がないかぎり、それはすべて「生きた労働」、すなわち人間の活動としての労働を意味しています。したがって、それは労働力の配分と同じものではありません。生きた労働は労働力だけで実現することはできず、必ずその有用労働に即した生産手段を必要とします。総労働力の配分だけであれば、資本家たちが労働力を購買するだけで可能ですが、総労働の配分を実現するためにはそれらの労働を実際に行うための生産手段の配分が必要となるのです。したがって、総労働の配分は必然的にそれに対応する生産手段の配分を伴うことになります。この点は、「商品」章の価値法則の考察においては生産手段の存在が捨象されているために見逃されがちですが、本節の考察にとっては重要な意味をもちます。

また、それと関連することですが、生産手段の価値が商品価値へと移転するのも、まさにそれが総労働の配分に必要となるからにほかなりません。もし生産手段を購入するさいに必要であった費用を回収することができなければ、商品生産者は投下した労働にみあう対価を獲得できず、そのような部門には誰も労働を投下しようとしないでしょう。それゆえ、社会的総労働の配分を実現するには、商品が価値通りに、すなわち生産手段から移転された価値＋労働者が付加した価値で交換される必要があるのです。前節でみたように（190頁）、ここでいう「生産手段から移転された価値」が本来の「価値」ではなく、現実に生産手段の購買に必要とした費用を意味することは言うまでもありません。本来の「価値」がどうであろうと、社会的総労働の均衡的配分を実現するには、生産手段の取得に必要とした現実の費用を回収しなければならないのです。

さて、本質的メカニズムにおける価値法則の説明としては、さしあたり、以上の説明で十分でしょう。とはいえ、現象的メカニズムについて解明しなければならない第三部では、この価値法則はそのままのかたちでは成り立たなくなります。第二部までは本質的メカニズムの次元で議論が進められてきましたので、価値法則がそのまま妥当しました。たとえ商品生産者が資本家になったとしても、資本家が剰余価値を追求するかぎりでは、すなわち資本家が労働力の購買をつうじて動員した労働量にたいする見返りを求めて行動すると想定するかぎりでは、商品価値による社会的総労働の配分が依然として可能だったからです。しかし、第三部ではこの価値法則に「歪み」が発生します。この歪みをもたらすものこそが、利潤をめぐる資本家たちの競争が生み出す需要と供給の関係なのです。

需要と供給の概念規定にさいしての本来の困難

需要と供給の一般的な概念規定にさいしての本来の困難は、この概念規定が同義反復になってしまうように見えるということである。(①260f、E195)

需要と供給との不一致やその結果としての**市場価値**からの**市場価格**の乖離という不一致を見てとることほどたやすいことはない。ほんとうの困難は、**需要と供給の一致**という言葉によって理解されるべきものの規定にあるのである。

需要と供給が一致するのは、需要と供給が、一定の生産部門の商品量がその市場価値どおりに売れ、それよりも安くも高くもなく売れるような比率になっている場合である。これは、われわれが聞く第一のものである。

第二に聞くのは、商品がその市場価値どおりに売ることができる場合には、需要と供給が一致している、ということである。(①264、E199)

需要と供給が**市場価格**を規定するとすれば、他方では市場価格が、そしてさらに分析を進めれば市場価値が、需要と供給を規定する。需要は自明である。というのは、需要は価格に反比例して動くからである。しかし、供給も同じである。なぜならば、供給される商品に入っていく生産手段の価格は、この生産手段にたいする**需要**を規定し、**したがって**この生産手段にたいする需要を含んでいる商品の供給を規定するからである。(①265、E200f)

マルクスは本節の錯綜した考察――文字通り錯綜しているので本書ではその軌跡を追うことはあえてしません――をつうじて重要な論点に到達しました。それこそが、「需要と供給の一般的な概念規定にさいしての本来の困難」、あるいは「**需要と供給の一致**という言葉によって理解されるべきもの」を規定することの「困難」という問題です。この需要と供給をめぐる考察こそが、平均利潤の形成メカニズムの解明という本節の課題を解決するための重要な糸口になるのです。

一般的な経済学においては、需要や供給がどのように決まるか、どのような場合に一致するかは大いに論じられますが、「需要と供給の一般的な概念規定」や「**需要と供給の一致**という言葉によって理解されるべきもの」とは何かといったことは問題になりません。それらは自明なことだと考えられているからです。じつは、前作の『マルクス　資本論』の解説でも、常識的な観念に依拠して「需要」や「供給」という概念を多用しました。そのほうがわかりやすいと考えたからです。しかし、マルクス自身は例外的なケースを除いて——特殊な商品である労働力について述べる場合を除いて——『資本論』第一部では需要と供給という概念について言及することを回避しています。おそらく、ここで述べているような「困難」のために、それらの概念を本質的メカニズムの次元で扱うことは難しいとマルクスは考えていたのでしょう。

では、ここでマルクスが指摘している困難とはどのようなものなのでしょうか。簡単な例を挙げてみましょう。小麦の価値（正確にいえばその貨幣表現）を一〇〇グラムあたり三〇円だとし、社会全体の小麦にたいする需要を一〇〇万トンだとしましょう。本質的メカニズムの次元で考えているかぎり、問題は簡単です。社会による小麦の供給が一〇〇万トンの場合、価格は価値に一致し、一〇〇グラムあたりの小麦の価格は三〇円になります。もし小麦の供給が一〇〇万トンを超えれば、価格は価値以下に下落し、逆に供給が一〇〇万トンを割れば、価格は価値以上に上昇するでしょう。いっけん、ここには何の問題もないようにみえます。

しかし、この考察では価格の変化が需要におよぼす影響が考慮に入れられていません。現象的メカニズムに接近するためには、当然、この点も考慮しなければなりません。そこで、先の小麦の例に、一〇〇グラムあたりの小麦の価格が二七円の場合には小麦の需要が一一〇万トンになるという仮定を追加してみましょう。そうすると、社会が一一〇万トンの小麦を供給した場合に供給過剰のために小麦の価格が二七円にさがるとすれば、今度はそのことによって需要が増大し、供給された一一〇万トンの小麦をすべて市場が吸収することができることになります。このように需要が価格におうじて変化する性質のことを「需要の価格弾力性」と言います。

ここでも、依然として問題は発生していないようにみえますが、じつは概念上の問題がすでに発生しています。それは、そもそも需要と供給が一致するとはどういうことかを規定するのが困難になるという問題です。外形的にみれば、一〇〇グラムあたり三〇円で売る場合も、一一〇万トンを一〇〇グラムあたり二七円で売る場合も、供給した小麦はすべて販売することができています。その意味では両者とも供給は需要を満たしているわけです。このような場合、需要は価格に応じて変動するわけですから、もはや小麦の社会的需要が一定の不変量、たとえば一〇〇万トンであるとは言えません。

とはいえ、三〇円で売る場合と二七円で売る場合には決定的な違いがあります。前者が価値通りに販売することができ、小麦の生産に動員した労働量に対応する貨幣を取得することができるのにたいし、後者は価値以下でしか販売できず、したがって動員した労働量に対応する貨幣を取得することができないということです。そこで、価格と価値が一致する場合に需要と供給が一致すると考えてみてはどうでしょうか。しかし、それこそ、マルクスが言うとおり、「同義反復」です。需要と供給が一致するときに価格と価値が一致するとされていたのに、今度は価格と価値の一致こそが需要と供給の一致の内容であるとされているのですから。

さらに、「需要＝供給は価格＝価値を意味する」というように一般的に定義するなら、もはや需要と供給が何を意味するのかも不明瞭《ふめいりょう》になってしまいます。極端なことをいえば、商品の売れ残りが生じたとしても価格と価値が一致しさえすれば需給が一致していることになるからです。だからといって価格＝価値を需要＝供給として捉《とら》えるなら、価値概念は雲散霧消してしまうでしょう。そこでは、市場が商品全体を吸収するかぎり、価値はそのときどきに成立している価格以外のなにものでもなくなるからです。

このような堂々巡りはどうすれば解決することができるのでしょうか。解決のカギは、市場における商品の需要と供給という問題を、本質的メカニズムから、すなわち先にみた価値法則の観点から捉え返すことにあります。

マルクス均衡①——需給の一致とは社会的総労働の均衡的配分の現象形態である

……労働生産性の一定の基礎の上では、それぞれの特殊な生産部面において、**一定分量の物品の産出には、一定分量の社会的労働時間**が必要である。……さらに、社会がある欲望を充足させようとするかぎり、すなわち、社会的な欲望を満たすある物品を生産させようとするかぎり、そのかぎりで社会はこの欲望の対価を支払わなければならない。実際——商品生産では分業が前提とされているのだから——社会は、まず第一に、**社会が処分しなければならない労働時間**のある一定の量をその生産に充てることによってこの物品を買うのであり、つまり、ある与えられた社会が処分できる**労働時間**の一定**量**によって、この物品を買うのである。社会のうち、社会的分業によって、この特定の物品の生産に自らの労働を使用することを課された部分は、自らの欲望を満たす諸々の物品に表された社会的労働をつうじて、等価物を受けとらなければならない。……ある特定の物品の生産に振り向けられる**社会的労働の範囲**が、**満たされるべき特殊な社会的欲望の範囲**に適合しており——したがって、結果として、生産される量が生産と再生産の普通の基準に適合しているならば——この**商品**はその**市場価値**で販売される。諸商品の価値どおりの交換、あるいは、これの別の形態にすぎないが、諸商品の価値どおりの**販売**は、合理的なものであり、したがって諸商品の均衡の自然法則である。この均衡から偏

差を説明すべきであり、反対に、偏差から均等を説明すべきではない。（①261f、E196f）

一商品が、その市場価値どおりに売られるためには、すなわち、その商品に含まれる**社会的必要**労働に比例して売られるためには、**この商品種類全体**において消費される社会的労働の**総量**が、この商品に対する社会的欲望、すなわち、支払い能力がある社会的欲望の量に照応していなければならない。競争、つまり、需要供給関係の変動の上下に対応する市場価格の上下は、それぞれの商品種類に充用される労働の総量をその基準へとたえず還元しようとする。（①267、E202）

需要と供給とが一致すれば、**それらは作用しなくなり**、またそれだからこそ商品はその**市場価値**で売られるのである。

需要と供給とが一致するやいなや、それらは無力化される——例えば、遠心力と求心力とが均等に作用する場合、それらはまったく作用しないのであって、このような条件のもとで起きる現象はこの二つの力の作動とは別なものによって説明されなければならないように。資本主義的生産の現実の内的諸法則は、明らかに、需要と供給との相互作用から説明することはできない……。なぜなら、これらの法則が純粋に現実化されて現れるのは、需要と供給とが**作用しなくなる**とき、**すなわち両方が一致する**ときだからで

ある。（①264、E199）

需給関係の問題をいったん脇におき、価値法則の議論に立ち返ってみましょう。そこで明らかにされたのは市場が社会的総労働の配分を「価格」をつうじて実現するシステムであり、そうであるがゆえに価値と価格が一致するのは社会的総労働の配分が実現されている場合になる、ということでした。逆にいえば、社会的総労働の配分を実現するには、社会が社会的必要を満たす使用価値の生産のために動員した労働にたいしてその労働投入に見合う「等価物」すなわち「価値」を「支払う」必要があったのです。これが価値法則の本質的な意味でした。

現実の市場においては価値法則がそのまま現象するわけではありませんが、だからといって、この本質的メカニズムが変化したり、無効になったりするわけではありません。価値法則が競争によって形成される需給関係によってどれだけ歪められたとしても、市場が社会的総労働の配分を、利益をつうじて、商品価格をつうじて実現しなければならないということには変わりがないからです。そうであるかぎり、需給関係は、それがもたらす商品価格の変動をつうじて社会的総労働の配分を実現するものでなければなりません。

この観点からすれば、需要＜供給は商品価格の下落をつうじてその商品の生産に配分された労働を減少させるものでなければならず、需要＞供給は商品価格の上昇をつうじて配分される労働を増大させるものでなければなりません。そして、需要＝供給とは「それらが作用しなくなり」、「法則が純粋に現実化されて現れる」状態、すなわち労働の均衡的な配分が実現されている状態であるということになります。

それゆえ、需要と供給の一致とは本質的には社会的欲望に対する社会的総労働の均衡的な配分の実現にほかなりません。さきほどの小麦の例において、三〇円の場合に需給が一致すると言えるのは、まさにそれが社会的総労働の均衡的な配分を可能にするからにほかなりません。逆に、二七円の場合に需給が一致していないと言えるのは、それがある程度の期間続くなら、たとえ小麦がすべて売れたとしても投下労働に見合う利益を確保できないので、その産業部門からは商品生産者の多くが撤退すると考えられるからです。

このように、マルクスは市場における均衡状態――商品にたいする需要と商品の供給が一致し、それらの作用が相殺される状態――を社会的総労働の均衡的配分のうちに見出しました。つまり、需給の一致とは社会的総労働の均衡的配分が物象化した形態で現象したものにほかならないのです。このような均衡理解はマルクス独自のものですので、本書ではこれを「マルクス均衡」と呼ぶことにしましょう。

しかし、まだ問題は解決されていません。需給関係が均衡そのものに及ぼす影響がまだ考察されていないからです。需給関係はその作用をつうじて社会的総労働の均衡的配分を実現するだけでなく、この均衡を実現する商品価格を価値から乖離させます。総労働の均衡的配分を商品の売買をつうじて実現しなければならないために、商品取引に特有な事情に影響をうけ、均衡価格そのものが変化することになるのです。

先の小麦の例では、価格変動による需要の変化という要因しか考慮に入れていなかったため、マルクス均衡を実現する均衡価格は価値と一致しました。しかし、需要の側の要因だけでなく、個々の資本の生産力の違いなどの供給の側の要因を考慮するなら、もはや均衡価格と価値は一致しなくなります。価値法則が歪められて現象するのです。これを説明する理論こそが、本節において多くの紙幅がさかれている市場価値論にほかなりません。

マルクス均衡②——均衡への傾向は均衡の不断の解消の反作用としてのみ作動しうる

たしかにいろいろな生産部面はたえず互いに均衡を保とうとしている。というのは一方では商品生産者はそれぞれある一つの使用価値を生産しなければならず、つまりある一つの特殊な社会的欲望を満足させなければならないが、これらの欲望の大きさは量的に違っていて、一つの内的な紐帯がさまざまな欲望量を結びつけて一つの自然発生的な体系にするからであり、他方では社会が自分の処分しうる労働時間の全体のうちからどれだけをそれぞれの特殊な商品種類の生産に支出しうるかを商品の価値法則が決定するかからである。しかし、このようなさまざまな生産部面が互いに均衡に近づこうとする不断

の傾向は、ただこの均衡の不断の解消にたいする反作用として働くだけである。(『資本論』第一巻376f)

需要と供給とは実際には**けっして**一致し**ない**。または、もし一致するとしても、それは**偶然**であり、したがって学的にはゼロとするべきである(起きないものとみなすべきである)。需要と供給は経済学では等しいものとして想定される。なぜか？　現象をその合法則的な姿、その概念に照応した姿で考察するためであり、すなわち、現象を需要供給の運動によって引き起こされる**外観**から**独立**に考察するためである。他方では、需要供給の運動の現実の**傾向**を見つけだすため、いわばそれを確定するためである。というのも、この諸々の不均等は互いに対立する性質のものだからであり、また、この不均等は絶えず次々に起きるのだから、それらの互いに対立する性格によって、それらの相互の矛盾によって、相殺されるからである。こうして、与えられたどの場合にも需要と供給がけっして一致しないとしても、それらの不均等は次々に起きるのだから——そして一方への**偏差**の結果が**反対の方向への**別の**偏差**を呼び起こすのだから——大なり小なりの一期間の全体を見れば〔一つの与えられた、大なり小なりの、資本の回転時間の全体を見れば〕、需要と供給とは絶えず一致するのであるが、ただ**運動の平均**としてのみ、そしてただ**それらの矛盾の不断の運動**としてのみ一致するにすぎない。(①264f、E199f)

市場価値論の議論に移るまえに、マルクス均衡の重要な特徴についてみておきましょう。一般に「均衡」という言葉でイメージするのは、なんらかの運動が時間の経過とともに一定の静態的な状態に落ち着くという事態、あるいは、対立する力が釣り合うことによって運動が静止しているような事態でしょう。

しかし、「マルクス均衡」はこのいずれのイメージとも一致しません。マルクス均衡が「均衡」であるのは、それが生産部門への労働の均衡的配分を実現するからであり、価格の運動が特定の価格に収斂したり、特定の価格において価格の運動が静止したりするからではありません。むしろ、マルクス均衡は現実には偶然的にしか成立せず、ほぼ「ゼロ」とみなすことができるものです。というのも、商品生産の本質は私的生産であり、大量の私的生産者が自己利益のために競争を繰り広げている現実の市場においては、完全な均衡が成立し、それが長期的に維持されることはありえないからです。言い換えれば、マルクス均衡を実現しようとする需要と供給の作用は、マルクス均衡から乖離したときにその反作用としてのみ働くものであり、商品価格を均衡状態へと収斂させ、そこに維持し続ける力はもっていないのです。したがって、マルクス均衡によって実現される均衡価格（もっとも本質的には「価値」）は絶えざる価格の変動、絶えざる反作用をつうじて平均的に実現されるにすぎません。

にもかかわらず、本章も含め、『資本論』の考察の大部分ではマルクス均衡が成立していることを前提として考察が進められています。なぜでしょうか。理由は二つあります。ひとつは、資本主義的生産様式の「概念に照応した姿」、すなわちその経済的形態規定にフォーカスするためです。均衡に引き戻そうとする需給関係の作用は現実の資本主義的生産様式のダイナミズムを理解するには非常に重要な要素になりますが、経済的形態規定の解明にとってはかえって事柄を複雑にし、その本質を見誤らせることになりかねません。もうひとつは、「需要供給の運動の現実の傾向」を見つけ出すためです。需要と供給の関係は、労働配分をマルクス均衡へと引き戻す方向に作用するだけでなく、この均衡を実現する商品価格にも影響を及ぼします。この後者の影響を考察するためには、もちろん、マルクス均衡の成立を前提する必要があります。以下で見ていくように、市場価値論や生産価格論においても、このことが問題を解決するためのカギとなります。

市場価値①――市場価値とはなにか

事柄がもっともわかりやすく示されるのは、商品総量全体を一**つの**商品として、多数の同一商品の価格の総額を一**つの価格**（一つの価格に集計されたもの）として捉える場合である。その場合には、個々の商品について言われたことが、文字通り、市場に存在する、特定の生産部門の商品総量にあてはまる。商品の個別的価値が商品の社会的価値に照応するということは、いまや、総量がその生産に必要な社会的労働を含んでいるというところまで、そしてこの総量の価値＝その**市場価値**であるというところまで、現実化され、あるいは、いっそう進んで規定されている。（①257、E191f）

さまざまな生産部面の商品がその価値どおりに売られると仮定するならば、この前提が意味するのは、もちろんただ、商品の価値が重心であり、商品の価格はその重心をめぐって運動し、価格の不断の高騰と下落はこの重心に均等化されるということだけである。その場合さらに、つねに**市場価値**……は、さまざまな生産者によって生産される商品の個別的価値とは区別されなければならないだろう。これらの商品のあるものの個別的価値は市場価値**以下**であろうし（すなわち、それらの生産のためには、より少ない労働時間が必要とされる）、他のものの個別的価値は市場価値**以上**であろう。**市場価値**は、一面では、**一つの**部面で生産された商品の**平均価値**と見なされるべきだろうし、他面では、その部面の**平均的諸条件**のもとで生産されて、またその部面の**大量**をなす商品の個別的価値と見なされるべきであろう。ただ異常な組み合わせのもとでのみ、**最悪の諸条件**または**例外的に優れた**諸条件のもとで生産された商品が市場価値を規制するのであって、その市場価値が今度は市場価格の中心――といっても、市場価格は同じ種類の商品につ

いては同じである——をなすのである。（①253、E187f）

すでにみたように、そもそも価値とは抽象的人間的労働の社会的性格が商品の属性として対象化されたものでした。これは商品が市場でもつ交換力を考える際にもっとも基本となる本質的な関係を理論的に表現したものではありますが、そうであるがゆえに、非常に抽象的です。これをそのまま現象にあてはめるだけでは、競争を通じて形成される需給関係やその影響をうける価格変動のメカニズムを把握することはできません。

なるほど、第一部の「相対的剰余価値の概念」においても、すでに個別的価値と社会的価値という概念が登場していました。個別的価値が個々の資本家にとっての価値、すなわち同じ生産部門のなかでそれぞれの生産者が実際に生産に要した労働量を反映したものであるのにたいし、社会的価値とはほんらいの価値、すなわち、その生産部門全体の生産者が社会的に要した労働量である社会的必要労働時間を反映したものでした。これによって、競争をつうじて個別的価値が「価値」という一つの価格に収斂することを示していたわけです。とはいえ、社会的価値と個別的価値という区別は、「価値」という本質的メカニズムの内部で、資本家どうしの競争を描き出すために便宜的に採用されたものに過ぎず、現実の資本家同士の競争やそれが形成する需給関係について分析するにはやはり不十分です。

そこで、マルクスは市場価値という概念を導入し、価値概念をより具体化します。すなわち、抽象的人間的労働の対象化としての価値を市場に存在する「特定の生産部門の商品総量」の「市場価値」としてより具体的に規定するのです。ここでマルクスは、特定の生産部門の供給構造や需要の弾力性を具体的に考察することによって、資本家の競争が形成する現象的メカニズムに接近しようとしているのです。

本質的メカニズムにおける「価値」においては需要の弾力性や供給構造の特殊性は捨象されていました。需要は、市場価格の変動にもかかわらず、一定であるとされていました。また、供給構造の特殊性、すなわちある特定の商品の生産において異なる生産力をもつ生産者のグループがどのような量および割合で存在するかということも考慮されていませんでした。そのため、価値の大きさはたんに平均的な生産条件における平均的な強度による労働時間、すなわち社会的必要労働時間として抽象的に規定されるにとどまっていたのです。この両者を考慮して、その商品がもつ独自の需給構造の観点から価値をより具体的に規定したものが市場価値である、ということになります。

二つ目の引用文で示唆されているように、もはや市場価値は価値と一致するとはかぎりません。「異常な組み合わせ」のもとでは、特定の個別的価値が市場価値を規制し、価格変動の重心となる市場価値が価値から乖離するということが起こりうるのです。ここで注意していただきたいのは、この乖離は市場価格の市場価値からの乖離とは別物であるということです。あくまで市場価値は「マルクス均衡」における価格であり、価格変動の重心となるものです。それゆえ、市場価値の価値からの乖離はその商品に独自の需給構造による価値の修正にほかなりません。これにたいして、市場価格の市場価値からの乖離はマルクス均衡が成立していない場合に、すなわち需給が一致していない場合に発生するものです。それでは、具体的にはどのようなメカニズムによって、市場価値の価値からの乖離が発生するのでしょうか。以下で見ていきましょう。

市場価値②――供給構造の影響

……商品の大量がほぼ同じ標準的な社会的諸条件のもとで生産されており、したがってこの価値が同時にこの商品量を形成する個々の商品の個別的価値でもある、と仮定しよう。いま、相対的に小さい部分がこの条件**以下の**条件のもとで生産され、他の一部分はそれ**以上の**条件のもとで生産されており、したがって、一方の部分の個別的価値は商品大量の中位の価値よりも大きく、他方の部分の個別的価値はそれよりも小さいが、しかしこれらの両極は相殺され、その結果、両極に属する諸商品の平均価値＝中位の総量に照応する諸商品の価値であり、その場合には、**市場価値**は中位の条件のもとで生産された諸商品の価値によって規定される。じじつ、この場合、商品量全体の各可除部分の**平均価値**＝中位の諸条件のもとで生産された商品の個別的価値であり、**商品総量の価値**

＝すべての個々の商品――中位の諸条件の**内部で**生産された諸商品、および、それ**以下**またはそれ**以上**の諸条件で生産された諸商品――をひっくるめたものの価値の現実の総額である。この場合には、この商品量の**市場価値**あるいは**社会的価値**――この商品に含まれている必要な労働時間――は、中位の大量の価値によって規定されている。

これにたいして、悪い方の諸条件のもとで生産される諸商品の価値が、良い方の諸条件のもとで生産される諸商品の価値と相殺されず、その結果、悪い方の諸条件のもとで生産される総量部分が、中位の商品量と比べても、他方の極に比べても、相対的にかなりの量をなしていると仮定すれば、その場合には、**悪い方の諸条件**のもとで生産される商品量が**市場価値**ないし社会的価値を規制する。

最後に、**中位**よりも**良い諸条件**のもとで生産された商品量が、より悪い諸条件のもとで生産された商品量を大きく上回り、また、中位の諸関係のもとで生産された商品量に比べてもかなりの量をなすと仮定すれば、その場合には〔つねに最も良い諸条件のもとで生産された部分が**市場価格**を規制するような市場の過剰供給は度外視する。もっとも、われわれがここで取り扱うのは、**市場価値**とは異なるかぎりでの**市場価格**ではなく、**市場価値**そのものの**様々な諸規定**である〕最も良い諸条件のもとで生産された部分が市場価値を規制する。（①257f、E192f）

市場価値に大きな影響を及ぼす供給構造の特殊性としては、同一の生産部門のなかでどの生産力の水準（劣等、中位、優等）の生産者グループがもっとも多くの商品を供給しているかという事情を挙げることができます。いうまでもなく、劣等のグループが供給する商品の個別的価値は中位グループのものより高くなり、優等のグループが供給する個別的価値は中位グループのものより低くなります。マルクスは、典型的なケースでは多数を占めるグループが競争においてイニシアチブを握り、そのグループの個別的価値が市場価値を規定すると考えていたようです。この命題を厳密に理解すれば、市場価値は価値から乖離しうるということになります。

では、典型的なケースにおいて、多数を占めているグループの個別的価値が市場価値となるのはなぜでしょうか。もしそうでなければ、その産業部門が他に比べて優位な産業部門になったり、その逆に不利な産業部門になったりすることにより、マルクス均衡が成立しないからです。たとえば、劣等グループが多数であるという状況が構造的に成立しているということは、なんらかの事情で優等な生産力を確保することが困難であり、新規参入者の多くも劣等な生産力で生産を行わなければならない状態にあるということでしょう。このような場合、もし市場価値が劣等グループの個別的価値によって規定されなければ、生産者の多くが投下労働にみあう価格を実現することができず、この生産部門から撤退せざるをえなくなるでしょう。また、逆に、優等グループが多数であるという状況が構造的に成立しているとすれば、優等な生産力を確保することが容易であり、新規参入者の多くも優等な生産力で生産をおこなうことのできる状態であると考えることができます。このとき、もし市場価値が優等グループの個別的価値によって規定されなければ、他の生産部門に比べてかなり有利な生産部門になり、多くの新規参入者で溢《あふ》れかえることになるでしょう。したがって、いずれの場合も、マルクス均衡を達成することができるのは多数を占める生産者グループの個別的価値であることになり、これが市場価値となるのです。

もちろん、以上のことは、商品供給において多数を占めている生産者グループの個別的価値がつねに市場価値を規定するということを証明するものではありません。たとえば、劣等グループが多数を占めるケースにおいて技術的なブレークスルーが発生し、新規参入者は優位な生産力を確保しやすいが、他方で既存の生産者はその新技術を利用するのにコストがかかり、優位な生産力を確保しづらいという状況も生じうるでしょう。その場合、もはや多数の生産者グループの個別的価値が市場価値を規制することはなく、新規参入者によって市場価値はかなりの程度引き下げられるでしょう。

むしろ、ここで示されているのは、さまざまな生産力水準をもつ生産者グループの存在を考えるならば、マルクス均衡をもたらす市場価格、すなわち市場価値は価値から乖離しうるということです。言い換えれば、同種の商品の個別的価値の総額と市場価値の総額がどんな場合でも必ず一致するとは限らないということです。したがって、「マルクス均衡」の観点からより具体的な供給構造を考慮に入れるなら、生産価格が登場する以前に、すでに市場価値の時点で価値からの乖離が発生することになります。

とはいえ、だからといって、市場価値の価値からの乖離は無制約なものではありません。あくまでそれぞれ生産部門に存在する生産者グループの——典型的には商品供給において多数を占める生産者グループの——個別的価値の範囲に制約されています。それゆえ、もはや厳密には市場価値と価値は一致しないとはいえ、おおまかには市場価値は価値に制約されているのです。このような価値による市場価値の制約は、市場価値がマルクス均衡を、すなわち社会的総労働の均衡的配分を可能にする市場価格であることの必然的帰結であると言えるでしょう。

市場価値③——需要の弾力性

したがって、需要の側には一定の社会的欲望の一**定量**だけがあり、その欲望をみたすためには市場における物品の一**定の範囲**を必要とする、というように見える。しかし、この欲望の**量的規定性**はまったく**弾力的**であり、**不確定なもの**である。この欲望の固定性は外観である。もし生活手段がより安くなるか、貨幣賃金がより高くなるかすれば、労働者たちはより多くの生活手段を買い、そして、これらの商品種類にたいする「より大きな社会的欲望」が現れるだろう。……他方で、たとえば綿花がより安くなれば、資本家の綿花需要は増大するだろうし、より多くの追加資本が綿製造に投ぜられるだろう、等々。……諸商品にたいする、市場で**代表される**欲望――すなわち**需要**――が**現実の**社会的欲望と**量的に**相違する限界は、もちろん、商品が違えば非常に違っている。ここで私が言っているのは、要求されている商品量と、諸商品の**貨幣価格**が変わるか買い手の**貨幣状況**（生活状況）が変わる場合に要求されるであろう商品量との**差異**である。（①263f、E198f）

市場価値が下がれば、平均的には社会的欲望（ここでは「社会的」欲望とは常に「支払い能力のある」欲望のことであるのだから）が増大して、一定程度、より大きな商品総量が吸収されうる。市場価値が上がれば、その商品に対する社会的欲望は収縮し、いまやより少ない商品総量が吸収されうる。（①256、E190）

ここでまったくついでに述べておきたいのであるが、「**社会的欲望**」、すなわち需要の原理を規制するものは、本質的には、**さまざまな階級**相互**の関係**と諸階級のそれぞれの**経済的地位**によって、したがってとくに、**第一に**労賃にたいする総剰余価値の比率によって、第二に剰余価値が分割される様々な部分とカテゴリー相互の比率によって、制約されている。こうして、ここでもまた、需要と供給の関係が作用するための**基礎**が展開されてからでなければ、需要と供給の関係からは何も説明でき**ない**ということがわかる。

(①256、E191)

商品経済においては購買力に裏付けられた欲望だけが現実の需要となります。つまり、需要とは支払い能力のある需要、すなわち「有効需要」のことにほかなりません。それゆえ、需要は商品の価格変動におうじて変化するだけでなく、買い手にどれだけの購買力があるかによっても変化します。この二つの要因がそれぞれの商品にたいする需要構造を規定することになります。

しかし、後者の要因は基本的に本節では扱いません。マルクスが指摘しているように、これを十全に扱うためには少なくとも資本主義的生産様式における基本的な収入形態についてあらかじめ解明しておく必要があります。そこで、以下では、もっぱら前者の要因、すなわち「需要の価格弾力性」のみを扱います。当面の課題はあくまでも生産価格を解明するための基礎として、市場価値という経済的形態規定を明らかにすることにあり、この目的のためにはさしあたり需要の価格弾力性の考察だけで十分だからです。

なお、需要の弾力性についてはさらに次の二点について注意しておくことが必要です。第一に、需要の価格弾力性がどの程度のものかはその商品ごとにかなり異なってきます。

たとえば、日本における「米」のようにすでに生活習慣のなかに深く入り込んでいる商品は価格によって需要が変化することは比較的少ないでしょう（それゆえ、需要の価格弾力性の低い商品が供給過多になると、それに対応する需要を生み出すために価格が暴落する傾向があります）。逆に、それほど生活習慣のなかに入り込んでいない趣味嗜好《しこう》にかかわる商品は価格変動の影響を受けやすいでしょう。

第二に、すでに挙げた小麦の例（204頁）からもわかるように、需要の弾力性は単独では市場価値に影響を与えることはできません。以下でみるように、供給構造と組み合わされることによってはじめて市場価値に影響を及ぼすことができるのです。

市場価値④――供給構造と需要の価格弾力性の組み合わせ

平均価値――より正確には、ここでは、本来、両極のあいだにある**総量の中位価値**として**見なされる**べきもの――での**商品の供給**が普通の需要を満たす場合には、**市場価値**以下の**個別的**価値を持つ商品は、**超過利潤**、あるいはより多くの価値を実現するが、他方で、市場価値**以上の個別的価値**を持つ商品はそれらの商品に含まれている剰余価値の一部分を実現することができ**ない**。最悪の条件のもとで生産された商品が売られるということは、供給を満たすためにはその商品が必要とされていることを証明している、と言っても役に立たない。想定された場合に価格が**中位の市場価値**よりも**高ければ**、需要はより小さくなるであろう。一定の価格では、ある商品種類は、市場において一定の範囲を占めることができる。この範囲が、価格が変動しても元のままであるのは、より高い価格がより少ない商品分量と、また、より低い価格がより大きな商品分量と結びついている場合だけである。それにたいして、需要が非常に強力であるために、価値が最悪の諸条件のもとで生産された商品によって規制されても、需要が収縮しないのであれば、これらの商品が市場価値を規制する。このことが可能なのは、需要が普通の需要を超える場合か、または供給が普通の供給を下回る場合だけである。最後に、**生産された商品の総量**が、**中位の市場価値**で売ることができる（売る必要がある）分量よりも大きい場合には、最良の諸条件のもとで生産された商品が**市場価値**を規制する。たとえば、それらの商品は、完全にまたは近似的にその**個別的価値**どおりに販売されうるが、その際、最悪の諸条件のもとで生産された諸商品は、おそらくその費用価格さえも補塡せず、また、中位的平均の諸商品はそれに**含まれている剰余価値**の一部分しか実現しえないということが起こりうる。（①253f、E188）

さきの供給構造の考察においては需要の価格弾力性は考慮されていませんでしたが、ここでは両者の要因が市場価値にあたえる影響を考察しています。

まず、需要が価格の影響を受けづらいケースを考えてみましょう。この場合、たとえ価格が高くなったとしても、需要はあまり収縮しません。このとき、かりにこの頑強な需要をみたすために最悪の生産条件のもとで生産された商品がどうしても必要であるなら——つまり既存の生産者や新規参入者によってそれ以上の生産条件で商品を供給することができないなんらかの事情があるならば——この商品の個別的価値が市場価値を規制することになるでしょう。この場合、中位の生産者や優等な生産者は自分たちの商品の個別的価値と市場価値との差額（後述する「超過利潤」）を獲得することができます。このケースの典型例は第六章の地代論であつかう「差額地代」が成立するケースです。

つぎに、需要が価格の影響を受けやすいケースを考えてみましょう。この場合、価格が少しでも高くなると、たちまち需要が減ってしまいます。このとき、かりに中位の生産条件で生産された商品の個別的価値でさえも需要を大幅に収縮させてしまうなら、最良の条件のもとで生産された商品の個別的価値が市場価値を規制することになるでしょう。ただし、この場合、中位の生産者が生産した商品の個別的価値でさえも市場価値を上回ってしまうので、その生産部門から撤退するか、優位な生産条件を懸命に追求せざるをえないでしょう。そのため、結果としては、優位な生産者グループが商品の多数を供給するケースに接近するでしょう。

いずれのケースも供給構造のさまざまな要因と需要の弾力性が複雑に絡み合っているこ

とがわかるでしょう。ここではもはや、市場価値をもたらすマルクス均衡の条件を機械的に導くことはできません。[4]

むしろ、以上の市場価値論で重要なのは、供給構造と需要の弾力性の影響によって市場価値が価値から乖離するにもかかわらず、市場価値が価値によって制約されているということです。両者の要因がどのように複雑に絡み合おうとも、市場価値は基本的には最劣等の生産条件の商品の個別的価値と最優等の商品の個別的価値のあいだでしか変動しません。その範囲内でなければ、マルクス均衡を実現することはできないからです。

ここから明らかになるのは、価値法則の貫徹は、価格総額が価値総額と一致することにではなく、均衡価格がマルクス均衡を実現する価格であるがゆえに、またそのかぎりで価値に制約されるということに示されるということです。市場価値の場合であれば、市場価値の総額が個別的価値の総額に一致することにではなく――これまで見てきたところからわかるように、特定の商品についても、社会全体の商品についても、市場価値の総額は個別的価値の総額には一致しません――市場価値がマルクス均衡を実現する価格であるがゆえに価値に制約されており、価値とは無関係な値をとることはないということに価値法則の貫徹は示されるのです。この点は生産価格の考察においても決定的なポイントとなります。

なお、ここで引用したテキストは、マルクス自身の叙述が曖昧《あいまい》であることもあり、『資本論』研究者のあいだでは「不明瞭な箇所」と呼ばれてきました。実際、マルクス均衡についてまったく考えることなしに、前節でみた「総計一致」を重視するフレームワークで解釈するかぎり、うまく意味をとることはできません。しかし、マルクス均衡の観点から解釈すれば、ここでマルクスが何を言おうとしたのかはなんとか理解することができるのではないでしょうか。

[4] ロシア革命後に大活躍した偉大なマルクス経済学者、ルービン（一八八六—一九三七）は、市場価値を需要曲線と供給曲線の交点として解釈しました。しかし、問題はこの供給曲線をどのように規定することができるのかということであり、結局のところ、それは様々な要素の複雑な絡み合いによって規定されるほかありません。需要曲線でさえも、価格弾力性にとどまらず、資本蓄積の状態や諸階級の収入状態を考慮にいれるなら、その規定は複雑にならざるをえません。結局のところ、ルービンが試みたのも市場価値が価値に制約されていることを示すことだったと言えるでしょう。なお、ルービンの市場価値論については拙稿「マルクスの均衡概念について」『季刊経済理論』六〇巻四号もご覧ください。

生産価格①――生産価格もマルクス均衡によって理解することが可能である

それは、特殊な物品――特殊な物品にたいする社会の特殊な欲望――の生産を充足する**必要**労働である。この分割が均衡のとれたものであれば、さまざまな群の生産物がそれぞれの価値で（後には生産価格で）売られるか、あるいは修正された価値――一般的諸法則によって規定されているが――で売られる。実際、個々の商品または物品との関連においてではなく、分業によって自立化した特殊な**社会的諸生産部面の独自な総生産物**との関連において効力を現すのが、**価値の法則**なのである。それゆえ、たんに個々の商品に必要な労働時間だけが費やされているだけでなく、社会的総労働時間のうち**必要な**均衡がとれた分量だけが**さまざまな群**に用いられているのである。というのは、条件はやはり**使用価値**だからである。しかし、この使用価値が、個々の商品の場合には、その商品がそれ自体として一つの欲望を充《み》たすことにかかっているとすれば、社会的生産物量の場合には、この生産物量がそれぞれの特殊な種類の生産物にたいする**量的に規定された社会的欲望**に適合しているかどうか、したがって、労働が量的に限定されているこのような社会的欲望に比例していろいろな生産部面に均衡をたもって配分されることにかかっている。〔この点は、いろいろな生産部面への資本の配分の場合においても考慮に入れなければならない〕。**社会的欲望**、すなわち**社会的**力能としての使用価値がここでは、さまざまな特殊な生産部面にふりわけられる**社会的総労働時間の割り当て**を規定するものとして現れるのである。(①686f、E648f)

さて、本節のほんらいのテーマである競争をつうじた一般的利潤率の形成、すなわち生産価格の成立の問題に立ち返りましょう。これまでの市場価値論の考察をつうじて私たちは二つのことを解明しました。ひとつは、需要と供給の一致とは社会的総労働の均衡的な配分、すなわち「マルクス均衡」が成立した状態を意味するということです。もうひとつは、需給関係が均衡状態そのものに影響を及ぼし、均衡価格を価値から乖離させることがありうるが、ただしこの場合でも、この均衡価格がマルクス均衡を実現するものであるかぎり、依然として価値に制約されている、ということです。

これから考察する生産価格の成立メカニズムも、以上の二点によって解明することができます。というのも、生産価格もまたマルクス均衡を実現する均衡価格にほかならないからです。市場価値の場合と同様に、生産価格をもたらす独自の供給構造は生産価格を価値から乖離させますが、生産価格がマルクス均衡を実現する均衡価格であるかぎりで依然として価値に制約されるのです。順を追ってみていきましょう。

生産価格②――利潤率の均等化は平均構成の資本の利潤率へと向かう傾向をもつ

……生産諸部面の一部分は、そこで充用される資本の**中位構成**または**平均構成**、すなわち**社会的平均資本の構成**とまったく同じかまたはそれと近い構成を持っている。このような部面では、生産される商品にとっては**生産価格**が**価値**に一致する（まったく一致するか、そうでないまでもわずかに価値から乖離するだけである）。ここでは、それゆえまた価値の**貨幣表現**も**貨幣額**＝生産価格と一致する。……**競争**が……利潤率が**あらゆる**生産部面において**同じ**であるように（資本の平均構成が支配的であるような生産部門の利潤率へと均等化されることによって）、社会の資本をさまざまな生産諸部面のあいだに配分するとすれば、そのさい、さまざまな生産諸部面における利潤の総額＝剰余価値の総額であり、社会的総生産物の生産価格の総額＝社会的総生産物の価値の総額であろう。だが、異なった構成（この差異がたんに不変資本と可変資本との異なった割合にもとづくものであれ、あるいはまた流通時間の差異に基づくものであれ）をもつ諸生産部面のあいだでの均等化はつねに、これらの部面を中位構成の諸部面――これらが社会的平均構成に正確に一致するのであれ、それに近似するのであれ――と同等にする方向に向かわざるをえないということは、明らかである。多かれ少なかれ近似するもののあいだでもそれ自身また、ほとんど理想的な、すなわち現実には存在しない中位構成に向かおうとする均等化への傾向が生じるのであり、すなわち、その中位構成を中心として標準化される傾向をもつ均等化への傾向が生じるのである。（①248f、E182f）

まず、考察の出発点となるのは、平均構成の資本の利潤率が資本家どうしの競争の基準となるということです。すでにみたように、平均構成の資本の利潤率については価値通りに交換される場合であっても、一般的利潤率が成立した場合であっても、利潤率は変わりません。つまり、平均構成の資本の生み出す剰余価値は平均利潤と一致し、それが生産する商品の価値は生産価格と一致します。それゆえ、マルクスは平均構成の資本を出発点として生産価格の成立メカニズムを考えようとしているのです。

とはいえ、平均構成の資本が生み出す剰余価値が平均利潤と一致するという命題は、競争を捨象した特殊な想定から導き出されたものでした。そこで、この命題をマルクス均衡の観点から捉え直してみましょう。

すでに述べたように、資本家が剰余価値を求めて行動する限りでは価値法則はそのまま妥当します。というのも、剰余価値は労働の動員によって得られる価値とその動員に必要とした労働力価値の差額であり、資本家はこれを最大化するために、労働力を購買することによって動員した労働にたいしてできるだけ多くの対価を得ることができるように振る舞うはずだからです。また、不変資本部分にかんしてはただ生産に投下した価値を販売価格から回収することができればよいというだけであり、それ以上の関心はもたないでしょう。このような資本家の振る舞いは、需要＜供給の生産部門から労働を引き揚げ、需要＞供給の生産部門に労働を動員することをつうじて、たえず労働配分をマルクス均衡に接近させるように作用するでしょう。したがって、資本家が剰余価値をもとめて行動するかぎりでは、マルクス均衡をもたらす均衡価格は商品価値と一致するでしょう。たとえば、それぞれの生産部門が$C^{10}V^{5}$、$C^{20}V^{5}$、$C^{30}V^{5}$という資本の有機的構成を持っており、不変資本がすべて流動資本から構成され、剰余価値率が一〇〇％であるとすれば、均衡価格は図2.5のようになるでしょう。

しかし、本書でこれまで見てきたとおり、現象的メカニズムにおいて剰余価値の「利潤」への転化が発生すると、資本家の目的も剰余価値ではなく「利潤」になります。いまや、資本家は直接に動員した労働の対価を求めて行動するのではなく、投下総資本全体にたいする見返りをもとめて行動するようになるのです。均衡価格が価値と一致する図2.5の状態ではもはやマルクス均衡は成立しません。生産部門Aは利潤率が高すぎ、生産部門Cは利潤率が低すぎるからです。現象的メカニズムにおいては、一般に価値は均衡価格とはなりません。

もちろん、マルクスの価値論の立場から——すなわちマルクス均衡の立場から——解釈するのであれば、この場合に資本が獲得する「見返り」も本質的にはその資本が社会の必

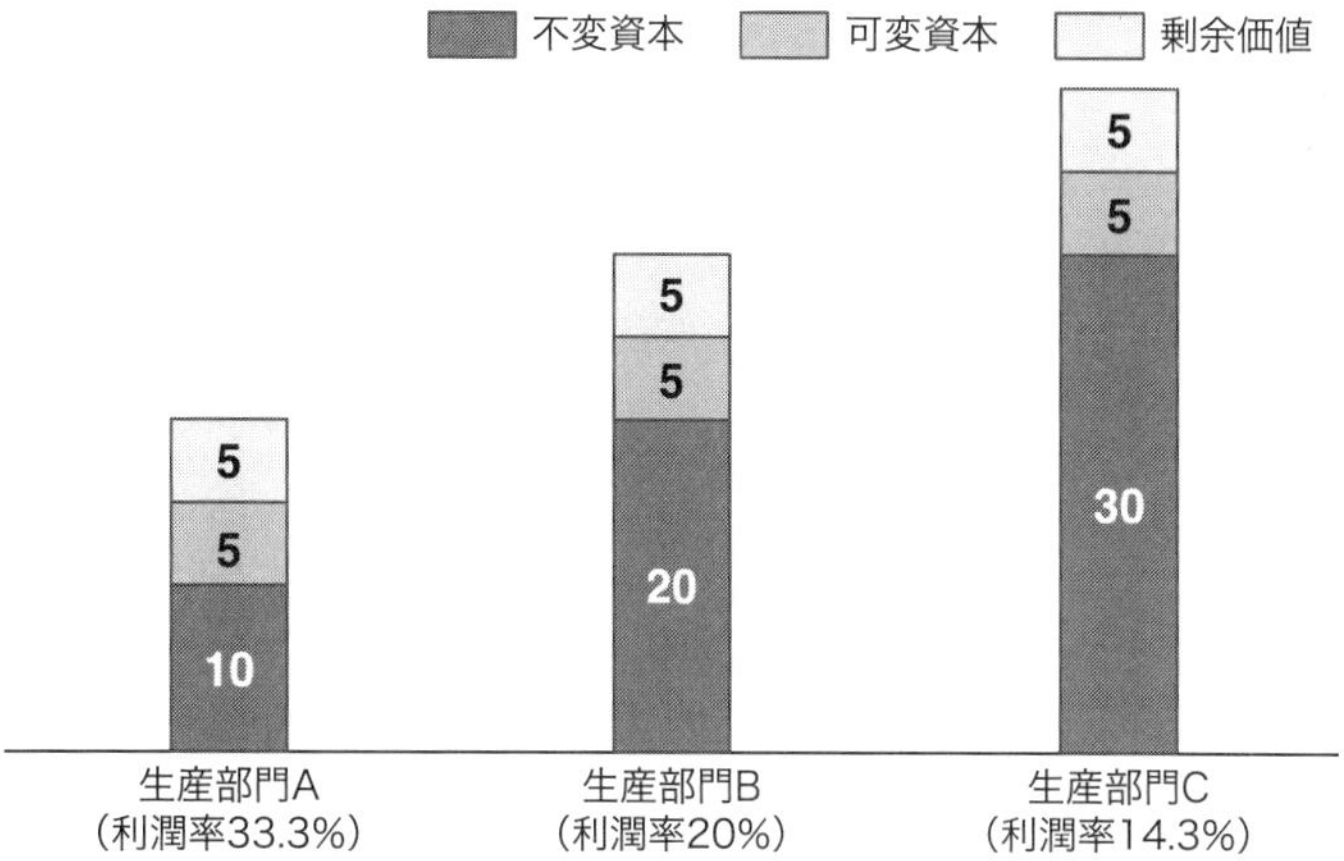

図 2.5　マルクス均衡における均衡価格（剰余価値が目的の場合）

要を満たすために労働を動員したことにたいする対価であることには変わりありません。その意味では、その「見返り」の本質は依然として剰余価値でなければならないはずです。にもかかわらず、資本家がその「利潤」という日常意識にしたがって行動することによって、価値法則は歪曲され、価値どおりの交換においては、すなわち、それぞれの資本が剰余価値を取得するという状態においてはマルクス均衡が成立しなくなってしまうのです。

しかし、例外があります。平均構成をもつ生産部門Bにとっては利潤率が高すぎたり、低すぎたりすることはないので、本質的メカニズムにおける均衡価格（価値）と現象的メカニズムにおける均衡価格（生産価格）が一致します。いわば、平均構成の資本においては本質的メカニズムが直接に現象するのです。

これこそが、マルクスが平均構成の資本を考察の出発点に据えた理由にほかなりません。

生産価格③——資本家の競争をつうじた生産価格の形成

資本主義的生産の場合には、ある形態で流通に投下された価値量で、他の形態——他の商品という形態であれ貨幣という形態であれ——での等しい価値量を引き出すことだけが問題なのではなく、生産に前貸された資本にたいして、それがどんな生産部門で充用されていようとも、同じ大きさの他のどの資本とも同じように、あるいはその資本の大きさに比例して、**同じ剰余価値または利潤**を引き出すことが問題なのである。したがって、少なくとも最低限度として、平均利潤をもたらす価格すなわち**生産価格**で商品を売ることが問題なのである。資本は、この形態そのものにおいて自分を一つの**社会的な力**として意識するのであり、それぞれの資本家は、社会の総資本のなかの自分の持ち分に比例してこの社会的力を分け合うのである。……

ところが、もし諸商品がそれらの**価値**どおりに売られるとすれば、すでに述べたように、**生産部面が違えば**、それぞれの部面に投じられている資本量の有機的構成の相違にしたがって、非常にさまざまな**利潤率**が存在する。しかし、資本は、ある部面から去って、別の部面に移っていき、一言で言えば、資本がさまざまな部面に配分されることによって――利潤率があちらで下がったりこちらで上がったりするのに応じた不断の出入りによって、生産部面が違っても**平均利潤**が**同じ**になり、したがって価値が**生産価格**に転化するような需要供給関係を生み出す。与えられた国民的社会で資本主義的発展が高ければ高いほど、すなわち一国の状態が資本主義的生産様式に適していればいるほど、資本は多かれ少なかれこのような均等化を成立させることに成功する。資本主義的生産様式の進展につれてその諸条件もまた発展するのであり、つまり資本主義的生産様式は、その内部で生産過程が行われる社会的な諸条件の全体を自分の独自な性格と内的な諸法則に従属させるのである。このような、不断の不均等の不断の均等化がますます速くなるのは、⑴資本がより可動的であり、すなわち、それだけ一つの部面から他の部面に資本を移すことがより容易な場合であり――それと同時に**場所についての**可動性も含まれる――⑵労働がある部面から他の部面へと、そしてある**局地的な**生産地点から他の生産地点へとより速く投じられうる場合である。(①269f、E205f)

マルクスが競争をつうじた一般的利潤率と生産価格の形成について述べているのは上記の文章だけであり、これだけではそのメカニズムは判然としません。しかし、これをマルクス均衡の観点から捉え返すことによって、「価値が**生産価格**に転化するような需要供給関係」が成立するメカニズムを明快に理解することができます。

市場価値論においてはおもに生産部門内部における生産条件の違いに焦点があてられ、それと需要の弾力性との絡み合いが考察されました。これにたいし、生産価格論においては、市場価値をもたらす諸条件はいったん脇において――したがって部門内の生産条件の違いや需要の弾力性は度外視して――生産部門間における資本の有機的構成の違いに焦点があてられます。つまり、資本の有機的構成という部門間での生産条件の違いが社会的総労働の配分におよぼす影響が問題となるのです。

資本が投下した資本の大きさに比例した利潤を獲得することを目的とするかぎり、マルクス均衡を可能にする価格は必然的に価値から乖離せざるをえません。なぜなら、資本の有機的構成が高ければ、同じ労働量を供給するのにも平均的な構成の資本よりも多くのコストがかかるので、より高い商品価格でなければその労働量を供給することはできないからであり、資本の有機的構成が低ければ、同じ労働量を供給するのにも平均的な構成の資本よりも少ないコストしかかからないのだから、より低い商品価格でその労働量を供給することができるからです。

図2.5のケースを参照しながら、このメカニズムをもう少し詳しく見てみましょう。資本の有機的構成の高い生産部門Cでは、同じ量の労働を供給する場合でも、他の部門よりも多くの生産手段（30）が必要となるため、資本家が社会的需要を満たす労働（10）を供給するためのコストである投下総資本（35）が他の部門に比べて高くなります。このような

部門で生産された商品が価値どおりの価格で販売される場合、利潤率は平均的な利潤率（20％）よりも低くなる（14.3％）ため、資本家たちはその部門に投資しようとせず、十分な労働が配分されないでしょう。とはいえ、このとき、社会的需要を満たすだけの商品がその部門で生産されないのですから、価格が価値以上に上昇し、この生産部門の利潤率を上昇させるでしょう。このような価格上昇は、この生産部門に平均構成の資本の利潤率をもたらし、そのことによって、この部門の商品にたいする社会的需要を満たすことができるような労働の供給をもたらすでしょう。逆に、資本構成が低い生産部門は、他の部門に比べて低い投下総資本額（15）で必要な労働（10）を供給することができます。したがって、それらの部門の商品をその価値で販売した場合、利潤率は中位構成の資本の利潤率よりも高くなり（33.3％）、それらの部門に資本が集中し、労働が過剰に供給されることになります。このような場合、それらの部門では商品が過剰に供給され、商品価格は価値よりも下がることになります。価格の下落はその生産部門に平均構成の資本の利潤率をもたらし、それによって過剰な労働の供給が解消されることになるでしょう。以上が、資本の競争をつうじた一般的利潤率の形成メカニズムになります（図2.6）。

このように、さまざまな生産部門のあいだでの資本の競争を考えるならば、マルクス均衡を可能にするのは価値ではなく生産価格＝費用価格＋平均利潤であるということになります。とはいえ、これまで見てきたように、生産価格は価値とは量的には乖離しますが、

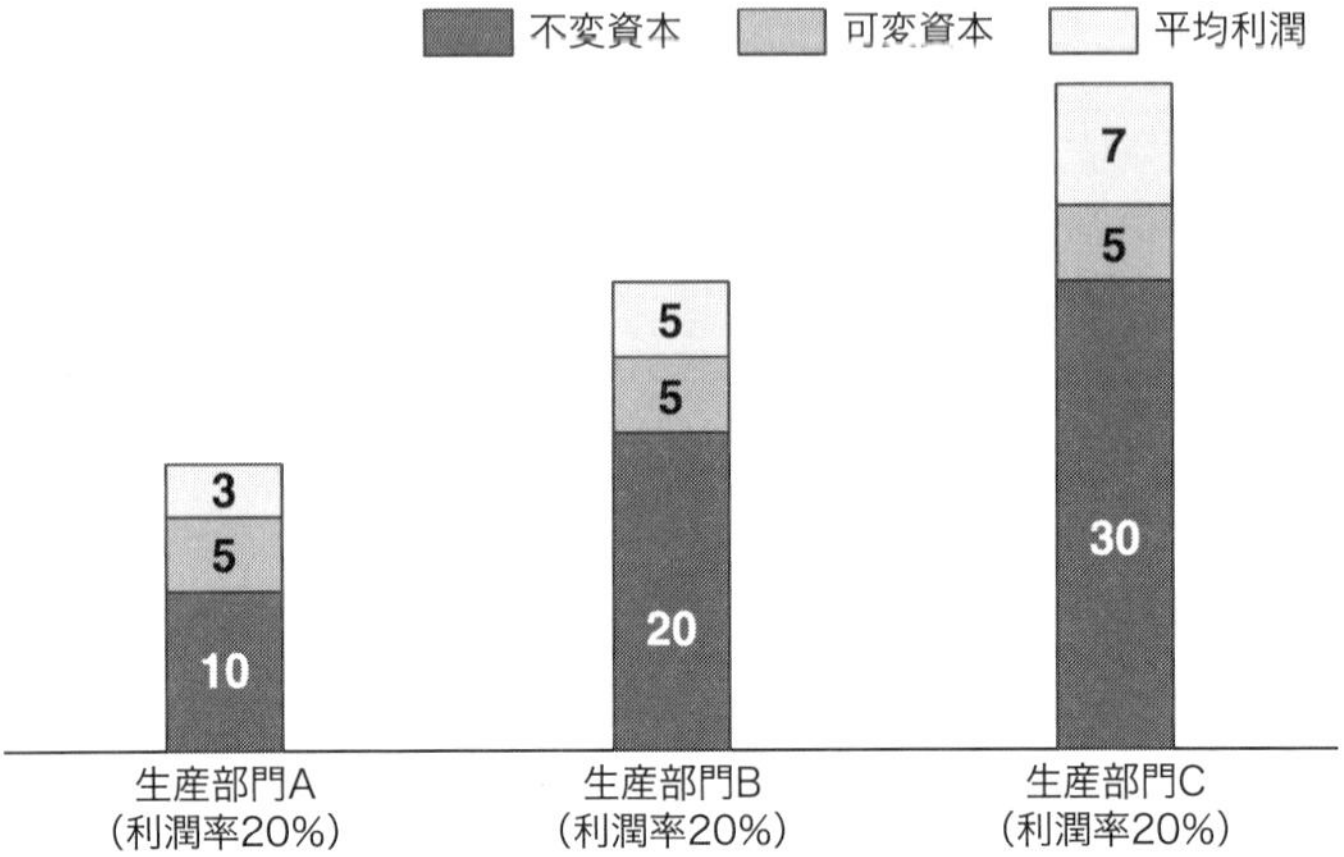

図 2.6　マルクス均衡における均衡価格（利潤が目的の場合）

抽象的人間的労働の社会的性格を表現している点において依然として同じ性格を持っています。というのも、自己労働する商品生産者が価値をつうじて社会的総労働の均衡的配分を実現するように、資本は生産価格をつうじて社会的総労働の均衡的配分を実現するからです。

このような、資本家が投下した資本にたいしてできるだけ多くの利潤を獲得しようとすることをつうじて労働を動員するシステムは、第一部の「商品」章で考察した、商品の交換比率（価格）をつうじて労働を動員する市場システムの発展したヴァージョンとして理解することができるでしょう。その意味で、生産価格体系においても、資本の有機的構成の違いによって市場価格の変動の重心が価値から乖離するにもかかわらず、抽象的人間的労働としての労働の社会的性格が商品の交換比率を規制しています。だからこそ、価値法則は生産価格論においても――市場価値論の場合と同様に――依然として有効なのです。

実際、量的な観点からみても、一般的利潤率の水準は平均的な資本の有機的構成をもつ資本の利潤率によって規定されており、後者は価値によって規定されています。たしかに、それぞれの生産価格においては、価値からの乖離はもはや――市場価値論の場合とは異なり――個別的価値の範囲をこえ、それぞれの資本の有機的構成が平均的な資本構成から乖離する程度におうじて乖離します。しかし、それでもそのような乖離は恣《しい》意的なものではなく、依然として資本の有機的構成という生産条件の範囲での乖離でしかありません。

それゆえ、図2.6のケースをみてもわかるように、資本の有機的構成の影響だけを考える場合には、マルクス均衡において総価格＝総価値が一般に成立します。しかし、注意しなければならないのは、この総計一致が価値法則の成立を証明するのではないということです。それは総計一致が一般的には成立しない市場価値論のケースを考えれば明らかでしょう。総計一致はあくまで資本が中位の資本構成の利潤率を基準にして行動し、一般的利潤率および生産価格を形成することの結果でしかありません。実際、生産価格論に市場価値論の要素を導入し、「市場生産価格」を考えるならば、もはや総計一致は一般的には成り立ちません。

(α)以上に述べたところから明らかになったように、**市場価値**(そして、これについて述べたすべてのことは、必要な**変更**を加えれば、**生産価格**にもあてはまる)は、それぞれの特殊な生産部面において最良の条件のもとで生産する人々の超過利潤を含んでいる。恐慌ないし初期の恐慌(過剰生産一般)の場合をのぞけば、このことはすべての**市場価格**にあてはまるのであって、たとえ市場価格がどんなに**市場価値**または**市場生産価格**から乖離しようとも、あてはまるのである。すなわち、**市場**価格に含まれていることは、商品がどんなに違った個別的諸条件のもとで生産されようとも、その商品にたいしては**同じ**価格が成立するということである。〔通常の意味での**独占**(それが人為的であろうと自然的であろうと)の結果である超過利潤についてはここでは述べない〕。

(β)しかし、(α)で述べられた**超過利潤**の産出様式のほかにも、超過利潤は、ある生産部面がその価値の生産価格への転化を免れるような、**したがってその利潤の平均利潤への還元**を免れるような場合には、発生することがありうる。**地代**についての章において、われわれは(α)と(β)で挙げた超過利潤の形態のさらに進んだ形成を考察しなければならないであろう。(①272f、E208f)

平均利潤を上回る利潤のことを「超過利潤」と呼びます。「超過利潤」には二つのタイプがあります。

ひとつは、相対的に優位な生産力をもつ生産者グループが取得する超過利潤です。最良の生産条件の生産物の個別的生産価格――それぞれの生産者グループにとっての平均利潤を取得することのできる価格――が市場生産価格――資本の有機的構成だけでなく市場価値をもたらした諸要因も考慮にいれた場合にマルクス均衡を実現する価格――を規制する場合でないかぎり、優等な生産者グループは――場合によっては中位の生産者グループも――通常の利潤を上回る「超過利潤」を獲得することができます。これは第一部で登場した「特別剰余価値」を現象的メカニズムにおいて捉え返したものだと言えるでしょう。なお、このタイプの超過利潤には優等地などの生産条件の排他的独占にもとづくものや、その他の独占によって可能になる超過利潤も含まれます。前者については第六章の差額地代論において考察されます。

もうひとつは、なんらかの事情によって生産部門間での競争が妨げられ、生産価格よりも高い市場価値が成立することによって発生する超過利潤です。この場合、その部門全体で「超過利潤」を取得することが可能になります。典型例は農業地の排他的独占から発生する絶対地代です。これについても第六章で論じられることになります。

> したがって——**価値法則**による価格の支配、すなわち**価値法則**による**価格運動**の支配を度外視するとしても——商品の**価値**をたんに理論的にだけではなく、歴史的にも生産価格の先行者として見なすことは、まったく適切である。このことは、**生産手段**が**労働者のものである**状態について言えるのであり、このような状態は、旧世界でも新世界でも、労働する**土地所有農民**のもとで、また**手工業者**のもとで、見いだされる。……それは、このような状態と同様に、奴隷制および農奴制に基づく諸状態についても——各生産部門で用いられる生産諸手段が容易には一部門から他部門に移転されえず、異なる生産諸部門がある程度まで、外国間や共同社会間のように、互いに関わりあう限りでは——言えるのである。(①252f、E186f)

もっと立ち入って事柄を考察すれば、資本主義的生産が最初から大量生産であり、**他の**生産様式も少なくとも主要な商品については、比較的少なく生産されたものを**市場で共同の生産物**として——たとえ多数の小口生産者であったとしても——集中し、集積するのであり、一つの産業部門全体の共同の生産物として、あるいはその大なり小なりの部分の共同の生産物として売りに出すように、**個々の商品の価値**にあてはまる諸条件が、

ここでは**一つの商品種類の総額の価値**にとっての諸条件として再生産されるということがわかる。（①256、E191）

本節の最後に、マルクス均衡と矛盾する一連の叙述について取り上げておきましょう。すでに述べたように、マルクスは本節の大部分を占める市場価値論の考察をつうじて本書で言うところの「マルクス均衡」というアイデアに到達したので、その過程においてはそれと矛盾する叙述が少なからずあります。大別すれば、このような記述には二つのタイプがあります。

一つ目のタイプは、価値の生産価格への転化を歴史的プロセスとして解釈するものです。みてきたように、価値は資本主義的生産様式の本質的メカニズムを構成するカテゴリーの一つであり、現象的メカニズムにおける平均利潤や生産価格の基礎となるものです。それゆえ、ほんらい、価値と生産価格とは本質と現象という論理的関係にあり、歴史的関係を表すものではありません。ところが、ここで引用したように、マルクスは本節において資本主義的生産様式に先行する生産様式――土地所有農民や手工業者、さらには奴隷制や農奴制などの共同体社会――においては価値法則が純粋なかたちで現象するという記述をいくつか残しています。

本節でもみてきたように、価値法則は競争をつうじてはじめて貫徹するのですから、この主張はやや奇妙に聞こえます。しかし、マルクスは次の二点を主張することによって、価値から生産価格への歴史的転化説を正当化しようとしています。

第一に、生産部門ごとに必要とされる生産手段の価値が異なる以上、生産部門ごとに必要とされる資金が異なり、もし生産部門間での移動が自在にできる状態であれば、この影響をうけて均衡価格は価値から乖離せざるをえない、という主張です。産業ごとに必要とされる資金には大きな違いがあり、当然、相対的に大量の資金が必要とされる産業では参入が相対的に困難になり、均衡価格は価値よりも高くなるでしょう。それゆえ、むしろ産業間の移動が規制されている前近代的な状態でなければ、価値どおりの交換は成立しないとマルクスは考えたのです。

第二に、前近代的生産様式においても主要な商品についてはそれなりに大量供給がなされており、同一の生産部門のなかでは競争が存在したという主張です。言い換えれば、マルクスは同一の生産部門での競争のみによって価値法則が貫徹しうると考えたのです。マルクスはこのテーゼを立証するために市場価値論の考察に入ったので、当初、市場価値は同一部門のなかでの競争のみによって成立するという考えで議論を展開していました。しかし、結論的には、市場価値論においてもやはり社会的総労働の配分の問題、すなわち部門間競争を考慮せざるをえないという結論に辿《たど》り着いています。このような議論の変遷は本節の市場価値論をきわめてわかりにくいものにする原因の一つになっています。

マルクス均衡と矛盾する記述②——総計一致の一般的成立

商品の総価値だけが総剰余価値を規制するが、この総剰余価値が**平均利潤の高さ、**それゆえ一**般的利潤率の高さ**を規制する（一般法則として、あるいは諸変動を支配するものとして）のであるから、**価値法則**は**生産価格**を規制するのである。（①255、E189）

厳密に言えば、各個の商品の、あるいは総量の可除部分として計算された各商品量の、**平均**価格または**市場価値**は、いまや、さまざまな条件のもとで生産された諸商品の価値の加算によって出てくる**商品量の総価値**と、この総価値の部分として再び個々の商品に割り当てられる可除部分とによって規定されるであろう（①258f、E193f）。

マルクス均衡に矛盾する記述のもう一つのタイプは総計一致命題の一般的成立です。マルクスは前節でみた総価格＝総価値、あるいは総利潤＝総剰余価値が一般的に成立すると考えていたふしがあります。マルクスは本節の考察をつうじて「マルクス均衡」の考え方を獲得したあとも、この「総計一致命題」を放棄することはありませんでした。「マルクス均衡」とは異なり、「総計一致命題」と価値法則との関連については明確な説明が与えられていませんが、おそらくマルクスは無意識のうちに価値を使用価値と同様になにか実体的なものであるかのように考えていたのでしょう。もっと端的にいえば、マルクスは価値をあたかもケーキのように自在に切り分けることができるものだと考えていたふしがあるのです。実際、二つ目の引用文の市場価値論の規定――市場価値＝個別的価値の総計÷商品量――はこのような実体主義的な価値規定を反映したものだと言えるでしょう。

もちろん、価値を実体主義的に理解することは正しくありません。価値は抽象的人間的労働という実体をもっていますが、価値そのものは抽象的人間的労働の社会的性格の対象化であり、それじたいとしては「まぼろしのような対象性」を持っているにすぎません。つまり、価値とは社会的総労働を配分するためには商品の交換比率が抽象的人間的労働によって規制されなければならないという社会的関係を表現したものであり、使用価値のような固定的な実体をもつものではないのです（厳密にいえば、どのような物質が使用価値になるかは人間の方の事情によって左右されるので、使用価値でさえも固定的な実体をもつとは言えませんが）。

とはいえ、先の引用文のすぐ後では、需要の影響を考慮すれば市場価値が平均価値から乖離しうることも指摘されており、もはや単純な実体主義的な価値論ではなくなりつつあることにも注意が必要です。これ以降のマルクスの価値論においては、マルクス均衡的な理解と実体主義的な理解が矛盾しつつ、併存していたと言えるでしょう。

マルクスを擁護するとすれば、「総計一致命題」はまったくの誤りではなく、近似的な命題としては一定の有用性をもっています。市場価値論を排除して生産価格論を考察しているかぎりでは総計一致は常に成り立ちますし、市場価値論を導入したとしても一般的なケースを考えれば総計一致は近似的に成立します。一部の「マルクス経済学者」のように「総計一致命題」を金科玉条にするのであれば害悪にしかなりませんが、マルクス均衡を前提としたうえで、価値による価格の規制を近似的に表現したものとして解釈するのであれば、価値法則のイメージを直観的に把握するうえで有益な役割を果たすでしょう。

第四節　資本家の補償理由

競争においてはすべてが転倒して現れる

したがって競争が示して**いない**ものは、生産の運動を支配する価値規定である――競争は生産価格の背後にある価値を示していない。むしろ、競争が示しているのは次のものである。(α)**第一に**、平均利潤。これは、さまざまな生産部面の資本の有機的構成にかかわりがなく、したがってまた資本によって**特定の搾取部面**で**取得される生きた労働**の量にもかかわりのないものである。(β)**第二に**、労賃の高さの変動の結果としての**生産価格**の上がり下がり。この現象は商品の**価値関係**とは一見まったく矛盾している〔この点については第五節を参照。草稿では四節の前に五節を執筆している〕。(γ)**第三に**、市場価格の変動。この変動は一定の時期における商品の平均市場価格を**市場価値**に還元するのではなく、この市場価値からは乖離しており、それとは非常に違っている**市場生産価格**に還元する。これらのすべての現象(α)、(β)、(γ)は、労働時間によって規定される**価値関係**にも、不払い労働すなわち**剰余労働**だけから成っているという**剰余価値**の本性にも矛盾しているように**見える**。したがって、競争においてはすべてが転倒して**現れる**。表面に現れているような、経済的諸関係の完成した姿態は、その実在的な存在においても、したがってまたその観念においても、この諸関係の担い手や行為者たちがその関係について抱く観念においても、この諸関係の**内的な**、**本質的な**、しかしおおい隠されている**姿態**、その見えない核心の姿態、およびそれに対応する**概念**とは非常に違っており、それらにたいして実際に逆さまになっており、反対になっているのである。(①279、E219)

第二節では、「平均利潤」においてはたんに形態の変化だけでなく、量的にも剰余価値からの乖離が起き、事態がいっそう転倒して現象することが述べられていましたが、ここでは、この転倒の深化が資本家たちの競争をつうじて発生することが指摘されています。

「利潤」において発生した転倒、すなわち、資本にとっての収益を生み出したのは労働者が生み出した剰余価値ではなく資本が生み出した利潤なのだという転倒は、「平均利潤」を成立させる資本家のあいだでの競争をつうじて、たんなる形態的な、質的な転倒にとどまらず、実体的な、量的な転倒、すなわち資本が取得する利潤量はそれぞれの資本が搾取する剰余価値とはかかわりなく投下した資本量に比例した大きさになるのだという転倒にまで深化するのです。端的に言えば、「日常意識」への現れによって発生した形態的な転倒――形象化にともなって発生する第一の転倒――が競争をつうじて貫徹し、実体的な転倒――形象化にともなって発生する第二の転倒――にまで深化するということになるでしょう。

また、ここでは、賃金をめぐる資本家と労働者のあいだの競争をつうじて、利潤の源泉が覆い隠されるだけでなく、場合によっては価値関係と矛盾しているように見える現象さえ発生することが指摘されています。これらの事情によっても、自分が取得する利潤はたんに自分の資本投下から生じるのだという資本家がもつ観念は非常に強固なものになります。

利潤を平均利潤よりも高くしたり低くしたりする事情はすべて補償理由として直接に計算に入れられる

資本主義的生産がある程度発展すれば、さまざまな生産部面のいろいろに違った利潤率が均等化されて一般的利潤率になるということは、もはやけっして、市場価格が投下資本を引き寄せたり突きはなしたりする牽引反発の作用だけによって行われるのではない。この均等化のなかで**平均価格**やそれに対応する生産価格がある期間にわたって固定されてくれば、この**一定の相違**は相殺されるということが個々の資本家の**意識**にのぼるようになり、その結果、彼らはこれらの相違をただちに彼らの**相互の計算**のなかに含めるようになる。資本家たちの表象のなかではこのような相違が生きていて、彼らによって**補償理由**として計算に入れられるのである。(①279f、E219)

そこで、この観念にもとづいて**資本家のあいだで打算**が行われる。たとえば商品がかなり長く生産過程に滞留しているとか、商品が遠方の市場で売られるなどということのためにまれにしか回転しない資本は、そのために自分から逃げてゆく**利潤**をやはり**勘定に入れる**のであって、したがって価格の引上げによって埋め合わせるのである。あるいは、たとえば、船舶業などでのように、かなり大きな危険にさらされている資本投下は価格引上げによって埋め合わせをつけるのである。（実際には、資本主義的生産が発展し、またそれにつれて**保険業**が発展すれば、**危険**はすべての生産部面にとって同じ程度である。といっても、それらの部面はそのさい比較的高い保険料を支払うのであるが）。実際、これはすべて次のことに帰着する。すなわち、ある資本投下――一定の限界のなかにとどまるのであれば、すべてが等しく必要とみなされる――の利潤をより少なくし、それゆえ他の資本投下の利潤をより多くするどんな事情も、はっきりと**有効な補償動機**として計算に入れられるのであって、このような動機または打算要因の正当さを確かめるために絶えず繰り返し競争の活動を直接的に必要とするようなことはない、ということである。（①280、E220）

「平均利潤」が成立すると、資本家は現実に、資本があげる利潤は資本そのものから生み出されるのであって、その量は投下資本に見合うものでなければならないという転倒した観念にもとづいて行動します。それゆえ、前節の考察においては、資本家どうしの競争の圧力だけが一般的利潤率を形成し、利潤を平均利潤に転化させるように述べましたが、実際には、そのような競争の圧力をまつことなく、資本家は平均利潤を前提とした行動をします。つまり、引用文で挙げられているようなさまざまな相違にもかかわらず、同じ資本量を投下したのであれば、おおむね同じ利潤を取得してしかるべきであるという観念にもとづいて行動するのです。たとえば、よりリスクの高い資本投下はそれだけ平均利潤を取得できないケースが発生する可能性が高いのだから、それを「補償」するだけの高い利潤が取得されるべきである、などといった具合です。このように、資本間に存在するさまざまな相違は資本家にとって平準化されるべきものであり、それゆえ「補償理由」として計算に入れられることになります。

第五節　労賃の一般的引上げあるいは引下げ（下落）がさまざまな商品の生産価格に及ぼす影響

賃金の上昇が平均利潤と生産価格に及ぼす影響

社会的資本の平均構成＝$C^{80}V^{20}$、利潤＝二〇％と仮定しよう。この場合には剰余価値率＝一〇〇％である。労賃の一般的な引上げは――ほかのことはすべて変わらないとすれば――剰余価値率の引き下げである。平均資本にとっては**利潤**と**剰余価値**は一致する。労賃が二五％上がるとしよう。同じ量の労働者を動かすのに二〇かかっていたとすれば、いまや二五かかるだろう。そうすれば、つぎのようになるだろう。

C　V　P

80	20	20
80	25	15

……一〇五にたいする一五の利潤＝一四6/21％である。したがって、新しい平均利潤率は一四6/21％になるだろう。平均資本によって生産される商品の**生産価格**は、ここでは価値が生産価格と一致するのだから、変わらないであろう。それゆえ、労賃の引上げは、利潤の引下げを伴うが、商品の価値と価格の変動は伴わない。（①273、E210）

ここでは平均的な資本構成をもつ資本の場合の賃金の全般的上昇について考察しています。このケースでは利潤と剰余価値が一致し、生産価格と価値が一致するので、事態は単純です。ここでは、賃金が上昇したぶん利潤が減るので、生産価格に変化はありません。また、このケースの利潤率を計算すれば、賃上げに対応した新たな一般的利潤率（一四6/21％）を導くことができます。

しかし、この引用部のあとにマルクスが考察しているように、平均構成ではない資本の場合には、やや複雑な事態が発生します。構成が低い資本、たとえば$C^{50}V^{50}$の場合に賃金が二五％あがると、$C^{50}V^{62.5}$となり、さきほど求めた一般的利潤率が一四6/21％なので、この資本が生み出す平均利潤は一六3/42となります。こうして、生産価格は一二〇から一二八4/7にあがります。逆に構成が高い資本、たとえば$C^{92}V^{8}$の場合に賃金が二五％あがると、$C^{92}V^{10}$となり、平均利潤は一四4/7となります。こうして、生産価格は一二〇から一一六4/7にさがります。

労賃上昇の結果

労賃の二五％引上げの結果は次のようになる。
(1)社会的平均構成の**資本**では**商品の生産価格**は元どおりで**変わらない**。
(2)構成が**より低い**資本では**商品の生産価格は上がっている**。といっても利潤が下がったのと同じ割合ででではないが。
(3)構成が**より高い**資本では**商品の生産価格は下がっている**。といってもやはり利潤と同じ割合ででではないが。（①275、E211f）

同様のことは労賃の下落の場合にも起こります。ただし、労賃上昇の場合とは逆の結果になります。すなわち、
(1)社会的平均構成の資本では、価値と生産価格はつねに一致するので、労賃の下落によって平均利潤が増大したとしても、商品の生産価格は変わらない。
(2)構成がより低い資本では、平均利潤の増大を労賃の下落が上回るために商品の生産価

格は下がる。

(3)構成がより高い資本では、平均利潤の増大が労賃の下落を上回るために商品の生産価格は上がる。

という結果になります。前節でみたように、このような労賃の変化にともなう生産価格の変動は、労働量におうじて価格が決定されるという労働価値説の単純なイメージと矛盾していますから、平均利潤という現象形態における転倒をますます促進することになります。

コラム2　MEGAと『資本論』草稿

MEGAとはMarx-Engels-Gesamtausgabe の略称であり、邦訳すれば『マルクス＝エンゲルス全集』です。その名の通り、遺されているマルクスとエンゲルスの書き物（著書、論文、書簡、草稿、抜粋ノート、メモ書き、書籍への欄外書き込み等）及び発言の記録のすべてを収録することを企図したものです。

もともとMEGAは、ロシア革命後に、リャザーノフを所長とするモスクワのマルクス・エンゲルス研究所によって計画されたものであり、一九二七年から三五年にかけて刊行が行われました。ところが、スターリンが台頭し、「大粛清」の嵐が吹き荒れるなかで中断に追い込まれ、全四二巻のうち一二巻が刊行されるにとどまりました（リャザーノフも一九三一年に所長を解任され、三八年に処刑されました）。

しかし、その後、東ベルリンのマルクス・レーニン主義研究所とモスクワのマルクス・レーニン主義研究所によって新たなMEGAの刊行が企図され、一九七五年から現在まで刊行が継続されています。こちらは、かつての「旧MEGA」と区別して「新MEGA」と呼ぶこともあります。ソ連や東欧の「社会主義」の崩壊によって継続が危ぶまれましたが、日本をはじめとして世界中の研究者が参加した新体制のもとで刊行が続けられました。現在（二〇二三年九月）、刊行が計画されている全一一四巻のうち七三巻が刊行されています。『資本論』および関連草稿を収録した第二部門についてはすでに全巻が刊行されています。

第三章　資本主義的生産の進展における一般的利潤率の傾向的低下の法則

第三章のテーマは「一般的利潤率の傾向的低下」です。資本主義的生産が利潤を目的とするものである以上、利潤率が傾向的に低下するとすれば、これが資本主義システムにとって重大な問題となることは言うまでもありません。実際、本章で解明される「一般的利潤率の傾向的低下の法則」は、いわゆる「景気循環」や現在の「長期停滞」を理解するうえでカギとなる理論だと言えるでしょう。

第二章では資本どうしの競争をつうじて一般的利潤率が形成され、利潤が平均利潤へと転化するメカニズムが解明されました。本章では、これを前提としたうえで、「資本主義的生産の進展」にともなって一般的利潤率がどのように変化するか、その変化が資本主義的生産様式そのものにどのような影響を与えるかを考察します。端的にいえば、「資本主義的生産の進展」という時間的要素を考慮に入れたうえで、「一般的利潤率」や「平均利潤」という経済的形態規定についてさらに深く検討するのが本章の課題ということになるでしょう。

すでに、私たちは『マルクス　資本論』において第一部の資本蓄積論について概観しました。そこでは、「資本主義的生産の進展」にともなって生産に投じられる資本がますます巨大化し、労働力にたいする需要が絶対数としては増大する一方で、「資本の有機的構成の高度化」（マ477）が進行し、相対的には労働力にたいする需要が減少することが明らかにされました。そのことによって「相対的過剰人口」がたえず生み出され、労賃の上昇が抑制され、さらなる資本蓄積のための条件が整えられるのです。マルクスはこれを「資本主義的蓄積の一般的法則」と呼びました（詳しくはマ475〜508をご覧ください）。

とはいえ、この「資本主義的蓄積の一般的法則」は剰余価値生産の観点から解明された法則であり、資本蓄積（剰余価値の資本への転化による資本規模の拡大）の本質的メカニズムを示すものではありますが、その現象的メカニズムを表現するものではありません。本章では、第二章までの利潤や利潤率をめぐる現象的メカニズムの考察をふまえて、資本蓄積の現象的メカニズムを――経済的形態規定の解明という『資本論』の課題の範囲内で――解明していくことになります。ここでは、資本蓄積にともなう「資本の有機的構成の高度化」は、もはや「相対的過剰人口」を恒常的に生み出すにとどまらず、「一般的利潤率」を傾向的に低下させ、それに付随するさまざまな現象を生み出すのです。

詳しい内容はあとでテキストに即してみていきますが、資本の有機的構成の高度化によって一般的利潤率が低下するという理屈は、それじたいとしてみれば、非常にシンプル

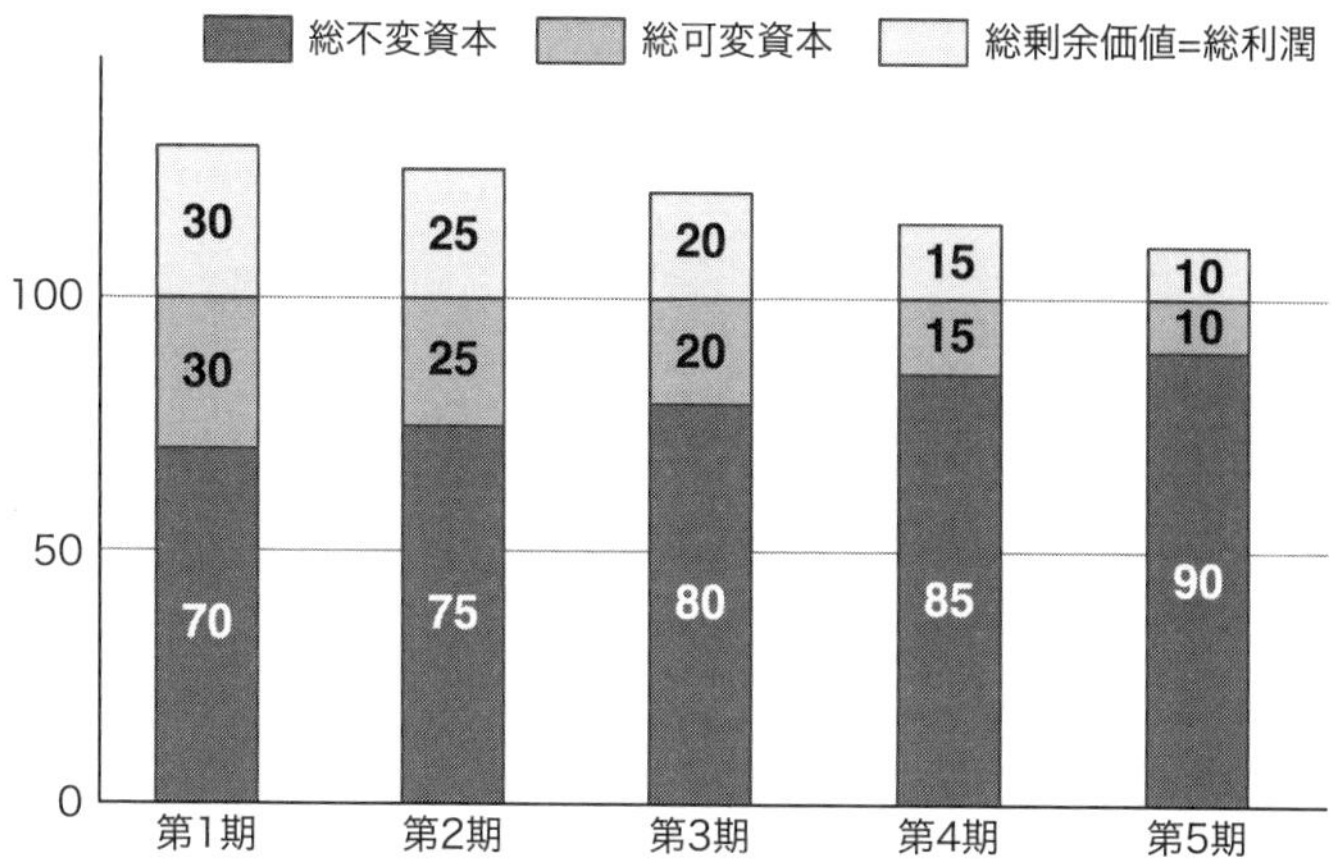

図 3.1　資本の有機的構成の高度化による利潤率の低下

です。図3.1からもわかるように、これまでと同様に剰余価値率を一定（図3.1では一〇〇％）だとすると、社会全体の資本の有機的構成が高度化していけば、結果として、利潤率が低下することは明らかです。なぜなら、資本投下に占める可変資本の割合が低下すれば、それだけ資本投下にたいする剰余価値の比率も低下するからです。

理屈としてはこれだけの話なのですが、じつは、「マルクス経済学者」の一部はこの「利潤率の傾向的低下法則」を支持していません。日本では、マルクスの理論を重視しているはずの共産党でさえも、近年、この法則を軽視する方向に傾いています。現実がこの法則と食い違っているのであれば、それを否定したり軽視したりするのも理解できるのですが、実際には、現在に至るまで利潤率の低下傾向は変わっていません。なぜ「利潤率低下法則」は人気がないのでしょうか。

ひとつは、生産性の増大が利潤率を低下させるという理屈が直観に反するからでしょう。『マルクス　資本論』でみたように、資本の有機的構成の高度化は労働の生産力の増大の結果として起こるので、この法則はつまるところ生産力の増大が利潤率を低下させるということを意味しています。ところが、一般的には、生産力が上昇すれば、より多くの富を効率的に産出できるようになるはずなので、それによって利潤率が低下してしまうというのは不可解に感じられてしまうのでしょう。

もうひとつは、もし生産力の増大が利潤率を低下させるなら、資本家はなぜ生産力を増加させるのだろうか、という疑問が残るからです。第一巻で扱った剰余価値について考えているかぎりでは、生産力の増大は相対的剰余価値の生産につながり、剰余価値率の上昇をもたらしましたので、この点についての疑問は生じませんでした。ところが、利潤について考えるやいなや、生産力を上昇させる資本家の動機をめぐる問題が生じるのです。

じつは、マルクスはこの二つの問題に事実上、答えを与えています。前半の「法則」についての説明では、富の生産の増大をもたらすはずの労働の生産力の発展がなぜ利潤率を低下させるのか、ということが繰り返し論じられます。また、中盤以降の「法則」がもたらす諸現象についての説明では、まさに資本家が抱く観念と、その観念にもとづいた資本家の行動をつうじて、いかにして現実に「法則」が貫徹されるのかが論じられます。それゆえ、この二つの問題を頭に置きながら読んでいくことによって、本章全体の見通しもよくなるでしょう。

文献考証

本章においては、主要草稿（①）と現行版との大きな違いは二つあります（表3.1）。ひとつは章題（篇題）の違いです。主要草稿では「資本主義的生産の進展」という文言が入ることで、第一巻の資本蓄積論との関係が比較的みえやすくなっています。

もうひとつは、現行版では草稿には存在しない章分けや節分けがなされているということです。一般的に言えば、こうした区分けはテキストの流れを明確化するのに役立ちますが、この章についてのエンゲルスの区分けにはやや問題があります。とりわけ問題なのが「反対に作用する諸原因」を「法則そのもの」から切り離してしまったことです。実際には、「法則そのもの」のなかに「反対に作用する諸原因」も含めて考察すべきであり、このような区分けはミスリーディングでしょう。また、以下の本文から理解していただけると思いますが、第一五章のなかの節題の付け方も必ずしも内容に即したものではありません。それゆえ、本章では、現行版による章分けや節分けはいっさい採用していません。

第三部主要草稿(①)	現行版(E)
第3章　資本主義的生産の進展における一般的利潤率の傾向的低下の法則	第3篇　利潤率の傾向的低下の法則
	第13章　この法則そのもの
	第14章　反対に作用する諸原因 第1節　労働の搾取度の増大 第2節　労賃のその価値以下への引き下げ 第3節　不変資本の諸要素の低廉化 第4節　相対的過剰人口 第5節　貿易 第6節　株式資本の増加
	第15章　この法則の内的諸矛盾の展開 第1節　概説 第2節　生産の拡張と価値増殖との衝突 第3節　人口過剰のもとでの資本過剰 第4節　補遺

表 3.1

剰余価値率が不変であっても資本の有機的構成が高度化するなら利潤率は低下する

……**剰余価値率**が……所与だとしても、以前の展開から帰結されるように、労働手段と不変資本の大きさの違いにともなって不変資本（c）の価値量が増大し、それゆえまた総資本Cの価値量が増大するにしたがって、非常に**違った利潤率**に表されるであろう。なぜならば利潤率＝m／Cだからである。

不変資本＝50で可変資本＝100……ならば、利潤率 $p' = 100/150 = 66\frac{2}{3}\%$。

不変資本＝100　ならば $p' = 100/200 = 50\%$

＝200　$p' = 100/300 = 33\frac{1}{3}\%$

＝300　$p' = 100/400 = 25\%$

＝400　$p' = 100/500 = 20\%$

＝500　$p' = 100/600 = 16\frac{2}{3}\%$

等々。

このように、同じ剰余価値率〔一〇〇%〕が、労働の搾取度は一定であるのに、**低下していく利潤率**に表されることになるであろう。……

さらにいま、このような資本構成の漸次的変化が、特殊な生産部面で起こるのではなく、ある特定の社会に属する総資本の構成の変化を示し、したがって社会的資本の**有機**

的平均構成の変化を示すとすれば、その必然的結果は、剰余価値率が同じままであれば、すなわち資本による労働の搾取度が一定であれば、**一般的利潤率**の漸次的低下であろう。（①285f、E221f）

社会的生産力の発展とともに社会的資本の有機的構成は高度化する

ところが、すでに示したように、この生産様式の発展につれて**可変資本が不変資本に比べて**、それゆえ**動かされる総資本に比べて**、**相対的に減少する**ということは、資本主義的生産様式の一法則である。言い換えれば、このことが意味しているのは、**同じ価値量の資本**によって、一定の価値量の可変資本によって動かされる同じ**労働者数**（同じ労働力）が、資本主義的生産様式の内部で発展していく独自な生産方法の結果として、労働手段、原料、補助材料、機械やあらゆる種類の固定資本のたえず増大していく量を——同じ時間で動かし、あるいはそれゆえまた価値量がたえず増大していく不変資本を——生産的に消費し、加工するということにほかならない。このように不変資本に比べて、それゆえ総資本に比べて、可変資本が相対的に漸進的に減少していくということは、社会的資本の有機的構成が漸進的に**高く**なっていくということ、すなわち資本の有機的平均構成が高くなっていくということと同じである。これはまた、**労働の社会的生産力**が

> ますます発展してゆくということの別の表現にほかならず、この発展は、まさに、機械、固定資本一般の充用の増大によってより多くの**原料や補助材料**を**同じ時間で**、すなわちより少ない労働で生産物に転化させるということに現れるのである。（①286f、E222）

すでに第一部でみたように、労働の生産力の発展は資本の技術的構成の高度化をもたらし、技術的構成の高度化は価値構成の高度化をもたらします。マルクスはこれを「資本の有機的構成の高度化」と呼んだのでした（マ475ff）。

この「資本の有機的構成の高度化」にたいしては、資本の技術的構成が高度化したとしても、生産手段の価値がそれと同程度か、あるいはそれ以上に低下するのであれば、資本の有機的構成は高度化しないのではないかという批判があります。これにたいする反批判はすでに『マルクス　資本論』で書いていますので、詳しくはそちらをご覧頂きたいのですが（マ485ff）、結論だけを述べておけば、こうした議論が見逃しているのは、現実の生産力が上昇する際の動態的なプロセスです。社会全体の労働の生産力がいっせいに上昇するという極端なケースを考えたとしても、現在の生産に用いられる生産手段の価値はすぐには減少しません。なぜなら、現在の生産に用いられる生産手段は過去に生産されたものだからです。現在の生産力の上昇が生産手段の価値に反映され、その低下をもたらすには一定の時間がかかります。それにたいして、労働力にたいする生産手段の物量的な比率は生産力の上昇によってただちに増大します。それゆえ、動態的なプロセスにおいては生産手段の価値の低下の効果よりも、資本の技術的構成の高度化の効果のほうが強く表れ、結果として資本の有機的構成の高度化が進行することになります。

もちろん、以上にのべたことはあくまで本質的メカニズムにおいて成立することにすぎません。後に見るような、資本どうしの苛烈《かれつ》な競争戦をふまえるならば、「資本の減価」が資本の有機的構成を減少させることもありえます。また、戦後の高度成長期のようにインフレが進行することによっても、資本の有機的構成は低下しうるでしょう。ここでも、本質的メカニズムが資本家の競争をつうじて歪《ゆが》められて現象するのです。とはいえ、他方では、こうした現象的メカニズムの動態を把握するためにも、本質的メカニズムにおける資本の有機的構成の高度化を把握することが重要になります。

社会的資本の有機的構成の高度化によって一般的利潤率が低下する

したがって、この章のはじめで仮定として示した低下は、資本主義的生産の現実の傾向を表している。資本主義的生産は、不変資本にたいする可変資本の漸進的で相対的な減少につれて、総資本のますます高くなる**有機的構成**を生み出すのであって、その直接の結果は、剰余価値率が、労働の搾取度が変わらない場合でも、またそれが高くなる場合でさえも、**絶えず低下していく一般的利潤率**に表される。……したがって、**一般的利潤率の低下**への漸進的傾向は……**労働の社会的生産力**の不断の発展についての資本主義的生産様式に独自な表現にほかならない。（①287、E222f）

同じ剰余価値率、あるいは**上昇する**剰余価値率さえもが**低下する利潤の率**に表されるという法則は、別の言葉で言えば、なんらかの社会的平均資本の一定量、たとえば一〇〇の資本をとってみたとき、そのうちのたえず大きくなっていく部分が労働手段に表され、たえず小さくなっていく部分が生きた労働に表されるということであり、それゆえ、生きた追加総労働が投下総資本の価値に比べて減っていくのだから、**不払**部分とそれを表す**価値部分**も投下総資本の価値に比べて減っていくということであり、あるいは投下総資本のうちのますます小さくなっていく部分が生きた労働に転換され、それゆえその大きさに比べてますますわずかな剰余労働を吸収するようになるのであり、たとえ充用される労働の**不払**部分の**支払**部分にたいする**割合**が同時に増大しようとも、やはりそうなのである。（①290、E225f）

第一部でみたように、資本の有機的構成の高度化は本質的メカニズムにおいて労働力にたいする需要を相対的に減少させ、相対的過剰人口を恒常化させる効果をもちますが、現象的メカニズムにおいてはそれにとどまらず、一般的利潤率を低下させる効果をもつことになります。なぜなら、社会全体の資本が生産力の発展とともにその有機的構成を高度化させていくならば、平均構成の資本の有機的構成の高度化もまた進行し、その結果、一般的利潤率が低下するからです。

ここで重要なのは、この一般的利潤率の低下を本質的メカニズムの次元から捉《とら》え返していることです。マルクスが指摘しているのは、たんに剰余価値率が一定の場合に資本の有機的構成が高度化すれば利潤率が低下するという数量的な関係についてだけではありません。資本の有機的構成の高度化が進行することによって、資本家たちが生きた労働を動員するためにますます多くの価値――すなわち価値として対象化された過去の労働――を必要とするようになっていくということを指摘しているのです。

一般に、どんな社会でも生産力が発展するということは、現在の生きた労働がますます過去の労働の成果に依拠して行われるようになるということを意味します。高い生産力を実現するための機械やさまざまなインフラストラクチャーはすべて過去の労働の産物です。そして、それらの機械やインフラを生産するための機械や道具、原料もまた過去の労働の産物です。たとえどれほど高度な知識を持っていたとしても――そもそもその高度な知識そのものが長年にわたる労働や科学的営みの成果なのですが――もし私たちの現在の生産が過去一年間の労働の成果にだけ依存しなければならないとすれば、ほんのわずかな生産力しか実現することはできないでしょう。現在の非常に高度な生産力は、過去に人類が営々と積み重ねてきた労働の結果としてしか存在しえないのです。

以上のことを踏まえるなら、現在の労働がますます過去の労働の成果に依拠しておこなうことができるようになるというのは、ほんらいポジティヴなことのはずです。ところが、死んだ労働（資本価値）による生きた労働の支配をその根本特徴とする資本主義的生産様式においては、このことがむしろ、現在の生きた労働を動員するためにはより多くの不変資本価値が必要となってしまうというように、ネガティヴなこととして現象してしまうのです。じっさい、価値の根拠をなしている生きた労働を動員するのに、より多くの不変資本価値を必要とするのであれば、たとえ剰余価値率が上昇したとしても、傾向としては利潤率が低下することにならざるをえません。「生きた労働が産出した価値（v＋m）」÷「生きた労働を動員するのに必要とした不変資本価値（c）」＞利潤率（m÷（c＋v））という関係がつねに成立するからです。「**一般的利潤率の低下**への漸進的傾向は……**労働の社会的生産力**の不断の発展についての資本主義的生産様式に独自な表現にほかならない」とマルクスが述べているゆえんです。

こうして、死んだ労働が生きた労働を支配し搾取するという転倒した関係においては、生産力の発展とともに現在の労働がますます過去の労働に依存するようになるという当然の事実が利潤率の傾向的低下として現象することになります。

利潤率が低下したとしても利潤量は増大することが可能であるだけでなく増大しなければならない

資本によって動かされる**労働者数**の数は、それゆえ、資本［によって］動かされる労働の**絶対量**は、それゆえ、資本によって吸収され、取得される**剰余労働の絶対量**は、それゆえ、資本によって生産される剰余価値量は、したがって、**資本によって生産される利潤の絶対的大きさ**あるいはその**絶対量**は、**利潤率の漸進的低下**にもかかわらず、増加することが**できる**し、また大きくなることができるし、**漸進的**に大きくなることができるのである。ただそう**なりうる**というだけではない。資本主義生産様式の基礎の上では――若干の一時的な変動を別とすれば――そうならなければ**ならない**のである。（①292、E228）

一般的利潤率が漸進的に低下していくような状況においても、剰余価値量を増大させることは可能です。なぜなら、たとえ生きた労働を動員するのにより多くの資本価値を必要とするようになっていったとしても、雇用する労働者の数を増やすことによって剰余価値量を増大させることができるからです。利潤は剰余価値の現象形態ですから、このことは、利潤率の低下にもかかわらず、利潤量が増大しうるということを意味します。

ただ、マルクスはここで、利潤率が低下しても利潤量は増大しうるというだけでなく、増大しなければならない、と述べています。つまり、利潤率低下のなかでの利潤量増大といういっけん矛盾するようにみえる現象は、資本主義的生産様式の本性から必然的に生起する現象だというのです。なぜでしょうか。このことを理解するためには、第一部でみた資本蓄積の本質的メカニズムを思い出す必要がありますが、マルクスはこの草稿のなかでもほぼ同じ議論を繰り返しています。以下に見ていきましょう。

資本主義的生産過程は本質的に蓄積過程である

資本主義的**生産過程**は本質的に同時に**蓄積過程**である。すでに示したように、資本主義的生産が進展すれば、ただ単に再生産（維持）される**価値**がますます増大し、しかも充用される労働力が変わらない場合でさえも増大する。しかし、労働の社会的生産力が発展するにつれて、**生産される使用価値量**――**生産手段**がその一部をなす――はそれよりももっと増大する。そして、追加労働、つまりそれの取得によってこの追加の富を資本に再転化することができる追加労働は、この**生産手段**の（生活手段を含めての）価値にではなく、その**量**に依存する。なぜならば、労働者が現実の労働過程で関係するのは、

生産手段の価値ではなく、その**使用価値**だからである。ところが、蓄積そのものと、それにともなって与えられる資本の集積は、それ自身、**生産力増大**の、その**上昇**の一つの物質的手段である。しかし、このような生産手段の増大には労働者人口の増大が含まれ、過剰資本に対応する、しかもこの資本の欲求を全体としてつねに超えてさえいる労働者の過剰人口の創造が含まれているのである。過剰資本がそれによって指揮される過剰人口にたいして一時的に過剰になっているということは、二重の仕方で作用するであろう。(1)一方では労賃を引き上げることによって、労働者の出生を減らし滅ぼす諸影響を緩和し、結婚を刺激する。(2)相対的剰余価値を生み出す諸方法を適用することによって、人為的な余剰人口を創造し、それはそれでまた――資本主義的生産の内部では貧困が人口を生むのだから――現実の人口増加の一つの温床となる。それゆえ、資本主義的蓄積過程――それは資本主義的生産過程の一契機である――の本性から自《おの》ずからでてくるのは、資本に転化させられるべき生産手段量が増大すれば、それに対応して増大し、過剰にさえなる搾取可能な労働者人口の数がすぐに使えるものとして見いだされ、いつでも手元に見いだされるということである。したがって、生産過程と蓄積過程の進展において、取得可能な、そして取得される**剰余労働の量**は、それゆえ社会的資本によって取得される**利潤の絶対量**は、増大し**なければならない**のである。しかし、この同じ蓄積と生産の法則は、**不変資本の量とともにその価値を**、**可変の**、すなわち生きた労働に転換され交換される資本部分の価値よりもますます急速に増大させる。したがって、同じ諸法則が、社会的資本が取得する**絶対的利潤量の増大**を**利潤率の低下**とともに生み出すのである。（①292f、E228f）

資本主義的生産の目的は剰余価値の生産であり、しかもこの剰余価値を可能なかぎり最大化することです。そのために、労働日の延長による絶対的剰余価値の生産、生産力の上昇をつうじた相対的剰余価値の生産、さらには使用する労働者の数を増大させる資本蓄積が資本によって推し進められていくことはすでに第一部でみたとおりです。

しかも、ここで指摘されているように、資本は生産力の発展をつうじてみずから資本蓄積の条件を生み出していきます。資本の有機的構成の高度化をつうじてたえず相対的過剰人口を産出することについてはすでにみましたが、それだけではありません。生産力の上昇は同じ資本規模であっても、より多くの原料や機械を生産することを可能にし、それらの増大した生産手段によってますます多くの労働者を就業させることが可能になります。さらに、そのことによって労働力にたいする需要が増大すれば、労賃が多少なりとも上昇し、この労賃のいくらかの上昇は出産を刺激し、乳児死亡率を減少させるでしょう。他方では、相対的過剰人口による労賃の抑制が労働者の貧困状態を維持し、この貧困も出産への刺激となるでしょう。こうして、資本主義的生産は資本蓄積をつうじて、あるいはそれにともなう生産力の発展をつうじて、資本蓄積のための条件をみずから生み出し、ますます剰余価値の総量を増大させていくのです。この意味で、「資本主義的**生産過程**は本質的に同時に**蓄積過程**」なのです（マ第二三章も参照）。

ところが、資本蓄積のなかで資本蓄積そのものの条件を生み出すことのできる生産力の発展は、同時に、資本の有機的構成の高度化を進行させずにはいません。この本質的メカニズムの動向は現象的メカニズムにおいては利潤量の増大と利潤率の低下の同時進行を意味します。だからこそ、マルクスは、利潤率の低下にもかかわらず利潤量が増大するという、いっけん矛盾しているようにみえる現象が、資本主義的生産様式のもとでは必然的に生起すると述べたのです。

利潤率が低下しながら利潤が増大するには投下総資本が増大しなければならない

ところで、**絶対的な利潤量の増大**をともないながら同時に**利潤率が低下する**という、この二面的だが同じ原因に由来する法則は、どのような形態で現れなければならないのか？　つまり、与えられた諸条件のもとでは取得される剰余労働の量が、したがって剰余価値の量が増大するが、総資本を考察すれば、あるいは個別資本を総資本のたんなる断片として考察すれば、利潤と剰余価値とは同じ大きさであるということ、このことに

基づいている法則は、どのような形態で現れなければならないのか？（①294f、E230）

したがって、資本主義的生産様式が進むにつれて、**利潤率の**漸進的**低下**への傾向に表される、労働の社会的生産力の同じ発展が、取得される**剰余価値あるいは利潤の**絶対**量**の不断の増大に表されるのであり、それゆえ、全体としてみれば、可変資本の相対的減少に可変資本の絶対的増加が対応するのである。この両面的な作用は……利潤率の低下より速い進度での、かつ利潤率の低下と逆の方向での**総資本の増大**として現れるほかない。絶対的に増加した可変資本を、より高い構成のもとで、すなわち不変資本に比べた可変資本の減少のもとで充用するためには、総資本は構成の高度化に比例して増大しなければならない。（①298、E233）

みてきたように、利潤率の低下と利潤量の増大の同時進行が資本の有機的構成の高度化と資本蓄積の同時進行の必然的帰結であるとしても、資本家たちの日常的な意識にたいしては事態はそのように現象しません。現象的メカニズムにおいては、利潤率の低下と利潤量の増大の同時進行は、利潤率の低下にもかかわらず、それを補うほどに投下総資本が増えることによって利潤量が増大させられるというように現れます。たとえば、利潤率が一〇％から五％に低下したときに利潤量が増大するには、少なくとも投下資本が二倍以上に増大する必要があります。それゆえ、本質的メカニズムにおける可変資本の相対的減少と可変資本の絶対的増大は、現象的メカニズムにおいては利潤率の低下とそれを補うだけの投下総資本の増大として現象するのです。

このような現象形態においては、資本の有機的構成の高度化と資本蓄積の進行は、いずれも同じ原因、すなわち生産力の発展の帰結であるにもかかわらず、互いに対立的な関係にあるものとして現れています。すなわち、「利潤率が低下すれば、そのぶん投下資本量を増大させないかぎり、利潤を増大させることができない」、あるいは、「利潤率を低下させたとしても、投下資本量を増大させることができれば利潤は増大する」、というように現象するのです。

第一部において資本主義的蓄積の一般的法則について考察しているかぎりでは、このような対立関係は生じませんでした。そこでは、剰余価値生産だけに焦点があてられていたので、資本の有機的構成の高度化は相対的過剰人口の維持ないし増大をつうじて資本蓄積を促進するという側面しかもっていなかったからです。言うまでもなく、相対的過剰人口の産出は労働力のプールを維持し、労賃を抑制することにつながるので、資本蓄積にとってプラスの役割しか果たしません。

ところが、第三部において剰余価値が利潤に転化するやいなや、資本の有機的構成の高度化はもはや相対的過剰人口の産出としてだけでなく、一般的利潤率の低下としても現象するようになります。こうなると、資本の有機的構成の高度化は投下総資本にたいする利潤量を相対的に減少させるものとして、すなわち一定規模の資本投下によって実現できる利潤量を減少させるものとなります。こうして、現象的メカニズムにおいては、資本の有機的構成の高度化と資本蓄積の進行という同じ原因から発生した運動が対立的な要因に分裂し、一方の進行を他方の進行によって補わなければならないものとして現れるのです。

利潤率の低下と利潤量の増大の必然的関連

利潤量が二要因によって、すなわち第一には利潤率、第二には与えられた利潤率で充用される資本の量によって規定されているということは一つの同義反復である。したがって、可能性からいえば利潤量は利潤率が同時に下がっても増大しうるということは、ただこの同義反復の一つの表現でしかなく、この関連の必然性を何ひとつ証明しない。……だが、もし利潤率を低下させるその同じ原因が蓄積すなわち追加資本の形成を促進するとすれば、また、もしどの追加資本も新たな剰余労働を、追加的労働を動かして追加の剰余価値を生産するとすれば、また、他方、もし利潤率のたんなる低下が不変資本の増加に比例した旧資本の増加を含んでいるとすれば、その場合にはこの全過程は神秘的ではなくなる。（①298ff、E233f）

ここで重要なのは、資本の有機的構成の高度化と資本蓄積の同時進行が現象的メカニズムにおいては利潤率の低下と投下資本量の増大という二つの対立的な要因として現れるとしても、それによって両者のあいだの必然的な連関が失われるわけではないということです。むしろ、利潤率を投下資本量によっておぎない、投下資本量を利潤率によっておぎなおうとする個々の資本家たちの行動をつうじて、資本の有機的構成の高度化と資本蓄積の同時進行という必然的関連、すなわち資本主義的蓄積の一般的法則が貫徹し、その現象形態である利潤率低下法則も貫徹するのです。

このことを詳細に検討するには、あらかじめ二つの点についてみておく必要があります。ひとつは、資本主義的蓄積の一般的法則の現象形態、すなわち一般的利潤率の低下と投下総資本の増大による利潤量の増大が、利潤をめぐって競争している資本家たちの日常意識にどのように反映するかという問題です。この点についてはすでに簡単に言及してはいますが、より詳しく見ておく必要があります。

もうひとつは、生産力がもたらす「反作用」、すなわち一般的利潤率を上昇させる作用についてです。生産力の発展は資本の有機的構成を高度化させ、利潤率を低下させるだけでなく、相対的剰余価値の生産などをつうじて利潤率を上昇させる作用も持っており、資本家たちはこの反作用を活用してできるだけ利潤率の低下を防ごうとします。

以下では、この二つの点について順に見ていきます。

生きた労働の削減と死んだ労働のより多くの充用は資本家たちにたいして直接には利潤率の低下として現れない

「資本の各部分が一様に利潤を生む」という理論的な見解――剰余価値の利潤への最初の転化にさいしての――は、いまや**実践上の事実**になる。資本がどのように構成されようとも、資本が1/4だけの死んだ労働と3/4の生きた労働を、あるいは3/4の死んだ労働と1/4の生きた労働を運動させようとも、前者の場合において資本が後者の場合よりも3倍多くの剰余労働を吸収しようとも、すなわち剰余価値を生産しようとも……資本は同じ大きさの利潤を生みだす。視野が狭い個々の資本家――あるいはまたそれぞれの特殊な生産部面の資本家集団が、自分の利潤は**自分によって**、あるいは**自分の部門**において使用された労働だけから生まれるのではない、と考えるのは当然である。このことは彼の平均利潤についてはまったく正しい。この彼の利潤が総資本による、つまり彼の資本家仲間全体による労働の総搾取によってどれほど媒介されているのか、そしてそれとどれほど関連しているのかということは、彼にとっては完全な謎（神秘）であり、ブルジョア理論家である経済学者さえ今日までそれを解決してこなかったのだから、なおさらそうである。労働の節約――一定の生産物を生産するために必要な労働だけでなく、使用された労働者の総数の節約――と死んだ労働のより大きな充用は、まったく経済的に正しい操作として現れ、一見したところ、一般的利潤率ないし平均利潤を侵害するものとしてはけっして現れない。それゆえ、生きた労働の削減――使い捨て――は利潤を侵害せず、そして一定の状況のもとでは、少なくとも個々の資本家にとっては、利潤の増大のもっとも手近な源泉として現れるのだから、どうして生きた労働が利潤の唯一の源泉でありえようか?(①246f、E179f)

新しい生産様式がどれほどより生産的であろうと、あるいはまたなんらかの割合で剰余価値率を増大させようとも、それが**利潤率を低下させる**ならば、それを自発的に充用する資本家はいない。しかし、このような新しい生産様式はすべて商品を安くする。それゆえ資本家は、最初はその商品をその生産価格**以上で**、おそらくはその価値**以上で**売る。彼は自分の商品の生産費と市場価格で売られる商品との間に存在する差額を手に入れる。彼がこのようなことをできるのは、この商品を生産するのに社会的に必要な労働時間の**平均**が新しい生産様式に必要な労働時間よりも**大きい**からである。彼の生産方法は社会的な生産方法の平均**よりも**優れている。競争はその生産方法を普及させて、それを一般的な法則に従わせる。そこで**利潤率の低下**が現れるのであり(おそらく最初は**この**部面で現れ、それから次に他の諸部面と均等化される）、したがってこの低下は資本家たちの**意志**にはまったく依存しないのである。（①337f、E275）

資本蓄積の運動が資本家たちにどのように現象するかという問題を考えるうえで重要なのは、剰余価値が利潤という形態をとって現象することによって、この運動がまったく転倒したかたちで現れてくるということです。このことが意味するのは相対的剰余価値の増大をもたらす生産力の発展が一般的利潤率の傾向的低下として現象するということだけではありません。むしろ、そのような傾向的低下をもたらす運動そのものが、資本家たちが利潤という転倒した現象形態にもとづいて行動することによって、可能になるということなのです。

前章でみたところから明らかなように、剰余価値が利潤に転化し、さらにそれが競争をつうじて平均利潤に転化すると、もはや形態だけでなく、量的にも剰余価値と平均利潤は一致しなくなるので、剰余価値が平均利潤を規制しているという関係は直接にはみえなくなります。それどころか、個々の資本家たちにとっては、生きた労働を削減して死んだ労働を増大させることは場合によっては――たとえばより高性能な機械を導入した結果として削減されたぶんの労働力の価格がその機械の購買価格を補塡《ほてん》するための費用を上回るならば――商品の費用価格の削減につながり、超過利潤の獲得を可能にします。それゆえ、個々の資本家にとっては、資本の有機的構成の高度化はむしろ利潤率を増大させるものとして現象することになります。

もちろん、他の資本家たちが同じように高性能な機械を導入して生産力を高めるのであれば、この超過利潤は消滅するでしょう。結果として残るのはこの生産部門全体における資本の有機的構成の高度化です。しかし、一般的利潤率の低下は社会全体の生産力の発展をつうじて平均構成の資本の有機的構成が高度化することによってもたらされるものであり、特定の生産部門の資本の有機的構成の高度化がただちに目に見えるような一般的利潤率の低下を引き起こすわけではありません。この事情も、資本の有機的構成の高度化が一般的利潤率の低下を引き起こすという関連を覆い隠します。

以上からわかるのは、一般に考えられているように、利潤率を増大させることのできる場合にしか生産力を増大させないので利潤率の低下がおこらないのではなく、むしろ、直接には生産力の向上が超過利潤の取得によって利潤率を増大させることができるからこそ、社会全体でみれば一般的利潤率の低下をもたらすような生産力の発展が推し進められていくということです。それゆえ、一般的利潤率低下の法則は、まさに利潤という剰余価値の転倒した現象形態——利潤は剰余労働からではなく資本そのものから発生する——をつうじて貫徹することになります。

資本主義的蓄積の一般的法則（利潤率の低下と利潤量の増大の必然的関連）は資本家たちの意識にたいして転倒して現象する

われわれはすでに、**一般的利潤率の傾向的低下**……を生み出す同じ原因が、どのようにして、資本の加速的蓄積、したがってまた、この資本が取得する剰余労働——剰余価値——利潤の絶対量または**総量**の増大を引き起こすかを示した。競争では、また競争当事者たちの意識のなかでは、すべてのことが転倒して現れるのであるが、この法則——私が法則というのは、この、外観上矛盾する二つのもののあいだの内的で必然的な関連のことである——もまたそうなのである。……大資本を自由に処分する資本家の方が、外観上「高い」利潤をあげる小資本家よりも大きな利潤を、すなわち多くの貨幣（貨幣はここでは価値の自立的表現であるにすぎない）を取得するということは、明らかである。さらに競争のもっとも表面的な考察によってもわかるように、ある種の事情のもとでは、より大きな資本家が、恐慌期などに見られるように、市場に自分の場所を確保し、より小さな資本家を追い出そうとする場合、より大きな資本はより小さな資本を戦場から叩き出すためにこれを実践的に利用する、すなわち、利潤率の意図的な引き下げを行うのである。ことにまた、あとで詳しく述べるような商人資本が示す諸現象を見ても、利潤の低下は事業の拡張の結果として、したがってまた資本の拡張の結果として現れる、等々。……ここでは利潤率の低下は資本の増加の**結果**として現れ、またそれと結びついた資本家の計算、すなわち利潤率は下がっても自分たちの手に入る利潤量は大きくなるだろうという計算の**結果**として現れるのである。これらはすべて……およそ一般的**利潤率**とはどういうものであるかについての全くの没概念性に、そしてその基礎に横たわっている次のような粗野な表象に基づいている。すなわち、価格というのは、実際には、商品の現実の価値を超える任意の利潤部分の**追加**によって規定されるのだという表象である。この表象がどんなに粗野であろうとも、それらの表象は、資本主義的生産様式の内在的な諸法則が競争のなかで現れるさいの転倒した現れ方から必然的に生まれてくるのである。（①300f、E235）

以下のような現象――資本主義的生産様式の本性から出てくる――すなわち労働の生産力が増大すれば、個々の商品あるいは一定の商品分量の価格は**下がり**、商品の数量は**増加し**、**商品一個あたりの利潤量**と**その商品**全体での**利潤率**は低下するが、**商品総量での利潤量は増大する**という、このような現象が表面で表しているのは、商品一個あたりの**利潤量が低下し**、個々の商品の**価格が**低下し、そして社会的資本が――あるいはまた個々の資本家だけをみても――生産する**商品の総数が増加し**、それにたいする**利潤量**が増大する、ということにすぎない。この現象は、資本家が個々の商品につけ加える利潤

> を恣意的に少なくするが、自分の生産する商品数を増やすことによって埋め合わせをする、というように理解される。このような考え方は「譲渡にもとづく利潤」という観念〔利潤は商品をその本来の「価値」よりも高く売ることによって発生するのだという観念〕にもとづくものであって、この観念のほうもまた**商人資本あるいは商業資本**の考え方から引き出されたものである。（①319f、E240）

個々の資本家たちにたいして資本の有機的構成の高度化が利潤率の増大として現象するとしても、個々の資本家が生産力の発展を追求し、社会全体で資本の有機的構成の高度化が進行するならば、結果として一般的利潤率は低下せざるをえません。けれども同時に、生産力の発展は資本蓄積の条件を生み出すので、利潤の絶対量は増大していきます。ここでは、この外観上は矛盾しているようにみえるプロセスが、実際の競争においてどのように資本家たちに現象するかが具体的に述べられています。

第一に、競争の現象形態においては、利潤率の低下と利潤量の増大が同じ原因によって生み出されているのではなく、むしろ資本量の増大が利潤率の低下を可能にし、それを促進するというように事態が現れます。たとえば、大資本が小資本を打ち負かすために意図的に利潤率を引き下げてシェアを維持ないし拡大し、それによって利潤を増大させる、といった具合です。

第二に、資本家にとって利潤は直接には費用価格の超過分にほかならず、この超過分の合計が自分の取得する総利潤として現象します。本質的メカニズムからすれば、利潤の水準を根本において規制しているものは、資本家たちがその商品の生産に動員した生きた労働の総量であり、その総量のうちにどれだけの剰余労働が含まれているかです。一定量の生きた労働がどの程度の利潤を生み出すかはその生産部門の資本の有機的構成に依存し——低度構成の場合は剰余労働よりも少ない利潤を、中位構成の場合は剰余労働どおりの利潤を、高度構成の場合は剰余労働よりも多くの利潤を生み出します——この労働がどれだけの生産力を持っているかによって商品の生産総量が決まり、それによって、すなわち生きた労働によって生み出された利潤総量を商品の生産総量で割ることによって、個々の商品が含む平均利潤が決まり、したがって生産価格も決まるのです。ところが、現象形態においてはもはや生きた労働が価値の根源であることは見えなくなっているので、個々の資本家の恣意《しい》的な——とはいえ競争に強制された——価格決定の結果としてのみ、利潤や利潤率が現れてきます。たとえば、商品を廉価にすることによって商品あたりの利潤が低下するとしても、それをより多くの商品の販売によって補うことができるのだ、といった具合に事態が現象するのです。

こうして、資本家たちにとっては、利潤は競争のなかでの各々の意思決定をつうじて確定されるものとして現れます。利潤率の低下も、それを補うだけの投下資本量の増大も、自分の意思決定の産物として現象するのです。もちろん、実際には、資本の有機的構成の高度化が進行することによって、一方では生きた労働を動員するためにますます多くの資本価値が必要となり、他方では資本蓄積のための条件が生み出される、といったような、競争条件の絶えざる変化が彼らの意思決定を根本的に規制しています。しかし、これらは個々の資本家の意思決定からは独立に、その背後で進行している事態であり、競争当事者である彼らはそのことを直接には感知できません。それゆえ、現象的メカニズムにおいては資本主義的蓄積の一般的法則もまた転倒したかたちで現象することになるのです。

反対に作用する諸原因が存在するために法則は傾向的なものとなる

たとえば最近の三〇年間だけでも以前のすべての時代に比べて社会的労働の生産力が非常な発展をとげたことを考えれば、ことにまた、本来の機械設備のほかにも社会的生産過程の全体に入っていく固定資本の巨大な量を考慮すれば、そこには、これまで経済学者たちを煩わせてきた困難、すなわち利潤率の低下を説明することの困難に代わって、それとは反対の困難、すなわち、なぜ利潤率の低下がもっと大きくないのか、あるいはもっと急速ではないのかを説明することの困難が現れる。……そこには反対に作用する諸影響が働いていていて、それらが一般的法則の作用を阻み、妨害し、そしてこの一般法則に単に一つの**傾向**でしかないという性格を与えているに違いないのであって、それだからこそ、われわれも一般的利潤率の低下を**傾向的低下**と呼んできたのである。（①301f、E242）

……**一般的利潤率の低下**を引き起こすのと同じ諸原因が、この低下を阻害し、遅らせ、部分的には麻痺《まひ》させる反対作用を呼び起こすのである。この反対作用は法則を廃棄しはしないが、しかし法則の作用を弱める。……この法則はただ傾向としてのみ作用するだけであって、その作用はただ一定の事情のもとで長い期間にわたって延長された場合にのみはっきり現れるのである。（①308、E249）

以下では、一般的利潤率の低下を抑制し、一時的には阻止する、「反対に作用する諸原因」についてみていきます。ここで重要なのは、以下で述べられる「反対に作用する諸原因」はいずれも、一般的利潤率の低下をもたらす生産力の発展によって直接的にもたらされるか、あるいは間接的に促進されるものであるということです。利潤率の低下をもたらす生産力の発展が同時に利潤率の低下を抑制する作用をもたらすのですから、一般的利潤率の低下は必然的に「傾向的」なものにならざるをえません。

とはいえ、「反対に作用する諸原因」の作用はいずれも限定的、一時的なものであって、生産力の発展によってたえずもたらされる資本の有機的構成の高度化の効果を恒常的に打ち消すほどに強力なものではありません。それゆえ、たとえ傾向でしかないとしても、一般的利潤率はやはり低下することになります。

反対に作用する諸原因①——労働の搾取度の増強

⑴**労働の搾取度の増強**、すなわち剰余労働あるいは剰余価値の**増加**、とりわけ**労働時間の延長**と**労働の強化**によるもの。近代産業の歴史を心得ている者ならば誰でもがこのことを知っている。**標準労働時間**にかんする立法は、それについての最良かつ全般的な解説を提供する。労働の**強化**の諸契機のなかには、たとえば一人の個人が**いっそう大量の**機械設備を見張らなければならない等々の場合のように、可変資本に比べての不変資本の増大、したがって**利潤率の低下**を含んでいるものが多くある。この場合には、**剰余価値率**の増大を生み出すのと同じ諸原因が——相対的剰余価値の生産のために充用される方法ではたいていそうであるように——充用総資本の与えられた大きさについてみれば、剰余価値**量**の減少を含んでいることがありうる。しかし、そのほかの**強化**の契機には、たとえば速度の増大のように、原料の加工に際しては**同じ**時間でより多くを加工させる等々ではあるが、しかし、機械設備に関してはそれをより急速に使い減らしはするもの

の、機械設備の価値とそれを動かす労働の価格との割合には影響をおよぼさないものがある。しかし、取得される剰余労働量を増加させながら、しかも充用労働力とそれによって動かされる不変資本との割合を本質的には変えないもの、実際にはむしろこの不変資本の相対的な割合を減少させるもの、それは、とりわけ**労働時間の延長**、近代産業のこの発明品である。――さらにまた、すでに証明したこと――そして利潤率の傾向的低下の本来の秘密をなすこと――であるが、相対的剰余価値を生み出すための諸方法は、たいていは（全般的に見て）、一面では、与えられた労働量のうちからできるだけ多くを剰余労働に転化させ、他面では、前貸資本に比べてできるだけわずかな労働一般を充用するということを含んでいる。だから、労働の**搾取度**を高くすることを可能にするのと同じ原因が、同じ総資本で以前と**同じだけの労働**を搾取することを不可能にするのである。**同じ労働者数**がより多く搾取されるのであるが、しかし**同じ**資本では**より少ない労働者数**が搾取されるのである。これは対抗的な諸傾向であって、**剰余価値率**の上昇に向かって作用しながら、それから与えられた資本によって生み出される**剰余価値量**の、それゆえ**利潤率**の低下に向かって作用するのである。（①302、E242f）

労働者数を労働者の搾取度の増大によって埋め合わせることには超えられない限界がある

一方では剰余価値率が増大し、他方では、剰余価値率に掛ける因数が（比率的ないし絶対的に）減少する。生産力の発展が充用労働の支払い部分を減らすかぎりでは、それは剰余価値率を高くするので剰余価値を増大させる。しかしその発展が、与えられた一資本によって充用される労働の総量を減らすかぎりでは、それは剰余価値率に掛ける因数を減少させ、したがって剰余価値量を減少させる。剰余価値は、必要労働にたいする剰余労働の比率によっても、また充用労働日の数によっても規定されている。しかし、後者は生産力の発展につれて投下資本と比べて減少する。二人の労働者は、それぞれがたった二時間だけ労働する二四人が供給するのと同じ量の剰余価値を供給することはできない。かりに二人が空気だけで生きていけて自分自身のために労働する必要はまったくないとしても、そうである。したがって、労働者数を労働者の搾取度の増大によって埋め合わせることには、ある超えられない限界があるのであり、それゆえ、利潤率の下落を妨げ遅らせることはできても、それを解消することはできないのである。（① 321f、E 257f）

前の項目でもみたように、剰余価値率の増大によって、一般的利潤率の低下を遅らせたり、阻んだりすることができることは明らかです。利潤率＝m÷（c＋v）＝$\frac{m}{v}$÷（$\frac{c}{v}$＋1）＝剰余価値率÷（資本の有機的構成＋1）となり、資本の有機的構成が上昇したとしても、剰余価値率が増大すれば利潤率の低下を抑制し、さらには増大させることもできるからです。

しかし、剰余価値率の増大による利潤率低下の抑制ないし阻止には超えられない限界があります。というのは、どれだけ剰余価値率を高めようとも――マルクスが挙げているケースのようにたとえ労働者が生み出した価値がすべて剰余価値になろうとも――生産力の増大にともなって、労働者が生きた労働によって生み出す価値に比してその生きた労働を動員するために必要な不変資本量が増大すれば、傾向的には、利潤率は低下せざるをえないからです。

すでにみたように、この関係を数式で表すと、「生きた労働が産出した価値（v＋m）」÷「生きた労働を動員するのに必要とした不変資本価値（c）」＞利潤率（m÷（c＋v））になります。つまり、投下不変資本にたいする生きた労働の比率が利潤率の上限をなすのであり、剰余価値率をどれだけ上昇させようとも、この上限を超えることはできません。それゆえ、社会全体において投下不変資本にたいする生きた労働の比率が生産力の発展にともなって低下していけば、一般的利潤率もまた傾向的には低下せざるをえないのです。

反対に作用する諸原因②――労賃のその価値以下への引き下げ

(2)**労賃のその価値以下への引き下げ**。これはここではただ経験的に持ち出されるだけである。なぜならば、それはじっさい、この研究においてあげてもよいかもしれない他のいくつかのことと同様に、資本の一般的分析とは関係のないことであり、われわれがこの著作で取り扱わない競争などの叙述に属することだからである。とはいえ、ここで述べたことは、利潤率の低下への傾向を阻止する最も重要な原因の一つである。(①305、E245)

労賃のその価値以下への引き下げは、搾取度の増強を意味するので、この原因を独立させているのはやや奇妙にみえるかもしれません。ただ、マルクスとしては、さきほどの「労働の搾取度の増強」のほうは、絶対的剰余価値や相対的剰余価値の生産など、労賃が労働力の価値に一致する場合でも剰余価値率が増大するケースを考えていたのでしょう。

この労賃の切り下げは、マルクスが言うように、利潤率の低下への傾向を阻止する最も重要な原因の一つです。実際の歴史をみても、たとえば米国では、一九八〇年代から九〇年代にかけて、いわゆる「新自由主義」的な政策が強行された結果、剰余価値率が大幅に上昇し、一般的利潤率も回復しました。

そうであるにもかかわらず、マルクスがここで労賃のその価値以下への引き下げについて本格的に論究しなかったのはなぜでしょうか。マルクスは、労賃の切り下げは競争についての議論に属するからという理由を挙げています。しかし、本質的メカニズムについて扱った『資本論』第一部においても、資本蓄積の箇所で労賃の価値以下への切り下げについて論じていることを考えると、この理由は必ずしも納得のいくものではありません。

とはいえ、本章でも労賃の下落については何度も言及されており、事実上は労賃の価値以下への切り下げについて論じているとみることもできるでしょう。そこでも論じられていない点として指摘しておかなければならないのは、労賃の価値以下への切り下げが可能かどうか、それがどの程度のものになるのかは、資本蓄積の活発さの度合いや相対的過剰人口の水準など資本主義的蓄積の一般的法則にかかわる諸条件によってだけでなく、資本家階級の政治的力量や労働者階級の側の団結の程度、すなわち階級闘争における力関係によっても左右されるということです。この点については、マルクスが労働者向けにおこなった講演をまとめた『賃金、価格、利潤』（岩波文庫、光文社古典新訳文庫など）において比較的詳しく論じられていますので、ぜひご覧ください。

なお、労賃の価値以下への切り下げは結果としてもちろん剰余価値率を増大させますが、それによる一般的利潤率の引き上げに限界があるのは、さきほどの搾取度の増強の場合と同様です。

反対に作用する諸原因③――生産手段の低廉化

(3)この部の第一章で、**剰余価値率が不変**の場合に、あるいは剰余価値率のあらゆる変動とは無関係に、利潤率を高くする諸根拠について述べたことは、すべてここに属する。したがって、とりわけ、総資本についてみれば、**不変資本の価値**はその物量が発展するのと同じ割合では増大しないということ。たとえば、ヨーロッパの紡績工ひとりが現代の工場で加工する綿花の量は、以前にヨーロッパの紡績工ひとりが加工する量に比べれば、膨大である。しかし、彼が加工する綿花の**価値**は、その量と同じ割合では増大しなかった。機械や他の固定資本……石炭等々についても同様である。簡単にいえば、可変資本に比べて不変資本の量を増大させるのと同じ発展が、労働の生産力の上昇によって不変資本の要素の価値を減少させるのであり、それゆえ、不変資本の価値が、絶えず増大しながらも、不変資本の物量、すなわち**同じ**労働力によって動かされる生産手段の物量が増大するのと**同じ割合**で増大することを妨げるのである。個々の場合には、不変資本の価値がまったく変化することなしに、不変資本の物量は増大しうる。それどころか、逆に、不変資本の価値は低下することさえありうるのである。(①305、E245f)

基本的には、この点についてはすでに第一章で詳説されています。そこで論じられていない重要な点としては資本蓄積の進行にともなう資本の減価がありますが、これについては本章の後半部分で論じることになります。また、生産力の発展による生産手段の低廉化が資本の有機的構成の高度化を抑制する効果に限界があることは、すでに見たとおりです。

反対に作用する諸原因④――相対的過剰人口による労働の形態的包摂の継続と新産業への労働力の配置

(4) **相対的過剰人口**の産出は**利潤率の低下**に表される**労働の生産力の発展**と不可分であり、またその**労働の生産力の発展**によって促進されるのであり、一国において資本主義的生産様式が発展していればいるほどいっそう顕著に現れてくるのであるが、**相対的過剰人口**は、それはそれで、**一方では**多くの生産部門において多かれ少なかれ、たんなる資本のもとへの労働の形態的包摂が継続し、またそれが発展の一般的水準が一見して保証するよりも長く継続することの原因である。それは、利用可能な状態などにある賃労働者、すなわち遊離されている賃労働者が安くて多いことによるものである――多くの生産部門がその性質上、**優位を占めていた**手労働を置き換えることにたいして、より大きな抵抗(困難)を示すということを別とすれば。**他方では**、新しい生産部門、奢侈やその他の部門が拓かれ、これらの部門は、まさにあの相対的な、しばしば他の生産部門で不変資本が優勢なために遊離された人口を基礎として受け取りつつ、**生きた労働の要素**の優勢に基礎を置いており、それからはじめてしだいに他の生産部門と同じ経路をたどっていくのである。どちらの場合でも、可変資本は総資本にたいしてかなり大きな割合を占めている。ところで、一般的利潤率は特殊な生産諸部門における利潤率の平均化によって形成されるのだから、利潤率の低下への傾向を生み出すのと同じ原因がまたこの傾向にたいする平衡力を生み出し、それがこの傾向の作用を阻害し、弱め、多かれ少なかれ麻痺させるのである。（①305f、E246f）

ここでは二つの事柄が指摘されています。ひとつは、相対的過剰人口が大量に存在することによって、賃金が非常に低い程度に抑制されるために、資本家が機械などを導入する動機が弱められるというものです。たとえば、相対的過剰人口の現代的形態である非正規雇用ないし不安定雇用が跋扈《ばっこ》する日本において設備投資へのインセンティブが後退していることはよく指摘されるところです。このような低賃金労働力の利用は剰余価値率を高めるとともに、資本の有機的構成の高度化を妨げるでしょう。

もうひとつは、生産力の発展によって生み出された相対的過剰人口を新たな産業部門が吸収することをつうじて、社会的生産の技術的再編がおこなわれ、そのことをつうじて資本の有機的構成の高度化が抑制ないし阻止されるということです。一般に労働の生産力の発展と言うと、同じ技術体系のなかで生産効率を高めることだけを想起しがちですが――そしてマルクス自身がその側面を強調しているのですが――実際には、生産力の発展にはそれ以前にはなかったテクノロジーや生産物を生み出し、より高度な技術体系を生み出すことも含まれます。この新たな技術体系を構築していく段階では、資本の有機的構成の高度化が進行せず、むしろ低下することもありえるのです。また、このような技術体系の抜本的な再編は生産手段と消費財の双方における新市場の拡大を意味しますので、そのことも一般的利潤率を高める要因となるでしょう。

これまで資本主義的生産様式は抜本的な技術体系の再編を幾度も経てきました。マルクスが目撃したのは綿工業に象徴されるような軽工業主導型の資本主義でしたが、一九世紀の末からは重工業主導型の資本主義に移行し、さらに戦後期にはその基礎のうえで電子化された機械が用いられ、生産物も自動車などの耐久消費財に移行していきました。そして、二〇世紀末からの情報通信技術の発展によって「第三次産業革命」とも呼ばれるような技術体系の再編が起きていることはご承知のとおりです。それぞれの技術体系の性質にもよるので一概にはいえませんが、このような技術体系の抜本的再編成は、新たな生産部門を次々に生み出し、原料価格の低下を引き起こし、交通および通信の効率を大幅に引き上げる、等々の作用をつうじて、資本の有機的構成を低下させたり、回転速度を速めたりすることによって、利潤率を増大させる傾向がありました。たとえば、二〇世紀に隆盛を誇った「フォーディズム」と言われるような資本蓄積体制のもとでは、廉価な石油を活用しつつ、新市場として拡大しつつあった耐久消費財の生産に大量の労働者を動員し、「大量生産・大量消費」のサイクルを実現し、急速な資本蓄積を成し遂げたのです。

もちろん、このような技術体系の抜本的再編の効果は長続きしません。再編された技術体系のもとで労働の生産力が発展していけば、資本の有機的構成が高度化するのは避けられず、また、その技術体系のもとで開拓された新市場も次第に飽和していくからです。それゆえ、世界的に著名なトロツキストであったエルネスト・マンデルが主張したように、本章の後半や第五章第五節でみるような短期の産業循環とは区別される、約半世紀におよぶ産業循環の軌道、すなわち四半世紀の拡張期と四半世紀の後退期をともなう「長期波動」が存在するという説もありました。この「長期波動」論が妥当かどうかは措《お》くとしても、技術体系の再編が利潤率に与える影響を考慮することは一般的利潤率の長期的動向を考えるうえで非常に重要な視点だと言えます。

反対に作用する諸原因⑤――外国貿易による生産手段および生活手段の価値の低下

(5)外国貿易が、一部では不変資本の要素を安くし、一部では直接に可変資本（必要生活手段）を構成する要素を安くする限りでは、それは、利潤率の二つの要素である**剰余価**

値率と**不変資本の価値**にたいして、利潤率を上昇させるように作用する。このように、外国貿易は一般に**生産の規模**の拡張を可能にする方向に作用する。しかし、まさにこの方向にしたがって、外国貿易は同じように不変資本にたいする可変資本の減少を、それゆえ**利潤率の低下**をもたらし、促進するのであるが、それとともに蓄積も促進するのである。同様に、外国貿易の拡大は、資本主義的生産様式の幼年期にはその基礎であるとはいえ、それが進むにつれて、その産物に、すなわち、この生産様式の内的必然性をつうじて、不断に拡張される市場に応じて生み出された、この生産様式の産物になる。ここでもまた、同じ作用の二重性が現れる。(①306、E247)

反対に作用する諸原因⑥——一部の資本は一般的利潤率を形成する競争には加わらない

(6)これまでに挙げた五つの点には次の点をさらに付け加えることができるだろうが、これまでの展開の基礎上ではあまり詳しく立ち入ることはできない。蓄積量の加速をともなって進む資本主義的生産様式の発展につれて、資本の一部分はただ利子生み資本としてのみ計算され充用される。といっても……これらの資本は、大きな生産的企業に投じられてはいても、すべての費用を引き去ってしまえば、ただ大なり小なりの利子だけを生み出すという意味においてである。たとえば、鉄道の場合がそうである。だから、これらの資本は一般的利潤率の均等化には加わらない。なぜならば、これらの資本はただ平均利潤率の一部分を生み出すだけだからである。もしこれらの資本が加わっていれば、この平均利潤率はもっとずっと下がることになるであろう。（①309、E250）

一部の資本は、その独占的地位にもとづいて、一般的利潤率を形成する資本間競争を部分的に回避することができます。もし資本の有機的構成が高い資本がこの競争を回避できるのであれば、それだけ一般的利潤率は高くなることになります。

ただし、鉄道のような大きな資本を必要とする産業は貨幣資本家からの投資に依存しており、貨幣資本家は利子と同様の水準の利潤で満足するだろうから、これらの大資本は競争に参入しないという議論にはあまり説得力はありません。資本の出所がどこであれ、資本は利潤の最大化を目指すだろうからです。実際、第六章でみるように（626頁）、マルクス自身も一〇年ほど後に執筆した断片では、むしろ、鉄道のような膨大な固定資本を必要とする産業は市場において独占的な地位を占めることができ、それによって超過利潤を取得することができると述べています。

たしかに、この場合でも、高い有機的構成をもつ鉄道産業が資本間競争を回避できるなら、一般的利潤率はそれだけ高くなるでしょう。しかし、他方で、運輸サービスが生産価格よりも高い価格で販売されるならば、それを利用する資本家や労働者の負担はそのぶんだけ多くなり、結果として、不変資本や可変資本の増大をもたらし、利潤率を低下させる要因になると考えられます。

さらに、資本間競争を回避できるのは高い有機的構成をもつ資本だけではないという事情もあります。典型的なのが第六章で考察される農業です。農業に投下される資本は、希少な農業用地の独占を基礎にしていますので、この競争を部分的に回避することができますが、かならずしも有機的構成が高いとは言えず、むしろマルクスの時代には低いことが一般的でした。とすれば、資本競争の回避は利潤率を低下させる要因として作用することもありえるのであり、一概に利潤率を増大させる要因として考えることはできないことになります。

一般的利潤率の傾向的低下法則が貫徹する現実のプロセスはどのような仕方で考察されるべきか

けっして忘れてはならないのは、この剰余価値の生産——そして剰余価値の一部分の資本への再転化すなわち蓄積はこの剰余価値生産の不可欠な一部分をなしている——が**資本主義的生産の直接的目的**であり、**規定的動機**であるということである。それゆえ、資本主義的生産をそうではないものとして、つまり**生産者**であり生産の支配者である資本家の享楽ないし享楽手段の生産のためのものとして、すなわち、直接にそのようなことを目的とした生産として表してはならない。そんなことをすれば、資本主義的生産の内的な核心的姿態の全体のなかに現れるその特殊な性格を無視することになるのである。（①312、E253f）

しかし、蓄積過程に含まれるこれら両方の契機〔労働の生産力の発展が利潤率と資本蓄積におよぼす相互に対立した影響〕は、リカードがおこなっているように、たんに静態的に並存するものとして考察するべきではない。これらの契機は一つの矛盾を含んでおり、この矛盾は矛盾する諸傾向および諸現象に表現される。矛盾しあう諸動因が同時に作用しているのである。

年生産のうち資本として作用する部分の増大にともなって、労働者人口を現実に増加させる刺激が生じ、それと同時に、相対的過剰人口を生み出す諸動因が作用する。利潤率が低下すると同時に、諸資本の量は増大し、またそれにともなって既存資本の減価が進み、この減価は利潤率の低下を妨げて資本**価値**の蓄積に加速的な刺激を与える。生産力の発展と同時に、資本構成の高度化、資本の不変部分にたいする可変部分の相対的減少が現れる。

これらのさまざまな影響は、ときには空間的に相並んで、ときには時間的に相次いで作用するのであり、相争う諸動因の衝突は周期的に恐慌にはけ口を求める。恐慌は、つねに、ただ既存の諸矛盾の一時的で暴力的な解決でしかなく、攪乱《かくらん》された均衡を回復させるための暴力的な爆発でしかない。(①323、E259)

さて、ここからは、一般的利潤率の傾向的低下の法則が、現実の資本蓄積の運動のなかで、すなわち資本家たちの競争をつうじて、どのように貫徹するかという問題が扱われます。第一部の資本蓄積論や本章でこれまで登場してきたさまざまな「契機」――ヘーゲル哲学に由来する概念であり、たがいに有機的に関連している要素という意味です――がたがいに矛盾しながらも、相互に促進しあい、それによってさらにその矛盾を拡大していき、最終的には「恐慌」に帰結するというメカニズムが素描されています。前章の市場価値論ほどではないにしろ、この部分の叙述は整理されておらず、場合によっては断片的な記述にとどまっていますので、マルクスじしんの叙述の順序にはこだわらずに解説していきたいと思います。

具体的な内容に入るまえに見ておきたいのは、マルクスが一般的利潤率の傾向的低下法則が貫徹するプロセスをどのような仕方で考察していたかということです。

まず、最も重要なのは、資本主義的蓄積の矛盾に満ちた運動が資本主義的生産様式そのものの性格に根ざしている、ということを絶対に忘れないということです。資本主義的生産は人間社会にとって必要な使用価値の生産を目的とするものではありません。資本家の享楽のための使用価値の生産を目的とするものでもありません。あくまで剰余価値生産こそが資本主義的生産の目的なのであり、この目的に合致しなければ、たとえ社会にとって必要な使用価値であっても生産されることはありません。資本主義的生産様式が、「労働者が現存の価値の増殖欲求のために存在するのであって、その反対に対象的な富が労働者の発展欲求のために存在するのではないという生産様式」（マ482）である以上、そうであるほかないのです。まさに、資本主義的蓄積過程においては再生産過程の物象化が貫徹しているのであり、このことを片時も忘れないようにすることが肝要です。

つぎに重要なのは、このような蓄積過程の転倒したあり方が必然的に生み出す、もろもろの対立する契機をたんに「静態的に並存するもの」として考察するべきではないということです。資本主義的生産関係は資本じしんが剰余価値を増大させるために推進する生産力の発展とたえず衝突し、それをつうじてさまざまな矛盾した諸契機を生み出します。本章でみてきた一般的利潤率の傾向的低下と加速的な資本蓄積の同時進行はそのような諸契機の根幹をなすものですが、それだけではなく、それに関連するさまざまな契機もふくめて、互いに対立しながらも、相互に促進しあい、矛盾を拡大していくのです。このように、蓄積過程において運動するもろもろの契機は互いに絡み合いながら「ときには空間的に相並んで、ときには時間的に相次いで作用する」のであって、もしそれらを「静態的に並存するもの」として考えるならば、その性質を見誤ることになります。

利潤率の低下と資本蓄積の相互促進と矛盾

利潤率の低下と加速的蓄積は、両方とも生産力の発展を表している限りでは、**同じ**過程の**別の**表現にすぎない。蓄積の方は、それとともに大規模な労働の集積が生じ、それによって資本構成の高度化が生じる限りでは、利潤率の低下を加速させる。他方、利潤率の低下の方は、集積と小資本家たちの収奪を加速させ、いまからみれば多かれ少なかれ相対的に直接的な生産者の収奪を加速させる。他面では、それによって、蓄積**率**は下落するにもかかわらず、蓄積は——その量に関する限りでは——加速されるのである。

他面では、**利潤率**すなわち**総資本の価値増殖率**が資本主義的生産の刺激であるかぎり、資本の価値増殖が資本の唯一の目的であるのだから、利潤率の低下は新しい自立的諸資本の形成を緩慢にし、そうして資本主義的生産過程の発展を脅かすものとして現れる。(同じ下落は過剰生産、投機、恐慌、労働の過剰ないし相対的過剰人口と併存する資本の過剰を促進する)。だからリカードのように資本主義的生産様式を絶対的なものと考える経済学者たちはここで、この生産様式は自分自身にたいして制限をつくりだすということを感じ取り、それゆえこの制限をこの生産様式のせいではなく自然のせいに(地代論のなかで）しようとするのである。しかし利潤率の低下についての彼らの恐怖のなかで重要なことは、資本主義的生産様式は生産力の発展において、それじたいとしては富の生産とはなんの関係もない諸制限を見いだすという予感であり、この**固有の**制限が、この生産様式の**被制限性**とたんに歴史的な性格を証明し、資本主義的生産様式が富の生産にとって**絶対的な**生産様式ではなく、むしろ一定の段階で富のさらなる発展と衝突するようになることを証明するのである。（①310、E251f）

すでにみたように、資本の有機的構成の高度化と資本蓄積の同時進行が現象的メカニズムにおいては利潤率の低下と投下資本量の増大という二つの対立する契機として現れるとしても、それらの現象形態によって両者のあいだの必然的な連関が失われるわけではありません。むしろ、現象的メカニズムにおいては、この二つの契機は対立しながらも相互に促進しあい、そのことをつうじてさらにその対立を深める、といったように運動していきます。この引用文においても、マルクスは、資本蓄積が資本の有機的構成の高度化を促進し、一般的利潤率の低下が小資本の経営を困難にすることによって資本の集積（厳密には「資本の集中」と言うべきですが、この草稿ではまだ概念の確定がなされていません。マ488をご覧ください）を促進することを指摘する一方で、一般的利潤率の低下が新たな資本の形成を困難にし、資本主義の発展を抑制するものとして作用することを指摘しています。

以下では、このような一般的利潤率の低下と資本蓄積との相互促進的でありながら矛盾をはらんだ運動を軸としつつ、この運動のなかに含まれた諸矛盾がどのような現象をもたらすかが考察されます。そしてそれらの現象の考察をつうじて、資本主義的蓄積の現象的メカニズムのなかで一般的利潤率の傾向的低下の法則がいかに貫徹されるかが示されることになります。

一般的利潤率の低下にともなう諸現象①――資本剝奪

とにかく、利潤量は、率が下がっても、投下される資本の大きさにつれて増大する。それに加えて、この低下した割合が表す使用価値量が増大する。とはいえ、これは同時に資本の集積を条件とする。というのも、今では生産条件が大量の資本の充用を要求するからである。それは大資本家による小資本家の併合と小資本からの「資本剝奪《はくだつ》」を条件とする。これもまた、生産者からの労働条件の分離がさらに二乗されたものにすぎないのであって……この分離が**資本**と**本源的**蓄積の**概念**を形成し、ついで**資本蓄積**の**恒常的**な**過程**として現れ、そしてここで最後に少数の手中への**既存の諸資本の集積**と**多数の人々からの資本剝奪**（今では**収奪**はこうした方向に変化していく）として表されるのである。（①315、E256）

第一部でも見たように、現実の資本蓄積の運動においては、それぞれの資本が蓄積によって増大するだけでなく、資本が小経営を破綻《はたん》に追い込み、さらには大資本が小資本を破綻に追い込むことをつうじて、資本の規模を飛躍的に増大させていきますが、一般的利潤率の低下は小経営や小資本の経営を困難にすることにより、このような資本剝奪による資本の集積をさらに促進します。それは、一方では加速的な資本規模の拡大をもたらし、それによって利潤率低下のもとでの利潤量の増大を可能にしますが、他方では大資本のもとへの生産手段の集中を促進することによって、さらなる資本構成の高度化をもたらします。

一般的利潤率の低下にともなう諸現象②――資本のプレトラ〔過多〕

利潤率の低下につれて、**資本の最小限**――個々の資本家の手になければならない生産手段の集積の度合い――は増大するが、この最小限は、一般的に労働の生産的充用のために必要とされ、労働の搾取のためにも、その労働が商品の生産に**必要な労働時間**であり、その商品の生産のために**社会的に必要な労働時間**の平均を超えないためにも、必要とされる。それと同時に集積が増大する。なぜならば、一定の限界のなかでは、利潤率の低い大資本は利潤率の高い小資本よりもより急速に蓄積するからである。この増大する集積は、ある高さに達すれば、これはこれでまた利潤率の新たな低下を引き起こす。それゆえ、分散した小資本の大群は、冒険、投機、信用詐欺、株式詐欺、恐慌〔へと駆り立てられる〕。いわゆる資本のプレトラ〔過多〕は、つねに本質的には、利潤率の低下が利潤の量によって埋め合わせられない資本（そしてこれはつねに新たに形成されるできての諸資本の若枝である）のプレトラに、あるいは、このような自分自身で自立する能力のない資本についての処分を大きな事業部門の指導者たちに（信用の形態で）ゆだねるプレトラに関連している。（①324f、E261）

ここでマルクスが指摘しているように、一般的利潤率の低下につれて、通常のしかたで資本として運用することのできる貨幣額の最低限は増大せざるをえません。一方では、利潤率が低下すればするほどそれだけ大きな資本を投下しなければ十分な利潤量を確保することができなくなるからであり、他方では、利潤率の低下をもたらす社会的生産力の発展が個々の資本家により高い生産力を強制し、そのためにますます大きな資本を必要とするようになるからです。

こうして、利潤率の低下とともに、十分な大きさをもたない「分散した小資本の大群」が形成されていくならば、社会的にみればそれだけ「過多」な資本が形成されたということを意味するでしょう。これこそが「資本のプレトラ」の本質にほかなりません（「資本のプレトラ」のより現象的な形態については第五章第五節で扱います）。これらの小資本は通常の仕方では投資されることができないので、「冒険、投機、信用詐欺、株式詐欺」などの、よりリスクの高い投資へと駆り立てられていきます。あるいは、「自立する能力のない資本についての処分を大きな事業部門の指導者たちに（信用の形態で）ゆだねる」ことにもなるでしょう。このような行動は、結果として、金融市場を過熱させ、信用をつうじてさらなる資本の蓄積や集中を促進することになります。つまり、利潤率の低下は、それじたいとしてみれば、利潤の取得にとっての制限として現れるとしても、少なくとも短期的にはむしろ投資を過熱させ、資本をますます膨張させる作用をもたらすのです。

利潤率は資本主義的生産の駆動因である

利潤率、すなわち増加の**比率**はすべての新たな、独立して群れをなす**資本の若枝**にとって重要である。そして、資本形成が、利潤量によって利潤率を埋め合わせるわずかばかりの既成の大資本の手中でしかおこなわれなくなれば、およそ資本形成を活気づける火は消えてしまうであろう。それは輝きを失うであろう。**利潤率**は資本主義的生産における駆動因である。ただ利潤をともなって生産できるものだけが、また、ただそういうものであるかぎりでのみ、生産される。それだからこそ、イングランドの経済学者たちは利潤率の減少を心配するのである。そのたんなる可能性だけでもリカードを不安にさせるということは、まさに資本主義的生産の諸条件にたいする彼の深い理解を示すものである。リカードが非難される点、すなわち、彼が「人間」を顧慮しないで資本主義的生産の考察ではただ生産力の発展だけを――それがどんなに人間や資本**価値**を犠牲にしてあがなわれようとも――眼中におくということ、まさにこれこそは彼の重要な点なのである。社会的労働の生産力の発展は、資本の**歴史的**な任務であり、存在理由である。まさにそれによって資本は無意識のうちにより高度な生産様式の物質的諸条件をつくりだすのである。リカードを不安にさせるのは、利潤率――資本主義的生産の刺激であり、蓄積の条件でもあれば推進力でもある――が生産そのものの発展法則によって脅かされるということである。そして、ここでは量的関係がすべてである。実際はここにはなにかもっと深いものが根底にあるのであるが、彼はそれをただ予感するだけである。ここでは、**純粋に経済学的な仕方**で、すなわちブルジョア的立場から、すなわち「資本主義的知性の限界」の内部で、資本主義的生産そのものの立場から、資本主義的生産の制限、**その相対性**、それがけっして**絶対的な**生産様式ではなく、ただ一つの歴史的な、物質的生産諸条件のある局限された発展期に照応する**生産様式**でしかないということが示されているのである。(①332f、E 269f)

さきほどみたように、利潤率の低下は、それにあらがう資本の行動を生み出し、短期的には投資の過熱をもたらすことがありえますが、長期的には、資本主義的生産の停滞をもたらすことになります。「**利潤率**は資本主義的生産の駆動因」であり、それがあまりに低下すれば資本の形成を活気づける火が消えてしまうことになるからです。それゆえ、一般的利潤率の傾向的低下は、資本主義的生産様式の歴史的制限性を、「ブルジョア的立場」にもわかるような仕方で、すなわち、量的なかたちで示すものだと言えるでしょう。

一般的利潤率の低下にともなう諸現象③――資本主義的生産と消費の矛盾（商品の過剰生産）

搾り取れるだけの剰余労働量が商品に物質化されていれば、**剰余価値は生産されて**おり、剰余価値の絶対量は資本が自由に使える労働者数によってのみ制限されている。しかし、この剰余価値の生産では、ただ資本主義的生産過程の第一幕、直接的生産過程が済んだだけである。資本はこれこれの量の**不払労働**を吸収した。生きた労働を伴うその過程は――そしてこれが直接的生産過程をなす――それとともに終わる。利潤率の低下に表現される過程の発展につれて、このようにして生産される剰余価値量は巨大なものに膨れ上がるのであり、それのために、総商品量、**総生産物**は、不変資本を補塡する部分も可変資本を補塡する部分も、剰余価値を表している部分も、**売られ**なければならない。それが売れないとか一部分しか売れないようなことがあれば、あるいは**生産価格**以下の価格でしか売れなければ、たしかに労働者は搾取されているのであるが、しかし彼の搾取は資本家にとってそのとおりには**実現**されないのであって、彼の資本の全部または一部を失うか、あるいは搾り取った剰余価値の一部しか実現しないということに結びつきうるのである。**直接的**な搾取の諸条件とこの搾取の実現の諸条件とは同じではない。それらは時間的および空間的に一致しないだけでなく、概念的にも一致しない。一方はただ社会の生産力によって制限されているだけであり、他方は、**さまざまな生産部門間の均衡関係**によって、また社会の**消費力**によって制限されている。しかし社会の消費力は、絶対的な生産力によっても絶対的な消費力によっても規定されておらず、社会の大きな基盤を消費の最低限に制限する——多かれ少なかれ狭い限界に制限する——**敵対的な分配諸関係**を基礎とする消費力によって規定されているのである。社会の消費力はさらに、蓄積欲求によって、すなわち資本の増大と拡大された規模での剰余価値生産とへの欲求によって制限されている。これが資本主義的生産にとっての法則であって、それは、生産方法そのものの不断の革命、つねにこれと結びついている現存資本の減価、一般的な競争戦と、没落の脅威のもとでたんなる存続手段として生産を改良し生産規模を拡大することの必要とによって与えられているのである。それだから市場は絶えず拡大されなければならないのであり、したがって、市場の諸関連はますます生産者たちからは独立した自然法則の外的な姿態を取るようになり、ますます制御できないものになる。内的な敵対性は生産の外的な分野の拡張によって解決を求める。しかし、生産力が発展すればするほど、生産力は消費関係が立脚する狭い基礎とますます矛盾するようになる。この**矛盾に満ちた基礎**の上では、資本の過剰が**相対的過剰人口**の増大と結びついているということは、まったくもって矛盾ではないのである。なぜならば、この両方をいっしょにすれば、生産される剰余価値量は増大するであろうが、まさにそれとともに、この剰余価値が生産される諸条件とそれが実現される諸条件との間の**矛盾**が増大するからである。

（①312f、E 254f）

……資本主義的生産様式全体はただ一つの**相対的な**生産様式にすぎないのであって、その制限は絶対的ではないが、しかし**この生産様式にとっては**、**その基礎の上では**、絶対的なのである。もしそうでなければ、人民大衆にとって不足しているその同じ商品にたいする需要が足りないというようなことが、いったいどうしてありうるのだろうか？

また、労働者たちに必要生活手段の平均を支払うことができるようにするためには、この需要を外国に、遠隔の市場に、求めなければならないというようなことは、どうしてありうるのであろうか？……

多すぎる富が生産されるのではない。しかし、その資本主義的な**対立的な**形態においては多すぎる富が周期的に生産されるのである。（①331f、E267f）

一般的利潤率の低下と資本蓄積の相互促進的な運動のなかで資本はますます膨張し、ますます巨大な規模で剰余価値の生産をおこなうようになります。しかし、このように生産された膨大な剰余価値を実際に利潤として実現するには、生産した商品を販売しなければならず、したがって、それに対応する需要が社会に存在しなければなりません。ところが、まさにこの「社会の消費力」は資本主義的生産様式が生み出す敵対的な分配関係――労働力商品の価値はその再生産費にすぎない――によって制限されているのです。この矛盾は最終的には商品の過剰生産として現象します。

もちろん、他方では、「社会の消費力」は資本の蓄積欲求によっても規定されているので、資本蓄積の進行とともに増大していきます。しかし、これによっても問題は根本的には解決されません。というのも、資本蓄積の活発化によって賃金が上がれば利潤率が下がり――一時的に景気の過熱をもたらすことがあったとしても――結局は資本の蓄積欲求が衰えてしまうからです。もし相対的過剰人口などの効果によって労賃が上昇しないまま資本蓄積が進行するならば、たしかに「社会の消費力」は増大するでしょうが、そのぶん販売すべき商品は増大しますし、労働者階級の貧困状態も改善されないので、この場合も

「社会の消費力」の制限という問題は解決されません。

それゆえ、この矛盾の逃げ道はたえず市場を拡大することに求められますが、それは結局、さらなる生産力の発展、さらなる生産規模の拡大をもたらすのであり、ますます矛盾を拡大することにしかなりません。資本主義的生産様式の内部においては――その外部においてはそうではありませんが――消費力の制限は絶対的なものとならざるをえないのです。

したがって、資本主義的生産の問題はそれが「多すぎる富」を生産してしまうことにあるのではありません。資本主義的生産という「**対立的な**形態」――すなわち使用価値のための生産ではなく剰余価値のための、利潤のための生産であるという形態――においては多すぎる富が生産されてしまうということにあるのです。

なお、現在の資本主義社会においてはあまりに巨大な富が生産されており、生産にともなうCO_2の排出や消費財の大量廃棄が深刻な問題になっていますので、「多すぎる富が生産されるのではない」というマルクスの発言はやや的外れに感じられるかもしれません。しかし、ここでマルクスが指摘している問題の本質はなにも変わっていません。というのも、大量生産に起因する現在の諸問題も、資本主義的生産が使用価値を目的とするのではなく、利潤を目的とするものであることから発生しているからです。もし生産の目的が使用価値ならば、アパレル業界の大量廃棄が問題となったり、「経済成長」を優先して気候危機の対策が後回しになったりすることもないでしょう。他方で、教育、医療、福祉にかかわるサービスの供給体制が弱体化させられることもなかったでしょう。マルクスが目撃したのはこれから本格的に拡大していく時代の資本主義でしたので、資本主義的生産と消費との矛盾はおもに商品生産の量的制限として現象しましたが、資本主義がグローバルに拡大し、資本蓄積が停滞傾向にある現在では、むしろ商品生産の質的な豊かさの制限として現象していると言ってよいでしょう。

一般的利潤率の低下にともなう諸現象④——資本の絶対的過剰生産

しかし、個々の商品の過剰生産ではなく**資本の過剰生産**（＝資本のプレトラ）（といっても資本の過剰生産はつねに商品の過剰生産を含んでいるのだが）が意味するものは、まさに**資本の過剰蓄積**以外のなにものでもない。この過剰生産がなんであるかを理解するためには……ただそれを**絶対的なもの**と措定しさえすればよい。どのような場合に資本の過剰生産は絶対的なのであろうか？　しかも、あれこれの生産領域や二、三の重要な生産領域に及ぶのではなく、その範囲そのものにおいて絶対的であるような、したがってすべての生産領域を包括するような、過剰生産は？

資本主義的生産を目的とする追加資本が＝0になれば、資本の**絶対的**過剰生産が存在することになるだろう。しかし、資本主義的生産の目的は資本の**価値増殖**であり、すなわち、**剰余価値**の生産、**利潤**の生産、**剰余労働の取得**である。したがって……**増大した資本が**、増大する以前の資本とただ**同じ剰余価値**だけしか、さらに**それよりも少ない剰余価値**しか——われわれはここでは利潤の絶対量について言っているのであって利潤率について言っているのではない——生産しなくなるような割合で増大するならば、**資本の絶対的過剰生産**が起こるであろう。すなわち、もとのC＋ΔCはP（これをCが生産した利潤額とすると）しか、あるいはそれどころかP－xしか生産しないであろう。どちらの場合にも一般的利潤率の激しい突然の低下が起きるであろうが、今度は、この低下を引き起こす資本構成の変動は、生産力の発展によるのではなく、**可変資本**の**貨幣価値**の増大とそれに対応する**可変資本**に対象化された労働にたいする**剰余労働**の割合の減少によるのである。（①325f、E261f）

資本の過剰生産は、資本として**機能**しうる、すなわち**与えられた搾取度**での労働の搾取に充用されうる**生産手段**……**の過剰生産**以外のなにものでもない。というのは、**この搾取度の低下**が一定の点より下に下がれば、資本主義的生産過程の停滞や攪乱、恐慌、資本の破壊を引き起こすからである。このような**資本の過剰生産**が多少とも大きな**相対的過剰人口**を伴うということは、けっして矛盾ではない。（この相対的過剰人口の減少はそれ自体すでに恐慌の一契機である。というのは、それはいま考察した資本の絶対的過剰生産という事態をより近くに引き寄せるからである）。労働の生産力を高くし、生産物（商品）の量を増やし、市場を拡大し、資本の蓄積（その物質的な量からみても価値量からみても）を促進し、**利潤率**を低下させた事情、その同じ事情が、**相対的過剰人口**を生みだしたのであり、また絶えず生みだしているのであって、この過剰人口が**過剰資本**によって充用されないのは、それが労働の低い搾取度でしか充用できないからであり、あるいは少なくとも、搾取度が一定の場合には**低い利潤率**でしか充用できないからである。（①330、E266）

先にみたように、資本主義的生産様式における商品の過剰生産とは、本質的には、たんに使用価値が過剰に生産されてしまうということではなく、利潤の最大化という資本の目的にとっては使用価値の生産が過剰であるということを意味するものでした。では、資本にとって使用価値の生産が過剰になってしまう事態とはどのようなものなのでしょうか。それこそが「資本の絶対的過剰生産」にほかなりません。

繰り返し見てきたように、利潤率がどれだけ低下しようともそれを上回るペースで資本蓄積をするかぎり、利潤量は増大することができます。しかし、このように利潤率の低下を加速的な資本蓄積で補うという運動には自ずから限界があります。加速的な資本蓄積そのものが、労働力にたいする需要の増大をつうじて労賃を上昇させ、利潤率を低下させる効果を持っているからです。もちろん、このような労賃の上昇は、生産力の発展が生み出す相対的過剰人口によってある程度は打ち消すことができます。しかし、景気が過熱する時期にはさらにいっそう加速的な資本蓄積が行われるので、相対的過剰人口を労働力として吸収する効果が上回り、賃金が高騰します。さらに、このような過熱期には、労賃だけでなく原料価格が高騰することも考えられるでしょう。こうなると、利潤率の低下をおぎなうために資本蓄積を進めることが、むしろ、利潤の絶対量の減少という事態を招いてしまうのです。もちろん、それにともなって利潤率も急落してしまうでしょう。

たとえば、利潤率一〇％で一〇〇億円の資本が投下されて一〇億円の利潤を実現していたとしましょう。このとき、資本蓄積がおこなわれ一一〇億円の資本が投下されたとしても、それによって九億円の利潤しか実現できないとすれば、利潤率は約八・一％にまで低下してしまいます。

このような「資本の絶対的過剰生産」は「資本主義的生産過程の停滞や攪乱、恐慌、資本の破壊を引き起こす」ことになります。これまで第一部や第二部で「恐慌の可能性」や「恐慌の可能性の発展」について語られてきましたが、それがいかなる条件のもとで現実のものになるかは説明されてきませんでした。ここでついに恐慌が現実のものになる根拠が明らかにされるのです。

なお、ここでもう一つ重要なのは、このような資本の過剰生産と相対的過剰人口の存在は矛盾しないということです。先に見たような資本のプレトラによる景気の過熱は同時に資本の過剰生産（およびそれにともなう商品の過剰生産）をもたらしますが、このような景気の過熱においてもすべての相対的過剰人口が労働力として吸収されるわけではありません。資本主義的生産の目的はあくまでも利潤の最大化なのであり、その目的に資するかぎりでしか賃労働者たちは雇用されないからです。したがって、資本の過剰生産においては、商品の過剰だけでなく、人口の過剰も同時に併存しうるのです。

一般的利潤率の低下にともなう諸現象⑤――資本の過剰生産をもたらす競争戦

……蓄積と結びついた利潤率の低下は必然的に競争戦を呼び起こす。利潤量によって利潤率の低下を埋め合わせるということは、ただ社会の**総資本**にとってのみ存在し、また既成の大資本にとってのみ存在する。新たな独立に機能する追加資本はそのような補償を見いだせず、これに抗して行動しなければならない。こうして利潤率の低下が諸資本間の競争戦を引き起こすのであって、その逆ではない。もちろん、この競争戦は、労賃の一時的上昇を伴い、またこの事情によるよりいっそうの利潤率の一時的下落を伴っている。同じことは、**商品の過剰生産**、市場の供給過剰にも現れる。**剰余価値の生産**、**利潤の生産**が資本の目的であり、欲望の充足が目的ではないのだから、また、資本がその目的を達成するのは、ただ生産量を生産規模に合わせる方法によるだけで、それとは逆の方法によるのではないから、資本主義的基礎の上での制限された消費関係と、絶えずこの内的な制限を越えようとする生産との間には、絶えず分裂が生じざるをえない。（①330f、E266f）

マルクスは一般的利潤率の低下がもたらす資本家同士の苛烈な競争を「競争戦」という言葉で言い表しています。大別すると、「競争戦」には二つのタイプがあります。ひとつがこの引用文で述べられている資本の過剰生産をもたらす競争戦です。「資本のプレトラ」の項目でもみたように、利潤率の低下を利潤量の増大によって埋め合わせることができるのは既存の大資本だけであり、小資本や新たに形成される追加資本はこれに抗して行動しなければならず、冒険的な投資や投機に駆り立てられていきます。これは一方では金融市場を過熱させ、他方では産業に投資している資本間の競争を激化させることになるでしょう。利潤率の低下から発生した激しい「競争戦」は景気の過熱をもたらし、労賃を高騰させ、利潤率をさらに低下させていきます。こうして、先に述べたような資本の過剰生産が発生することになるのです。

一般的利潤率の低下にともなう諸現象⑥——資本の過剰生産がもたらす競争戦

しかし、明らかなのは、このような旧資本の事実上の減価〔ここでは資本の絶対的過剰生産、すなわち資本蓄積にもかかわらず利潤量が減少するという事態が発生し、既存の資本額では以前より少ない価値増殖しかできなくなることを意味する〕は闘争なしには起こらないであろうということ、しかし追加資本ΔCは闘争なしには資本として機能できないであろうということである。利潤率が下がるのは、資本の過剰生産の結果としての競争が生じるからではないであろう。そうではなくて、利潤率の低下と資本の過剰生産が同じ事情から生じるのだから、いまや競争戦が始まるであろう。前から機能している資本家たちは、彼らの原資本を自らの手で減価させないためにも、生産領域のなかで原資本の席を狭めないためにも、ΔCのうち自分たちの手にある部分を多かれ少なかれ遊休させておくであろう。あるいは、その部分を充用することによって、一時的な損失を冒してさえも追加資本のゼロ化を新たな侵入者や一般に自分たちの競争相手に転嫁するであろう。

ΔCのうち新たな手のなかにある部分は、旧資本を犠牲にして自分の席を占めようとし、そしてこのことに多かれ少なかれ成功するであろう。それは、その部分が旧資本の一部分＝0とすることによってであり、あるいは旧資本にかつての席を明け渡すことを強要し、そして追加遊休資本、あるいはただ部分的にしか稼動しない追加資本の席につくことを強要することによってであろう。

旧資本の一部の**ゼロ化**は、どんな事情のもとでも生じざるをえないであろうが、それは旧資本が資本として機能し、自己増殖するというかぎりでのゼロ化である。どの部分がこのゼロ化をとりわけ被るかは、資本家たちの競争戦によって決まる。すべてがうまくいっているあいだは、一般的利潤率の均等化のところで示したように、競争は資本家階級の実践的友愛として作用し、それによって資本家階級は彼らが賭《か》けたものの大きさに比例して共同の獲物を共同で分け合う。ところが、問題がもはや利潤の分配ではなく損失の分配だということになれば、それぞれができるだけ自分の損失分を減らしてそれを他人に背負い込ませようとする。階級として損失は避けられない。だが、それぞれの個人がそれをどれだけ負担しなければならないか、いったいどの程度までそれを共にしなければならないかは、力と狡智と略奪の問題となり、そうなれば競争は敵対する兄弟たちの戦いに転化する。そうなれば、個々の資本家の利害と資本家階級の利害との対立が顕著になるのであって、それはちょうど以前には資本家としての彼らの利害の一致が競争によって実践的に貫徹したのと同じである。（①326f、E262f）

競争戦のもう一つのタイプは、この引用文で述べられているような、資本の過剰生産の結果として発生する競争戦です。ここでは、利潤量の減少をもたらすような過剰な追加投資によってどのような競争が引き起こされるのかという問題が考察されています。

過剰な追加投資によって利潤が減少する、あるいは増大しないという事態は、つまるところ、その投資によって損失が発生するということにほかなりません（たとえ利潤が減少せずに同じままであったとしても、以前から投資されていた資本額にとっては利潤量の減少となります）。それゆえ、資本の過剰生産によって引き起こされる競争戦は損失の分配をめぐる争いとなります。つまり、追加投資によって引き起こされる利潤の減少分をだれが負担するか、その負担を互いに押しつけ合うための闘いとなるのです。

たとえば、余裕のある大資本は自己資本をある程度遊休させたとしても最低限の利潤を確保することができるので、損失を免れるために資本を引き上げることもあるでしょう。あるいは、逆に、競争相手を潰《つぶ》すために多少の損失を被っても投資を継続するかもしれません。他方、運良く旧来の大資本との競争に勝利することができた小資本や新規資本の一部は、それまで大資本が投資していた市場の一部を占めることができるでしょう。結局のところ、このような戦いにおいて強力なのは大資本ですが、その大資本も無傷ではいられません。こうして、投資が停滞し、雇用が収縮するなかで、「競争戦」に敗れた資本の一部は破滅し、「ゼロ化」することになります。

資本主義的生産の「健全な」運動はいかにして回復するか

では、どのようにしてこの衝突が再び解消して、資本主義的生産の「健全な」運動に対応する諸関係が回復するのであろうか？　……

……すべての事情のもとで、均衡は、大なり小なりの範囲での**資本の根絶**によって回復するであろう。この根絶は部分的には**物質的な資本実体**にも及ぶであろう。すなわち、生産手段の一部は、固定資本であろうと流動資本であろうと、機能しなくなり、資本として作用しなくなるであろう。すでに開始されていた生産経営の一部も休止されるであろう。このような側面があるとはいえ、**時間**はすべての生産手段を（土地を除いて）悪化させ腐朽させるのだから、生産手段の現実的破壊が起きるであろう。この面からみての主要な破壊は、これらの生産手段が生産手段として働かなくなったということ、すなわち生産手段としてのそれらの**機能**の長短の期間にわたる破壊であろう。

主要な、しかも最も強烈な性質の破壊は、**交換価値**であるかぎりでの資本にたいして、**資本価値**にたいして、起こるであろう。資本価値のうち、たんに剰余価値または利潤の将来の分け前にたいする指図証券という形態にある部分、実際には生産を引き当てにしたさまざまな形態の債務証書でしかないものは、それが当てこんでいる収入の減少とともにたちまち減価する。金銀の現金の一部分は遊休し、資本として機能しない。市場にある商品の一部分は、ただその価格のひどい収縮によってのみ、したがってそれが表している資本の減価によってのみ、その流通および再生産過程を通ることができる。同様に、固定資本の価値も多かれ少なかれ減価する。さらに次のことが加わる。すなわち、一定の前提された価格関係は再生産過程の土台を条件付けており、その再生産過程は価格関係の急落によって停滞と混乱に陥るのであって、この攪乱と停滞は、資本の発展と同時に生じる──あの前提された価格関係にもとづいている──支払い手段としての貨幣の発展によって、特定期日での支払い義務の連鎖によって、さらにそれと同時に発展する信用システムによって激化し、より強烈になり、激烈な恐慌、突然の減価、そして再生産過程の現実の停滞と攪乱およびそれによる**再生産の現実的縮小**へといきつく、ということである。

しかし、同時にそのほかの諸動因も働いたであろう。生産の停滞そのものは労働者階級の一部分を遊休させ、そうすることによってその就業部分を、平均以下の労賃引き下げにさえ甘んじざるをえないような状態においたであろう。この作用は資本にとって相対的ないし絶対的剰余価値が増大した場合とまったく同じ効果をもつ。……さらに、さまざまな資本の諸要素の減価は、それが不変資本に関連する限りでは、それ自身、利潤率の上昇を含む一要素であろう。充用される不変資本の量は可変資本と比べて増大したであろうが、しかしその不変資本の**価値**はそうではないであろう。そこに現れた生産の停滞は現実の生産需要を、資本主義的限界の内部で、高めたであろう。

このようにして循環はまた新たに繰り返されるであろう。機能の停滞によって減価された資本の一部分はその元の価値を取り戻すであろう。そして、とにかく、拡大された生産諸条件と拡大された市場で、高められた生産力によって、同じ悪循環が繰り返されていくであろう。（①327ff、E263ff）

資本の過剰生産がもたらす「競争戦」によって損失の押し付け合いが行われ、一部の資本は「ゼロ化」しますが、そのさいの資本破壊の形態には物理的なものと純粋に価値的なものがあることを指摘しています。後者の側面については信用システムについてあつかう第五章でより詳細に論じられますが、さしあたり「バブル崩壊」などをイメージして頂ければよいでしょう。支払いが滞り、信用が連鎖的に収縮することによって、既存の価格関係が破壊され、恐慌が激化させられるのです。

他方、生き残った資本も資本価値の減価にさらされます。この「資本の減価」はすでに第一章でも登場しており、利潤率を引き上げるはずの生産手段価格の低下がむしろ利潤率を低下させてしまうといった事態が発生しうることが指摘されていました。ここでは、この資本の減価が「競争戦」の第二局面でどのように現れるかが述べられています。資本の減価は、一方では、既存の価格体系を攪乱することによって――たとえば、商品資本が減価したり、固定資本の減価によって資本が実際にその購入に必要とした費用を回収することができなかったりすることによって――恐慌を激化させますが、他方では、そのような恐慌の激化をつうじて労賃や生産手段価格の下落をもたらし、利潤率を回復させる大きな要因となります。

このように、資本の破壊や資本の減価は剰余価値率の上昇と生産手段価格の低下をもたらすので、それによって利潤率が回復していくことになります。しかし、このとき、一般的利潤率はもはや旧来の水準にまでは回復できないでしょう。というのも、これまでの生産によって「拡大された生産諸条件と拡大された市場で、高められた生産力によって、同じ悪循環が繰り返されていく」ことになるからです。マルクスが言うように、「資本主義的生産は自らに内在的な諸制限を絶えず克服しようとするが、しかしそれらの諸制限を克服する手段は、それらの諸制限を新たにしかもいっそう拡大された規模で再生産するものでしかない」(①324、E260)のです。

こうして、資本主義的生産様式は産業に投下することによって利潤量を増大させることが徐々に困難になっていきます。それは利潤率低下と加速的な資本蓄積という運動の矛盾を周期的に発生する恐慌によって突破し、利潤率を回復させることができますが、そのたびごとに自らにたいする制限を拡大し、利潤率を傾向的に低下させることになるのです。このような運動が、現在の先進資本主義国でみられるような、資本蓄積の停滞傾向をもたらすことは必然であったと言えるでしょう。

資本主義的生産の真の制限は資本そのものである

資本主義的生産様式の制限は次の点に現れる。

(1)労働の生産力の発展は**利潤率の低下**ということのうちに一つの法則を生みだし、この法則は、生産力の発展がある点に達すれば生産力自身の発展に敵対的に対立し、したがって絶えず恐慌によって克服されなければならないということ。

(2)社会的欲望にたいする、すなわち社会的に発展した人間の欲望にたいする生産の割合ではなく、**不払い労働の取得**と対象化された労働一般にたいする**この不払い労働の割合**が資本主義的生産様式の制限として現れるということ。それゆえ、資本主義的生産様式にとっては、生産が、他の前提のもとでは逆に不十分だと思われるような程度に達しただけで、制限が現れるのである。それは、欲望の充足がこの停止を命ずるところではなく、利潤の実現と生産がこの停止を命ずるところで停止してしまうのである。(①332、E268f)

資本主義的生産の真の制限は**資本**そのものであり、**資本**とその自己増殖が出発点および終着点として、生産の目的として現れるということであり、生産は資本**のための**生産であって、逆に生産手段は生産者たちが形成する社会**のために**生活過程を拡大し形成するためのたんなる手段ではないということである。それゆえ、生産者大衆の貧困化と収奪を基礎とする資本価値の維持と増殖はこのような**諸制限**の内部で運動することができるのであるが、このような**諸制限**は、資本が自分の目的のために充用せざるをえない生産方法とは、そして生産の**無制限的**増大に向かって、自己目的としての生産に向かって、労働の社会的生産力の無条件的発展に向かって突進する生産方法とは、絶えず矛盾することになる。その手段、つまり社会的労働の生産力の無条件的発展は、その制限された目的、つまり既存資本の価値増殖と絶えず衝突することになる。それゆえ、資本主義的生産様式が、物質的生産力を発展させそれに対応する世界市場を生み出すための歴史的な手段であるとすれば、それは同時に、このようなその歴史的任務とそれに対応する社会的生産諸関係とのあいだの絶えざる矛盾なのである。（①324、E260）

上記の二つの引用文は本章の内容を端的に要約するものだと言えるでしょう。生産力の発展は必然的に利潤率の低下を引き起こし、この利潤率の低下が生産力の発展の桎梏《しっこく》となります。というのも、利潤率の低下がある限界をこえれば、資本の蓄積欲求は衰退するからです。その端的な表現が資本の絶対的過剰生産にほかなりません。もちろん、資本はその過剰生産が生み出す恐慌によって利潤率を回復させ、ふたたび資本蓄積と生産力の発展を推進しますが、資本はこれをこれまでの発展した生産力と拡大した市場を基盤にしておこなうので、利潤率のいっそうの低下を引き起こします。資本主義的生産様式は自らにたいする制限を突破しようとして、ますます自らにたいする制限を拡大してしまうのです。

資本主義的生産様式であるかぎりこの制限から逃れることは――反対に作用する諸傾向によって制限を緩和することはできたとしても――決してできません。なぜなら、この制限は資本そのものの「自己増殖する価値」という規定性から、すなわち資本主義的生産の目的は使用価値にたいする社会的欲望の充足ではなく、剰余価値の最大化であり、それゆえ、資本としての生産手段は生産者たちが形成する社会が豊かになるための手段ではなく、生産者たちを支配するための手段であるという転倒した規定性から、必然的に発生するものだからです。まさに「資本主義的生産の真の制限は**資本**そのもの」なのです。

この観点からすれば、一般的利潤率の傾向的低下法則とは、過去の死んだ労働（価値）が現在の生きた労働を支配し、生産が生産者たちにではなく過去の死んだ労働（資本）に従属させられるという転倒した関係、すなわち生産過程および再生産過程の物象化が時間において現象したものだということができるでしょう。ここでは、過去の労働に依拠して現在の労働の可能性を切り開くはずの生産力の発展が、過去の労働が現在の労働の可能性をますます制限していくという転倒した事態をもたらすのです。資本が自らの価値を維持するために、「競争戦」をつうじて生産者を失業させ、生産手段を破壊してしまう恐慌は、その端的な表現にほかなりません。

物象化がもたらす矛盾の発展は新たな生産様式のための生産諸条件を作り出す

すでにみたように、資本の蓄積の増大は資本の集積の増大を含んでいる。こうして、資本の力、すなわち資本家に人格化される社会的生産諸条件の、現実の生産者にたいする自立化が増大する。資本はますます**社会的な力**（その力の機能者は資本家であり、その力はそれぞれの個人の労働が創り出しうるものにたいしてはもはや考えられる限りのどんな関係ももたない）として、しかし**物象**として――そしてこの物象をとおして資本家の力として――社会に対立する、**疎外され自立化した社会的な力**として現れる。資本が担うようになる**一般的な社会的な力**と、この社会的な生産諸条件にたいする**個々の資本家たちの私的な力**との間の矛盾はますます激しく発展していき、**この関係の解消**を含むものになる。というのは、それは同時に、物質的生産諸条件を一般的、共同的な社会的生産諸条件へ作り上げていくことを含んでいるからである。このような発展は、資本主義的生産にともなう生産諸力の発展と、こうした生産諸力の発展が起こる仕方によって与えられている。（①337、E274f）

資本主義的生産の真の制限が資本そのものであるなら、人類がこの制限から解放されるための方法は一つしかありません。資本主義的生産様式を廃絶し、それに代わる新しい生産様式を生み出すことです。

これまでみてきたような資本主義的生産の運動は、他方で、より高度な社会的生産力を生み出します。もちろん、資本主義的生産様式のもとではこの生産力は特定の資本家によって独占され、社会に対立する「疎外され自立化した社会的な力」として現れます。しかし、まさにそのような物象化が生み出す矛盾に満ちた運動をとおして、この生産力はより社会的な、より共同的に使用することのできる高度な生産力へと発展していくのです。そして、他方では、そのような矛盾は、団結し、アソーシエイトすることによってこの物象化に抗《あらが》おうとする多くの人々を生み出すでしょう。こうして、資本がうみだす共同的生産のための潜在的な諸条件と、これを資本の力として独占する物象化との矛盾が激しくなるにつれ、それは「この関係の解消を含むものになる」のです。

コラム3　トマ・ピケティの「r>g」と「長期停滞」

本書第三章においてマルクスが示しているように、一般的利潤率は傾向的に低下します。とはいえ、これは全体としての資本の収益性の低下を直接に意味するわけではありません。マルクスのいう一般的利潤率とはあくまで産業資本や商業資本（第四章）の競争をつうじて形成されるものであり、資本はこの競争から独立に金融収益やレントを取得することが可能だからです。

実際、一九七〇年代以降、資本主義経済は「長期停滞」に陥り、とりわけ「先進国」では低成長の状態が続いていますが、そうしたなかで金融収益やレントは増大傾向にあります。トマ・ピケティは一〇年ほど前に刊行した大ベストセラー『21世紀の資本論』のなかで、資本主義経済において一般に「r（資本収益率）>g（経済成長率）」が成立し、しかも近年、両者の差が拡大する傾向にあることを指摘しています。これはまさに、実体経済において利潤率が低下し、資本蓄積が停滞するなかで、金融部面への投資から得られる収益や何らかの実物的資産の独占から得られる超過利潤が増大していることを示しています。

とはいえ、他方では、これらの収益も最終的には実体経済と無関係に存在することはできません。実体経済が低迷するなかでこれらの収益が増大すれば、実体経済からの収奪となり、格差拡大につながります。本書の第五章および第六章では、以上のような金融収益やレントの基本的メカニズムについて見ていくことになります。

第四章　商品資本および貨幣資本の、商品取扱資本および貨幣取扱資本、あるいは商人資本への転化

第四章のテーマは「商人資本」あるいは「商業資本」です（マルクスはこの二つの言葉をまったく同じ意味で使っていますが、後者の言葉のほうが日本語として一般的なので以下の解説ではおもに「商業資本」のほうを用いることにします）。名称から連想することができると思いますが、これはおもに、小売業や卸売業など、商品の売買を専門的に担うことによって利益をあげる資本のことを意味しています。

ただし、ここでいう「商業資本」は、厳密には、小売業や卸売業など商品の売買によって利益をあげる「商品取扱資本」だけを含んでいるわけではありません。出納業務など商品の売買にともなう貨幣の取り扱いを専門的におこなうことによって手数料をとる「貨幣取扱資本」も含んでおり、これについては第四節で扱われます。しかし、他方でマルクスは「商業資本」という言葉で「商品取扱資本」のことだけを指して論じているケースも少なくありません。それゆえ、以下では、「商業資本」という言葉を「商品取扱資本」と同じ意味の言葉として用い、「貨幣取扱資本」を含むより広い意味で用いる場合には「広義

の商業資本」と呼ぶことにしましょう。

本章を第三部全体のなかに位置づけると、前半と後半のつなぎ目の部分にあたる章だと考えることができるでしょう。大きく分けると、第三部の内容は利潤についての考察（第一章から第三章まで）と派生的な収入形態についての考察（第五章の利子生み資本と第六章の地代）に分けることができます。本章で詳しく見ていくように、商業資本の取得する収益は「商業利潤」であり、その水準は、これまで見てきた実際に生産活動をおこなう産業資本の取得する利潤とおなじように、一般的利潤率によって規定されます。その意味では本章は前半の利潤についての考察の続きだと言うことができます。しかし、他方では、商業資本は直接には剰余価値の生産を行わないので、その収益である「商業利潤」も産業資本が生み出した剰余価値から分配されたものでしかありません。それゆえ、自らは剰余価値の生産を行わずに収益を獲得する資本を扱っているという意味では、すでに派生的な収入形態の考察に入っていると言えるでしょう。それゆえ、本章は利潤についての分析を――すくなくとも経済的形態規定の解明という課題の範囲内では――完結させる章であると同時に、剰余価値を生産することなく収益を獲得するという、ある意味では寄生的な収入形態についての考察を開始する章でもあるのです。

とはいえ、商業資本は依然として産業資本と密接に結びついています。第一に、現実の商業資本は使用価値生産の一部を担っています。たとえば、小売業や卸売業はたんに商品の売買をおこなうだけでなく、それにともなう商品の輸送や保管などといった業務の一部を担っていますが、これらの業務は使用価値の生産の延長だと考えることができます。第二部で詳しく説明されていますが、その理由を簡潔に述べておけば、商品の使用価値を物理的に消費可能な状態にするには輸送や保管が不可欠だからです。

その意味では、現実の商業資本は剰余価値生産の一翼を担っていることになりますが、本章ではこのような商業資本の側面については一切考察されません。というのも、商業資本という「資本のこの特殊な姿態の特異性を規定するというわれわれの目的のためには、前述の〔使用価値生産にかかわる〕諸機能は捨象しなければならない」（①342、E279）からです。つまり、商業資本から使用価値生産という要素を取り除くことによって、ここで新たに考察しなければならない商業資本の経済的形態規定を明確化することができるのです。

第二に、本章で繰り返し指摘されるように、商品取扱資本の利益は産業資本の活動に直接に制約されているということです。大きく言えば、利子などの金融収益や地代も剰余価値から配分されたものに過ぎないわけですから、それらも産業資本の活動に制約されていると言えるでしょう。しかし、商業資本の場合、産業資本が生産した商品の販売を代理でおこなうことによって収益をあげるので、より直接的に産業資本の生産活動の動向に左右されることになるのです。

このような産業活動との密接な関係と、他方での非産業的な仕方での収益の獲得という商業資本の両面的な性格は本章を理解するうえでの重要なポイントになります。

文献考証

本章については、草稿と現行版に大きな違いはありません。ただ、エンゲルスが「商品資本にかんする歴史的事実」としてまとめている箇所は、表題のついていない三つの節からなっています（表4.1）。

本章では、この三つの節について以下のように仮の節題をつけてあります。

第五節　商人資本による貨幣蓄積の特殊な形態
第六節　商業資本にかんする経済学者の観念
第七節　資本主義的生産様式以前の商業資本

この章について特筆すべきは章題についてです。本章の章題は次のような変遷をたどっています。

「商品取扱資本と貨幣取扱資本。利子と産業利潤（企業利得）への利潤の分裂。利子生み資本」→「商品資本および貨幣資本の、商品取扱資本および貨幣取扱資本、あるいは商人資本への転化。利子と産業利潤（企業利得）への利潤の分裂。利子生み資本」→「商品資

第三部主要草稿(①)	現行版(E)
第４章　商品資本および貨幣資本の、商品取扱資本および貨幣取扱資本、あるいは商人資本への転化	第4篇　商品資本および貨幣資本の商品取扱資本および貨幣取扱資本への(商人資本への)転化
第1節　商品取扱資本(商業利潤)	第16章　商品取扱資本
第2節　商業利潤とその特徴	第17章　商業利潤
第3節　商人資本の回転。価格	第18章　商人資本の回転。価格
第4節　貨幣取扱資本	第19章　貨幣取扱資本
第5節から第7節　いずれも節題なし	第20章　商人資本にかんする歴史的事実

表 4.1

本および貨幣資本の、商品取扱資本および貨幣取扱資本、あるいは商人資本への転化」。

つまり、マルクスは、当初は次章の利子生み資本の内容も本章に包括して執筆しようと考えていたということです。

本章第四節で扱われる「貨幣取扱資本」は次節の内容と密接に関連しているので、この当初のマルクスの構想には何の根拠もないわけではありません。とはいえ、商業利潤と利子とではそのメカニズムがまったく異なるため、執筆の過程で当初の構想は放棄され、現在の章分けに落ち着いたのでしょう。

第一節　商品取扱資本（商業利潤）

商品取扱資本（商業資本）

……商人が行う操作は、およそ生産者の**商品資本**を貨幣に転化させるために遂行されなければならない操作、すなわち再生産・流通過程での商品資本の機能を媒介する操作以外のなにものでもないということである。もし独立の商人のかわりに生産者の単なる代理人が専門にこの販売に（またさらに仕入れにも）従事しなければならないとすれば、この関連は一瞬間もおおい隠されてはいないであろう。

商品取扱資本は、生産者の**商品資本**、すなわち貨幣への転化の過程を通り市場で商品資本としての機能を果たさなければならない商品資本以外のなにものでもないのであって、ただ、この機能が、生産者の付随的な操作としてではなく、いまでは資本家の特殊な一**群**である商品取引業者の**専門の操作**として現れ、一つの特殊な投資に属する事業として独立させられるだけである。（①344、E281）

ところで……なにが**商品取扱資本**に**自立的に機能する資本**の性格を与えるのであろうか？

第一に。**商品資本**が、その生産者とは別な代理人の手によって**貨幣へのその最終転化**、つまりその第一の変態、すなわち**商品資本としてのそれ**に属する機能を市場で行うということ、そして、商品資本のこの機能が商人の操作によって、つまり彼の行う売買によって媒介され、その結果、この操作が、資本の他の諸機能から**分離され**、したがって**独立させられた固有の事業**として形成されるということ。それは**社会的分業**の特殊な一形態であって、その結果、元来は生産者自身によって流通内部でなされるべき、すなわち資本の再生産過程の特殊な一局面でなされるべき機能の一部分が、生産者とは異なる別の**流通代理人**の専有機能として現れるのである。しかし、それだけでは、まだけっしてこの**特殊な事業**は、その再生産過程にある資本とは別な、それにたいして自立的な、一つの**特殊な資本**の機能としては現れないであろう。商品取引が産業資本家の単なる販売員や販売出張員とかその他の直接的代理人によって営まれるような場合には、実際それはこのような自立的な資本の機能としては現れないのである。したがって、さらに第二の契機が加わってこなければならない。

第二に。この第二の契機は、この**流通代理人**である商人が**貨幣資本**（自分のかまたは借り入れたものかはどうでもよい）をこの取引において**前貸する**ことによって、はいってくる。その再生産過程にある資本にとっては単にW―Gつまり商品資本の貨幣資本への転化または**単なる売り**として現れるものが、商人にとってはG―W―G′として、同じ商品の買いと売りとして、したがってまた、買いでは彼から離れて行き、そして売りによって彼に帰ってくる貨幣資本の還流として、現れるのである。（①346f、E 283f）

商業資本について理解するためのポイントは二つあります。ひとつは、これらの引用文でも強調されているように、商業資本は何か特別なことをするのではなく、あくまで、これまでみてきた資本の機能の一部、すなわち生産した商品の販売という機能を専門的におこなうにすぎないということです。したがって、商業資本は生産した商品を産業資本から購入し、それを販売することによって利益をあげる資本であることになります。

もうひとつは、商業資本もやはり資本の一種ですから、この商品の販売という専門事業を自らの資本を投下することによっておこなうということです。したがって、たんなる販売代理人の場合と異なり、この事業に投下した資本額にみあう収益を獲得することができなければなりません。それゆえ、これまでみてきたような競争原理にしたがえば、商業資本も産業資本と同様に平均利潤を獲得することになるはずです。かりに一般的利潤率が一〇％であるとすれば、一〇〇〇万円の資本を運用して小売店を営んでいる商業資本家は生産者から商品を仕入れ、消費者に販売することによって年間に一〇〇万円の利潤を獲得することができるはずです。

しかし、ここで重要な問題につきあたります。それは、商業資本が商品の売買を専門的におこなっているにすぎないとすれば、それによってどのように利益をあげることができるのかという問題です。これまでみてきたように、資本が利益をあげることができるのは、生産手段と労働力を買ってモノやサービスの生産をおこない、それによって剰余価値を生み出すからでした。このような剰余価値生産をおこなわない商業資本はどのようにして利益をあげることができるのでしょうか。

さらにこれに関連して、商業資本も現実のビジネスに投下される資本であるかぎり平均利潤を獲得することができなければならないはずですが、この平均利潤の形成はどのように行われるのかという問題もあります。第二章における平均利潤の形成についての考察では、もっぱら産業資本のみが想定されており、商業資本についてはいっさい考慮されていませんでした。もし商業資本も平均利潤を獲得するとすれば、商業資本も含めたうえで、改めて一般的利潤率や平均利潤について考察することが必要になります。

これらの問題については第二節で扱うことになりますので、さしあたりペンディングして考察を進めていくことになります。

資本主義的生産にとっての商業の機能

生産者であるリンネル製造業者は、彼の三万エレを商人に三〇〇〇ポンドで売れば、これによって得た貨幣で必要な生産手段を買う。そして、彼の資本は再び生産過程に入って行く、すなわち、彼の生産過程は継続し、中断されることなく再生産過程として進行する。彼にとっては、彼の商品の貨幣などへの転化は行われた。だが、**リンネルそれ自体**にとっては、転化はまだ行われてはいない。リンネルはまだ貨幣に再転化してはおらず、まだ使用価値として産業的消費なり個人的消費なりに入ってはいない。いまや市場では、はじめにそこでリンネル生産者が代表していたのと同じ商品資本を、リンネル商人が代表している。リンネル生産者にとっては変態の過程は**短縮されて**いるが、それはただ商人の手で行われることになるだけである。

仮にリンネル生産者が自分のリンネルが現実に商品ではなくなるまで、つまり産業的あるいは個人的な最後の買い手のもとにリンネルが移ってしまうまで、待たなければならないとすれば、彼の**再生産過程**は**中断される**であろう。あるいは、再生産過程を中断させないために、彼は自分のいろいろな操作を制限しなければならなかったであろう。すなわち、自分の生産物であるリンネルのより小さい部分を糸や賃労働など、要するに生産過程の諸要素に転化させ、より大きい部分を貨幣準備として手もとに保留しておいて、ある部分が商品として市場にあるあいだは他の部分が生産的資本に再転化できるようにし、そしてこの後者が市場に現れるときには、他の部分が還流してくるようにしなければならなかったであろう。このような資本の**分割**は**商業**の場合でも必要である。しかし、商業なしでは、流通する資本のうち貨幣準備形態で手もとにある部分は生産過程の内部にある部分に比べてますます大きくならざるをえず、それに応じて再生産過程の規模は制限されざるをえないことになる。そうでなければ、生産者は自分の資本のより大きい部分を本来の生産過程で充用することができ、より小さい部分を貨幣準備として充用することができるのである。（①348f、E285f）

(1)**分業の原理**の結果として、**もっぱら**売買**だけ**に従事する資本──（これには、商品購入のための貨幣のほかに、商人的事業の経営に必要な労働や商人の不変資本である店舗や輸送の経費などに投下されなければならない貨幣が加わる）は、仮に産業資本家が自分の業務の商人的部分も**全部**自分で営まなければならないとした場合よりも、**小さくなる**。

(2)商人がもっぱらこの事業に従事するので、生産者にとって自分の商品がより速く貨幣に転化させられるだけでなく、**商品資本そのもの**がその変態を、生産者の手のなかでする場合よりも、より速くすませる。

(3)商人資本全体を生産的資本と対比して見れば、商人資本の回転は、一つの生産部面にある多数の資本の回転を表すだけではなく、いろいろな生産部面にあるいくつもの資本の回転をも表すことができる。第一の場合は、たとえばリンネル商人が自分の三〇〇〇ポンドで一人のリンネル生産者の生産物をまず買って次にまたそれを売ってから、同じ生産者が同じ量の商品を再び市場に投ずる前に、別の一人（または多数）のリンネル生産者の生産物を買ってまたそれを売り、こうして同じ生産部面にあるさまざまな資本の**回転**を媒介するという場合である。第二は、総合的商人がたとえばリンネルを売ってから次には絹を買い、したがって別の生産部面の資本の回転を媒介する場合である。

（①349f、E286f）

資本主義的生産様式が支配的な社会において、そもそもなぜ商品の販売を専門的に担う商業というものが存在するのでしょうか。商業が資本主義的生産にとってプラスの役割を果たすからにほかなりません。引用文から読み取れるように、大きく分けて、商業は資本主義生産にとって二つの機能を果たします。

第一に、商業資本が専門的に商品販売を担うことにより、産業資本が直接に商品の販売をおこなう場合よりも、商品販売に必要な経費――これは第二部で登場した「純粋な流通費」にあたるものです――が低減します。商品販売に必要な経費には、店舗の費用や販売員の人件費などが含まれますが、それぞれの産業資本が負担して商品販売をおこなうよりも、専門の商業資本がさまざまな商品の販売を一手に担ったほうが、これらの経費をより削減できることは言うまでもないでしょう。

第二に、商業資本が商品販売を担うことによって産業資本は商品販売のための時間を大幅に短縮し、それによって生産を継続するために必要な資本量も大幅に削減することができます。もし産業資本が直接に商品販売を行うとすれば、買い手をみつけるまでに多くの時間を要するので、商品資本を貨幣資本に転化するための時間は増大せざるをえません。そのあいだ生産活動を中止するわけにもいかないので、生産を継続するための追加資本も必要となります。前者は資本の回転速度を低下させ、年間に生産される剰余価値量を減少させますし、後者は生産を継続的におこなっていくために必要な資本量を増大させます。いずれも、利潤率を低下させる要因となることは言うまでもありません。したがって、商業が産業資本の利潤率を引き上げる効果を持っていることは、この点だけをみても明らかです。

とはいえ、商業に莫大《ばくだい》な資本を投下しなければならないとすれば、社会全体の資本のうちで産業に投下できる資本がそのぶん減ってしまうので、資本主義的生産にとってはやはり不都合でしょう。しかし、たとえば、全産業資本が年間に一〇兆円の商品を商業資本に販売するとしても、商業資本のうちの商品の仕入れに投下される資本額が一〇兆円である必要はありません。資本を生産活動に投下せず、商品の売買だけをおこなう商業資本は、産業資本に比べて速く資本を回転させることができます。たとえば、資本家Aから商品を仕入れて売りさばいた後に、ふたたび資本家Aからの商品供給を待つ必要はありません。別の資本家Bから商品を仕入れて売りさばけば良いのです。このように、商業資本は――

究極的には産業資本から商品を仕入れなければならないので産業資本の生産活動に制約されているとはいえ――産業資本の回転のペースとは独立に回転速度を速めていくことができるのです。こうして、商業資本は年間売り上げにくらべて遙《はる》かに少ない額の資本で商品の仕入れをおこなうことが可能になり、社会全体から見れば、そのぶん生産に充てることのできる資本量が増加します。

以上の理由から、「**商業資本**は価値も剰余価値も――直接には――創造しない」が、間接的には、「生産的資本家の創造する剰余価値を増やすことを助けることができる」（①354 E291）ということになります。これが次節で考察する「商業利潤」の根拠となるのです。

第二節　商業利潤とその特徴

商業資本も平均利潤をあげなければならないが、それをどのようにして引き寄せるのか？

……資本の流通部面も生産部面と同様に再生産過程の一局面をなしているのだから、流通過程で自立的に機能する資本も、生産部面のいろいろな部門で機能する資本と同様に年間平均利潤をあげなければならない。もし商業資本が産業資本よりも高い百分率の平均利潤をあげるならば、産業資本の一部分は商業資本に転化することになる。もし商業資本がより低い百分率の平均利潤をあげるならば、反対の過程が起きることになる。商業資本の一部分は産業資本に転化することになる。……

　商業資本そのものは剰余価値を生まないのだから、平均利潤の形態でその手に落ちる剰余価値は、明らかに総**生産的資本**が生みだした剰余価値あるいは剰余労働の一部分である。だが、いま問題なのは、**どのようにして**商業資本は、生産的資本が生みだした利潤または剰余価値のうちから自分のものになる部分を自分に引き寄せるのかということである。（①355、E293）

すでにみたように、商業資本も現実のビジネスに投下される資本である以上、産業資本と同様に平均利潤を受け取ることができなければなりません。しかし、他方では、商業資本は商品販売を専門的に担うだけであり、社会的総労働の一翼を担うわけではないので、価値を生み出すことはできません。それゆえ、商業資本が受け取る利潤、すなわち「商業利潤」の源泉は産業資本が生み出した剰余価値以外には存在しないということになるでしょう。したがって、商業資本は、産業資本から剰余価値の分配に与《あずか》ることによって、平均利潤を取得しなければならないのです。では、どのようなメカニズムによってこのような剰余価値の配分は実現されているのでしょうか。この問題に答えを与えるのが、本節の課題となります。

商業資本はほんらいの生産価格より安く買い、その生産価格どおりに売ることによって平均利潤を獲得する

商業利潤は単なる**追加**であり、商品の**価値**を上回る商品の**価格**の**名目的**引上げであるということは、たんなる**外観**でしかない。……

……商品取引業者が彼の商品にたいするたとえば一〇％の利潤を実現することができるのは、ただ、彼がその商品を生産価格よりも一〇％、1/10ほど**高く**売ることによってだけである、とわれわれが想定するのはなぜであろうか？　それは、われわれが、産業資本家、この商品の生産者〔産業資本家は生産的資本の人格化として外界にたいしてはつねに**生産者**として現れる〕がその商品を商人に生産価格で売った、と仮定したからである。もし、商品取引業者にとっての商品の**購買価格**がその商品の生産価格に等しく……究極的にはその商品の**価値**に等しいならば、じっさい、商人の**購買価格**を上回る彼の**販売価格**の**超過分**――ただこの差だけが彼の利潤の源泉となる――は、その商品の生産価格を上回るその商業価格の超過分でなければならず、究極的には商人はすべての商品をその価値**よりも高く**売らなければならない。しかし、産業資本家が商人に商品を**生産価格**で売るということは、なぜ**仮定**されたのか？　というよりも、この仮定ではどういうことが**前提され**ていたのか？　**商業資本**（ここで問題にするのはただ商品取扱資本としての商業資本だけである）は**一般的利潤率**の形成へとむかう他の資本との競争をしないということである。一般的利潤率の論述ではどうしてもこの前提から出発せざるをえなかったのであるが、そのわけは、⑴商業資本そのものがそのときにはわれわれにとってまだ存在しなかったからであり、⑵平均利潤（したがってまた一般的利潤率）が、さしあたりはどうしてもいろいろな生産部面の生産的資本によって**現実に**生産される**利潤**または**剰余価値**の均等化として展開されざるをえなかったからである。これにたいして、商業資本においてわれわれが問題にするのは利潤の生産において機能することなく利潤の分配をうけるという種類の資本である。だから、今度は以前の論述（第二章）を修正、というよりむしろ**補足**する（完成させる）ことが必要になるのである。

一年間に前貸される総生産的資本は九〇〇で、しかも $720c$ と $180v$ で m'〔剰余価値率〕＝一〇〇〔%〕であったとする。そうすれば $720c + 180v + 180m$ である。次にこの生産物または生産された商品資本をWとすれば、Wの**価値**または**生産価格**（われわれが、商品のあれこれの種類ではなく、その総体を考察するなら、両者は一致する）は一〇八〇ポンドであって、総資本九〇〇についての利潤率は二〇%である。この二〇%は、前に展開したところによれば、**平均利潤率**に等しい。なぜならば、ここでは剰余価値は、特殊な構成をもつあれこれの資本にたいしてではなく、平均的な社会的構成をもつ総生産的資本にたいして計算されているからである。だから、Wは一〇八〇ポンドで、利潤率は二〇%なのである。しかし、いまや、この九〇〇ポンドの生産的資本のほかになお一〇〇ポンドの商業資本が加わって、これもその大きさに応じて生産的資本と同じ大きさの利潤の分け前を受け取ると仮定しよう。前提によれば、この商業資本は総資本一〇〇〇の$\frac{1}{10}$である。したがって、商業資本は一八〇の$\frac{1}{10}$である一八の分け前にあずかる。（一八〇が分配されるべき総剰余である）。だから、実際には、総資本の残り$\frac{9}{10}$のあいだに分けられる利潤は、たった$180-18=162$しかなく、また、それは$162/900=18/100=18\%$でしかない。だから、Wが生産的資本九〇〇の所持者たちによって商品取引業者に売られる価格は、$\overset{c}{720}+\overset{v}{180}+\overset{m}{162}=1062$である。それゆえ、この商人が自分の資本一〇〇に一八%の平均利潤をつけるとすれば、彼は諸商品を$1062+18$ポンド＝1080ポンドで、すなわち諸商品の**生産価格**で、または総商品資本を見れば、その現実の**価値**で、売ることになる。といっても、彼は彼の利潤をただ流通のなかで流通によってあげるのであり、ただ彼の購買価格を上回る彼の販売価格の**超過分**によってあげるのだが。しかし、それにもかかわらず、彼はそれらの商品を価値よりも**高く**、あるいはもっと詳しく言えば、生産価格よりも**高く**、売るのではない。というのは、彼がそれらの商品を価値よりも**安く**、または生産価格よりも**安く**、産業資本家から買ったからにほかならない。（①355ff、E293ff）

これまでの前提にたって、産業資本がその生産物を生産価格で売るとすれば、商業資本が利潤をあげるには生産価格以上の価格で商品を販売するしかないようにみえます。しかし、マルクスが言うように、これは外観にすぎません。なぜなら、商業資本が産業資本から商品を仕入れて商品を販売するという操作をしたとしても、商品を生産するために投入しなければならない労働量やそれを動員するための資本量は依然として同じままであり、したがって、商品の最終的な販売価格は生産価格に規制されるはずだからです。そうであるかぎり、商業利潤は、産業資本がほんらいの生産価格よりも安い価格で商品を商業資本に販売することによってしか生まれないということになります。

さしあたり、このことは、産業資本家が販売代理人を雇って商品を販売するというケースを考えてみると、理解しやすいでしょう。産業資本が自分で商品を販売するかわりに販売代理人を雇えば、たしかにその資本家にとっては自らの時間と労力を割くことなく、商品を販売することができるというメリットがあります。しかし、だからといってそのことによって商品の生産価格が増加するわけではありません。第二章でみたように、生産価格は費用価格と平均利潤の合計ですが、この両者は資本家が販売代理人を雇ったか雇っていないかということには左右されないからです。

だとすれば、この販売代理人が商業資本になったとしても基本的に事態は変わらないはずです。変わるのは、商業資本家は販売代理人と違って自らの資本を投資して商業を営むので、たんなる販売手数料ではなく、投下資本額に対応する平均利潤を受け取らなければならないということだけなのです。

それゆえ、商業資本が取得する利潤の源泉は、産業資本がほんらいの生産価格よりも安い価格で商品を販売することによって、事実上、平均利潤の一部を商業資本に譲り渡すことにあると言えるでしょう。[5]

しかし、まだ問題が残っています。それは、なぜ産業資本はわざわざほんらいの生産価格よりも安い価格で商業資本に商品を販売するのか、という問題です。この引用文においては、産業資本家と商業資本家の競争をつうじて新たな水準の一般的利潤率（引用文の例では一八〇〔総剰余価値〕÷（九〇〇〔全産業資本〕＋一〇〇〔全商業資本〕）＝一八％）が形成されるので、商業資本はこの新たな一般的利潤率にもとづいた平均利潤を取得することができるというように説明されています。

しかし、この説明は説得的ではありません。そもそも産業資本家にとってなんらかのメリットがなければ商業資本にほんらいの生産価格以下で商品を売ることはなく、したがって、商業資本の事業も成り立たないはずです。しかし、この例では、産業資本にとっては自分の利潤が減少するというマイナスしかないにもかかわらず、商業資本に生産価格よりも安く商品を販売しており、これは明らかに資本主義の競争原理に矛盾しています。ここでもマルクスは第二章の末尾で指摘した実体主義的な価値規定にとらわれているようにみえます。

産業資本と商業資本の競争について考えるには、前節でみたような商業費用（純粋な流通費）の節約、そして商業をつうじた産業資本の回転速度の上昇や投下資本の節約などといった問題を考える必要があります。これについては商業費用（純粋な流通費）について考察したうえで、改めて検討することにしましょう。

5　なお、次節で詳しくみるように、商業部門ごとに異なる回転数をもつ商業資本が平均利潤を受け取らなければならないという事情は、最終的な販売価格に一定の影響を及ぼし、それをほんらいの生産価格から乖離《かいり》させますが、この場合でも、商業資本の利潤の源泉がほんらいの生産価格よりも安く買うことにあるのであって、ほんらいの生産価格よりも高く売ることにあるのではない、という基本的な関係が変わるわけではありません。そこで本節では商業部門ごとの回転数の違いについては考慮せず、どの商業資本の回転数も同じであるという想定のもとに考察を進めていきます。

生産価格の新たな規定

……**生産価格**すなわち産業資本家自身が売る場合の価格は、商品の実際の生産価格よりも小さいのである。または、総商品を見れば、産業資本家階級がそれを売る価格は、その価値よりも小さいのである。**生産価格＝費用＋平均利潤**（平均利潤率にしたがって計算される）なのだから、とはいえ、平均利潤は現実に**生産的**資本によって生産される利潤よりは小さいのだから、この生産的資本の価値で計算するなら、生産価格＝費用＋平均利潤は、現実の商品価格より小さくならなければならないのは明らかである。……われわれは以上に展開したようないっそう詳しい意味で**生産価格**という表現を保持しておこうと思う。そのさい明らかなのは、**生産的資本家の利潤＝生産価格**のうちの商品の**費用価格**を上回る超過分であるということであり、そして、この**産業**利潤とは異なり、**商業利潤＝販売価格**のうちの商人にとっての**購買価格**である**商品の生産価格**を上回る超過分であるということであり、しかし、商品の**実際の価格**＝商品の**生産価格**＋**商業利潤**であるということである。産業資本が流通において剰余価値としてすでに商品の価値に含まれている利潤を実現するだけであるように、商業資本が利潤を実現するのも、ただ、産業資本家によって実現される商品の価格ではまだ**剰余価値**または**利潤の全体**が実現されてはいないからこそである。だから商人の販売価格が購入価格を上回るのだが、それは、

販売価格が総価値を**上回る**からではなく、**購入価格**が総価値に満たないからである。（①359f、E297）

さきにみたように、商業資本が介在することにより、産業資本だけが存在するときとは異なる一般的利潤率が成立します。そしてそれにともなって、産業資本が取得することのできる平均利潤も変化し、産業資本にとっての生産価格＝費用価格＋平均利潤はほんらいの生産価格を下回ることになります。商業資本は産業資本から仕入れた商品に平均利潤を追加した価格で売りますが、この価格は――次節でみる商業部門ごとの商業資本の回転数の違いなどを考慮しないかぎりでは――ほんらいの生産価格と一致します。

したがって、いまや二種類の生産価格が存在することになります。ひとつは、産業資本にとって平均利潤を実現する商品価格です。こちらのほうは基本的にはそのまま「生産価格」と呼びますが、文脈によっては「産業資本にとっての生産価格」と呼ぶことにしましょう。

もうひとつはこれまでどおりの、最終的に消費者に販売されるときのほんらいの生産価格です。これは、商業資本にとって平均利潤を実現する価格でもありますので、「商業価格」と呼ばれることもあります。

純粋に商業的な流通費

純粋に**商業的な**流通費（したがって発送や運輸や商品保管などの費用を除いて）は、商品の**価値**を実現するために、この価値を商品から貨幣へ、そして貨幣から商品へ転化させる（あるいは相互に交換する）ために、商品の**交換過程**を媒介するために、必要な費用、すなわち買いと売りの過程の費用に帰着する。……すでに前にも述べたように、このような操作は計算や簿記や売買交渉や通信などに帰着する。こうしたことに必要な**不変**資本は、事務所や紙や郵便料金などである。……その他の費用は、**可変資本**、すなわち商業賃金労働者の充用に前貸される資本に帰着する。

こうした費用のすべては、商品の使用価値の**生産**に費やされるのではなく、商品の価値の**実現**に、あるいは貨幣の商品への再転化に費やされるのである。これらは**純粋な**流通費である。それは直接的生産過程に入り込まないが、流通過程に入り込むのであり、したがって**生産過程の全体**すなわち**再生産過程**に入るのである。（①362f、E299f）

本節においては、これまで商業資本が投下する資本は商品の仕入れに必要な資本だけだという想定で考察が進められてきました。そこで、これ以降は、「純粋に**商業的な**流通費」（第二部での「純粋な流通費」であり、本章では「商業費用」とも言われます）も考慮に入れて、商業利潤の形成メカニズムについての考察をおこなっていきます。

なお、ここで「純粋に」という限定が付けられているのは、すでに述べたように、運輸や保管など使用価値生産の延長線上にあり、それゆえに価値を形成することのできる業務は含まれていないからです。それゆえ、「純粋に**商業的な**流通費」をなすのは「商品としての生産物の経済的形態から生じる」業務、すなわち、商品の売買に直接に関連する業務だけです。具体的には、商品売買にかかわる計算、簿記、交渉、通信などの業務を挙げることができます。

純粋な流通費（商業費用）は商品価格に上乗せされる？

……すなわち、商人はGの代わりに、より多くの資本G＋ΔG（ここではΔGは、直接に商品の売買に投下されているGを度外視した、流通費用Kに等しい）を前貸するのであり、それゆえ商業利潤の総額は上昇し、したがってより大きな量の商業資本が生産的資本といっしょに平均利潤率の均等化に加わってきた結果、**平均利潤**が下がるのである。前にあげた例のように、一〇〇の商業資本のほかに五〇が追加的にKのために前貸される場合、**生産的資本**＝$720_{c}+180_{v}+180_{m}$だが、商人資本のための一〇〇が付け加わったために剰余価値は一六二に減ることになるだろう。したがってその際に、**平均利潤**は二〇％ではなくて一八％である。しかし、いまやさらに五〇が加わって〔社会的総資本は900＋100＋50＝1050となるので〕平均利潤は一七1/7％に落ち込む。しかし、商人は彼の資本一五〇に対する一七1/7％で、いまや二五5/7を手に入れる。生産的資本家は商品を900＋154 2/7＝1054 2/7で売り、商人は商品を一一三〇（一〇八〇＋彼が再度補塡《ほてん》しなければならない費用のための五〇）で売る。（①366、E303）

第二部第一稿では純粋な流通費は剰余価値からの控除をなすとされていました。純粋な流通費を支出することによって行われる業務は商品の売買を担うだけであり、使用価値の生産そのものを担うわけではないので、価値を形成することができません。それゆえ、それにかかった費用は商品価値から補塡されるほかなく、結果として剰余価値からの控除をなすのです。

この想定にもとづけば、商業利潤について考える場合にも、商品の最終的な販売価格は「ほんらいの生産価格」であり、純粋な流通費にかかった費用の分だけ、商業資本が実現することのできる利潤は減少する、ということになるはずです。たとえば、引用文の例と同様に、産業資本のほうは七二〇の不変資本と一八〇の可変資本によって一八〇の剰余価値を生産し、商業資本のほうは仕入れに必要な一〇〇の資本にくわえ、純粋な流通費が五〇であり、そのために五〇の資本を追加で投下しなければならないというケースを考えてみましょう。このとき、純粋な流通費が剰余価値からの控除をなすとすれば――そしてさしあたり先に見た一般的利潤率の求め方を採用すれば――一般的利潤率は〔180〔剰余価値〕－50〔純粋な流通費〕〕÷〔900〔全産業資本〕＋150〔全商業資本〕〕＝一二・四％になるはずです。

ところが、この引用文では、利潤率は一七・一％になるとされています。なぜでしょうか。それは最終的な商品の販売価格が「ほんらいの生産価格」ではなく、「ほんらいの生産価格」＋「純粋な流通費」となっており、純粋な流通費を剰余価値から補塡するのではなく、「ほんらいの生産価格」を上回る価格で商品を販売することによって補塡することができると想定されているからです。おそらく、マルクスは純粋な流通費が商業資本によって前貸されることにより、あたかも生産において消費された不変資本価値と同様に商品価値ないし商品の生産価格を増加させることができると思いこんでしまったのでしょう。

もちろん、この想定はマルクスの価値論とは矛盾しており、また、それにもとづく第二部第一稿の議論とも矛盾しています。そのため、この矛盾をどう理解するかをめぐって研究者たちのあいだで論争がなされてきました。

とはいえ、この問題については、第三部主要草稿を書いた後に執筆された第二部第二稿において、この引用文の想定を明確にしりぞけている記述が存在しますので、マルクス自身にとっては解決済みの問題だったと言えるでしょう。この箇所は現行版『資本論』第二巻では部分的にしか採用されておらず、読者の多くが未読だと思われますので、以下に引用しておきましょう。これを読めば、たとえ純粋な流通費が資本として前貸されるようになったとしても依然として剰余価値からの控除をなし、商品価格を増加させるものでないとマルクスが考えるようになったことは明らかでしょう。

純粋な流通費は剰余価値から補填される

……簿記係のために共同体の労働力の一部が農業から引き上げられるのであり、しかもその機能の費用は簿記係自身の労働によっては補填されず、共同体の生産物からの**控除**によって補填される。インドの共同体の簿記係にあてはまることは、必要な変更を加えれば、資本家の簿記係にもあてはまる。簿記はその現象形態によってその機能的性格を変化させることはないし、たとえば事務所の費用やそこでの簿記すなわち簿記係の支払いなどが資本投下として現れるか否かというような簿記の変化がそれじたいとして事柄を変えることもない。資本家は、簿記係の支払いのために〔事業の始めに〕前貸をしなければならないにもかかわらず、労働者が生産した剰余価値の一部によってしか簿記係にたいする支払いをすることができない。それゆえ、資本家がそれを資本投下に算入すれば、m：Cの比率〔$\frac{m}{C}$〕は減少するのである。……

　これまでの例は本来の流通費にたいする十分な説明を与えている。本来の流通費は**空費**であり、生産物の使用価値や価値量を変えるのではなく、もっぱらその**交換価値**の形態変換を媒介するための労働と価値の支出である。個人的な規模においては、独立の小商品生産者にとって、それらの支出はあるがままに、すなわち、彼の生産的機能の中断や、彼の個人的消費にも生産的消費にも入っていかない価値を捧《ささ》げることとして現象する。より大きな社会的規模に、すなわち資本家の手に集中すれば、同じ空費が一部は流通代理人の支払いのための、一部は彼らの労働手段および労働材料の支払いのための**資本投下**として現象する。しかし、資本家の**計算の仕方**が物事の性質を変えることはない。この**空費**の**補塡**は――それが早かろうが遅かろうが絶えず繰り返されるのであるが――**前貸資本によってではなく、剰余生産物ないし剰余価値によってなされる**のであり、この空費はそこからの**控除**をなすのである。事業を新たに開始する資本家は、彼が自分自身の個人的消費のために前貸するのとまったく同じように、この空費のために前貸をする。だが、**前貸**という形態はその空費に自分自身を補塡する力を与えはしないのであって、それは彼の個人的消費の費用にそのような力を与えないのと同様である。資本家が空費を自己増殖する資本価値の構成部分として算入するならば、資本家は剰余生産物ないし剰余価値の一部を資本の補塡分として計算に入れるのである。価値生産物のうち資本家が資本価値として記帳する部分を、資本家は剰余価値から差し引いているのである。

商業利潤はいかにして形成されるのか

流通操作が長引くということは生産的資本家にとっては、⑴彼が生産過程そのものの指揮者としての自分の機能の遂行を妨げられるかぎりでは、彼自身の時間の損失を表し、⑵彼の生産物が、商品形態であれ貨幣形態であれ、流通過程に、つまり彼の生産物が価値増殖されず直接的生産過程が中断される過程に、滞留するのが長引くということを表している。直接的生産過程が中断されないためには、生産を制限してより小さい部分が持続的に生産過程にあるようにしなければならないか、あるいは、追加貨幣資本を前貸しして生産過程がいつでも**同じ**規模で続くようにしなければならない。いずれにせよ、これは、常に生産過程でもち続けることのできる資本部分が**より小さく**なるので利潤が**小さく**なるということか、あるいは、**同額の**利潤をあげるためには追加貨幣資本を前貸ししなければならないということに帰着する。こういうことは、生産的資本家に代わって商人が現れても、すべて同じである。生産的資本家が流通過程で多くの時間を費やすのでなくて、かわりに商人がそれを費やすことになる。前者が流通のために追加資本を前貸ししなければならないのでなくて、かわりに商人がそれを前貸しすることになる。同じことになるが、彼の資本のかなり大きな部分が絶えず流通過程をうろつくのでなくて、かわりに商人の資本がまったく流通過程のなかに閉じ込められている。また、生産的資本家のあげる**利潤**は**少なく**なるのではなくて、かわりに彼は自分の利潤の一部分を商人に譲り渡してしまわなければならない。（商人資本が、それの必要な限界のなかに制限されているかぎり）相違はただこのような**資本機能の分割**によって、もっぱら流通過程だけに費やされる時間が少なくなり、流通過程のために前貸される追加資本が少なくなり、そして、**総利潤**中の、**商業利潤**の姿で現れる損失分が、この分割のなされない場合に比べてより小さくなるということだけである。（①364f、E302）

商業資本と生産的資本との**分割**には、**商業**費用の**集中**が伴い、したがって商業費用の**縮減**が伴うとみなさなければならない。（①366、E303）

利潤の最大化という資本の行動原理にしたがえば、産業資本が商業資本に商品を「ほんらいの生産価格」よりも安く販売するのは、それによって利潤を増大させることができるからにほかなりません。つまり、産業資本がほんらいの平均利潤の一部を商業資本に譲り渡したとしても、商品販売を商業資本に任せることによってそれ以上に利潤を増大させることができるのです。

では、商業による産業資本の利潤の増大はどのようにして起こるのでしょうか。これについてはすでに前節で示唆されていましたが、改めて再確認しておきましょう。

第一に、産業資本が商業資本に商品販売を任せることによって販売時間を大幅に短縮することができ、また、それによって同じ規模で生産を継続するために前貸しなければならない資本量を削減できます。販売時間の短縮は資本の回転速度の増大につながりますし、資本量の節約はより多くの資本を生産過程に投下することを可能にするので、この両面から利潤を増大させることができます。

第二に、商業資本に商品販売を任せることによって、産業資本は商業費用（純粋な流通費）をいっさい負担する必要がなくなります。もちろん、この費用はかわりに商業資本が負担しなければなりませんが、商業資本は商品販売を専門的かつ集中的に担うのでこの費用を大幅に圧縮することができます。それゆえ、商業資本はこの費用を売値と仕入れ値の差額から控除したとしても、利潤を確保することができるのです。

このことを踏まえたうえで、改めて商業利潤の形成メカニズムについて考えてみましょう。問題を単純化するために、商業による産業資本の利潤増大については商業費用にかかわる要因だけを考慮に入れることにします。また、商業費用のうち販売店舗の建物などの固定資本にかかわる費用は考えないことにします。このとき、産業資本のもともとの一般的利潤率は二〇％であるが、商業資本が存在しないために商業費用をすべて産業資本が負担しなければならず、どの資本も産業に投下した資本額一〇〇あたり一〇の（社会全体では五〇の）商業費用がかかり、そのために一〇の資本を追加で投下しなければならない、というケースを考えてみましょう。すると図4.1のようになり、どの産業資本も一一〇の資本投下にたいして一〇の平均利潤をえるということになるでしょう。このとき、一般的利潤率は約九％です。

つぎに、商業資本が介在して商品販売を専門的に担い、商業資本だけがもっぱら商業費用を負担するが、商業費用が社会全体で縮減され、前のケースの五〇から一六にまで減少するというケースを考えてみましょう。この場合、商業資本にとっては、売値――ここでは商業資本のなかでの回転速度の違いを度外視しているのでほんらいの生産価格と一致します――と仕入れ値の差額から商業費用を引いたものが利潤となります。このときの仕入れ値がどのくらいの価格になるかは利潤を最大化しようとする産業資本と商業資本の競争によって決まり、具体的には、産業資本にも商業資本にも平均利潤を保証する水準、すなわち産業資本にとっての生産価格になるはずです。それよりも仕入れ値が安く、商業資本の利潤率が産業資本を上回れば、産業部面に十分な労働を動員することができず、十分な商品が供給されないので、産業資本にとっての生産価格となるまで仕入れ値は増大するでしょう。逆に、仕入れ値が高く、産業資本の利潤率が商業資本を上回れば、産業部面に必要以上の労働が動員されてしまい、過剰な商品が供給されるので、産業資本にとっての生

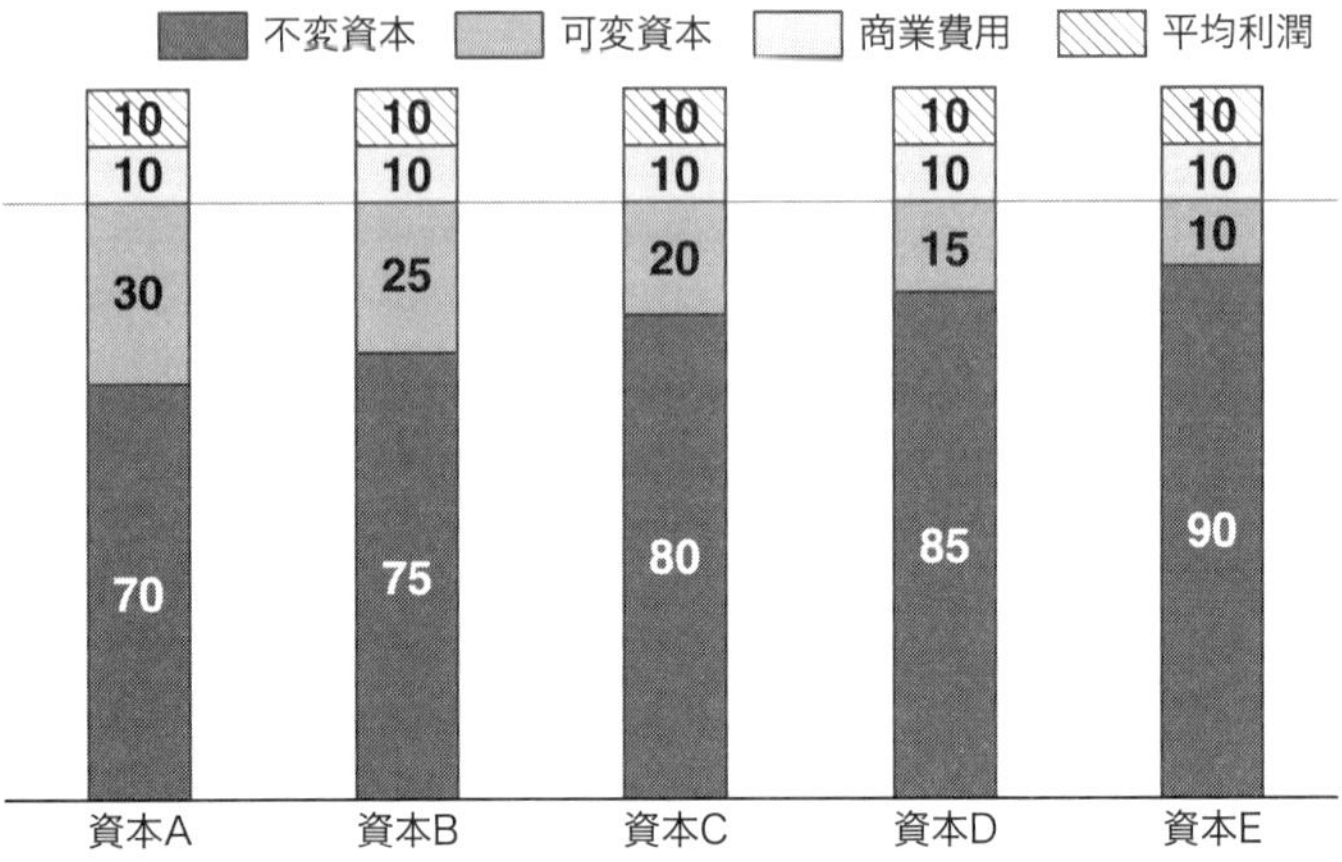

図4.1

産価格となるまで仕入れ値は減少するでしょう。

　したがって、商業資本を考慮にいれたケースでは、産業資本も商業資本も等しく平均利潤をうけとる場合にマルクス均衡が成立することになります。計算しやすいように投下される商業資本を一〇〇（仕入れのための資本が八四、商業費用のための資本が一六）とすれば、図4.2のようになり、一般的利潤率は一四％となります。それぞれの産業資本からみれば、ほんらいの生産価格よりも六だけ安く売ることになりますが、他方で商業費用の負担を免れることになるので、投下資本量が減り、利潤が増えます。商業資本にとっては売値と仕入れ値の差額が六×五＝三〇、商業費用が一六なので、一四の利潤を獲得することができます。全体としてみれば、商業資本が介在することによって総資本が取得することのできる利潤が増大し、また、それぞれ

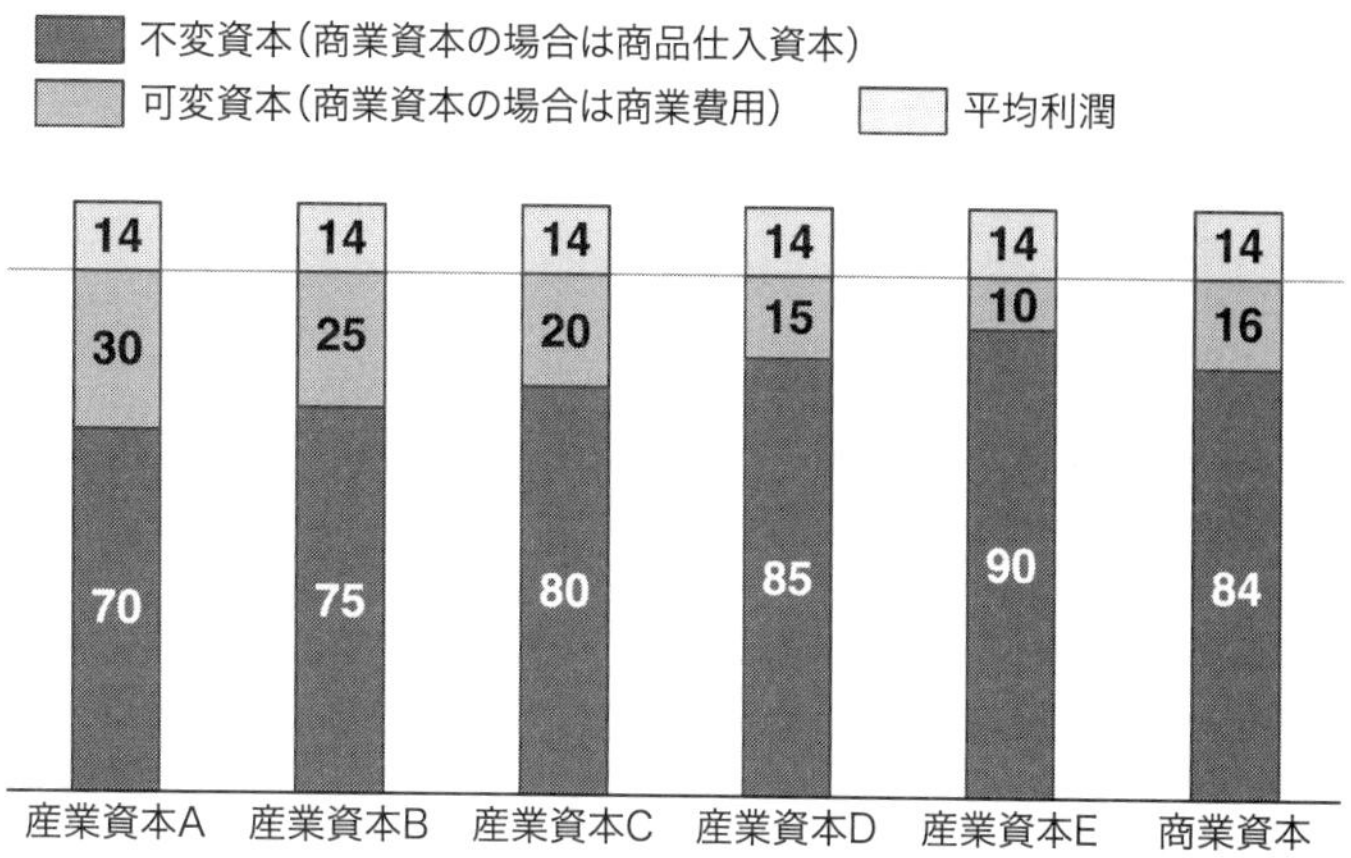

図 4.2

の産業資本にとっても利潤率が増大することがわかります。

以上の関係を数式で表現すれば、次のようになります。K＝全産業資本、P＝商業費用を考慮しない場合のもともとの産業資本の平均利潤、D＝売値の総計－仕入れ値の総計、A＝商業費用、G＝商品仕入れのために投下される商業資本、B＝商業費用のための資本とすると、マルクス均衡が成立するには次の等式が成立する必要があります（これまでの例では剰余価値から補塡する商業費用の総額と商業費用の支出のために前貸される資本の総額が一致するという想定がなされていましたが、実際には回転の影響によって両者は異なるものになります）。

$$\frac{P-D}{K}=\frac{D-A}{G+B}$$

この等式を変形すると、

$$\frac{P-D}{K}=\frac{P-A}{K+G+B}$$

となりますので、市場価値を度外視して生産価格だけを考慮にいれるかぎりでは、商業資本を考慮にいれた場合でも一般的利潤率＝総剰余価値（ただし商業費用を控除したもの）÷総投下資本という関係が成り立つことになります。

第三節　商業資本の回転。価格

本節で考察されるのは、根本的には産業資本の生産活動や社会の消費活動によって規制されながらも、独自な動きをとる商業資本の回転のあり方についてです。この節はこれまでの内容と比べて複雑ですが、事柄としてはそれほど難しいことを言っているわけではありません。さしあたり、ここでは細かい数量的関係よりも、何が主題になっているかを理解できれば大丈夫です。

商業資本の回転が一般的利潤率におよぼす影響

生産的資本の回転数……が大きければ大きいほど、その資本が形成する**利潤量**も大きい。ところで、**一般的利潤率の形成**によって、**総利潤**はいろいろな資本が直接に総利潤の生産に参加する割合に応じてではなく、諸資本が**総資本**のなかで占める可除部分に応じて、すなわち**それぞれの資本の大きさ**に比例して、諸資本のあいだに分配される。とはいえ、このことは事柄の本質を少しも変えるものではない。総資本の回転数が大きければ大きいほど、**利潤量**、すなわち一年間に生産される剰余価値量、**したがって**また利潤率は、それだけ大きい。

商人資本ではそうではない。商人資本にとっては、**利潤率**は一つの与えられた大きさであって、一方では**生産的資本が生産する利潤量**によって規定されており、他方では**商業資本の相対的な大きさ**によって、あるいは**総資本**つまり生産過程と流通過程とに前貸された資本の総額にたいする商業資本の量的割合によって、規定されている。もちろん、**商業資本の回転数**は、**総資本にたいする商業資本の割合**に、あるいは流通に必要な**商人資本の相対的な大きさ**に、規定的に影響する。というのは、必要な商人資本の**絶対的な大きさ**とその**回転速度**とは**反**比例するということは明らかだからである。……商業資本の平均回転を短縮する事情は（たとえば運輸手段の発達）、（他の事情が変わらないとすればば）それだけ商業資本の絶対的な大きさを減らし、したがって一般的利潤率を高くする。逆ならば逆である。（①382f、Ｅ321f）

商業資本の回転が販売価格におよぼす影響

異なる商業部門にある商業諸資本の（平均）回転期間が販売価格に与える影響は、次のようなことに帰着する。すなわち、**利潤量**は、商業資本の大きさが与えられている場合、**一般的**年間**利潤率**によって規定されており、したがってこの資本の商人的操作に規定されていない（依存しないままである）が、この**同じ利潤量**が同じ価値の商品量に配分される割合がこの回転速度に比例して違ってくるのであって、たとえば〔一般的年間利潤率が一五％で〕一年間に五回転の場合には15/5＝3が一〇〇の商品資本につけ加えられるが、一年間に一回転ならば15/1＝15が、同様に一〇〇の商品資本につけ加えられるということである。したがって、一方の場合は、一〇〇ポンドの商品量の**販売価格**は、三ポンドほど、すなわちその価値の三％……ほど、上がるのであり、他方の場合には、その価値の一五％……ほど上がるのである。

したがって、異なる商業部門のあいだで商業資本の年間利潤の百分率が同じであるとしても、商品の**販売価格**は、これらの部門の回転期間に比例して、これらの商品の価値にたいしてまったく異なる百分率が計算されることによって、この率だけ高くなる。（①384f、E323f）

前節でみたように、本質的な関係からすれば、商業利潤＝ほんらいの生産価格－産業資本にとっての生産価格となりますが、商業資本どうしの競争条件の違いによって、商業資本に平均利潤の取得を可能にする商業価格はほんらいの生産価格から乖離します。[6] 商品の性質上、資本の回転数がどうしても遅くなりがちな商業部門では商品あたりでより多くの商業利潤が追加されなければ平均利潤を確保できず、また、資本の回転数が速くなる商業部門では逆のことが起こるからです。

もちろん、このような乖離は商業資本が「価値」を産出することを意味するものではありません。社会的総労働の均衡的配分を実現するのに必要なほんらいの生産価格が、利潤を増大させるための商業資本の媒介によって、一定の「修正」を受けるということにすぎないからです。第二章でみた一般的利潤率の形成においては可変資本の回転数が平均利潤の水準に影響を与えましたが、ここでは商業による媒介の困難の程度がそれぞれの商品の最終的な生産価格（商業価格）の大きさに影響を与えるのです。実際、もしこのような「修正」がなされなければ、たとえば商業資本の回転速度が速い部門においては、産業資本か商業資本かのいずれかが一般的利潤率よりも高い利潤を得ることになり、マルクス均衡は崩れてしまいます。それゆえ、このような「修正」は、むしろ、ほんらいの生産価格に――本質的には価値法則に――依拠した社会的総労働の均衡的配分を貫徹するために必要になるものだと言えるでしょう。

6 なお、同様の乖離は、商業部門による商業費用の違いについても発生します。つまり、資本あたりでより多くの商業費用を負担しなければならない商業部門では商業価格は高くなり、より少ない商業費用で済む商業部門では商業価格は安くなります。

商業資本の回転が生み出す外観

したがって、回転期間が生産的資本の価値形成に及ぼす影響を精密に考察すれば、商品の価値は商品に含まれている労働時間によって規定されているという一般的法則と経済学の基礎とに帰ってくるのであるが、他方、商業価格に対する商業資本の回転の影響が示す諸現象は、**直接的**には（すなわち、中間項（媒介的な運動）を非常に詳しく分析してみなければ）、価格の純粋に恣意的な規定を、すなわち資本が一年間に一定量の利潤をあげようととにかく決心するというただそれだけのことによる価格の規定を前提するように見える。こういう回転の影響によって、まるで**流通過程そのもの**が（ある限界のなかでは）生産過程のかかわりなしに、商品の価格を規定するかのように見える。

総過程に関するすべての表面的で転倒した見解は、商業資本の考察から取ってきたものであり、また商業資本特有の運動が流通担当者たちの頭のなかに作り上げる観念から

取ってきたものである。（①385、E324）

すでにみたように、商業部面の違いによる商業資本の回転速度の違いが商業価格に影響を及ぼすので、あたかも生産とかかわりなく、流通当事者の主観的な意図やそれにもとづく努力によって商品価格が規定されるかのような外観が現れてきます。このような転倒した外観にもとづいて、資本主義的生産の総過程を、生産から切り離し、もっぱら流通の見地から捉《とら》えるような、誤った見解が発生してくるのです。

商業における超過利潤

……他の事情が同じ場合に、**同じ**生産的資本の回転が一年に二回だったのが四回になるとすれば、この資本は二倍の剰余価値を**生産**し、したがってまた二倍の利潤を**生産**する。これとは反対に、いろいろな商業部門での回転期間の相違は、一定の商品資本の回転であげられる**利潤**がこの商品資本を回転させる貨幣資本の回転に**反**比例するということに現れる。速い還流と少ない利潤、これはことに小売商人にとっては彼が主義として守る**原則**として現れるのである。

なお自明のことではあるが、商業資本の回転に関するこのような法則は、それぞれの商業部門の内部で、そして、より速い回転とより遅い回転とが同じ部門でかわるがわる現れて相殺されるということは別として、ただこの部面に投下された商業資本全体が行う諸回転の平均だけにあてはまるのである。Bと同じ部門に投下されているAの資本が、諸回転の平均数よりも多く、またはより少なく、回転することがある。そういう場合には他の諸資本が平均数よりも少なく、またはより多く、回転するのである。このことは、この部門に投下されている商業資本の総量の回転を少しも変えはしない。しかし、それは個々の商人や小売業者にとっては決定的に重要である。彼はこの場合には**超過利潤**をあげる（それは、ちょうど、平均よりも有利な条件で生産する産業資本家が超過利潤をあげるようなものである）。競争上やむをえなければ、彼は自分の利潤を平均利潤よりも下げることなしに商業仲間より安く売ることもできる、等々。（①386f、E325f）

第二章でみたように市場生産価格よりも低い個別的生産価格で商品を供給することのできる資本は超過利潤を獲得することができますが、同じように、その商業部門の平均よりも速い回転速度で資本を回転させることのできる商業資本も超過利潤を獲得することができます。そのような商業資本は同じ資本で競争相手よりも多くの商品を販売することができるだけでなく、競争で優位に立つために商品をより安く販売したとしても競争相手よりも多くの利潤を得ることができます。

商業における地代

彼の資本のより速い回転を可能にする条件が、それ自体、「買うことのできる」条件、たとえば店舗の位置のようなものならば、彼はそれにたいして**特別なレント**を支払うことができる。すなわち、彼の超過利潤の一部分は地代に転化するのである。（①387、E326）

地代については第六章でみることになりますが、ある土地が商業にとって有利であれば、その土地を借りて商業を営んでいる資本家が超過利潤を獲得することが可能になります。農業地代の場合と同じように、この超過利潤も地代に転化します。

架空需要

ところで商人資本は……第一に、生産的資本のためのW―Gを**短縮する**。**第二に**、近代的信用システムのもとでは、商人資本は社会の総貨幣資本の一大部分を支配しており、したがって、最終的に売ってしまわないうちに、自分の操作それ自体を繰り返すことができる。その場合、商人Ⅰが最終的に消費者に売らなければならないのか、あるいは彼と最終消費者のあいだに一二もの商人がはいっていて、そのうちの商人Ⅻが最終的に消費者に売らなければならないのかどうかは、どうでもよいことである。**第三に**、与えられたどんな制限も乗り越えて絶えず営まれうる再生産過程の巨大な弾力性によって、商人は生産そのものにはどんな制限も見いださないか、またはせいぜい非常に弾力的な制限を見いだすだけである。それゆえ、ここでは、商品の本性から出てくるW—GとG—Wとの分離は別としても、ある**架空の需要**がつくりだされる。商人資本の運動は、その**自立化**にもかかわらず、けっして流通部面の内部にある生産的資本以外のものではない。しかし、その**自立化**によって、商人資本は——ある制限のなかでは——再生産過程の制限にはかかわりなく運動するのであり、したがってまた再生産過程をその制限を越えてまでも推進するのである。内的な依存性と外的な独立性は、商人資本を追い立てて、**内的関連**が暴力的に、**恐慌**によって、回復されるような点まで行き着くのである。

そこから、恐慌がまず出現し爆発するのは、直接的消費に関係する小売業ではなく、社会の貨幣資本を自由に処分できる卸売業（そして**銀行業**）の部面だという恐慌現象が生ずるのである。

製造業者は現実には輸出業者に売るであろうし、輸出業者はまた輸入業者に売り、輸入業者は製造業者に売り、製造業者は卸売商人に売るであろう、等々。しかし、どこか目に見えない点で商品が売れないでたまっている（あるいはまた、すべての生産者等々の在庫が過剰になる）。消費はまさに最も盛んになる。というのも、一人の生産的資本家が一連の他の生産的資本家たちを動かすからであり、あるいはまた彼らの使用する労働者が完全に就業して平生よりも多く出費できるようになるからである。労働者階級へのこの影響を別にすれば……、すでに見たように、不変資本と不変資本とのあいだにも不断の流通が〔加速された蓄積は別としても〕行われており、この流通は、けっして個人的消費にはいらないという限りでは、個人的消費から完全に独立しているが、究極的にはそれに限界づけられている。なぜならば、不変資本の生産は、けっして不変資本そのもののために行われるのではなく、その生産物が個人的消費にはいる産業部門でより多くの不変資本が消費され使用されるからこそ行われるのだからである。〔とはいえ、これはしばらくは見込需要に刺激されて無事に進行することができ、〕したがって、これらの部門では商人や生産的資本家の事業は非常に快調に進行する。恐慌が現れるのは、遠方に売る商人（または国内でも在庫を抱えこんでいる商人）の還流がおそくなり、まばらになって、銀行や手形を持つ他の商人にも支払を迫られるというときである。そこで、強制販売、すなわち**支払をするための**販売が始まる。そうなればもはや破局であって、それは外観上の繁栄に一挙に終末を与えてしまうのである。（①377f、E315ff）

商業資本が販売するのはあくまで産業資本の生産した商品なので、その運動は産業資本の生産活動によって規制されていますが、他方では、商業資本の運動は流通部面に限られているので、その運動は産業資本にたいして自立化します。しかも、産業資本の巨大な生産拡大能力は、生産は何の制限もなく拡大していくに違いないという錯覚を商業資本家たちに与え、そのような錯覚にもとづいて商業資本家たちは商業活動を拡大していきます。

こうして、商業資本が介在することによって、生産部面と消費部面との関連がたがいに独立化し、ますます疎遠なものになっていくのです。具体的には、商業資本はつねに多くの商品を販売するために大量の商品在庫を抱えるようになり、最終需要から独立した「架空の需要」を形成するようになります。もちろん、「架空の需要」はそれが架空である以上、最終的にはその架空性が露見せざるをえません。それが架空需要であることがわかると、商品の投げ売りが始まり、「架空の需要」にもとづいた「外観上の繁栄に一挙に終末を与えてしまう」ことになります。

第四節　貨幣取扱資本

本節で取り上げられる貨幣取扱資本は、理論的には、商品取扱資本とほぼ同様に考えることができますので、理解はそれほど難しくないでしょう。なお、現実の資本主義社会においては、貨幣取扱資本の多くは次章で詳しくみる利子生み資本と融合していますが、ここではさしあたり純粋な貨幣取扱資本のみを扱います。

貨幣取扱資本

生産的資本の流通過程と、今ではそれにつけ加えることのできる商品取扱資本の流通過程（というのは、商品取扱資本は**生産的資本**の流通過程の一部分を、自分**自身の**、また自分に**特有の**運動として請け負うのだから）とのなかで貨幣がなし遂げる純粋に**技術的な諸運動**は、もっぱらこれらの運動を自分に特有な操作として営むだけの一つの**特殊的**資本の機能としては、この資本を**貨幣取扱資本**に転化させる。生産的資本の（そして今ではもっと詳しく言えば、また商品取扱資本の）一部分は、たえず貨幣形態で、貨幣資本として存在するというばかりでなく、このような技術的機能に従事している貨幣資本として存在することになる。いまや、総資本からその一定部分が自立した**貨幣資本**として分離するのであるが、その資本としての機能は、ただ産業資本家および商業資本家の階級全体のためにこれらの操作を行うということだけである。商品取扱資本の場合と同様に、流通過程のなかに貨幣資本の姿で存在する生産的資本からその一部分が分離して、残りの資本全体のために、再生産過程のこれらの操作を行うのである。だから、この貨幣資本の諸運動は、自分の再生産過程のなかにある生産的資本の一**部分が自立したもの**の運動にすぎないのである（というのは、商品取扱資本そのものが、**生産的資本**にたいしてこうした位置にあるのだからである）。（①387、E327）

資本が商品を取り扱う際に簿記や売買交渉などの特殊な業務が発生するように、資本が貨幣を取り扱う際にも出納や貨幣の保管、計算や決済などの特殊な業務が発生します。それゆえ、資本主義社会では、商業の場合と同様に、貨幣の取扱いにかかわる事業を専門的に担い、それによって収益をあげることが可能です。貨幣取扱にかかわる事業に投資して、それによって利潤を上げる資本のことを「貨幣取扱資本」と呼びます。

貨幣取扱にともなう流通費

この場合、貨幣が流通手段として機能するか支払手段として機能するかは、商品交換の形態によることである。どちらの場合にも資本家は、たえず多くの人々に貨幣を払い出し、たえず多くの人々から貨幣の支払を受けなければならない。こうした貨幣支払や貨幣収納のたんに**技術的な操作**はそれ自体が労働であり、この操作は、貨幣が支払手段として機能するかぎりでは、差額の計算や決済行為を必要とする。この労働は一つの**流**

通費であって、価値を創造する労働ではない。この労働は、それが特殊な一部類の代行者あるいは資本家によって残りの**資本家階級**全体のために行われることによって**短縮**されるのである。

資本のうちの一定部分はたえず蓄蔵貨幣として存在していなければならず（購買手段の準備、支払手段の準備、遊休していて貨幣形態のままで充用を待っている資本）、また資本のうちの一部分はたえずこの形態で還流してくる。このことは、支払や収納や簿記のほかに、蓄蔵貨幣の**保管**を必要にするのであり、これはまたこれで一つの特殊な操作である。つまりそれは、実際には、蓄蔵貨幣をたえず流通手段や支払手段に分解することであり、また、販売で受け取った貨幣や満期になった支払から蓄蔵貨幣を再形成することである。――資本のうちの、機能そのものから分離した、貨幣として存在する部分のこのたえざる運動、この**技術的な**運動が、特殊な労働および費用の、すなわち**流通費**の原因となるのである。（①388、E328）

商業における「純粋な流通費」（商業費用）がそうであったように、貨幣取扱にかかわる諸々の業務もまた、使用価値の生産にかかわる本来の労働ではなく、したがって価値を形成することはできません。それゆえ、貨幣取扱にかかわる諸々の費用はすべて剰余価値からの控除をなします。

貨幣取扱資本の本源的形態①——両替業

私が以前に指摘したように、そもそも貨幣制度が最初に発展してくるのは、さまざまな共同体のあいだでの商品交換（生産物交換）のなかでである。

それだから、**貨幣取扱業**はなによりもまず国際的交易から発展してくるのである。外国で買い入れをする商人は、**さまざまな国内鋳貨**〔を必要とし〕、現地の国内鋳貨を外国の鋳貨と、またその逆に、換えなければならないし、またこの両者を世界貨幣としての未鋳造の純銀（または純金）とも換えなければならない。そこから**両替業**が生まれるのであって、これは現代の貨幣取扱業の自然発生的な基礎の一つとみなすべきものである。そこから発展してくるのがもろもろの**振替銀行**であって、ここでは銀（または金）が、世界貨幣として——今では、流通鋳貨とは区別される**銀行貨幣**あるいは**商業貨幣**として機能する。**為替業**は——それが一国の両替業者から他国の両替業者に宛てた、**旅行者**のためのたんなる支払指図であるかぎりでは——すでにローマやギリシアでも、本来の両替業から発展してきたのである。（①389f、E329f）

貨幣取扱資本の本源的形態②――地金取扱業

奢侈《しゃし》品製造のための商品（原料）としての**金銀の取引**は、**地金取扱業**すなわち世界貨幣としての貨幣の諸機能を媒介する商業の自然発生的な基礎をなしている。そしてこれらの機能は以前に説明したように二重のものである。すなわち、国際的支払の決済のためにさまざまな国民的流通部面のあいだで行われる往来（利子を求める資本の移動）、および、その産源地から出て世界市場に行きわたる運動と国民的流通諸部面のあいだへの供給の分配である。たとえばイングランドでは、一七世紀の大部分をつうじて、まだ**金匠**が銀行業者として機能していた。……

世界貨幣としては、国内貨幣はその局地的な性格を脱ぎ捨てて、その金銀純分に還元される……が、他方、同時にこの金および銀の純分は、どちらも世界貨幣として流通する二商品として、たえず変動するそれらの価値比率に還元されなければならない。この媒介を貨幣取扱業者は自分の特殊な営業にする。

両替業と**地金取扱業**とは、貨幣の二重の機能、すなわち国内鋳貨および世界貨幣としての機能から生じる、貨幣取扱業の最も本源的な形態なのである。（①390、E330f）

資本主義的生産様式における貨幣取扱業の必然性

資本主義的生産過程から（生産がまだ資本主義的に営まれていないところでさえも**商業**一般から生じるように）次のことが生じてくる。**第一に、蓄蔵貨幣としての貨幣の形成**、すなわち、今では資本のうち**支払手段および購買手段の準備ファンド**としてつねに貨幣形態で存在しなければならない部分の**形成**。**これは**蓄蔵貨幣の第一の形態であって、それが資本主義的生産様式のもとで再現する（また総じて商業資本が発展するさいに少なくともこの資本のために形成される）のである。どちらも国内流通ならびに国際的流通のためのものである。この蓄蔵貨幣はたえず流動しており、たえず流通に注ぎ、またたえず流通から帰ってくる。**第二の形態**は遊休していて目下のところ運用されていない（貨幣形態にある）資本、あるいは、新たに蓄積されたがまだ投下されていない資本。この蓄蔵貨幣形成それ自体によって必要となる機能は、蓄蔵貨幣の保管、簿記、等々である。しかし、これらのことには、**第二に**、買うときの貨幣の支払、売るときの収納、支払金の支払と受領、諸支払の決済、等々が結びついている。これらすべてのことを、貨幣取扱業者はなによりもまず、商人や産業資本家のためのたんなる出納代理人として行うのである。（①390f、E331）

資本主義的生産にとっての貨幣取扱業の機能

貨幣流通全体が、その範囲においてもその諸形態においてもその諸運動においても、商品流通のたんなる**結果**であり、この商品流通も資本主義的立場から見ればそれ自身ただ資本の流通過程……を表しているだけだとすれば、これもまたまったく自明なことであるが、**貨幣取扱業**は、商品流通のたんなる結果であり現象様式である貨幣流通をただ媒介するだけではない。この**貨幣流通そのもの**は、商品流通の一契機として、貨幣取扱業にとっては**与えられたもの**である。貨幣取扱業が媒介するのはそれの**技術的諸操作**であって、貨幣取扱業はこれらの操作を集中し短縮し簡単にするのである。貨幣取扱業は、蓄蔵貨幣を**形成する**のではなく、この蓄蔵貨幣形成が**自発的**であるかぎり（したがって遊休資本の表現または再生産過程の攪乱の表現でないかぎり）、それをその**経済的最小限に縮小する**ための**技術的**手段を提供するのである。というのは、購買手段および支払手段のための準備金は、資本家階級全体のために管理される場合には、各個別資本家によって管理される場合ほど大きい必要はないからである。貨幣取扱業は、**貴金属**を買うのではなく、商品取扱業がそれを買ってから、その分配を媒介するだけである。貨幣取扱業は、貨幣が支払手段として機能するかぎりでは、差額の決済を容易にし、また、この決済の人為的機構によって、決済に必要な貨幣量を減少させるが、しかしそれは、相互的な諸支払の関連も、範囲も、定めはしない。たとえば、銀行業者たちと手形交換所とで相互に交換される手形や小切手は、これらの交換所そのものからはまったく独立した事業を表しており、諸操作の結果であって、問題はただこれらの結果をいっそううまく技術的に決済することだけである。貨幣が購買手段として流通するかぎりでは、売買の規模や数は、貨幣取扱業にはまったくかかわりのないものである。貨幣取扱業は、ただこの売買に伴う**技術的な諸操作**を短縮することができるだけであり、そうすることによって、その回転に必要な現金の量を縮小することができるだけである。（①392f、E333f）

資本主義的生産にとって諸々の貨幣取扱業務にかかわる費用は剰余価値からの控除をなすので、それを削減すればするほど、資本は自らが取得する利潤を増大させることができます。貨幣取扱業務にかかわる費用は、その業務を集中し、専門的におこなうことによって、大幅に削減することができます。それゆえ、資本主義的生産様式においては、貨幣取扱業務の多くは産業資本から自立化し、専門の資本によって担われることになります。

貨幣取扱業者の利潤の源泉

貨幣取扱業者が取り扱う貨幣資本の総量は流通のなかにある商人や産業資本家の貨幣

資本だということ、また、貨幣取扱業者が行う諸操作は商人や産業資本家の諸操作にほかならず、貨幣取扱業者はただそれらを媒介するだけだということは、自明である。

貨幣取扱業者の場合には、彼らの利潤が剰余価値からの控除でしかないということも同様に明らかである。というのは、彼らはただ、実現されている価値（たとえ債権の形態で実現されているにすぎないとしても）にかかわりをもつだけだからである。

商品取扱業の場合と同じように、この場合にも二重化が生じる。というのは、貨幣流通と結びついた技術的な操作の一部分は、商品取扱業者や商品生産者たち自身によって行われなければならないからである。（①394、E334）

本章の冒頭で述べたように、貨幣取扱資本は広義の商業資本の一種であり、商品取扱資本と同様に考えることができますが、利潤の取得の方法には違いがあります。商品取扱資本（狭義の商業資本）はほんらいの生産価格よりも安く買い、ほんらいの生産価格で売ることによって利潤をあげますが、貨幣取扱資本の場合は産業資本や狭義の商業資本から貨幣取扱業務の手数料を取ることによって利潤をあげます。産業資本や商業資本が手数料を支払ってでも貨幣取扱業を委託するのは、もちろん、自前で貨幣取扱業務をおこなうよりもその費用を削減することができるからにほかなりません。

貨幣取扱資本が取得する利潤の水準は、商業資本の場合と同じように、平均利潤となります。それゆえ、この場合の一般的利潤率の形成メカニズムも商業資本の場合とまったく同じように考えることができます。

第五節　商人資本による貨幣蓄積の特殊な形態

第五節については、ただ以下のようにだけ書かれています。「商人資本による貨幣蓄積の特殊な形態は、次章ではじめて考察される」（①394、E335）。この論点については第五章第五節のⅢをご覧ください。

第六節　商業資本にかんする経済学者の観念

経済学者は商業資本を形態的にではなく素材的に他の資本から区別する

これまで展開したことから自明なことであるが、たとえば鉱山業や牧畜や農耕や製造業や運輸産業や海運などが生産的資本の特殊な投下部面――したがってまた社会的分業によって与えられた生産的資本の諸分枝――をなすのと同様に、商品取扱資本の形態であれ、貨幣取扱資本の形態であれ、**商人資本**を**生産的資本**の一つの特殊部門とみなすことほどばかげたことはありえない。どの生産的資本も、——流通部面、すなわち再生産過程のこの特定の局面にあるかぎりは、商品資本および貨幣資本として、その両形態をとる商人資本の専有の機能として現れるのと同じ機能を果たすということを、ちょっと見ただけでも、前述のような粗雑な見解は止《とど》めを刺されざるをえないであろう。これとは反対に、商品取扱資本と貨幣取扱資本では、生産的資本そのものと流通部面にある生産的資本との**区別**が次のことによって**自立化**されているのである。すなわち、資本が流通部面でとる特定の諸形態や諸機能が、資本の分離した部分の諸資本の、特殊な**種類**の自立的な諸形態や諸機能として現れ、ただ資本のその部分だけのものにされているということによって、である。生産的資本の**転化形態**と、さまざまな生産に投下されている生産的諸資本のあいだの、さまざまな生産部門（使用価値）の性質から生ずる**素材的な**区別とは、天地の隔たりほども違うのである。

およそ経済学者は、実際はただ素材的にしか自分の関心をひかない形態上の区別を粗雑に考察するのであるが、このような粗雑さのほかに、俗流経済学者の場合にはなお二つのものがこの混同の根底になっている。

第一には、彼は商業利潤をその固有性において説明することができないということである。**第二には**、彼の弁護論的努力であって、この努力は、なによりもまず商品流通（したがってまた貨幣流通）をその基礎として前提する、資本主義的生産様式の独自な形態から生ずる商品資本および貨幣資本という**形態**を、さらに展開すれば、商品取扱資本および貨幣取扱資本という形態を**生産過程そのもの**から必然的に生ずる姿態として導出しようとするのである。(①394f、E335f)

これまで見てきたように、商業資本が利潤を取得するメカニズムは産業資本のそれとはまったく異なっています。にもかかわらず、経済的形態規定とそれを現実に担っている素材を区別する術《すべ》をもたない経済学者たちは、両者をたんなる投資分野の違いとして捉えてしまうのです。それゆえ、彼らにとっては商業は農業や製造業などと同列の資本の投下先の一つでしかないということになります。

貿易が価値を創造しないとすれば、国内商業も価値を創造しない

スミスやリカードなどのような偉大な経済学者でも、資本の基本形態、**生産的資本としての**資本を考察していて、流通資本のほうは、事実上ただ、それ自身が生産的資本の再生産過程の一局面であるかぎりで、考察しているだけなので、一つの独自な種類の資本としての**商業資本**については当惑しているのである。生産的資本の考察から直接に導出される利潤(価値形成)などに関する命題は、直接には商業資本にあてはまらない。それゆえ彼らは、商業資本を事実上まったく問題にしないのであって、ただ生産的資本の一**種**として、ついでにそれに言及しているだけである。彼らが特に商業資本を取り扱っている場合、たとえばリカードが貿易のところでそれをやっているような場合には、彼らは、商業資本が**価値を**（したがって剰余価値を）創造**しない**ということを証明しようとしている。しかし、貿易にあてはまることは、国内商業にもあてはまるのである。（①395f、E336f）

スミスやリカードなどの古典派経済学は、貿易差額を重視した重商主義を批判し、市場をつうじた生産活動の活性化の必要性を主張しました。その意味では、スミスやリカードは本質的には富の増大のカギとなるのが商業ではなく、生産であることを理解していたわけですが、にもかかわらず、国内における商業資本の特殊性についてうまく理解することができませんでした。結局のところ、スミスやリカードのような偉大な経済学者でさえも、資本主義的生産様式が歴史的に特殊な社会的形態規定をもつ生産様式であることを理解できなかったために（マ138ff）、商業資本の独自性がその経済的形態規定の特殊性にあることも把握することができなかったのです。

第七節　資本主義的生産様式以前の商業資本

商業資本は、資本主義的生産様式の内部では産業資本に依存していますが、歴史的にみれば資本主義的生産様式に先行して存在していました。マルクスが指摘するように、商業資本は「**資本**の歴史的に最も古い自由な存在様式」（①396、E337）でした。商業資本は、資本主義的生産に先行し、それを促進するものでありながら、資本主義的生産の発展とともにその優位性を喪失し、資本主義的生産様式に従属する存在になっていったのです。本節では、資本主義以前の商業資本について扱い、商業資本が資本主義的生産様式に包摂されるまでのプロセスを概観していきます。

私たちはすでに第一部第二四章「いわゆる本源的蓄積」において資本主義的生産様式の成立史について概観しました。そこで解明されたのは、経済史としての資本主義成立史というよりも、むしろ、資本主義的生産様式が成立するための社会的諸条件——生産手段と直接的生産者の分離、賃労働規律の創出、産業資本家の生成など——がいかにして歴史的に形成されたのかということでした。いわば、「本源的蓄積」論は、それまでの第一部の考察にもとづいて資本主義的生産が成立するための前提となる社会的諸条件を理論的に確定するものであったと言えるでしょう。

第三部においても、本節で資本主義以前の商業資本が扱われ、さらに第五章第六節で資本主義以前の利子生み資本、第六章第五節で資本主義的地代の歴史的意義について扱われますが、これらで問題となるのも、資本主義以前の商業資本や利子生み資本、あるいは地代の歴史そのものではありません。むしろ、これらで解明されるのは、商業利潤や利子、さらには地代といった収入形態が資本主義的生産様式に包摂され、それらの資本主義的な存在形態を獲得するにあたっての前提条件が、いかにして歴史的に形成されてきたのかということなのです。

なお、本節は歴史についての叙述が多いので、引用を中心にみていくことにしましょう。

商業資本の起源

単なる商品流通形態W―G―Wから、貨幣は、ただ価値尺度や流通手段としてだけではなく、商品の、それゆえ富の絶対的な形態、すなわち蓄蔵貨幣などとして出てきて、それの貨幣としての自己保持と増大とが自己目的になるのであるが、それと同じように、単なる商人財産の形態G―W―G′から、貨幣、すなわち蓄蔵貨幣は、譲渡によって自分を増殖し維持するものとして、単なる譲渡によって増殖するものとして、出てくるのである。

古代の商業民族は、世界の空所にいたエピクロスの神々のように、またはむしろポーランド社会の気孔のなかに住むユダヤ人のように、存在していた。最初の大規模に発達した自立的な商業民族や商業都市――**仲介商業**は、生産する諸民族の未開状態にもとづいていたのであって、彼らはこれらの民族のあいだで媒介者の役を演じたのである。（①403、E342）

商業資本は資本主義的生産様式の前提であるが、商業資本の発展だけによって生産様式の移行を説明することはできない

生産が商業にはいる――商人の手を通る――**範囲**は、生産様式に依存しているのであり、それは資本主義的生産様式においてその最大限に達するのであって、そこでは生産物は商品として生産されるだけで、直接的な生存手段としては生産されないのである。他方、どの生産様式の基礎上においても、商業は、交換に入って生産者〔これはここでは生産物の**所有者**と考えてよい〕の諸享楽や蓄蔵貨幣をふやすことに向けられる剰余生産物の生産を促進する。つまり、生産にますます交換価値を目あてとする性格を与えるのである。

諸商品の変態、商品の運動は、⑴素材的にはいろいろな商品どうしの交換からなっており、⑵形態的には、商品の貨幣への転化、すなわち売りと、貨幣の商品への転化、すなわち買いとから成っている。そして、このような機能に、つまり売買による諸商品の交換に、商人資本の機能は帰着するのである。つまり、商人資本はただ商品交換を媒介するだけである。といっても、この交換をはじめからたんに直接的生産者たちのあいだの商品交換と把握してはならない。奴隷関係や農奴関係、貢納関係（共同社会が考察されるかぎりでの）のもとでは、奴隷保有者、封建領主や貢納受領国家が生産物の所有者であり、したがってその売り手でもある。商人は多くの人々のために売買する。彼の手には売買が集中され、それによって、売買は買い手（商人としての）の直接的な欲望に結びついたものではなくなる。（①396f、E337f）

だから、なぜ**商人資本**は、資本が生産様式そのものをわがものとするよりもずっと前から、資本の歴史的形態として現れるのか、ということを見抜くことは、少しも困難ではない。商人資本のある程度までの発展は、それ自体、資本主義的生産様式の発展のための**歴史的**前提でさえもある。それは、(1)貨幣財産の集積の前提としてであり、また、(2)資本主義的生産様式は商業のための生産を前提し、したがってまた、大量の生産を前提し、したがってまた、自分の個人的欲望をみたすために買うのではなく、購買行為を自分に集中する商人を前提するからである。他方、およそ商人資本の発展は、生産にますます交換価値を目ざす性格を与えるか、あるいは生産物の商品としての発展を促進するという方向に、作用する。とはいえ……商人資本の発展は、それだけでは、ある生産様式から他の生産様式への移行を媒介するか、あるいは説明するのには不十分である。（①398、E339）

本節を理解するためのポイントは、資本主義的生産様式の成立という観点からみた場合の、商業資本の二面的性格を把握することです。この二つの引用文では、さしあたり、商業資本の発展が資本主義的生産様式の発展の前提条件となる側面について述べられています。商業資本は資本主義的生産様式が発展するための不可欠の前提となる商品取引を活性化させますし、商業そのものが最も盛んになるのも資本主義的生産様式においてです。

ところが、他方、商業資本の発展がそのまま資本主義的生産様式の発展をもたらすことがないという点にも注意しておく必要があります。たしかに、商業が発展して商品経済が浸透すれば、生産はますます使用価値ではなく価値を目的としたものになっていく傾向があります。しかし、この傾向がどれほど貫徹するかは、つまり、商業における利潤追求の論理が生産を包摂することができるかは、その生産のあり方そのものに左右されるのです。

商業資本の自立的発展は資本主義的生産の発展と対立する

資本主義的生産様式のなかでは、商人資本は以前の自立的存在から資本投下一般の一つの**特殊な契機**に引き下げられるのであり、また、諸利潤の均等化によって商人資本の利潤率は平均利潤率に還元される。商人資本はただ生産的資本の代理者として機能するだけである。商人資本の発展につれて形成される特殊な社会状態はここではもはや規定的なものではなく、むしろ商人資本が優勢なところでは時代遅れの状態が支配的である。これは同じ国の**なか**でも言えることであって、そこではたとえば純粋な商業都市は、工業都市とはまったく別な、過去の状態の類似物をなしている。

　商人資本が自立的かつ優勢に発展するということ、つまり資本が商人資本として自立的かつ優勢に発展するということは、生産が資本に従属していないということと同義であり、すなわち資本にたいして疎遠で、資本から独立した、生産の社会的形態を基礎として資本が発展するということと同義である。だから、商人資本の**自立的な**発展は社会の**一般的な経済的発展**に反比例するのである。（①398f、E339f）

商業資本が資本主義的生産様式の成立との関連で持っているもう一つの側面は、商業資本が自立した資本としてその支配的な地位を維持できるのは、資本主義的生産が発展しておらず、それにまだ包摂されていないかぎりにおいてである、ということです。それゆえ、商業資本の発展によって利潤追求の論理が生産に浸透していけば、やがて商業資本は産業資本に従属し、その支配的な地位を失いますし、他方で、商業資本の発展にもかかわらず、利潤追求の論理がそれほど生産に浸透しないとすれば、商業資本による非資本主義的な生産様式からの収奪が促進されていくことになります。以下の引用文で述べられるように、商業利潤は基本的に「収奪利潤」であり、「優勢な支配を保っている商業資本はどこでも略奪システムを表している」ということになるのです。

収奪利潤

商人資本の運動はG—W—G′（すなわちG—W—G＋ΔG）なのだから、（商人に**とって**の）利潤は、第一に、流通過程それ自体のなかで行われる行為によって、つまり買いと売りという二つの行為によって得られるほかない。そして、第二に、それは最終行為である売りで実現される。したがって、**収奪利潤**として実現される。一見したところでは、純粋で、独立した商業利潤は、生産物が価値どおりに売られるかぎり、不可能にみえる。高く売るために安く買う、というのが商業の法則である。だから、**等価物**どうしの交換ではない。そこに**価値**の概念が存在するのは、いろいろな商品はすべて価値であり、したがって貨幣であり、質からみれば社会的労働の等しい表現であるというかぎりでのことである。（①402、E341f）

略奪システムとしての商業資本

……未発展の生産様式において様々な国のあいだでの**生産価格**の違いを商業資本が搾取するということ〔そしてこの関連において、商業資本は商品価値の均等化と確定との方向に作用する〕は別としても、この生産様式のもとでは、商人資本が**剰余生産物**の大半をわがものにするということになる。一部は、商人資本を自分たちのあいだの介入者とする諸民族（共同社会）の生産がまだ本質的には使用価値に向けられていて、これらの共同社会の経済的組織にとっては、およそ流通に入りこむ生産物部分を売るということ、したがっておよそ生産物をその価値で売るということは付随的な重要さをもつだけだからであり、また一部は、あの資本主義以前の生産様式では、商人の取引相手になる剰余生産物の主要所持者、すなわち奴隷保有者や封建領主、国家（たとえば東洋の専制君主）が享楽的富を代表しており、この富を狙って商人がわなをしかけるからであって、それはすでにアダム・スミスが封建時代について正しく嗅ぎだしたとおりである。だから、優勢な支配を保っている商業資本はどこでも略奪システムを表しているのであり、また、じっさい、商業資本の発展は、古代の商業民族のもとでも近代の商業国民のもとでも、暴力的略奪や海賊や奴隷狩りや（植民地での）圧制と直接に結びついている。たとえばカルタゴやローマで、また後にはヴェネツィア人やポルトガル人やオランダ人などのもとでもそうなのである。（①404f、E343）

商業の解体作用の程度と結果は既存の生産様式のあり方に依存する

共同社会どうしのあいだで営まれる商業は、もちろん多かれ少なかれそれらの共同社会に反作用するであろう。商業は生産をますます交換価値に従属させるであろう。というのは、商業は享楽や生存を生産物の直接的使用よりもむしろその販売に依存させるからである。こうして商業は古い諸関係を分解し、貨幣流通を増加させる。商業はただ生産の余剰をとらえるだけではなく、だんだん生産そのものを侵食して、個々の生産部面を自らに（外部からもたらされる奢侈品材料に）依拠するものにしてしまう。とはいえ、この分解作用は、生産する共同社会の性質によって大いに左右される。（①403、E342f）

商業と商業資本との発展は、どこでも、交換価値をめざす生産を発展させる（そして同時に、生産の多様化（細分化）と拡大をめざす）（また生産を世界化し、貨幣を世界貨幣として発展させた）。それゆえ、どこでも商業はもともとの組織様式にたいしては、すなわち形態はいろいろに違っていてもみな主として使用価値に向けられている組織様式にたいしては、多かれ少なかれ分解的に作用するのである。しかし、どの程度まで商業が古い生産様式の分解をひき起こすかは、まずもって、その生産様式の堅固さと内部編成とに依存している……。また、この分解過程が**どこに**行き着くか、すなわち、古い生産様式に代わってどんな**新しい生産様式**が現れるかということは、商業にではなく、古い生産様式そのものの性格に依存している。古代・**古典古代**世界では、商業の作用も商人資本の発展も、その結果はつねに**奴隷経済**である（また、出発点しだいでは、まさに、直接的生存手段の生産に向けられた家父長制的な奴隷システムが、剰余価値の生産に向けられた農業プランテーション・システムなどに転化する）。他方、近代世界ではそれは**資本主義的生産様式**に行き着く。このことは、これらの**結果**そのものがまだ商業資本の発展とはまったく別な事情によって制約されていたということを示している。（①405、E344）

前近代的生産様式の抵抗力

資本主義以前の民族の生産様式の内的な堅固さや編成が商業の分解作用に対抗して設ける障害は、例えば、インド、中国などにおけるイングランド人の状況に適切に現れている。ここでは、生産様式の広大な基礎が小農業と家内工業との統一によって形成されており、そのうえにインドでは自給自足的共同社会の形態が加わってくるのである。インドではイングランド人は、これらの小さな経済的共同社会を粉砕しようとして、支配者および地代収得者として、彼らの直接的な政治的権力と経済的権力とを同時に利用した。彼らの商業がここで生産様式に革命的に作用するのは、彼らがこの農工生産の一体性の太古的構成部分をなしている紡績と織布とを自分たちの商品の低廉さ（そして安売り）をつうじて破滅させ、共同社会を引き裂くかぎりでしかない。このインドでさえも彼らはこの分解作業には非常に徐々にしか成功しない。直接的な政治的権力の助けがない中国ではなおさらである。ここでは、農業と製造業との**直接的**結合から生ずる大きな経済と時間の節約とが大工業の生産物に最も頑強な抵抗を示しているのであり、この大工業の生産物の価格のなかには、大工業を至る所で蝕《むしば》んでいる流通過程の空費がはいっている。（①407、E346）

先にみたように、商業が使用価値を目的とした既存の生産様式にたいしてどれほどの解体作用をもつのかは「その生産様式の堅固さと内部編成」に依存していますが、そのさい、マルクスが重視していたのは農業と工業の一体性がどれほどのものかということです。インドや中国のように農業と家内工業が一体をなしている共同社会が存在するところでは、たとえ政治権力の手を借りたとしても、共同的生産を破壊するのは容易ではありません。というのも、そうした共同体では農村と都市との分離が起きておらず、商業によって食料や工業製品を入手する必要がないために流通費も時間も節約することができますし、自給自足的なライフスタイルを営んでいるので商品経済が入り込むのも容易ではないからです。マルクスは、中国における農業と工業の一体性を基礎とした自給自足的な共同体を「自然発生的な共産主義」（①407）と評価しているほどです。

このことは、私たちがポスト資本主義社会としての共産主義を展望していく際にも、大きな示唆を与えるものだと言えるでしょう。物象化の力を抑制していくためには、生産様式そのものを変革していくことが重要ですが、そのさい、都市と農村を対立させないような地産地消的な生産様式および生活様式を形成していくことが一つのポイントとなると考えられるからです。

地理上の「発見」にともなう商業の発展と資本主義的生産様式への移行

少しも疑う余地のないことであるが――しかもまさにこの事実こそはまったくまちがった見解を生みだしてきたのであるが――一六世紀そして一七世紀においても地理上の諸発見に伴って商業において生じた――それとともに商人資本の発展をもたらした――大きな諸革命は、中世の封建的生産様式から近代の資本主義的生産様式への移行を促進する主要な一契機をなしている。世界市場の突然の拡大、流通に入る商品の増加、アジアの生産物やアメリカの財宝をわがものにしようとするヨーロッパの国々の競争、これと手を携えて進む植民システム、これらのものは生産様式の封建的制限を打破することに本質的に役だった。しかし、近代的生産様式がその最初の時期――マニュファクチュア時代――に発展したのは、ただ、その諸条件が中世のあいだに生みだされていたところだけだった。たとえばオランダをポルトガルと比較せよ。しかし、一六世紀に（また一部分は一七世紀にも）、商業の突然の拡張や新たな世界市場の創造が古い生産様式の没落と資本主義的生産様式の成立とに優勢な影響を及ぼしたとすれば、このことはまた、逆に、すでに創出されていた資本主義的生産様式の基礎上で起きたのである。世界市場は、それ自身、この生産様式の基礎をなしている。他方、この生産様式に内在するところの、絶えずより大きな規模に生産するという必然性は、世界市場の不断の拡張に駆り立てるのであり、したがってここでは、商業が産業を変革するのではなく、産業が絶えず商業を変革するのである。ここでは商業支配権も大工業の諸条件の大なり小なりの優勢に結びついている。たとえばイングランドとオランダとを比較せよ。支配的商業国としてのオランダの没落は、商業資本の生産的資本への依存と従属の歴史である。（①406f、E 345f）

封建的生産様式からの移行は二重の仕方で行われる。生産者が、中世都市工業の同職組合的に拘束された資本にたいしても、農業的現物経済にたいしても対立する**商人**や**資本家**になる。これが真の革命的な道である。他方では、**商人**が直接に生産をわがものにする。あとのほうの道が歴史的に移行として作用するにしても——たとえば一七世紀のイングランドの織物業者が、織工たち、といっても彼らは自立しているのであるが、そのような織工たちを自分の支配下に入れて、彼らに加工されるべき羊毛を売り、彼らの生産物を買い取るという場合のように、この道はそれ自体としては古い生産様式を変革するまでには至らないのであって、むしろ古い生産様式を保存してそれを自分の前提として維持するのである。たとえば、フランスの絹工業でもイングランドのメリヤス工業やレース工業等でも製造業者は最近までたいていはただ名目上だけの製造業者で、実際には単なる商人だったのであって、彼は織工などには古くからの分散的な仕方で作業を続けさせるが、自分はただ商人としての支配権を行使するだけで、織工たちは事実上この商人のために仕事をするのである。このやり方はどこでも真に資本主義的な生産様式の道をふさぐのであって、この生産様式の発展につれて没落していく。それは、生産様式を変革することなしに、ただ直接的生産者たちの状態を悪化させるだけであって、彼らを、直接に資本のもとへ包摂された労働者よりももっと悪い条件のもとにある単なる賃労働者およびプロレタリアに転化させて、古い生産様式の基礎上で彼らの剰余労働をわがものにするのである。いくらか変形された同じ関係はロンドンの手工業的に経営された家具製造業などの一部にも残っている。

タワー・ハムレッツと呼ばれるロンドンの市区では、非常に広い範囲にわたって家具製作業が営まれている。そこには、生産全体が非常に多くのさまざまな互いに独立し、自立した事業部門に分かれているという意味で、分業が存在している。ある事業はただ椅子だけを作り、他のものは戸棚だけを作り、他のものは机だけを作る、等々。しかし、これらの事業そのものは、多かれ少なかれ手工業的に、数人の職人を使う一人の小親方によって、営まれる。とはいえ、生産は、直接に私人相手に仕事をするには、大きすぎる。その買い手は家具店の所持者である。土曜には親方は家具店に赴いて自分の生産物を売るのであるが、そのさい価格について駆引きが行われるのは、ちょうど質屋であれこれの品物にたいする前貸について駆引きが行われるようなものである。これらの親方は、次の週に再び原料を買うか、労賃を支払うことができるようにするだけのためにも、毎週売ることが必要なのである。このような事情のもとでは、彼らは、本来的に、ただ商人と自分の労働者とのあいだの仲介者でしかない。商人こそは、剰余価値の最大部分をポケットに入れる本来の資本家なのである。以前は手工業的に営まれていたか、あるいは農村工業の副部門として営まれていた諸部門から、マニュファクチュアへの移行の場合も同様である。だから、リヨンとか、ノッティンガムなどでは、かの仲介者が労働者をまさに直接に搾取するにもかかわらず、商人のことを**製造業者**と呼ぶのである。かの小さな自己経営が有する技術的発展度に応じて、こうしたマニュファクチュアあるいはまた大工業（たとえば、今日の**メリヤス業**を見よ）への移行も生じる。すでにこの経営自身が手工業的な機械――すなわち、手工業的経営の限界内で維持できる機械――にもとづく場合には、大工業への移行が生じる。（①408f、E347f）

資本主義的生産様式による商業の包摂

中世には、ポッペが正しく言っているように、商人は、**同職組合員**なり農民なりが生産した**商品**の「**卸売り問屋**」でしかない。商人が産業家になる。または、むしろ、手工業的な（特に農村的な）小工業に商人自身のための仕事をさせる。他方では生産者が商人になる。たとえば、織物業者は、自分の材料を次々に少しずつ商人から受け取って商人のために労働することをやめて、自身で材料などを買うようになる。生産諸条件は、彼自身が買った商品として生産過程にはいる。そして、個々の商人あるいは特定の顧客のために生産することをやめて、織物業者は今では商業世界のために生産する。生産者は彼自身が商人である。商業資本はなおも流通過程を行うだけである。最初は、商業は、同職組合的、農村家内的および封建的農業生産を資本主義的生産に転化させるための前提だった。商業は生産物を商品に発展させる。というのは、一方では商業は生産物のために市場をつくりだすからであり、また一方では、新たな商品等価物を供給し、また生産に新たな材料や補助材料を供給し、こうして、はじめから商業にもとづいている生産部門、すなわち市場のための生産にもとづくとともに世界市場から生ずる生産条件にもとづいている生産部門を開くからである（地域的あるいは国民的であることをやめて）。マニュファクチュアがある程度強固になれば、そして大工業ならばなおさら、それがまた自分のために市場をつくりだし、自分の商品によって市場を**征服する**。今では商業は、市場の不断の拡張を生活条件とする工業的生産の召使になる。それは、商業ではなく（商業がただ現存の需要だけを表しているかぎりでは）、機能している資本の大きさと労働の生産力の発展とによってのみ制限された絶えず拡大される大量生産が、既存の市場をたえず氾濫させ、したがってまた絶えずその制限を拡張しようとするからである。（①409f、E 348f）

生産者が商人になる道であれ、商人が生産を掌握するようになる道であれ、資本主義的生産様式が成立するには、利潤追求の論理が生産を捉え、生産をめぐる社会的関係のあり方を抜本的に変革する必要があります。この変革のさいに、国家の巨大な暴力が大きな役割を果たすことは、すでに第一部の「本源的蓄積」論においてみたとおりです。資本主義的生産様式は、国家の力をかりて生産者を生産手段から引き剝《は》がし、無所有の生産者たちを賃労働者へと規律訓練することによって、はじめて成立することができたのです。

ここでは、もうひとつ重要なポイントが指摘されています。生産関係のあり方だけでなく、技術的な生産のあり方そのものが抜本的に変化することによって、はじめて、資本主義的生産様式は自立化し、商業資本を包摂するようになるということです。つまり、既存の生産様式にたいして優位に立ち、大規模な市場拡大を可能にするような生産力を実現することは、資本主義的生産様式が市場を掌握し、そのメカニズムを自らの利潤追求の論理に従わせるための必須の条件であったのです。

コラム4　商業資本の現代的形態

第四章で登場する商業資本は基本的に卸売と小売だけですが、商品経済の多様化あるいは複雑化にともない、商業資本もさまざまな形態に発展してきました。

労働力商品をあつかう人材派遣会社、簿記やそれに関連する業務を担う会計会社、商品の宣伝や市場調査などのマーケティングを担う広告代理店など、その形態は多岐にわたります。商品開発について助言するコンサルタント会社も広い意味では商業資本に分類できるかもしれません。

以上にあげた商業資本の現代的形態のうち、人材派遣会社以外は、直接に商品の売買を担うわけではありません。

それでも、商品売買にかかわる業務を専門的に担うことによって流通費を削減することができますし、マーケティングの場合には市場そのものを拡大することができるので、これによって拡大した利潤の一部を手数料として請求することができます。

一九七〇年代以降、資本主義経済が「長期停滞」に陥り、市場の拡大が困難になっていくなかで、商業資本の現代的形態はますますその重要性を増しています。もはやたんなる「大量生産・大量消費」ではなく、むしろいかに消費者の需要に応《こた》えるか、あるいはブランド化によっていかに希少性を人為的に高め市場価値を引き上げるかがカギとなるからです。さらに、このような状況を利用して経済的合理性のない詐欺まがいの「商業資本」も跋扈《ばっこ》するようになっており、デヴィッド・グレーバーが皮肉を持って描きだした「ブルシット・ジョブ」が繁殖する土壌を生み出しています。

第五章　利子と企業利得（産業利潤または商業利潤）への利潤の分裂。利子生み資本

本章から、わたしたちはいよいよ利潤とは異なる経済的メカニズムによって得られる収益について考えていきます。まず、この章では、貨幣を貸し付けることによって利子を取得する資本、すなわち「利子生み資本」について扱います。

利子生み資本は、産業資本のように直接に生産に携わることもなく、商業資本のように資本循環の一部を担うことによって平均利潤の形成に参加することもありません。資本循環や資本蓄積のための資金が不足した産業資本家や商業資本家にたいして貨幣を貸し出すことによって収益をあげるだけであり、実体経済を担うのではなく、むしろ実体経済から富を収奪して利益をあげるという寄生的な性格をもちます。もちろん、本章でみていくように、利子生み資本も商業資本と同じように社会的生産の発展を促進する巨大な役割をはたします。しかし、それじたいとしてみれば、実体経済の一翼を担うことはなく、多くの貨幣を所有しているというただそれだけのことによって収益をあげていく存在なのです。

とはいえ、これまで考察してきた産業利潤や商業利潤に比べれば、利子は身近なものに

感じられるかもしれません。じっさい、私たちが銀行に預けている預金にはわずかとはいえ利子が付きますし、逆に、住宅ローンや教育ローンを借りれば、元本の返済にくわえ、利子を払わなければなりません。利子は資本主義社会の至る所で行われている貨幣の貸し借りについてまわるものであり、私たちの日常生活にも深く浸透しています。

しかし、他方で、この利子の大きさが決定されるメカニズムについて言えば、多くの人にとって縁遠いものではないでしょうか。日々、経済ニュースや新聞で利子率の変動についての報道がありますが、それがどのようなメカニズムで変動しているかについてはあまり考えたことがないという方も少なくないと思います。また、この利子率を基盤にして作動している諸々の金融市場についていえば、その仕組みはさらに複雑です。それゆえ、利子は身近であり、私たちの思考や行動に多大な影響を及ぼすにもかかわらず、私たちからは縁遠い複雑なメカニズムによって決定されている、ということになるでしょう。

本章では、そもそも資本主義社会における利子とはなにかという話から始め、最終的には利子率の変動のメカニズムについての考察にまで進んでいきます。また、利子生み資本と密接な関係がある銀行制度や信用システムについても扱うことになります。

いつものようにマルクスの議論の大筋はクリアな論理で展開されていきますが、それでも本章は第三部のなかで最も長大な章であり、しかも、第五節のように内容的なまとまりを欠く部分があるために、読んでいるうちに大筋を見失ってしまう恐れもあります。そこで、迷路に入ってしまわないように、あらかじめ大きなポイントを二つだけ挙げておきましょう。

第一に、利子においても結局のところ重要なのは、それが剰余価値の生産を基盤としているということです。これはたんに利子の源泉が剰余価値にあるということを意味するだけではありません。そもそも利子という収益形態が一般化するには、実体経済において貨幣を投下することによって利潤を生み出すことができるという関係が成立していなければなりません。この関係のもとではじめて貸し付けられた資本は安定的に利子を取得することができ、また、社会的生産の発展に貢献することも可能になるからです。逆に、もしこれが存在しなければ、前近代社会のように、利子生み資本はたんなる「高利貸」でしかなく、その社会にとってはマイナスの作用しか及ぼさないので、さまざまな規制のもとにおかれ、一般化することはできません。近代的な意味での利子生み資本の一般化は、剰余価値生産すなわち賃労働の全般化によってはじめて可能になるのです。

第二に、本章では、利子生み資本と密接な関連がある信用システムについても論じられますが、どれほど複雑なメカニズムにみえるとしても、その根底にあるのは貨幣支払い約束にほかならないということです。一方では、信用が生み出す貨幣支払い約束はあくまで貨幣支払い「約束」にすぎないので、必ずしも既存の金属貨幣や資本価値にしばられることなく、資本主義的生産の発展を促進する役割を果たすことができます。しかし、他方では、貨幣支払い「約束」であるにすぎないからこそ、実体経済の裏付けのない景気の過熱や「バブル経済」をもたらしてしまいます。もちろん、貨幣支払い約束もそれが「約束」であるかぎり、いつかは履行されなければなりません。その約束が履行されないことが明確になれば、この「約束」にもとづく取引は立ちゆかなくなってしまい、実体経済は行き詰まり、バブルは崩壊してしまいます。このように、信用システムは貨幣支払い約束にもとづいているからこそ、資本主義的生産を狭い限界から解放して発展させることができると同時に、他方ではその過度な膨張と収縮をもたらし、さまざまな投機や金融詐欺の機会をあたえることにもなるのです。

文献考証

エンゲルスが『資本論』第三巻を編集する際に、もっとも苦労したのが本章（現行版第五篇）でした。エンゲルスは次のように編集作業をふりかえっています。

主要な困難をきたしたのは、この第三部全体のなかで実際もっとも錯綜《さくそう》した対象を扱っている第五篇であった。……ここには、できあがった下書きはなく、できあがるための概要の輪郭さえもなく、あるのはただ論述の書き始めだけであり、それは結局は一度ならずメモや評論や抜き書きの形での資料の無秩序な堆積《たいせき》ということになっている。（E

12）

エンゲルスは、このような未完成の草稿をなんとか読みやすいものへと編集しようと懸命に努力したわけですが、残念ながら、結果としてはマルクスの本来の意図を歪曲《わいきょく》するものになってしまっています。問題点はおもに三つあります。

第一に、章の区切りやタイトルが不適切であるという問題です。表5.1をご覧いただければわかりますが、主要草稿と現行版とでは章の区切り方や章題が大きく異なっています。第二四章までの区切り方は草稿をそのまま踏襲していますし、マルクスが節題をつけていないところの章題も適切なものです。しかし、第二五章以降は草稿と大きく食い違っており、章分けの仕方も章題も適切なものではありません。端的な例をあげれば、エンゲルスは第二五章の表題を「信用と架空資本」としていますが、この部分に架空資本の話はほとんど出てきません。マルクスの草稿をみると、「信用。架空資本」という節題が現行版の第二五章に限定されたものではなく、第二五章から第三五章のテーマを示すものであることがわかります。このようなエンゲルス編集による不適切な章題がテキストの意図を不明《ふめい》瞭《りょう》にしてきたことは否めません。

第二に、ほんらい草稿とは区別されるべき、草稿執筆のための資料もそのまま本文に組み入れてしまっているという問題があります。マルクスは、草稿を執筆する際には、用紙

第三部主要草稿(①)	現行版(E)
第5章　利子と企業利得(産業利潤また商業利潤)とへの利潤の分裂。利子生み資本	第5篇　利子と企業者利得とへの利潤の分裂。利子生み資本
1)[利子生み資本]	第21章　利子生み資本
2)利潤の分割。利子率。利子の自然的な率	第22章　利潤の分割、利子率、利子率の「自然」率
4)〔誤記なので以下では3)とする〕[利子と企業利得]	第23章　利子と企業者利得
5)〔誤記なので以下では4)とする〕利子生み資本の形態での剰余価値および資本関係一般の外面化	第24章　利子生み資本の形態での資本関係の外面化
5)信用。架空資本	第25章　信用と架空資本
	第26章　貨幣資本の蓄積。それが利子率に及ぼす影響
	第27章　資本主義的生産における信用の役割
I)〔トゥクおよびフラートンによる諸概念の混同と誤った区別との批判〕	第28章　流通手段と資本。トゥクとフラートンとの見解
II)〔貨幣的資本の諸形態とそれらの架空性〕	第29章　銀行資本の構成部分
III)〔貨幣的資本と実物資本〕	第30章　貨幣資本と現実資本I
	第31章　貨幣資本と現実資本II
	第32章　貨幣資本と現実資本III
	第33章　信用制度下の流通手段
	第34章　通貨主義と1844年のイングランドの銀行立法
	第35章　貴金属と為替相場
6)前ブルジョア的なもの	第36章　資本主義以前

表5.1

の上半分に本文、下半分に注釈や追記を執筆するという用紙の使い方をしていました。他方、草稿執筆のための資料となる抜粋やメモの場合には、このような用紙の使い方はしていません。それゆえ、オリジナルの手稿をみれば、どれが草稿の原稿で、どれがそうでないかを判別することは容易ですが、エンゲルスはオリジナルの手稿を口述筆記したものを利用して編集作業をおこなっていたために、このような区別が見えなくなってしまったようです。

第三に、エンゲルスがマルクスのオリジナルのテキストに手を入れることによって、異なった内容になってしまっている箇所がいくつもあります。典型的な例は、第五節の「I」の少し前にある文章です。草稿では「いまわれわれは**利子生み資本**そのもの〔信用制度による利子生み資本への影響、ならびに利子生み資本がとる形態〕の考察に移る」(①505)と書かれているのですが、現行版では「以下の諸章でわれわれは信用を利子生み資本との関連のなかで、すなわち信用が利子生み資本におよぼす影響、ならびにそのさいに信用がとる形態を考察する」(E457)となっており、まったく違った内容になってしまっています。草稿ではあくまでも考察対象は利子生み資本であり、利子生み資本が信用制度のもとでとる形態であるとされていますが、現行版では考察対象は信用であり、信用が利子生み資本に影響を及ぼすさいにとる形態であるとされているからです。このような書き換えが積み重なれば、マルクスの本来の意図を把握することは難しくなってしまいます。

本書では、マルクス自身の本来の意図をできるだけ正確に知るために、全体をとおしてマルクス自身の草稿を参照するという方針をとっていますが、この第五章はとくに草稿を参照することが重要な章だと言えるでしょう。なお、本章では草稿の節題をそのまま採用し、マルクスが書いていない節題についてはＭＥＧＡ編集者が付したものを、項題についてては大谷禎之介氏が『マルクスの利子生み資本論』（桜井書店）で付したものを採用しています。

第一節　利子生み資本

ここではまず、その増殖分が利子という形態をとる「利子生み資本」を、これまで獲得した概念によってどのように位置づけることができるかを考察します。

貨幣は利潤を生むという使用価値をもつものとして商品になる

貨幣……は資本主義的生産様式の基礎の上では資本に転化させられることができるのであり、そしてこの転化によって、貨幣はある与えられた価値から、自分自身を**増殖する**、増加させる**価値**になり、利潤を生産する能力、すなわち資本家に、労働者から一定分量の不払労働、剰余価値、そして剰余生産物を引き出して取得する能力を与えるので、貨幣は、それが**貨幣として**もっている**使用価値**のほかに、一つの追加的使用価値、すなわち**資本**として機能するという使用価値を受け取る。貨幣の使用価値とは、ここではまさに、それが資本に転化して生産する**利潤**にある。このような、**可能的**資本としての、利潤を生産するための手段としての属性において、貨幣は**商品**に、といっても一つの独特な種類の商品になる。(①412、E350f)

利子とは利潤を生むという貨幣の使用価値にたいする支払いである

年間平均利潤率が二〇%であると仮定しよう。その場合には、一〇〇ポンドの価値額を平均的条件のもとで、また平均程度の知能と合目的性とをもって資本として支出すれば、それは二〇ポンドの利潤をあげるであろう。……この人がこの一〇〇ポンドを、現実にそれを資本として充用する別の人の手に一年間任せておくならば、前者は後者に、二〇ポンドの利潤を生産する力、つまり自分にとって費用もかからなければ自分が等価を支払いもしない剰余価値を生産する力を与えることになる。後者が一〇〇ポンドの所有者に年末に五ポンドほどを支払うとすれば、すなわち**生産された利潤の一部分**を支払うとすれば、これによって彼はこの一〇〇ポンドがもっている使用価値に、つまり資本として機能するという、だからまた二〇ポンドの利潤を生産するという、それの使用価値に、支払うわけである。利潤のうちの彼が前者に支払う部分は**利子**と呼ばれるのであって、だから利子というのは、機能資本が自分のふところに入れないで資本の所有者に支払ってしまわなければならない、**利潤**のうちの一**部分**を表す特殊な名称、特殊な項目にほかならないのである。（①412、E351）

ほんらい、使用価値とは人間たちの欲求を満たすことのできる商品の物質的属性のことを意味しますが、貨幣が登場すると、人間たちは貨幣のもつ交換力、すなわち価値そのものを欲望するようになります（マ200）。こうして、価値にたいする限度のない欲望が生まれ、貨幣のもつ直接的交換可能性――一般の商品と異なり、あらゆる商品にたいして直接に価値としての力を発揮することができる――そのものが使用価値となるのでした。しかし、商業利潤にいたるまでの資本の現象的メカニズムを追跡してきた私たちにとって、貨幣の使用価値はもはやその直接的交換可能性にとどまりません。いまや、貨幣は、それを通常の条件で産業や商業に投資するならば平均利潤をあげることができるという使用価値を持つものとして現象しているからです。

もちろん、実際には、価値を生産し、剰余価値を生み出すことができる使用価値をもっている商品は労働力です。資本家は貨幣によって労働力を入手し使用することによってしか剰余価値を生産することはできません。しかし、第一章や第二章、そして第四章でみてきたような形象化にともなう転倒をつうじて――すなわち資本主義的生産関係における転倒が生産当事者たちの日常意識にそのまま反映することによって剰余価値が利潤に転化し、さらに、その転倒が競争をつうじて実質化することによって利潤が平均利潤に転化し、さらには商業利潤として配分されることをつうじて――貨幣はそれを産業や商業に投資して機能させるならば平均利潤をあげることができるものとして、したがって、それじたいとして平均利潤を生む力をもつものとして現象してくるのです。

利子とは、このような、貨幣を資本として機能させるならば平均利潤を得ることができるという使用価値にたいする支払いにほかなりません。

資本としての貨幣の販売は貸付という形態をとる

この商品に、すなわち**商品としての資本**に特有な、**販売**という形態に代わる**貸付**という形態(ただしこれは他の諸取引でも見られる)は、**資本**がここでは**商品**として現れるという、または**資本としての貨幣**が商品になるという規定そのものから出てくるのである。(①414f、E354)

資本が**流通過程**で**資本**として現れるのは、ただ、全過程の関連のなかだけでのことであり、出発過程が同時に復帰点として現れる契機……のなかだけでのことである。（生産過程では、資本が資本として現れるのは資本家への労働者の従属と剰余価値の生産とによるのである）。……

ところが、利子生み資本ではそうではない。そして、まさにこのことこそが利子生み資本の独自な性格をなしているのである。

自分の貨幣を利子生み資本として増殖しようとする貨幣所持者は、それを流通のなかに投じて、第三者に譲渡し、それを**資本としての商品**にする。その貨幣は、それを譲渡する彼にとっての資本としてだけでなく、**資本として**、剰余価値、利潤を創造するという**使用価値**をもつ**価値**として、第三者に引き渡されるのである。つまり、その貨幣が彼に引き渡されるのは、資本として、すなわち、運動のなかで自分を**維持し**、機能し終えたのちにその最初の引渡人の手に、ここでは貨幣所持者の手に**帰ってくる**価値としてである。つまり、ただしばらくのあいだだけ彼の手から離れ、その所有者の占有から機能資本家の占有に移るのであって、支払われてしまうのでも売られるのでもなく、ただ**貸し付けられる**、**貸し出される**だけの価値としてである。すなわち、一定期間ののちにはその出発点に帰ってくるという、また**第二には**実現された資本として、したがって剰余価値を生産するというその**使用価値**を実現した資本として、還流するという条件のもと

でのみ、その価値は手放されるのである。(①415f、E355f)

利子は資本としての貨幣の使用価値にたいする支払いであり、その意味で、貨幣がもっている資本としての——すなわちそれを産業や商業に適切に投資すれば平均利潤を取得しうるという——使用価値の価格であると言うことができます。とはいえ、貨幣そのものに値札をつけることはできませんし、それを販売することもできません。たとえば、一〇〇万円を投資すれば二〇万円の利潤を得ることができるとしても、一〇〇万円をわざわざ一一〇万円で買う人は誰もいないでしょう。自分のもっている一〇〇万円を投資すれば済むからです。では、貨幣がもつ資本としての使用価値の価格は、どのようにすれば実現することができるのでしょうか。

じつは、これを可能にする取引の形態が「貸付」に他なりません。ここで資本としての貨幣を販売する資本家は、けっして貨幣そのものを販売するのではありません。彼が販売するのはあくまで貨幣がもつ資本としての使用価値だけです。その使用価値が平均利潤を生むというものであるがゆえに、その貨幣の「貸付」という形態によって、貨幣がもつ資本としての使用価値を一定額の貨幣と引き換えに譲渡することが可能になるのです。先ほどの例でいえば、一〇〇万円の手持ちはないが、それを投資して一定の利潤をあげる見通しを持つ者は、のちに利子を支払うという契約のもとでこの一〇〇万円を借りようとするでしょう。この意味で、「**貸付**は、それを貨幣や商品としてではなく**資本**として**譲渡する**ための適当な形態」（①423、Ｅ362）であることになります。

以上の説明は、常識的な貸し借りの観念に慣れている方にとっては、迂遠《うえん》な説明に感じられるかもしれません。たんに、お金を貸したのだから利子をとる、という話にすぎないのではないか、と。しかし、ここで重要なのは、貨幣がもつ資本としての使用価値そのものが貸付という形態をつうじて商品化してしまうということなのです。

これまで見てきた資本はいずれも、一定の関連のなかでのみ、資本として存在することができるものでした。たとえば、貨幣はそれが産業や商業に投じられるから資本になるのであって、貨幣そのものが資本であるわけではありません。同じことは、機械や原料などの生産手段、さらには倉庫で出荷されるのを待っている商品にも当てはまります。機械や原料はそれに賃労働者が従属し剰余価値を生み出すことによってはじめて生産資本になりますし、倉庫にある商品もそれが賃労働者の生産物であり剰余価値を含んでいるかぎりではじめて商品資本になります。要するに、貨幣、生産手段、商品のいずれも、自己増殖する価値としての資本の運動（資本循環）の構成部分であるかぎりにおいて資本であることができるのです。

ところが、利子生み資本の場合にはそうではありません。それははじめから、資本として、すなわち平均利潤を生むことのできる性質をもつものとして貸し付けられます。つまり、ここでは貨幣は直接に「資本」として取引されます。このような利子生み資本に特有な事態を示すためにこそ、マルクスは利子生み資本として運用される貨幣は「**資本としての商品**」になるということを強調したのです。

なお、この引用文で「機能資本家」という言葉が出てきますが、これは実際に資本を産業や商業で機能させて利潤をあげる資本家のことを意味します。

利子生み資本においては自己増殖する価値という資本の規定性が媒介する中間運動なしに資本に合体される

ところで、貨幣は、それが資本として貸し付けられるかぎりでは、まさに、このような自分を維持し増殖する貨幣額として貸し出されるのであって、この貨幣額はある期間ののちには利潤とともに帰ってきて絶えず繰り返し新たに同じ過程を通ることができる。……資本主義的生産過程を全体および統一体として見れば、資本は自分自身にたいする関係として現れるのであるが、この、自分自身にたいする関係が、ここでは**媒介する中間運動なし**に単純に資本の性格として、資本の規定性として、資本に合体される。そして、それはこのような規定性において譲渡されるのである。（①418、E357）

すでに述べたように、利子生み資本の場合には、貨幣が直接に「資本」として取引されます。それゆえ、ここでは、自己増殖する価値としての性質が無媒介的にその資本に合体しています。つまり、ここでは、産業や商業に投資され、剰余価値生産をおこなったり剰余価値生産の効率化に貢献したりするという媒介なしに、資本そのものが無媒介に自己増殖することができるものとして現象するのです。このような、価値増殖運動から切りはなされた、外面的な形態をとることこそが、利子生み資本のもっとも重要な特徴をなすことになります。

利子生み資本に特有な流通

……出発点は、AがBに前貸する貨幣である。……Bの手でこの貨幣は現実に資本に転化させられ、運動G—W—G′をすませてから、G′として、G＋ΔGとして、Aに直接に帰ってくる。このΔGは利子を表わす。……

つまりこの運動はG—G—W—G′—G′である。（①413f、E352f）

利子生み資本が形成する流通形態は、資本としての貨幣の二重の支出と還流を含んでいます。まず、貨幣資本家——貨幣を利子生み資本として運用する資本家——が貨幣を産業資本家ないし商業資本家に貸し出し、それからこれを借り受けた資本家がそれを産業ないし商業に投資します。その後、現実に資本を産業ないし商業で機能させた資本家が投資した資本額にくわえ平均利潤を回収し、それから、はじめに借りた資本額を貨幣資本家に返済するとともに、取得した平均利潤の一部から利子を払います。

しかし、あくまで、これは利子生み資本の運動を、利子を現実に生産する産業および商業資本との関連でみたばあいの流通形態です。すでにみたように、利子生み資本においては資本関係の外面化が発生しており、この利子生み資本を運用する貨幣資本家にとって資本の流通形態は、資本を貸したあとに利子をつけて還流してくる(G—G′)という単純なものになるからです。この点については第四節でさらに詳しくみることになります。

利子生み資本の循環は法学上の取引の結果でしかないが、その前提として現実の資本の循環運動がなければならない

ある期間を限っての貨幣の手放し(貸付)、そして利子(剰余価値)をつけてのその回収、これが利子生み資本そのものに固有な運動形態の全体である。貸し出された貨幣が資本として行う現実の運動は、貨幣の貸し手と借り手とのあいだの取引の**かなた**にある操作である。これらの取引では、**この媒介は消えていて**、見えなくなっており、直接にはそれに含まれていない。独特の種類の商品として、資本はまた**特有な譲渡の形態**をもっている。したがってまた、ここでは還流も一系列の経済的諸過程の帰結や結果として表現されるのではなく、買い手と売り手とのあいだの特殊な法学上の約定の結果として表現されるのである。還流の時間は現実の生産過程にかかっている。利子生み資本では、資本としてのその還流は、貸し手と借り手とのあいだのたんなる約定によって定まるかのように**見える**。したがって、資本の還流は、この取引に関してはもはや生産過程によって規定された結果としては現れないで、まるで、貨幣の形態が資本から瞬時もなくならないように見える。たしかにこれらの取引は現実の還流によって規定されている。しかし、このことは取引そのもののなかには**現れ**ない。〔**経験上でも**つねに現れない、というわけではけっしてない。もし**現実の還流**が適時に行われないならば、借り手は、そのほかのどんな財源から貸し手にたいする自分の債務を履行すればよいかを考えなければならない〕。（①421、E361）

産業資本や商業資本の場合、個別の取引はあくまで通常の商品流通と同様の販売や購買にすぎません。それらの場合に資本が自己増殖することができるのは、生産過程で剰余価値生産が行われたり、商業において剰余価値の実現のための業務が行われたりするからにほかなりません。

しかし、利子生み資本の場合には「特殊な法学上の約定」が必要となります。というのも、この場合に資本が自己増殖することができるのは貨幣を貸し付けて利子をとるからですが、この利子の水準は、通常の商品流通とは独立に、貸し手と借り手のあいだでの取り決めによって決定されるものだからです。またこのように、約定にもとづいて取引されるものだからこそ、利子生み資本は、価値増殖をおこなう生産過程とはかかわりなく、貨幣の形態のままで増殖するものとして現れるのです。

こうして、「利子生み資本の場合には、復帰も手放しも、ただ資本の所有者とある第三者とのあいだの法学上の取引の結果」(①422、E361f)としてのみ現象することになりますが、他方でそれは、産業や商業における資本の現実の循環運動が順調に進行することを前提としています。というのも、借り手が支払う利子の出所は借り手が資本を産業や商業に投資して取得する利潤の一部だからです。したがって、利子生み資本は、一方では、法学上の取引にもとづく自立的な運動形態をとりながら、他方では、産業資本や商業資本の現実の循環運動に依存していることになります。

資本主義的生産様式における「公正」とはなにか

ここで「自然的公正」……を云々《うんぬん》することは無意味である。生産当事者たちのあいだで行われる**取引の公正**は、これらの取引が生産関係から自然的帰結として生じるということにもとづいている。法学的諸形態では、これらの経済的取引は**意志行為**として、彼らの**共通の意志**の発現——また個々の当事者にたいして国家によって強制されうる契約——として現れるのであるが、このような法学的諸形態は、たんなる形態である以上、この内容そのものを規定することはできない。このような形態はただこの内容を表現するだけである。この内容は、それが生産様式に対応し、適合しているときには**公正**なのである。生産様式と矛盾しているときには、それは**不公正**である。たとえば、奴隷制は資本主義的生産様式の基礎の上では**不公正**である。（①412f、E351f）

経済学者たちに言わせれば、利潤をあげるという目的で貨幣を借りる者が取得した利潤の一部を貸し手に支払わなければならないということは「自然的公正の自明な原理」（J・W・ギルバト『銀行業の歴史と原理』一八三四年）ですが、マルクスによれば、このような「公正」は「自然的」な「自明の原理」ではありえません。というのも、なにが「公正」なものとみなされるかは、その取引が発生する基盤となっている生産関係によって決まるからです。

たとえば、ヨーロッパの封建制社会においては中世から近代の端境期に宗教改革が起こるまで一般に利子は否定的に扱われており、とくに高利貸は教会によって厳しく禁じられていました。ところが、資本主義社会においては、商品経済が浸透するにつれ、私的利益の追求が社会全体を発展させるものとして肯定的に捉《とら》えられるようになっていき、むしろ、市場での自由意志にもとづく取引こそが「公正」なのだと考えられるようになっていきます（マ234）。しかも、前章までみてきたように、現象的メカニズムにおいては不変資本と可変資本の区別は消えてしまい、あるいは産業と商業の区別すら曖昧《あいまい》になり、一定額の資本を投下すればそれに対応する利潤を取得できるのが当然であるというように事態が現れてきます。このような経済的「内容」を基礎として、ただたんに貨幣を貸し付けることによって取得することのできる利子も、当事者間の自由意志にもとづいて行われた取引の結果であるならば、やはり「公正」なものとして現れるのです。

ここで重要なのは、「法学的諸形態」はあくまで生産関係から生まれてくる「内容」を補完するものにすぎず、それじたいが利子を可能にするわけではないということです。「法学的諸形態」にもとづいて債務者にたいする強制執行がなされたとしても、それが可能なのは、あくまで資本主義的生産様式そのものから生まれてくる利子についての「公正」の観念、正当性の観念があるからにほかなりません。にもかかわらず、「法学的諸形態」の力を過信するならば、ここでもまた、「法学幻想」（マ211）の罠《わな》に陥ってしまうことになるでしょう。

利子生み資本の一般化の根底にあるもの

資本としての貨幣または商品の価値は、貨幣または商品としてのそれらの価値によってではなく、それらがそれらの所持者のために「生産する」剰余価値量によって規定されている。資本の生産物は利潤である。貨幣が貨幣として支出されるか、それとも資本として支出されるかは、資本主義的生産の基礎のうえでは、ただ貨幣の**使い方**の相違でしかない。貨幣（商品）は、**即自的**に資本なのである（それはちょうど労働能力が**即自的**に労働であるようなものである）。というのは、(1)貨幣は生産諸条件に転化させられることができ、そのままで生産諸条件のたんに抽象的な表現であり、**価値**としての生産諸条件の定在だからである。また、(2)富の対象的諸要素は、**資本**であるという属性を即自的にもっているからである。なぜならば、それらの対立物――賃労働――が、それらを資本にするものが、社会的生産の基礎として存在しているからである。労働に対立する**対象的富**の対立的な社会的規定性は、過程そのものから引き離されて、**資本所有そのもの**に表現されている。この一契機、それは資本主義的生産過程の恒常的な結果であり、またこの過程の恒常的な結果としてこの過程の恒常的な前提なのであるが、この契機は、もっぱら、資本主義的生産過程そのものからは引き離されて、次のことに表されているのである。すなわち、貨幣、商品は、即自的に、**潜在的に**、資本であるということ、それは**資本**として売られることができるということ、また、それらがこの形態では他人の労働にたいする指揮権であり、したがってまた自分を増殖する価値であるということである〔他人の労働の取得への要求権〕。ここではまた次のことも明らかになる。すなわち、**この関係**は他人の労働を取得するための権原および手段であり、資本家の側からの対価としてのなんらかの労働ではないということである。（①429、E 367f）

本節でみてきたように、利子生み資本を理解するうえでの最大のポイントは、利子が資本としての貨幣という商品の価格であるということです。それゆえ、利子はなによりもまず、貨幣が即自的に資本であるという状態、すなわち、その気になれば貨幣をいつでも資本として機能させ剰余価値を生産することができるという状態に依存した存在であることになります。

それでは、このような状態はどのようにして成立するのでしょうか。これについてはすでに第一部でも確認しましたが、マルクスはここで改めて二つのポイントを挙げています。一つは、貨幣によっていつでも生産手段を取得できるということです。つまり、生産手段が前近代的な所有形態から解き放たれ、商品化される必要があります。もう一つが、賃労働が労働の基本形態として広範に存在するということです。資本の本質的規定は価値増殖ですが、これを可能にするのがまさに資本に従属しつつおこなう労働、すなわち賃労働にほかなりません。貨幣によって取得された生産手段もまた、このような賃労働の作用によってはじめて資本となることができるのです。ところが、労働者たちが資本に従属して剰余価値を生産し続けているかぎり、すなわち、賃労働を遂行し続けているかぎり、むしろ、ただ資本を所有しさえすれば価値を増殖させることができるかのように事態が転倒して現れてきます。このように、賃労働をつうじて、資本と賃労働のあいだに転倒した関係が形成されているからこそ、資本所有の契機が自立化し、それがひとつの商品として販売され、利子生み資本に転化することが可能になるのです。

以上から、利子生み資本がどれだけ一般的な資本形態となるかは、つまるところ賃労働がどれだけ社会的生産の基本形態となっているかに依存していることが理解できるでしょう。「資本主義の金融化」が叫ばれた時代には、一部の「マルクス経済学者」の間でももっぱら金融を重視する傾向がありましたが、そもそも金融化の前提である利子生み資本の一般化が実現するには、その基礎として賃労働の浸透が必要であることを見逃してはならないのです。

第二節　利潤の分割。利子率。利子の自然的な率

利子の最高限界

利子は、利潤のうちの、（われわれのこれまでの前提によれば、）機能資本家から貨幣資本家に支払われるべき一部分でしかないのだから、**利子の最高限界**として現れるのは**利潤**そのものであって、その場合には機能資本家のものになる部分はゼロに等しい。……ところで、利子の**最低限の率**は全然規定することのできないものであって、利子はどんな低さにでも下がることができる。とはいえ、つねにやがてまた反作用する事情が現れて、利子をふたたびこの最低の水準よりも高く引き上げる。（①431、E370）

利子率は一般的利潤率に制約される

他の事情はすべて変わらないとすれば（あるいは同じことになるが、利子と総利潤との割合を多かれ少なかれ**不変のもの**と仮定すれば）、機能資本家は、**利潤率**の高さに正比例してより高いかまたはより低い利子を支払うことができるであろうし、また支払うことを辞さないであろう。すでに見たように、利潤率の高さは資本主義的生産の発展に反比例す

るのだから、したがってまた一国の利子率の高低も産業的発展の高さにたいしてやはり反比例するということになる——利子の相違が現実に**利潤率の相違**を表すかぎりではそうである。そうなるとはかぎらないことは、もっとあとで見るであろう。この意味では、利子は**利潤**によって、より詳しくは**一般的利潤率**によって、規制されている、と言うことができる。（①432f、E371f）

後でみるような例外的なケースを除いて、利子の上限が利潤であるとするならば、利子率も一般的利潤率に制約されていることになります。第三章でみたように、生産力の発展とともに一般的利潤率は低下していく傾向にありますので、利子率もまた、生産力の発展とともに低下する傾向にあります。

利子率は競争そのものによって規定される

絶えず変動する市場率とは区別される、一国で支配的な**利子の**——利子率の——中位的な率または**平均率**は、**どんな法則によってもまったく規定することのできない**ものである。**利子の自然的な率**というものは、たとえば利潤の自然的な率または賃金の自然的な率が存在するというような仕方では、**存在しない**。需要と供給との一致——平均利潤率を与えられたものとして前提して——はここでは全然なにも意味してはいない。……貸し手と借り手とのあいだの**中位の**競争関係が、なぜ貨幣の貸し手に彼の資本にたいする三％とか四％とか五％とかの利子を与えることになるのか、あるいは、なぜそれが彼に、**総利潤にたいするこの一定の百分比的分けまえ**を、総利潤のうちの二〇％とか五〇％とか、等々を与えることになるのか、その理由は全然ないのである。（①435f、E374f）

ところで、さらに、なぜ平均的なまたは中位の利子率の限界を一般的な諸法則から展開することはできないのか、と問う人があるならば、その答えは単純に利子の性質のうちにある。利子はただ平均利潤の一部分でしかない。同じ資本が二重の規定で現れるのである。すなわち、貸し手の手のなかで貸付可能な資本として現れ、機能資本家の手のなかでは産業資本または商業資本として現れるのである。しかし、それが機能するのはただ一度だけであり、それ自身で**利潤**を生みだすのはただ一度だけである。それの生産過程そのものでは、資本は**貸付可能な資本**としてはなんの役割も演じない。この利潤にたいする要求権をもつこの二人の人物がこれをどのように**分ける**かは、それ自体としては、一つの会社事業をもつさまざまの出資者が共同利潤の百分比的分けまえについて折り合いをつける場合と同じく、**純粋に経験的**な事実である。（①437、E376）

すでにみたように、利子は資本としての貨幣という商品の価格ですが、この商品が特殊な商品であるために、一面では商品価格と共通の性格をもち、他面では商品価格とまったく違った性質をもちます。ここでは、後者の側面が指摘されています。

ふつうの商品の場合、その市場価格は需給関係の変化におうじてたえず変動しますが、この変動は価値によって――第三章でみたように、より詳しくみれば、市場生産価格によって――規制されており、需給が一致する場合には市場価格は価値に――より詳しく見れば市場生産価格に――一致します。ところが、利子の場合には、このような変動の重心は存在しません。その水準はもっぱら貸し手と借り手のあいだの競争によって、すなわち貸付可能な貨幣資本にたいする需要と供給の関係によって決定されることになります。

それでは、なぜ利子の場合には変動の重心が存在しないのでしょうか。それは、資本としての貨幣、すなわち貸付可能な貨幣資本は生産活動においては何の役割も果たさず、したがって社会的総労働の配分とは直接には関係がないからです。そもそも、価値が――より詳しく見れば市場生産価格が――一般の商品の市場価格を規制するのは、労働生産物を取引する市場が労働生産物の価格をつうじて社会的総労働の配分を成し遂げるシステムであるからにほかなりません。ところが、貸付可能な貨幣資本は産業資本や商業資本としては投資されず、それらに貸し付けられるだけであり、直接にはこのようなシステムに影響を及ぼしません。だからこそ、利子の場合には変動の重心が存在しないのです。

とはいえ、貸付可能な資本もそれを借りる資本家によって産業や商業に投資されることになるかぎりでは、間接的に実物経済に影響を与え、また、そこから影響を受けます。それゆえ、利子率の上限は基本的には利潤率に制約されますし、また、第五節で詳しくみるように、利子率は産業循環のなかで変動することにもなります。

利子率は市場において確定された大きさとして現れる

すでに見たように、利子生み資本は、**商品**とは絶対的に違った範疇《はんちゅう》であるにもかかわらず、独特な種類の**商品**となるのであって、それゆえに**利子**は、これはまたこれで**価格**とはまったく違っている利子生み資本の**価格**は、商品の場合にその市場価格がそうであるように、需要と供給によってそのつど確定されるのである。それだから、利子の市場率は、絶えず変動するにもかかわらず、商品のそのつどの市場価格とまったく同様に、つねに**確定した一様なもの**として現れる。貨幣資本家たちはこの商品を供給し、機能資本家たちはそれを**買い**、それにたいする需要を形成するのである。このようなことは、一般的利潤率への均等化の場合には生じない。……この過程が**現れる**かぎりでは、それはただ**商品**そのものの市場価格の変動とそれの生産価格への均等化とのうちに現れるだけであって、平均利潤の確定として現れるのではない。（①439、E379f）

先にみたように、利子はその変動の重心をもっていないという点では一般の商品とは性格を異にしますが、他方で、その水準が貨幣市場においてそのつど確定されるという点では一般の商品と共通の性格を持っています。実際、私たちは新聞の経済欄で現在の利子率の水準がどのくらいか正確に知ることができます。

これと対照的なのが、利潤率です。利潤は市場で取引される何らかの商品の価格ではなく、それゆえ市場においてそのつど確定されるものではありません。実際、私たちはその時々の利潤率の水準を日々の新聞の経済欄から知ることはできません。私たちはそのだいたいの水準を経済学者たちの推計をつうじて知ることができるだけです。しかし、他方で、利潤は平均利潤に均等化される傾向をもっています。これは利潤を取得する産業資本や商業資本の行動が社会的総労働の配分に直接に関わっており、それらの資本のたえざる競争をつうじて、それぞれの資本の利潤をたえず平均利潤へと均等化しようとする力が作用するからにほかなりません。

第三節　利子と企業利得

利潤は利子と企業利得に分割される

借りた資本で事業をする生産的資本家たちにとっては、**総利潤**は二つの部分に分かれる。すなわち、彼が貸し手に支払わなければならない**利子**と、**総利潤マイナス利子**、すなわち、利潤のうち彼**自身**の分けまえをなす、**総利潤のうちの**利子を**超える超過分**とに分かれる。……これまで見てきたように、資本の本来の独自な生産物は**剰余価値**であり、より詳しく規定すれば**利潤**である。ところが、借りた資本で事業をする資本家にとっては、資本の生産物は**利潤**ではなく、**利潤マイナス**利子であり、利子を支払ったあとに彼の手に残る利潤部分である。だから、**利潤のうちのこの部分**が彼にとって必然的に、**機能するかぎりでの**資本の生産物として現れる（**彼にとっては**現実にそうである）のであり、そして彼は、ただ**機能している**資本としての資本だけを代表するのである。彼が資本の人格化であるのは、資本が機能しているかぎりでのことである。資本が**機能している**のは、それが産業や商業で生産的に投下され、それを用いてその充用者が、彼がそれを充用する事業部門の所定の諸操作を行うかぎりでのことである。だから、彼が総利潤、粗利潤のうちから貸し手に支払ってしまわなければならない**利子**に対立して、利潤のうち彼の

ものになる部分は……**企業利得**という姿態をとるのである。（①444、E386）

利子が登場すると、資本家が取得する利潤は二つの部分に分かれます。ひとつが利子であり、もうひとつが利潤から利子を引いた部分です。この時点では前者と後者のあいだの区別は純粋に量的なものであり、質的なものではありません。というのも、後者は資本が取得した利潤のうちから利子を支払ったことの結果にすぎず、それじたいとして独自の経済的な意味をもってはいないからです。

ところが、この後者の部分も利子との関係で独自な意味を獲得するようになります。すでにみたように、利子は資本としての貨幣の価格という形態をとるので、実際には利潤の一部にすぎないにもかかわらず、貸付可能な貨幣資本を所有していることそのものの産物として現れます。他方、利子が資本所有の産物であるのならば、利潤から利子を引いた残りの分は資本所有以外の成果であることになります。つまり、この部分は資本家が実際に資本を産業や商業において機能させたことの成果として現れてくるのです。こうなると、利潤から利子を引いた部分は、たんなる量的な残余ではなく、独立な質的な意義をもつものになります。この部分のことを「企業利得」と呼びます。

こうして、利子が登場することによって分割された利潤の二つの部分は、たんなる量的な分割にとどまらず、利子と企業利得という質的な分割になるのです。

利子は資本所有の果実として、企業利得は資本機能の果実として現れる

……しかし、いずれにせよ粗利潤の**量的**な分割はここでは**質的な**分割に**転化する**。そして、この**量的な**分割そのものは、**なにが**分配されるか、能動的資本家が資本を用いてどのように機能するか、また、その資本が機能資本として、すなわち能動的資本家としての彼の機能によって、彼のためにどれだけの粗利潤をあげるか、によって定まるのだから、ますますもってそれは質的な分割に転化するのである。機能資本家は、想定されている場合では**資本**の**非所有者**である。逆に、資本の所有は彼に対立して、貸し手によって、貨幣資本家によって代表されている。だからまた、彼が貨幣資本家に支払う**利子**は、**粗利潤のうちの**、**資本所有**そのものに帰属する**部分**として現れるのである。これに対立して、利潤のうち彼のものになる部分は、**企業利得**として現れるのであって、この利得は、もっぱら彼が再生産過程でこの資本を用いて行う諸操作や諸機能から、したがって、彼が企業者として産業や商業で行う諸機能によって発生するのである。だから、彼にたいして**利子**は、**資本所有**の、**再生産過程を捨象した資本それ自体**の、「働かず」機能していないかぎりでの資本の、たんなる果実として、現れる。他方、彼にとって**企業利得**は、**資本それ自体**の果実、**資本所有**の果実としてではなく、彼が資本を用いて行う**諸機**

能の果実として、資本の**過程進行**の果実として現れるのであり、この過程進行は、彼にとって、貨幣資本家に対立して、貨幣資本家の**非活動**、生産過程への不介入に対立して、**彼自身の活動**として現れるのである。このように粗利潤の二つの部分が**質的に**分かれるということ、すなわち、**利子**は**資本それ自体**の**果実**、生産過程を度外視した**資本所有の果実**であり、**企業利得**は、**過程進行中の**資本の果実であり、したがってまた資本の充用者が再生産過程で演じる能動的な役割の果実であるということ——この**質的な**分割は、けっして一方での貨幣資本家の、他方での生産的資本家の、たんに主観的な見方ではない。それは**客観的な事実**にもとづいている。というのは、**利子**は貨幣資本家の手に、すなわち**資本の**たんなる**所有者**であり、したがって過程以前に生産過程の外でたんなる**資本所有**を代表する貸し手の手に流れ込み、**企業利得**は**ただ機能するだけの**資本家すなわち資本の**非所有者**の手に流れ込むのだからである。（①445f、E387f）

個々の資本家にとって、利子の水準はそのときどきの利子率によって与えられているものですが、企業利得の大きさはその資本家の努力次第で、すなわちその資本を機能させることでどれだけの利潤をあげることができるかによって変動します。利子は資本を所有していることの果実であり、企業利得は資本を機能させたことの果実であるという利潤の質的分割は、このような事情によってさらに確固たるものとして現れてくることになります。

利潤の利子と企業利得への分割の骨化

しかし、ひとたび、借り入れた資本を用いて事業をするかぎりでの生産的資本家にとって、また、自分の資本を自分では充用しないかぎりでの貨幣資本家にとって、**同じ**資本にたいして、したがってまたその資本によって生みだされる利潤にたいして別々の権原をもつ二人の違った人格のあいだでの総利潤のたんに**量的な**分割が、**質的な**分割に**転回**し、その結果、一方の部分である**利子**が、**一つの規定における**資本の、それ自体として帰属する果実として現れ、他方の部分は、**反対の一規定**における資本の独自な果実として、だからまた**企業利得**として、現れ、一方は**資本所有**のたんなる果実として現れ、他方は、**たんに資本を用いて機能すること**、**過程進行すること**の果実として、過程進行中の資本としての過程進行中の資本の果実として、または生産的資本家が行う**諸機能**の果実として現れれば、このように、粗利潤の二つの部分がまるで二つの本質的に違った源泉から生じたかのように骨化し、自立化するということが、総資本家階級にとっても総資本にとっても固定せざるをえない。生産的資本家によって充用される資本が借り入れたものであろうとなかろうと、あるいは、貨幣資本家が所有する資本が彼自身によって充用されようとされまいと、そうである。**どの**資本の**利潤**も、したがってまた諸資本相互間の均等化にもとづく**平均利潤**も、二つの**質的に**違っていて互いに自立的で互いに依存していない部分に、すなわちそれぞれ特殊的な諸法則によって規定される**利子**と**企業利得**とに、分かれる、または、分解されるのである。**自分の**資本で事業をする資本家も、**借りた**資本で事業をする資本家と同じように、自分の総利潤を、**所有者**としての自分、自分自身への資本の自分自身の貸し手としての自分に帰属する利子と、機能資本家としての自分に帰属する企業利得とに分割する。この**分割**（**質的な分割**としての）にとっては、資本家が**現実に**他の資本家と分け合わなければならないかどうかは、どうでもよいことになる。資本の使用者は、自分の資本で事業をする場合にも、二人の人格に、すなわち資本のたんなる所有者と資本の使用者とに、分裂し、そして彼の資本そのものが、それがもたらす利潤の二つの範疇との関連において、資本所有、すなわち**それ自体として利子**をもたらす、生産過程の外にある資本と、過程を進行するものとして**企業利得**をもたらす、**生産過程のなかにある資本**とに分裂するのである。（①446、E388）

資本としての貨幣の使用価値が商品化され、貸付という形態で販売されることが一般的になるにつれ、資本所有それじたいが利子を生み出すのだという観念が人々のあいだに浸透していき、また、実際に人々は資本所有をそのようなものとして扱うようになっていきます。そうすると、資本家たちは、貨幣資本家から借りていない、自分自身の資本についてもそれがあたかも利子を生み出しているかのように考えるようになります。つまり、自分自身の資本の分について利子を支払わなくてよいのは、まさに自分で資本を所有しているおかげであり、その意味ではこの資本所有は自分にたいして利子をもたらしているのだ、というわけです。

こうして、利潤が利子と企業利得とに分割されるという事態は、「総資本家階級」にたいしても、すなわち、貨幣資本家から貸付をうけた資本家だけでなく、自己資本で産業や商業を経営する資本家にたいしても、妥当するようになります。利子と企業利得がそれぞれ資本所有と資本機能という独立の源泉から発生するものであるかのように「骨化」するのです。

私たちは、剰余価値の利潤への転化において、剰余価値が労働力の産物としてではなく、投下総資本の産物として現象することをみました。ここでもすでに剰余価値の産出源は転倒して現象していたわけですが、利潤が利子（資本所有の果実）および企業利得（資本機能の果実）として現象することによってこの転倒はさらに深化します。ここでは、剰余価値が資本と対立的な関係にある賃労働によって生み出されていることは完全に見えなくなり、利子と企業利得はそれぞれ独立の源泉から生まれてくるものとして現れます。こうして、いまや利子や企業利得という利潤の分割された形態そのものが、「利潤そのものの**発生根拠**にされ、その（主観的な）**正当化理由**にされる」（①454、E396）のです。

利子と企業利得との対立において、企業利得は資本家の「労働」の産物として現象する

資本主義的生産様式における**資本の独自な社会的規定性**の契機——資本所有——〔疎遠な所有として労働を指揮すること〕——が固定され、したがってまた、利子が剰余価値のうち資本がこの規定性において生み出す部分として現れることによって、剰余価値の他方の部分——**企業利得**——は必然的に、資本としての資本から生じるのではなくて、資本——利子という表現においてすでにその特別な存在様式を受け取っている**資本の社会的規定性**からは分離されて、**生産過程**から生じるものとして現れる。しかし、資本から分離されれば、生産過程は**労働過程**一般である。したがって産業資本家は、資本所有者から区別されたものとしては、機能する資本ではなく、資本を度外視した機能者であり、労働過程一般のたんなる担い手、**労働者**、しかも**賃労働者**である。……**利子という形態**は、利潤の他方の部分に、**企業利得**という、さらに進んで**監督賃金**という**質的な形態**を与える。資本家が資本家として果たさなければならない、そしてまさに労働者と区別され労働者に対立するものとして資本家に属する、特殊的な諸機能が、**たんなる労働諸機能**として表されるのである。……資本の疎外された性格、労働にたいする資本の対立が、現実の搾取過程のかなたに移されるので、この搾取過程そのものはたんなる労働

> 過程として現れるのであって、ここでは機能資本家はただ**労働者**がするのとは**別の**労働をするだけであり、したがって、搾取するという労働も搾取される労働も労働としては同じだということになる。搾取するという労働が搾取される労働と同一視される。**利子**には資本の社会的形態が属するが、しかしそれは**中立的**かつ**無差別な形態**で表現されている。企業利得には**資本の経済的機能**が属するが、しかしこの機能の特定な、資本主義的な性格は捨象されている。（①453f、E395f）

利子との対立において企業利得は、資本を機能させることとの産物として、すなわちそのような機能を果たすための資本家の「労働」の果実として現れることになります。

このあたりの理屈を理解するうえで重要なのは、利子という形態の存在のために、賃労働を支配しそれを搾取するという資本のもっとも本質的要素が脱色され、資本の収益が資本所有と資本家の「労働」のいずれかから生まれるものとして現象してしまうということです。一方では、利子はたんに資本を所有していれば――それを現実に利子生み資本として運用するか、あるいは産業や商業に投資するかにかかわりなく――取得できるものとして現れ、その本質が賃労働を支配し搾取する権力につけられた価格であることは見えなくなります。そして、他方では、利子が資本所有の果実として現れるために、それと対立する企業利得のほうは、資本が資本としてもっている権力とかかわりなく、もっぱらその資本を機能させる資本家の「労働」の産物として現れます。ここでは、「搾取するという労働も搾取される労働も労働としては同じだ」ということになってしまうのです。

こうして、機能資本家が取得する企業利得は資本家自身の「労働」にたいする「賃金」、すなわち「監督賃金」なのだという観念が発生することになります。

監督賃金の利潤からの分離

資本の対立的性格から、資本の労働支配から発生するかぎりでの、（だからまた、対立にもとづくすべての生産様式と資本主義的生産様式とに共通であるかぎりでの）、**監督および指揮の労働**は、資本主義的生産様式の基礎上では、すべての結合した社会的労働が個々の個人に特殊的労働として課する生産的な諸機能と直接に不可分に結び合わされ、混ぜ合わされている。そのような……マネージャー、あるいは（封建時代のフランスでそう呼ばれた）レジスールの**労賃**は、このようなマネージャーに支払うことができるほど事業が大規模に営まれるようになれば、利潤からは完全に分離して、熟練労働にたいする**労賃**というかたちをとることもある。（①457f、E399f）

機能資本家が労働者を搾取するという資本の機能を実際に果たすためには一定の「労

働」が必要ですが、すでに第一部の「協業」の箇所でみたように、この「労働」は二面性をもっています（マ333）。それは、一面では、協業を組織するさいに必要となる「指揮」をおこなうので、その意味では本来の労働、すなわち人間と自然とのあいだの物質代謝を意識的に媒介する行為の一環であると言えます。ところが、他方、それは資本に対立する賃労働者を支配し搾取するための「監督」としての側面も持っており、その意味ではそれはもはや本来の労働とは言えません。それゆえ、「監督および指揮の労働」は、一面では、使用価値生産に貢献する本来の労働としての要素を保持してはいるものの、他面では、それとはかかわりのない「搾取するという労働」であることになります。

このような「労働」が、資本家自身によってではなく、そのために特別に雇われたマネージャーによって行われるようになると、企業利得の一部はマネージャーの賃金、すなわち「監督賃金」という形態をとり、利潤から分離することになります。ただし、ここでのマネージャーの賃金は、普通の労働者と異なり、指揮という労働を遂行する労働力にたいする対価であるというよりも、「搾取するという労働」を遂行することによって労働者から搾取した剰余価値の分配に与《あずか》るという側面を強く持つことになります。

なお、マルクスは「資本主義的生産の基礎の上では**監督賃金**をもってする新手のイカサマが発展する」（①460、E403）ことも指摘しています。監督労働者としてマネージャーを雇うことが一般化すると、ほんらいの指揮や監督とは無関係に――ある場合には「口利き」のために、ある場合にはたんにブルジョアジーの内部で富を配分するためだけに――重役を雇い、かれらに報酬を支払うようになっていきます。現代でも、監督や指揮を口実としたイカサマは、いわゆる「天下り」の存在や、デヴィッド・グレーバーが指摘するような「ブルシットジョブ」の増殖にみることができるでしょう。

第四節　利子生み資本の形態での剰余価値および資本関係一般の外面化

利子生み資本において資本関係はその最も外面的で最も物神的な形態に到達する

利子生み資本において、**資本関係**はその**最も外面的**で**最も物神的**な形態に到達する。ここでは、われわれは、G―G′、より多くの貨幣を生む貨幣、自分自身を増殖する価値を、これらの極を**媒介する**過程なしにもつのである。（①461、E404）

商人資本では、利潤は**交換**から出てくる〔だからまた、収奪利潤である〕ように**見え**、したがっていずれにせよ、**物**からではなくて**社会的な関係**から出てくるように**見える**。資本および利子では、資本が、利子の、自分自身の増加の、神秘的かつ自己創造的な源泉として現れている。物（貨幣、商品、価値）がいまでは物として資本であり、また資本はたんなる物として現れ、生産過程および流通過程の総結果が、物に内在する属性として現れる。……それゆえ、利子生み資本では、この**自動的な物神**、自分自身を増殖する価値、貨幣をもたらす（生む）貨幣が完成されているのであって、それはこの形態ではもはやその発生の痕跡を少しも帯びてはいないのである。社会的関係が、物の（貨幣の）それ自身にたいする関係として完成されているのである。（①461f、E405）

利子生み資本においては最高度の生産諸関係の転倒と物象化が現れる

……すでに見たように、現実に機能する資本そのものが、機能資本としてではなく、**資本それ自体**として（貨幣的資本として）**利子**を生むのだ、というように現れるのである。

次のこともねじ曲げられる。――利子は**利潤の一部**、すなわち機能資本が労働者から搾り取る剰余価値の一部でしかないのに、いまでは反対に、**利子**が資本の本来の果実、本源的な果実として現れ、利潤はいまでは**企業利得**という形態に転化して、たんに生産過程および流通過程でつけ加わるだけの附属品、付加物として現れる。ここでは**資本の物神形象**と**資本物神の観念**とが完成している。われわれがG―G′で見るのは、資本の無概念的な形態であり、最高度の生産諸関係の転倒と物象化である。利子を生む姿態は、資本自身の再生産過程に前提されている資本の単純な姿態である。自分自身の価値を増殖するという、**貨幣の、商品の能力**――最もまばゆい形態での資本神秘化。（①462、E405）

これまで私たちは第一部から物象化の深化を追跡してきました。第一部においては生産関係の物象化、生産過程の物象化、再生産過程の物象化が発生しました。第三部では、これら本質的メカニズムにおける物象化を基礎として形象化が発生し、この形象化によってもたらされた現象的メカニズムにおける転倒について考察してきました。生産（生産関係、生産過程、再生産過程）において労働者ではなく物象（商品、貨幣、資本）が主体となるという転倒が現象的メカニズムに反映し、労働者が産出した剰余価値が資本の産物としての利潤に転化し、利潤が前貸資本の大きさに比例した平均利潤に転化し、さらに直接には生産活動を組織するわけではない商業資本もこの平均利潤の分け前に与るようになります。つまり、資本の総過程の形象化をつうじて、たんに物象が労働者を支配するというだけでなく、物象そのものが価値を産出し増殖するという転倒が発生し、深化するのです。

このような転倒のプロセスの頂点にあるのが利子生み資本にほかなりません。というのも、ここでは資本としての貨幣そのものが無媒介に価値を産出し増殖するものとして現象するのであり、その意味で「最高度の生産諸関係の転倒」が発生しているからです。形象化をつうじて主体と客体の転倒がさらに深化しているという意味では「最高度の物象化」が発生しているとも言えるでしょう。こうして、利子生み資本においては「**資本**の**物神形象**と**資本物神の観念**」が完成することになります。

第五節　信用。架空資本

この長大な第五節では、はじめに信用制度について考察し、それから信用制度のもとで様々な形態をとる利子生み資本の運動について検討していきます。ここでいう信用制度とは、銀行制度の全体と銀行制度の枠には収まりきれない、より一般的な信用システムの双方を包括する概念だと言えるでしょう。現代の一般的な言葉でいえば、おおむね「金融システム」という言葉と一致します。

とはいえ、ここでの課題は信用制度そのものを全面的に解明することではありません。マルクスはこの節の冒頭で次のように述べています。

信用制度とそれが自分のためにつくりだす、信用貨幣などのような諸用具との分析は、われわれの計画の範囲外にある。ここではただ、資本主義的生産様式一般の特徴づけの

ためにに必要なわずかの点をはっきりさせるだけでよい。（①469、E413）

つまり、ここでは資本主義的生産様式の一般的な経済的形態規定の考察にとって必要なかぎりで信用制度について考察するということです。言い換えれば、ここでは、本章の主題である利子生み資本とそれに関連する経済的形態規定の分析に必要なかぎりで、信用制度について扱うということになります。

信用制度の基礎としての商業信用および商業貨幣

私は前に、どのようにして単純な商品流通から**支払手段**としての貨幣の機能が形成され、それとともにまた商品生産者や商品取扱業者のあいだに債権者と債務者との関係が形成されるかを明らかにした。商業が発展し、ただ流通だけを考えて生産を行う資本主義的生産様式が発展するにつれて、信用システムのこの**自然発生的な基礎**は拡大され、一般化され、仕上げられていく。だいたいにおいて貨幣はここではただ支払手段としてのみ機能する。すなわち、商品は、貨幣と引き換えにではなく、書面での一定期日の**支払約束**と引き換えに売られるのであって、この支払約束をわれわれは**手形**という一般的範疇のもとに包括することができる。これらの手形は、その支払満期にいたるまで、それ自身、支払手段として流通するのであり、またそれらが本来の商業貨幣をなしている。それらは、最終的に債権債務の相殺によって決済されるかぎりでは、絶対的に貨幣として機能する。というのは、この場合には貨幣へのそれらの最終的転化が生じないからである。生産者や商人のあいだで行われるこれらの相互的な前貸が信用制度の**本来の基礎**をなしているように、彼らの流通用具である**手形**が本来の信用貨幣、**銀行券流通**等々の基礎をなしているのであって、これらのものの土台は、貨幣流通（金属貨幣であろうと国家紙幣であろうと）ではなくて、**手形**流通なのである。（①469ff、E413）

まず大前提として押さえておくべきなのは、資本主義的生産様式のもとで構築される高度な信用制度の基礎には、第一部第三章第三節でみた支払い手段としての貨幣の機能（マ201）から発生する、もっとも原初的な信用取引があるということです。

そこでもみたように、貨幣は支払い手段として機能することができるので、人々はたんなる支払い約束によって商品を購買することが可能になります。この支払い約束を書面化したものが手形にほかなりません。手形は支払期限までは購買手段として流通することができます。あるいは、債権債務関係が相殺される場合には事実上、貨幣そのものの機能を果たすことになります。というのも、この場合、貨幣そのものによる支払いをする必要がないからです。こうして、手形は貨幣の機能の一部を代替し、「商業貨幣」として機能することになります。

このような商品の売買という単純な取引から発生する信用（これを商業信用と言います）が現代の高度な信用制度の土台をなしていること、また、そのような単純な信用取引から発生する「商業貨幣」が銀行券の基礎をなしていること、これが信用制度について考えていくうえでのもっとも重要なポイントとなります。

信用制度と貨幣取扱資本

信用制度の他方の側面は**貨幣取扱業の発展**に結びついている。貨幣取扱業の発展は、もちろん、資本主義的生産様式一般のなかで進む商品取扱業の発展と歩調をそろえて進んでいく。

すでに前章で見たように、商人等々の準備ファンドの保管、貨幣の払い出しや受け取りの技術的諸操作、国際的支払い（したがってまた地金取り扱い）は、**貨幣取扱業者**の手に集中される。貨幣取扱業というこの土台のうえで信用制度の他方の側面が発展し、それに結びついている――すなわち、貨幣取扱業者の特殊的機能としての、**利子生み資本**あるいは貨幣的資本の管理である。貨幣の貸借が彼らの特殊的業務になる。彼らは貨幣的資本の現実の貸し手と借り手とのあいだに媒介者としてはいってくる。一般的に表現すれば、銀行業者の業務は、一方では、**貸付可能な貨幣資本**を自分の手中に大規模に集中することにあり、したがって個々の貸し手に代わって銀行業者がすべての貨幣の貸し手の代表者として再生産的資本家に相対するようになる。彼らは貨幣的資本の一般的な管理者としてそれを自分の手中に集中する。他方では、彼らは、商業世界全体のために借りるということによって、すべての貸し手に対して借り手を集中する。（彼らの利潤は、一般的に言えば、彼らが貸すときの利子よりも低い利子で借りるということにある）。銀行は、一面では貨幣的資本の、貸し手の集中を表し、他面では借り手の集中を表しているのである。（①471、E415f）

信用制度のもうひとつの基礎は貨幣取扱業です。こちらは前章の第四節で登場しましたので、まだ記憶に新しいと思います。

そこでみたように、資本主義的生産様式においては貨幣取扱を専門的に担うことによって利潤をあげる貨幣取扱業が発展していきます。この土台のうえに、貨幣取扱業者の機能の一つとして、利子生み資本あるいは貸付可能な貨幣資本の管理が発展していくのです。というのも、貨幣取扱業務の発展にともなって自らのもとに貨幣が集中し、これを運用することが可能になるからです。こうして、貨幣取扱業者は「銀行業者」となります。

この銀行業者の主要な業務は社会の中に存在する貸付可能な貨幣資本をみずからの手に

集中し、産業資本家や商業資本家に貸付をおこなうことです。したがって、銀行業者は一方では借り手の代表者であり、他方では貸し手の代表者でもあるのです。

なお、ここで登場する「貨幣的資本」という言葉は「monied capital」という英語の訳語です。なぜこの言葉に「貨幣資本」ではなく、わざわざ「貨幣的資本」という奇妙な訳語をあてているのかと言えば、これとは別の意味をもつ言葉に「Geldkapital」というドイツ語があり、こちらに「貨幣資本」という訳語をあてているからです。後者の「貨幣資本Geldkapital」は資本循環の流れのなかに存在する貨幣という意味ですが、前者の「貨幣的資本monied capital」は利子生み資本として運用することができる状態にある貨幣を意味しています。ですので、たとえば、これからまさに産業や商業に投資しようとしている貨幣は貨幣資本ではありますが、貸付可能な状態にはないので貨幣的資本ではありません。似たような言葉ですので紛らわしいですが、その意味内容はまったく異なりますのでご注意ください。

銀行が自由に処分できる貨幣的資本は二様の仕方で銀行に流れ込む

銀行が自由に処分できる貸付可能な資本は二様の仕方で銀行に流れ込む。一方では、生産的資本家たちの出納係として、銀行の手中には、それぞれの生産者や商人が準備ファンドとして保有する貨幣的資本または彼らのもとに支払金として流れてくる貨幣的資本が集中する。この準備ファンドは、銀行の手中で、貸付可能な貨幣的資本になる。これによって、商業世界の準備ファンドは、**共同の**準備ファンドとして集中されるので、必要な最小限度に制限されるのであって、そうでなかったならば準備ファンドとして眠っているはずの貨幣的資本の一部分が利子生み資本として機能する、つまり貸し出されるのである。ところで他方では、銀行の貸付可能な資本は、貨幣資本家たちの預金によって形成されるのであって、彼らはこの預金の貸出を銀行にまかせるのである。銀行システムの発展につれて、またことに銀行がどの預金にも利子を支払うようになれば、すべての階級の貨幣貯蓄（すなわち当面遊休している貨幣）は銀行に預金され、こうして、そうされなかったならば貨幣的資本として働くことができなかったはずの小さい金額が大きな金額に、こうして一つの貨幣力にまとめられる。この集積は、銀行システムの特殊的作用として、本来の貨幣資本家と借り手とのあいだでの銀行の媒介者的役割とは区別されなければならない。最後に、ただ少しずつ消費しようとする収入も、銀行に預金される。（①471f、E416）

> 貸付は……**手形の割引**——手形をその満期前に貨幣に転換すること——によって、また、さまざまの形態での**前貸**、すなわち、スコットランドの諸銀行でのような対人信用での直接前貸、各種の利子生み証券、国債証券、株式を担保とする前貸、ことにまた積荷証券、倉荷証券、および**商品所有証書**であるその他の証券を担保とする前貸によって、預金を超える当座貸越し、等々によって、行われる。（①472、E416f）

銀行がおこなう貸付には、手形の割引、直接前貸、有価証券などを担保とする前貸、口座からの引き落としが口座残高を超える場合に不足分を貸し付ける当座貸越しなどがあります。

念のために手形の割引について説明しておきましょう。商品販売者が購買者から貨幣の代わりに手形を受け取ったあと、この手形をその支払期日前に現金化したいときには、その手形を額面よりも少ない価格で銀行に買い取ってもらうことができます。これを手形割引といい、額面と買い取り価格の差額である割引料が銀行にとっての収益となります。この手形の割引は商品販売者の持っている商業貨幣をより通用力のある貨幣（実際には次の項目で述べるように銀行券）へと置き換え、事後的にその手形の取立を行うことによってそれを購買したときよりも大きな貨幣額を入手するものですので、広い意味では貸付に含まれます。また、借り手が銀行あての手形を振り出し、それを銀行が割り引くというかたちで、貸付そのものを手形割引でおこなうこともあります。

銀行が与える信用の諸形態

ところで、銀行業者が与える信用は**さまざまな形態**で、たとえば、銀行業者手形〔ほかの銀行業者あての手形〕、銀行信用〔預金設定〕、小切手、等々で、最後に**銀行券**で、与えられることができる。銀行券は、持参人払いの、また銀行業者が個人手形と置き換える、その銀行業者あての手形にほかならない。この最後の信用形態は素人には、とくに目につく重要なものとして現れる。なぜならば、(1)信用貨幣のこの形態はたんなる商業流通から出て一般的流通にはいり、ここで貨幣として機能しており、また、たいていの国では銀行券を発行する主要銀行は、国立銀行と私立銀行との奇妙な混合物として事実上その背後にナショナルな信用をもっていて、その銀行券は多かれ少なかれ法貨でもあるからである。なぜならば、(2)銀行券は流通する信用章標にすぎないので、ここでは、銀行業者が取り扱うものが**信用**そのものであることが目に見えるようになるからである。しかし、銀行業者はそのほかのあらゆる形態での信用でも取引するのであって、彼が自分に預金された貨幣を現金で前貸する場合でさえもそうである、等々。実際には、銀行券はただ卸売業の鋳貨をなしているだけであって、銀行で主要な問題となるのはつねに預

金である。（①473ff、E417）

銀行業者のおこなう貸付は借り手に信用を与える行為ですが、この与信そのものが信用システムのなかで発生した信用にもとづいて行われます。というのも、銀行は貸付にさいして借り手に直接に貨幣を与えるわけではなく、貨幣支払い約束を与えるものだからです。言い換えれば、銀行は、自らが受けた信用によって信用を与えるのです。

典型的なのが預金設定による貸出です。銀行が貸出をおこなうとき、借り手に直接に貨幣を与える必要はありません。借り手の預金口座に貸付をおこなう貨幣額を書き込むだけでよいのです。これによって、借り手は小切手を振り出すことによって預金から第三者に支払いをすることができるようになります。なぜ、このようなことができるのでしょうか。これが可能なのは、この口座から支払いを受ける第三者が銀行に信用を与えているからにほかなりません。持参人にたいする銀行の支払い約束である小切手が、借り手から支払いをうける第三者にたいして貨幣の代替物として通用することができるのは、つまるところ、この第三者が銀行にたいして信用を与えているからなのです。そして、このように小切手が借り手の取引相手に通用するからこそ、借り手もまた、たんなる預金設定を貨幣そのものの貸付と同等のものとして受け入れることになります。こうして、銀行は受けた信用によって信用を与えることができるのです。

手形の割引においても同様のことが言えます。手形の割引において一般に銀行が支払うものは銀行券ですが、この銀行券そのものが銀行の発行する一覧払いの手形にほかなりません。持参人が銀行券をもってきて兌換《だかん》（貨幣との交換）を要求したときには、銀行は直ちにその額面の額を支払わなければなりません。たとえば、金本位制をとっていた時代には一円＝七五〇ミリグラムの金と定められていましたので、一円札を、それを発行した日本銀行に持って行けば、いつでも七五〇ミリグラムの金の支払いを受けることができました。このように、銀行券そのものがそれを受け取る人から銀行に与えられた信用を表しているわけですが、銀行は、この自らが受けた信用で、手形の割引をおこなうことができるのです。

このように、銀行が商品取引から発生する手形を銀行券によって置き換えていくにつれ、この銀行券が「信用貨幣」として広く流通するようになります。しかも、銀行券は時代の経過とともに大銀行だけが発行できるものとなり、やがて国家の力を背景とした中央銀行がその発行権を独占するようになっていきます。そうなると、銀行券はたんなる信用貨幣であるだけでなく、ナショナルな信用に支えられた「法貨」になります。こうして、中央銀行が発行する紙券がほんらいの貨幣である金に代替して広範に流通することが一般的な光景になります。とはいえ、銀行券はあくまで銀行が取引をおこなう際の信用の一つの形態であるにすぎません。信用取引の発展が鋳貨（コイン）による取引を小口取引の部面へと周縁化していくように、銀行券による取引も卸売業などの大口取引ではもっぱら補助的な役割しか果たさず、むしろ預金が重要な役割を果たすことをマルクスは指摘しています。

いずれにせよ、銀行が登場することにより、商品取引にともなって発生する単純な形態での信用にとどまらない、高度な信用システムが成立することが見て取れるでしょう。このあと見るように、このような銀行制度を媒介とした信用システムの発展によってはじめて、資本主義的生産様式は急速な発展を遂げることができたのです。

とはいえ、信用システムがどれほど高度になったとしても、その基礎に商品取引にもとづく原初的な信用取引があることを忘れてはなりません。直接には価値物たる貨幣を用いずに信用取引をおこなうことができるからといって、実体経済と無関係に魔法のように富を創造することができるわけではないのです。たとえば、銀行はさしあたり手持ちの貨幣とは無関係に預金設定を行うことができますが、結局は、どこかで小切手にたいする支払いをしなければなりません。そして、その支払いを行うためには貸し出した貨幣的資本が利子をともなって還流したり、貨幣取扱業務で手数料収入を得たりすることが必要であり、そのためには実体経済において資本の生産過程と流通過程がそれなりに順調に進行していなければなりません。

また、銀行券が中央銀行によって発行され、ナショナルな信用に支えられるようになり、さらに現代のように兌換が停止されると、中央銀行による信用供給が価値の制約から解き放たれるようにみえますが、このような見解がいかに誤っているかはコロナ禍を契機に発生したインフレーションからも明らかでしょう（この点については535～545頁もご覧下さい）。

資本主義的生産における信用制度の役割①――利潤率均等化の媒介

(I) **利潤率の均等化**を媒介するために、すなわち全資本主義的生産の基礎をなすこの均等化の運動を媒介するために、信用制度が必然的に形成されること。（①501、E451）

第二章で利潤率の均等化について考察した際には、まだ信用制度が登場していなかったので、あたかも個々の資本家がさまざまな産業部門を自由に移動することによって均等化が実現されているかのように記述しました。しかし、実際には、資本がそれぞれの産業部門間を移動するのは容易ではなく、むしろ、信用制度が供給する資本の増減によってそれぞれの産業部門に投資される資本量が調整されるというのが実態に近いと言えるでしょう。この点からすれば、信用制度は、資本による社会的総労働の配分を円滑にするための装置という側面を持っていることになります。

資本主義的生産における信用制度の役割②——流通費および流通時間の削減

(Ⅱ)流通費の節減。(A)一つの主要流通費は、**自己価値**であるかぎりでの**貨幣**そのものである。信用によって三つの仕方で節約される。(a)取引の大きな一部分で貨幣が全然用いられないことによって。(b)金属通貨または紙券通貨の流通が加速されることによって。……(c)金貨幣が紙券で置き換えられること。(B)**信用によって**、流通または商品変態の、さらには資本の商品変態のさまざまの段階が**速められること**（したがって再生産過程一般が速められること）。（①501、E451f）

信用制度はここで指摘されている二つの面で資本主義的生産の発展を飛躍的に促進することができます。ひとつは流通費です。信用システムの発展によって商品流通に必要な貨幣量が減少しますので、貨幣材料の生産に投じられなければならない労働を大幅に削減することができます。もうひとつが流通時間の削減です。信用システムの発展は商品流通の速度を速めるので資本の流通時間の速度も速まり、その結果として資本循環そのものの速度が速まります。それゆえ、流通時間の削減という点だけを考慮しても、信用システムの発展は資本蓄積のペースを飛躍的に速めることができるのです。この後みるように、信用システムをつうじて資本が社会的に動員されるようになると、資本蓄積はさらに加速度的に進行することが可能となります。

資本主義的生産における信用制度の役割③――株式会社の形成

(Ⅲ) **株式会社の形成**。これによって**第一に**、生産規模のすさまじい拡張が生じ、そして私的諸資本には不可能な諸企業が生まれる。同時に、従来は**政府企業**だったような諸企業が**社会的企業**になる。**第二に**、即自的には社会的生産様式を基礎とし、生産手段および労働力の社会的集中を前提している資本が、ここでは直接に、**私的資本**に対立する**社会資本**（直接にアソーシエイトした諸個人の資本）の形態を与えられており、資本の諸企業が、私企業に対立する社会企業として現れる。それは、資本主義的生産様式そのものの諸限界の**内部での**、私的所有としての資本の止揚である。**第三に**、現実に**機能する資本家**が（他人の資本の）たんなる**マネージャー**に転化し、**資本所有者**はたんなる所有者、たんなる**貨幣資本家**に転化すること。（①502、E452）

銀行制度は資本による社会的総労働の配分を円滑にし、流通費を削減することによって資本主義的生産の社会的拡大を促進するだけではありません。それは、株式会社の形成を促すことによって、企業形態そのものを社会的なものへと変革するのです。

銀行制度の発展とともに株式会社が発展し、一般的な企業形態となっていきます。というのも、銀行制度の発展によって貸付可能な貨幣的資本は狭義の利子生み資本にとどまらず、そこから派生したさまざまな形態で運用することが可能になるからです。後で詳しくみるように、株式もそのひとつの形態にほかなりません。

株式会社の登場により、社会のなかの数多くの資本家から資金を調達することが可能になり、資本規模が巨大化しますが、より重要なのは量的な変化にとどまらない質的な変化です。株式会社はさまざまな資本家が株式に投資をすることによって形成されるので、もはやたんなる私企業ではなく、社会的企業として現れてきます。

もう一つ重要なのは、株式会社の場合には機能資本家は完全に消えてしまうということです。ここでは、もはや資本家はたんなる所有者でしかなく、マネージャーも含めすべての「生産者」が生産手段にたいして疎遠な仕方で関わり、それと対立しています。それゆえ、利子の部分にとどまらず、利潤全体が――正確にいえば、マネージャーの賃金の一部は利潤の分配されたものとなるでしょうが、その大半は――資本の機能からも切り離され、**「資本所有のたんなる報酬」**（①502、Ｅ452）として現れるのです。

株式会社は資本主義的生産様式の内部での資本主義的生産様式の止揚である

株式会社では機能と資本所有とが、したがってまた労働と生産手段および剰余労働の所有とが、まったく分離されている。これは資本主義的生産が最高に発展してもたらした結果であり、資本が生産者たちの所有に、といっても、もはや個々別々の生産者たちの私的所有としての所有ではなく、アソーシエイトした生産者としての生産者による所有としての所有に、直接的な社会所有としての所有に、再転化するための必然的な通過点である。それは他面では、資本所有と結びついた再生産過程上のいっさいの機能の、アソーシエイトした生産者たちの**たんなる**諸機能への転化、社会的諸機能への転化である。……これは、**資本主義的生産様式の内部での資本主義的生産様式の止揚**であり、したがってまた自分自身を止揚するような矛盾であって、この矛盾は、一見して明らかに、生産様式の**新たな**形態へのたんなる通過点として現れるのである。それはさらに、現象においても、このような矛盾として現れる。それはある種の諸部面では**独占**を成立させ、したがってまた**国家の干渉**を誘い出す。それは、**新しい金融貴族**を再生産し、企業企画屋や重役（たんなる**名目**だけのマネージャー）の姿をとった新しい寄生虫一味を再生産し、株式取引や株式発行等々についての思惑と詐欺との全システムを再生産する。私的所有によるコントロールのない私的生産。株式制度を度外視しても——株式制度は**資本主義**

的システムそのものの基礎の上での資本主義的私的産業の一つの止揚であって、それが伸張して新たな生産部面をとらえていくのにつれて私的産業をなくしていく——信用は、個々の資本家または資本家とみなされている人に、**他人の資本**や**他人の所有**の（それによってまた他人の労働の）——相対的に言って——絶対的な処分権を与える。自分の資本のではなくて社会的な資本の処分権は、彼に社会的労働の処分権を与える。資本そのものまたは「資本とみなされているもの」は、もはや信用という上部建築のための土台になるだけである。（このことは、国富の大部分がその手を通る卸売業にはとくによくあてはまる）。いっさいの規範が、また、多少とも資本主義的生産様式の内部でまだ正当とされてきたもろもろの弁明理由が、ここではなくなってしまう。彼が**賭《か》ける**ものは、社会的所有であり、彼の所有ではない。また同様に、**節約**という文句もばかげたものになる。というのは、他人が彼のために節約しなければならないのだからである。また彼の奢侈《しゃし》が**節欲**という文句をあざ笑う。資本主義的生産のより未発展な段階ではまだなにか意味のある諸観念が、ここではまったく無意味になる。成功も失敗も、ここでは同時に集中に帰し、**したがって**また法外きわまりない規模での**収奪**に帰する。収奪はここでは直接的生産者から小中の資本家そのものにまで及ぶ。この収奪は資本主義的生産様式の出発点であり、この収奪の実行はこの生産様式の目標であり、まさに最後には、すべての個々人からの生産手段の収奪に終わる。生産手段は、社会的生産の発展につれて、私的生産手段であることをも私的産業の生産物であることをもやめ、それはもはや、それがアソーシエイトした生産者たちの社会的生産物であるのと同様、アソーシエイトした生産者たちの手にある生産手段、したがって彼らの社会的所有物にほかならない。ところがこの収奪は、資本主義的システムそのものの内部では、**対立的に**、少数者による社会的所有の取得として現れるのであり、また信用は、これらの少数者にますます純粋な山師の性格を与えるのである。所有はここでは株式のかたちで存在するのだから、その運動そのもの、つまりその移転は取引所投機のまったくの結果となるのであって、そこでは小魚は鮫《さめ》に呑《の》み込まれ、羊は狼《おおかみ》男に呑み込まれてしまう。株式制度のうちには、すでに、この形態にたいする対立物があるが、しかし株式制度それ自身は、資本主義的な制限**の内部**で、社会的な富と私的な富という富の性格のあいだの対立を新たにつくりあげるのである。(①502ff、E 453ff)

信用制度を媒介にして発展してきた株式会社は、一方では、旧来の私的所有――個々の資本家の私的資本による経営――を打破し、それを新しいタイプの社会的所有――「アソーシエイトした諸個人の資本」――に置き換えていきます。そして、他面では、生産過程から機能資本家を追い出し、それをマネージャー(たとえ一般の賃労働者と比べて高給を食《は》んでいたとしても雇われて協業にとって不可欠な指揮をおこなうかぎりでは依然として彼も賃労働者です）を含めた賃労働者たちだけによって遂行される過程に変えてしまいます。このような意味で、マルクスは、株式会社を生産者たちのアソシエーションにもとづく生産様式（マ138、309、544）への通過点として捉えています。じっさい、現代の巨大企業は、「ステークホルダー資本主義」や「ＥＳＧ投資」などに端的に示されているように、自らがもたらす社会的影響にたいしてまったく関心を払わずにその企業の利益だけを追求することは――少なくとも表面的な対応としては――ますます困難になっています。また、資本の寄生性が強まるにつれ、賃労働者たちの実質的な生産の担い手としての能力は――階層化と分断を強めながらも社会全体の高学歴化によって――ますます増大しています。

とはいえ、このような株式会社がもつ肯定面はあくまで潜在的なものであるにすぎません。現実には株式会社という新しいタイプの社会的所有は依然として私的所有の枠内にありますし、生産過程から機能資本家が消えたからといって賃労働者にたいする資本の指揮命令権が弱体化するわけでもありません。むしろ、株式会社は「社会的な富と私的な富という富の性格のあいだの対立」をさらに激化させるのです。私的所有の枠内での社会的所有の拡大は、「少数者による社会的所有の取得」として現れ、投機をつうじて膨大な資産を形成する金融貴族、それに寄生する名ばかりの重役たちを生み出します。他方では、旧来の私的所有によって資本家に課せられていた制限が取り払われ、かつては美徳とされた「節約」が馬鹿げたものになり、産業や商業などに投下される資本はむしろそれによってより多くの信用を獲得するための手段となっていきます。このような信用の介入によって、ますます巨大な規模での富の集中と富の収奪が進行していくことは言うまでもありません。

要するに、信用制度は、一方では、信用取引を円滑にすることによって流通が直接に貨幣に媒介されなければならないという原初的な物象化の狭い限界を乗り越えることを可能にし、そのことによって資本主義的生産の社会化をさまざまな次元で促進するのですが、他方では、まさにそのことによって、直接に生産に関わることのない寄生的な仕方で、さらには詐術的な仕方で富を収奪することを可能にするのです。こうして、信用制度とそのもとでの株式会社の発展は、潜在的には生産と所有の社会化を推し進めていくものでありながら、少数者による多数者の富の収奪をさらに苛烈《かれつ》なものにし、しかもそれをますます寄生的な、山師的なものにしていくことになります。

信用システムと協同組合工場

> 労働者たち自身の**協同組合工場**は、古い形態の内部では、古い形態の最初の突破である。といっても、もちろん、それはどこでもその現実の組織では既存のシステムのあらゆる欠陥を再生産しているし、また再生産せざるをえないのではあるが。しかし、資本と労働との対立はこの協同組合工場**の内部では**止揚されている。たとえ、はじめはただ、労

働者たちがアソシエーションとしては自分たち自身の資本家であるという形態、すなわち生産手段を自分たち自身の労働の価値増殖のために用いるという形態によってでしかないとはいえ。この工場が示しているのは、ある生産様式から、物質的生産諸力とそれに対応する社会的生産諸形態とのある発展段階で、新たなある生産様式が、自然的に形成されてくるのだ、ということである。協同組合工場は、資本主義的生産様式から生まれる工場システムがなければ発展できなかったし、また資本主義的生産様式から生じてくる信用システムがなくてもやはり発展できなかった。信用システムは、資本主義的私的企業がだんだん資本主義的株式会社に転化していくための主要な土台をなしているのであるが、それはまた、多かれ少なかれ国民的な規模で協同組合企業がだんだん拡張していくための手段をも提供するのである。資本主義的株式企業も、協同組合工場と同様に、資本主義的生産様式から**アソーシエイトした生産様式**への過渡形態とみなしてよいのであって、ただ、一方では対立が消極的に、他方では積極的に止揚されているのである。（①504、E456）

労働者たちによる協同組合工場においては労働者たち自身がその工場の経営者となりますので、資本と労働の対立はこの工場の内部では止揚されます。しかし、この工場が市場経済のなかで資本との競争にさらされているかぎりで、彼ら自身もまたこの工場の資本家として振る舞わざるをえないという限界をもっています。

それゆえ、マルクスは協同組合工場について触れる場合にはその意義と限界を同時に指摘するわけですが、ここではさらに、この協同組合工場が、株式会社と同様に、信用システムのもとではじめて国民的な規模へと拡大していくことができたことが述べられています。株式会社の場合には資本による収奪を強め、協同組合工場の場合には労働者による生産過程の掌握を促進する、という大きな違いはありますが、両者のいずれもが発展した信用システムのもとで生産と所有の社会化を推し進めていくという共通点をもっています。

信用制度と資本主義的生産様式の歴史的任務

信用制度が過剰生産と商業での過剰取引・過度投機との主要な梃子《てこ》として現れるとすれば、それは、ただ、その性質上弾力的な再生産過程がここでは極限まで強行されるからであり、しかも、そこまで強行されるのは、社会的資本の大きな部分がその**非所有者たち**によって充用され、したがってこれらの人びとが、所有者自身が機能するかぎりでは自分の私的資本の制限を小心に考えながらやるのとはまったく違ったやりかたで、**賭けをする**からである。このことによって明らかとなるのは、資本主義的生産の**対立的性格**にもとづいて行われる資本の**価値増殖**は生産諸力の現実の自由な発展を**ある点**までしか許さず、したがって実際には生産諸力の**内在的な束縛、制限**をなしているが、この束縛、制限は信用制度によって絶えず破られる、ということにほかならない。それゆえ信用制度は生産諸力の物質的発展と世界市場の形成とを促進するのであるが、これらのものをある程度にまで——新たな生産様式の物質的土台として——つくりあげることは、資本主義的生産様式の**歴史的任務**である。同時に信用制度は、この矛盾の強力的爆発である諸恐慌を促進し、したがってまた古い生産様式の解体の諸要素を促進するのである。

信用制度に内在しており、また二面的である性格、すなわち、一面では、資本主義的生産様式の衝動である他人の労働の搾取による致富を、最も純粋かつ最も巨大な詐欺システムおよび賭博システムにまで発展させ、少数者による社会的富の搾取を発展させるという性格、他面では、新たな生産様式への過渡形態をなすという性格、これらの性格は、ローからイザーク・ペレールまでの、信用制度の主要な告知者に、山師かつ予言者というこの愉快な混合的性格を与えるのである。（①505、E457）

信用制度の発展とともに企業は私的資本によってではなく、社会的資本によって、すなわちさまざまな資本家の資本によって経営されるようになっていきます。銀行をつうじて他人の資本の貸付をうけるだけでなく、株式会社においてはそもそも「自己資本」そのものが多数の資本家の資本によって形成され、実際に経営を担うのは雇用されたマネージャーとなります。機能資本家や株主に雇われたマネージャーたちは、ますます他人の資本で経営を行うようになり、それゆえ、自分の資産だけで経営を行っていたかつての資本家とはまったく違った仕方で、大胆な経営をおこなうことが可能になるのです。また、資本家の側でも、株主の責任は限定的なものですので、大胆な投資が可能となります。こうして、信用制度は第三章でみたような資本の価値増殖による生産力の発展の制限――資本が生産力の発展をもたらすのは資本の価値増殖を促進する範囲でしかなく、生産力の発展はそれが利潤率の低下をもたらすことによって絶えずこの限界にぶつかるという制限――をたえず突破し、資本主義的生産のさらなる拡大を推し進め、「生産諸力の物質的発展と世界市場の形成」を促進するのです。もちろん、この制限の突破が社会的生産の均衡を著しく喪失させ、最終的にはより激しい恐慌をもたらすことは言うまでもありません。

このように、信用制度は、資本主義的生産様式の歴史的任務、すなわちあらたなアソシエーション的生産様式の基盤となりうるような生産力の発展をもたらすテコとしての役割をはたしますが、他方では、生産力の発展とは直接には何の関わりもない貨幣的資本の運用による富の収奪を促進するものでもあります。つまり、それは「資本主義的生産様式の衝動である他人の労働の搾取による致富を、最も純粋かつ最も巨大な詐欺システムおよび賭博システムにまで発展させるという性格」を持っているのです。したがって、信用制度は、一面では「少数者による社会的富の搾取」であり、「他面では、新たな生産様式への過渡形態をなす」という二面的な性格をもっていることになります。

マルクスはこのような二面性を体現する人物としてジョン・ロー（一六七一―一七二九）とイザーク・ペレール（一八〇六―一八八〇）を挙げていますが、マルクスの同時代人であったペレールについては「コラム5」で取り上げていますので、そちらもご覧ください。

Ⅰ　トゥックおよびフラートンによる諸概念の混同と誤った区別との批判

ここまでの叙述で、信用制度の基本的特徴については一通り概観しましたので、ここからはいよいよ信用制度のもとでの利子生み資本の分析に入っていきます。まず、この「Ⅰ」で取り上げられるのはトゥックやフラートンなど、いわゆる「銀行学派」への批判となります。

当時、経済学において主流であったのは、貨幣をもっぱら流通手段とみなす「通貨学派」と呼ばれる人々でした。彼らはインフレーションの原因を銀行券の過剰発券に見出《みいだ》し、銀行券の発行高は金準備の量におうじて制限されるべきであると主張しました。これは「ピール条例」として実際に法制化されました。

これを厳しく批判したのが「銀行学派」です。彼らは「通貨学派」とは異なり、貨幣をたんなる流通手段とはみなさず、流通手段と資本の区別を強調しました。彼らによれば、資本の貸付の場合と異なり、流通手段の供給はもっぱら現実の商品流通の必要におうじて行われるので、銀行による流通手段の供給がインフレを生み出すことはない、ということになります。

マルクスも「銀行学派」と同様に貨幣をもっぱら流通手段とみなす「通貨学派」を批判し、資本の前貸と流通手段の前貸（「第二部のまとめ」第三章）を区別する立場に立っていましたので、トゥクやフラートンに一定の評価を与えていました。しかし、ここでのマルクスの関心は、彼らの銀行業者的な一面性を批判し、その概念的混乱について指摘することにあります。マルクスによれば、銀行学派が「**流通手段**と**資本**との区別……をするさいには、鋳貨としての流通手段と、貨幣と、貨幣資本と、利子生み資本（英語の意味での **moneyed Capital**〔貨幣的資本〕）とのあいだの諸区別が、乱雑に混同されてしまっている」（①505、E458）というのです。したがって、この「I」は、これからおこなう考察に先立って概念整理を行っている箇所だと理解できます。

ただし、この第三部主要草稿（①）を執筆した時点では第二部における資本の前貸と流通手段の前貸についての議論が完成しておらず、銀行学派の概念的混乱については的確に指摘しているものの、マルクス自身の見解は明確には打ち出されていません。それゆえ、この部分についてはごく簡単にマルクスによる批判のポイントを確認しておけばよいでしょう。

ここは「銀行学派」のなかにある様々な混乱について述べている箇所ですので、すっきりと理解するのが難しいところではありますが、批判そのものはシンプルです。マルクスによれば、「銀行学派」の根本的な欠陥は、銀行業者的な見地から貨幣を区別するために、貨幣と資本主義的な再生産過程との関連を十分に捉えることができなくなってしまう点にあります。たとえば、自らの資本を費やすことなく供給できる銀行券は流通手段であるが、他方、自らの資本を費やして供給しなければならない貨幣は資本である、といった具合です。このような銀行業者の立場からの狭い見方を社会全体に投影してしまうことの結果として、広義の流通手段が機能する部面の違い――人々の個人的消費のための支出にもちいられるものか、それとも資本家同士の信用取引において支払手段として用いられるものか――を流通手段と資本の区別にしてしまうという混乱が起こることになります。

銀行の現実の業務の観点から経済を考察するという「銀行学派」の立場は、「通貨学派」のような単純な「貨幣数量説」に陥ることを回避することを可能にしますが、他方で、貨幣と資本主義的生産との関連を把握することができず、貨幣のさまざまな機能を混同してしまうという欠陥をもっているのです。マルクスの立場からすれば、流通手段の前貸と資本の前貸の区別はあくまで資本主義的再生産との関連で把握されなければなりません。マルクスは晩年に書いた『資本論』第二部草稿でこの課題を果たすことになります。

Ⅱ　貨幣的資本の諸形態とそれらの架空性

前節までの利子生み資本の考察においては、実際の価値物である貨幣が貸し出され、それが産業や商業に投資されることによって生み出された剰余価値の一部が利子として還流することが想定されていました。それゆえ、利子生み資本は、直接に産業や商業に投下されるものではないとはいえ、つねに価値の裏付けをもっていました。

しかし、本節でみてきたような信用制度のもとで、利子生み資本を基礎としつつも、直接には価値の裏付けをもたない派生的な資本形態が登場します。それが「架空資本」です。代表的なものに国債や株式などがあります。この架空資本は貸付可能な貨幣的資本の投下部面の一部となりますので、貨幣的資本がとる一つの形態であることになります。「Ⅱ」においては、この架空資本をふくめ、貨幣的資本がとる諸々の形態について考察していきます。

銀行業者の資本は現金と有価証券から構成され、自己資本と借入資本に分かれる

銀行業者の資本は、⑴現金（金または銀行券）、⑵**有価証券**、から成っている。有価証券は、さらに二つの部分に分けることができる。**商業的有価証券**（手形）は流動的なもので、本来の業務はこれの割引のかたちでなされる。そして、**その他の有価証券**（公的有価証券、たとえばコンソル、国庫証券、等々、およびその他の有価証券、たとえばあらゆる種類の株式）、要するに利子生み証券は、手形とは本質的に区別されるもの（場合によってはまた**不動産抵当証券**も）である。銀行業者の資本は、それがこれらの**実物的な構成部分**から構成されているということにくわえ、銀行業者自身の投下資本と**預金**（彼の銀行業資本すなわち借入資本）とに分かれる。発券銀行の場合にはさらに銀行券が加わるが、銀行券はさしあたりまったく考慮の外に置くことにしよう。**預金**については（**銀行券**についてもそうであるように）すぐあとでもっと詳しく論じるつもりなので、さしあたりは考慮の外にある。とにかく明らかなのは、銀行業者の資本の現実の構成部分――貨幣、手形、有価証券――は、貨幣、手形、有価証券というこれらのものが表すのが銀行業者の自己資本であるのか、それとも彼の借入資本すなわち**預金**であるのか、ということによっては少しも変わらないということである。銀行業者が**自己**資本**だけで**営業するのであろうと、あるいは彼のもとに**預託された**資本だけで営業するのであろうと、この区分に変わりはないであろう。（①520、E481f）

まず、銀行業者の資本は、その出所がどこかという視点からみれば、自己資本と借入資本（預金）に分けることができます。また、ここに――さしあたり度外視するとマルクスは述べていますが――銀行券を発行することによってえられた資本が加わります。これは「信用資本」と呼ばれることもあります。

つぎに、その資本がどのような形態をとって存在しているかという視点からみれば、銀行業者の資本は現金、手形、その他の有価証券から構成されていることになります。

以下では、まず貨幣的資本がとる諸々の形態についてみたあとに、両者の視点から銀行資本の架空性について考察していきます。

架空資本

……**利子生み資本という形態**に伴って、確定した規則的な貨幣収入は、それが資本から生じるものであろうとなかろうと、どれでも、ある資本の「**利子**」として現れるようになる。まず貨幣収入が「**利子**」に転化され、次にこの利子とともに、これの源泉である「資本」もまた見いだされるのである。

事柄は簡単である。平均利子率を年五％としよう。すると、五〇〇ポンドの資本は(貸し付けられれば、すなわち利子生み資本に転化されれば)毎年二五ポンドをもたらすことになる。そこから、二五ポンドの年収入は、どれでも、五〇〇ポンドの一資本の利子とみなされる。しかしながらこのようなことは、二五ポンドの源泉がたんなる所有権原または債権であろうと、あるいはたとえば土地のような現実の生産要素であろうと、この源泉が直接に**譲渡可能**である、あるいは「譲渡可能」である形態を与えられているという前提がなければ、純粋に幻想的な観念であり、またそういうものであり続ける。（①520f、E482）

架空資本の形成は**資本還元**と呼ばれる。すなわち、すべての規則的な収入が、平均利子率に従って、資本がこの利子率で貸し出されたならばもたらすであろう**収益**として計算される。たとえば年間収入がイコール一〇〇ポンドで利子率がイコール五％ならば、この一〇〇ポンドは二〇〇〇**ポンド**の年利子であり、そこで今度は、この想像された二〇〇〇ポンドが年額一〇〇ポンドにたいする権原（所有権原）の**資本価値**とみなされる。この場合、この所有権原を買う人にとっては、この一〇〇ポンドという年収入は、事実上、それに投下された彼の資本の五％の利払いを表すのだからである。こうして、資本の現実の価値増殖過程とのいっさいの関連は最後の痕跡にいたるまで消え失せて、自分自身を価値増殖する自動体としての資本という観念が固められるのである。（①522、E484）

利子生み資本という資本形態――すなわち一定額の貨幣を貸し付ければ周期的に一定額

の貨幣を利子として得ることができるという資本形態——の存在が一般化し、一定額の資本の投下は当然に「利子」を生み出すのだという観念が定着すると、周期的な一定額の収入はすべて「利子」として現れるようになります。そうすると、今度は、その「利子」をもたらす収入源泉のほうも「資本」として現象することになります。

たとえば、株式を購入する際には実際に貨幣を支払う必要がありますし、また、発行された株を最初に買う人は実際にそれを発行した企業に資本価値を提供することになりますが、株式そのものが意味するのはあくまで配当を受け取ったり株主総会に出席したりする権利であり、それじたいにはなんの価値もありません。ところが、利子率が一%である社会において、この株式が年間に一〇万円の配当をもたらすとすれば、この株式は一〇万円÷一%＝一〇〇〇万円の「資本」であると見なされます。なぜなら、株式を買う側からすれば、一〇〇〇万円の収益をあげることができるという点では、一〇〇〇万円を貸し付けて一〇万円の利子を取得することも、一〇万円の配当を取得する権利を一〇〇〇万円で買うことも同じことになるからです。

このように、収入のほうから資本を逆算することを「資本還元」と呼び、それによって「資本」として通用するようになった貨幣請求権のことを「架空資本」と呼びます。株式のようにそれじたいとしては無価値であったとしても、「資本還元」によって与えられた「価値」をもつものとして実際に譲渡可能であるかぎりでは、あるいは譲渡可能な形態を与えられているかぎりでは、それはその本質的な性格からすれば資本（自己増殖する価値）ではないにもかかわらず、あたかも「資本」であるかのように現れます。だからこそ、これを「架空資本」と呼ぶのです。実際、その架空性は、その貨幣請求権がなんらかの事情で譲渡可能でなくなるやいなや、その価格の暴落というかたちで顕《あら》わになります。

利子生み資本の場合には、資本価値が直接に産業や商業に投下されるわけではありませんが、それでも借り手によって産業や商業に投下される資本価値の所有からは切り離されていませんでした。つまり、利子生み資本においては、結果として、その資本価値が産業や商業において機能し、価値増殖に貢献していました。ところが、架空資本の購入に充てられた価値はもはや――発行された株式を最初に購入した場合などをのぞけば――資本として機能することはありません。架空資本の場合には、資本価値の所有からも切り離され、たんなる貨幣請求権にまで切り縮められてしまうのです。したがって、ここでは、「資本の現実の価値増殖過程とのいっさいの関連は最後の痕跡《こんせき》にいたるまで消え失せ」てしまい、現実の産業や商業とかかわりなく、「投資」そのものが収益を生み出すのだという観念がますます確固としたものになります。このことは、次にみる国債において明瞭にみてとることができるでしょう。

……例として……国債……をとって見よう。国家は自分の債権者たちに、彼らから借りた資本にたいする年額の「利子」を支払わなければならない。〔この場合、債権者は、自分の債務者に解約を通告することはできず、ただ自分の債務者にたいする債権を、自分の**権原**を、売ることができるだけである〕。この資本は、国家によって食い尽くされ、支出されている。それはもはや存在しない。国家の債権者がもっているものは、第一に、たとえば一〇〇ポンドの、国家あての**債務証書**である。第二に、この債務証書は債権者に国家の歳入すなわち租税の年額にたいする定額の、たとえば五%の請求権を与える。第三に、彼はこの一〇〇ポンドの債務証書を、任意に他の人びとに売ることができる。利子率が五%であれば〔そしてこれについて国家の保証が前提されていれば〕、Aはこの債務証書を、その他の事情が変わらないとすれば、一〇〇ポンドで売ることができる。というのは、買い手のBにとっては、一〇〇ポンドを年五%で貸し出すのも、一〇〇ポンドを支払うことによって国家から五ポンドという額の年貢を確保するのも、同じことだからである。

しかし、すべてこれらの場合に、国家の支払いを子（利子）として生んだものとみなされる**資本**は、**幻想的なもの**である、すなわち**架空資本**である。それは、国家に貸し付けられた金額がもはやまったく存在しない、ということばかりではない。それはそもそも、けっして**資本**として支出される（投下される）べく予定されていたものではなかったのであり、しかもそれは、ただ資本として支出されることによってのみ、自己を維持する価値に転化されえたはずのものなのである。最初の債権者Aにとって、年々の租税のなかから彼のものとなる部分が彼の**資本**の利子を表しているのは、ちょうど、高利貸にとって、浪費者の財産のなかから彼のものとなる部分が彼の資本の利子を表しているようなものである。どちらの場合にも、貸された貨幣額は資本として支出されたのではないのであるが。国家あての債務証書を売ることが可能であるということは、Aにとっては**元金の還流**すなわち**返済**が可能であるということを示している。Bについて言えば、彼の私的な立場から見れば、彼の資本は利子生み資本として投下されている。実際には、彼はただAにとって代わっただけであり、国家にたいするAの債権を買ったのである。このような取引がそのさき何度繰り返されようとも、**国債という資本**は純粋に**架空な**資本なのであって、もしもこの債務証書が売れないものになれば、その瞬間からこの資本という外観はなくなってしまうであろう。それにもかかわらず、すぐに見るように、この**架空**資本はそれ自身の運動をもっているのである。（①521、E 482f）

債務証書——**有価証券**——が、国債の場合とは異なり、純粋に**幻想的な**資本を表しているのではない場合でも、これらの証券の**資本価値**は純粋に幻想的である。さきほど見たように、信用制度はアソーシエイトした資本を生みだす。この資本にたいする所有権原を表す証券である**株式**、たとえば鉄道会社、鉱山会社、水運会社、銀行会社等々の会社の株式は、現実の資本を表している。すなわち、これらの企業で機能している（投下されている）資本、またはそのような企業で資本として支出されるために社団構成員によって前貸されている貨幣額を表している。（もちろん、それらの株式がただのいかさまを表しているということもありうる）。しかしこの資本は二重に存在するのではない。すなわち、一度は所有権原の、**株式**の**資本価値**として存在し、もう一度はこれらの企業で現実に投下されているかまたは投下されるべき**資本**として存在するのではない。それはただ後者の形態で存在するだけであって、株式は、この資本によって実現されるべき剰余価値にたいする**所有権原**でしかないのである。Aはこの権原をBに売り、またBはCに売るかもしれない、等々。このような取引は事柄の性質を少しも変えるものではない。この場合、AまたはBは自分の権原を資本に転化させたのであるが、Cは自分の資本を、株式資本から期待されうる剰余価値にたいする、たんなる所有権原に転化させた

のである。（①523、E484f）

架空資本の価格の変動

国債証券であろうと株式であろうと、これらの**所有権原**の**価値**の**自立的な**運動は、これらの所有権原が、それらを権原たらしめている資本または請求権のほかに、現実の資本を形成しているかのような**外観**を裏打ちする。つまりこれらの所有権原は**商品**になるのであって、それらの価格は独特な運動および決まり方をするのである。それらの**市場価値**は、現実の資本の**価値**が変化しなくても（といっても**価値増殖**は変化するかもしれないが）、それらの**名目価値**とは違った規定を与えられる。一方では、それらの市場価値は、これらの権原によって取得される収益の高さと確実性とにつれて変動する。たとえば、ある株式の**名目価値**、すなわち当初この株式によって表される払込金額が一〇〇ポンドであり、その企業が五％の代わりに一〇％をもたらすとすれば、この株式の市場価値は、二〇〇ポンドに上がる、つまり二倍になる。というのは、五％で資本還元すれば、それはいまでは二〇〇ポンドの架空資本を表しているからである。この株式を二〇〇ポンドで買う人は、このように投下された彼の資本から五％を受け取る。企業の収益が減少するときには逆になる。この市場価値は、ある部分は**投機的**である。というのは、この市場価値は、ただ現実の収入によってだけではなく、予期された（前もって計算されうる）収入によって規定されているのだからである。しかし、現実の資本の**価値増殖**を**不変**と前提すれば、または、国債の場合のようになんの資本も存在しない場合には、年々の収益が**法律によって確定されている**ものと前提すれば、これらの**有価証券**の**価格**は**利子率**に（利子率の変動に）**反**比例して上がり下がりする。たとえば利子率が五％から一〇％に上がれば、五の収益を保証する**有価証券**はもはや五〇の資本しか表していない。利子率が五％から二1/2％に下がれば五の収益をもたらす有価証券は一〇〇から二〇〇値上がりする。（①523f、E485）

資本還元の理屈によれば、収益が高ければ高いほど、そして、利子率が低ければ低いほど、有価証券の価格は上昇します。逆もまたしかりです。

ただし、マルクスも指摘しているように、ここには投機的な要因が入り込んできます。というのも、有価証券の価格は実際の収益によってだけでなく、予想される収益によっても左右されるからです。

また、国債のように年々の収益が確定されていたとしても、利子率が変動すれば債券価格は変動しますし、さらには、そのときどきの市況にも大きく影響されるでしょう。たとえば、信用取引がたちゆかなくなり、人々が貨幣をもとめて貨幣市場に殺到するときには、利子率が高騰するだけでなく、貨幣を入手するために有価証券を大量に売却するので、その価格はさらに下落せざるをえません。

こうして、有価証券の価格は基本的な原理としては収益と利子率によって規制されながらも、そこに投機的な要因が入り込み、また、市況の影響をたえず受けることによって、資本還元による規制の範囲をこえて、大きく変動することがあります。資本にとっては、このような変動もまた、「貨幣財産の集積の一手段」（①524、E486）となることは言うまでもありません。

架空資本と実体的な富

これらの有価証券の下落（減価）または上昇（増価）が、これらの証券が表している現実の資本の運動にかかわりのないものであるかぎり、一国民の富の大きさは、減価および増価の前もあともまったく同じである。「一八四七年一〇月二三日には、公債や運河・鉄道株はすでに一億一四七五万二二二五ポンド減価していました」（モリス（イングランド銀行総裁）『商業的窮境』一八四七―四八年）。この減価が、生産や鉄道・運河交通の現実の休止とか、現実の企業の見放しとか、なにも生み出すことがなかったような企業への資本の固定とかを表すものでなかったかぎり、この国民は、この名目的な貨幣資本の破裂によっては、一文も貧しくなってはいなかったのである。

すべてこれらの証券が表しているのは、実際には、「**蓄積された、生産にたいする請求権**」にすぎないのであって、この請求権の貨幣価値または資本価値は、国債の場合のように資本をまったく表していないか、または、それが表している**現実の資本の価値**とは無関係に規制される。

すべて資本主義的生産の国には、膨大な量のいわゆる**利子生み資本**または**貨幣的資本**がこうした形態で存在している。そして、**貨幣資本**の**蓄積**という言葉で考えられているのは、たいてい、この「生産にたいする請求権」の蓄積、および、これらの請求権の**市場価格**(幻想的な資本価値)の蓄積のことでしかないのである。(①524、E486)

前の項目でみた架空資本の価格変動についての法則性からも明らかなように、有価証券の価格変動は現実の富の減少や増大にそのまま対応するものではありません。現在の社会では平均株価を景気判断の指標とする傾向がありますが、株価が直接に示しているのは貨幣を請求する権利、すなわち生産された剰余価値にたいする請求権の価格にほかならず、それ以上のものではありません。あくまで平均株価が高いということは株式にたいする需要が高く、それだけ株式市場に貨幣的資本が流れ込んでいることを意味するのであって、実体経済が好調であることを必ずしも意味しないのです。このことは、たとえば、コロナ禍のもとでの株高をみても明らかでしょう。

銀行資本の構成部分としての手形

さて、銀行業者資本の一部分はこのいわゆる**利子生み証券**に投下されている。この証券そのものは、現実の銀行業者業務では機能していない準備資本の一部分である。最大の部分は、**手形**、すなわち生産的資本家または商人の支払約束から成っている。貨幣の貸し手にとっては、この手形は利子生み証券である。すなわち彼は、それを買うときに満期までの残存期間について**利子**を差し引く。だから、手形が表している金額からどれだけが差し引かれるかは、そのときどきの利子率によって定まるのである。（①524f、E487）

貨幣準備

最後に、銀行業者の「資本」の最後の部分をなすものは、彼の**貨幣準備**（金または銀行券）である。預金は〔長期について約定されているのでなければ〕預金者がいつでも自由にできるものである。それは絶えず増減している。しかし、ある人がそれを引き出せば他の人がそれを補充するので、「一般的な平均額はあまり変動しない」のである。（①525、

E487）

銀行業者からみれば、銀行が借り受けた貨幣――正確にいえば貨幣そのもの（金）か信用貨幣（銀行券）――のすべてを手元に置いておく必要はありません。ある人が預金を引き出したとしても、別の人が入金するので、預金の引き出しにそなえて準備しておくべき貨幣量はそれほど変動しません。それゆえ、銀行業者は他人資本すなわち預金のうちの一部だけを貨幣準備として保持することになります。

預金

預金はつねに貨幣（金または銀行券）でなされる。**準備ファンド**（これは現実の流通の必要に応じて収縮・膨張する）を除いて、この預金はつねに、一方では生産的資本家や商人（彼らはこの預金で手形割引を受けたり貸付を受けたりする）の手中に、または有価証券の取引業者（株式ブローカー）の手中に、または自分の**有価証券**を売った私人の手中に、または政府の手中にある（国庫手形や新規国債の場合であって、銀行業者はこれらのうちの一部を担保として保有する）。**預金**そのものは二重の役割を演じる。一方ではそれは、いま述べたような仕方で利子生み資本として貸し出されており、したがって銀行業者の金庫のなかにはなくて、ただ銀行業者にたいする預金者の貸し勘定として彼らの帳簿のなかに見られるだけである。他方では、商人たち相互間の（総じて預金の所有者たちの）互いの貸し勘定が彼らの預金にあてた振り出しによって相殺され互いに帳消しにされるかぎりでは、預金は貸し勘定のそのようなたんなる**記録**として機能する（その場合、それらの預金が**同一の**銀行業者のもとにあってこの銀行業者が別々の信用勘定を互いに帳消しにするのか、それとも別々の銀行業者が彼らの小切手を交換し合って互いに差額を支払うのかは、まったくどちらでもかまわない）。

利子生み資本および信用制度の発展につれて、同一の資本が、または同一の債権にすぎないものでさえもが、さまざまな手のなかで、さまざまな仕方でさまざまな形態をとって現れることによって、すべての**資本**が二**倍になる**ように見え、またところによっては三**倍になる**ように見える。この「貨幣資本」の大部分は純粋に架空なものである。たとえば、預金のすべてが（準備ファンドを除いて）、銀行業者への貸し勘定にほかならないが、保管物のかたちではけっして存在しない。預金は、それが銀行業者たちにとって振替取引に役立つかぎり、それを彼らが**貸し出した**のちにも、彼らにとって資本として機能する。彼らは、これらの貸し勘定の差引計算によって、存在しない預金にたいする相互の支払指図を支払い合うのである。（①525f、E 487ff）

前の項目までは銀行資本がとっている諸々の形態――架空資本、手形、現金――についてみてきましたが、ここでは、これらを踏まえたうえで、預金について考察しています。

まず、預金そのものは現金（金ないし銀行券）によってなされますが、この預金のうち、さきほどみた貨幣準備をのぞいた部分は、産業資本家や商業資本家に貸し出されたり手形の割引に用いられたりするか、株式や国債などに投資されます。それゆえ、預金の大部分は銀行の金庫のなかには存在せず、「銀行業者にたいする預金者の貸し勘定」として銀行業者の帳簿のなかに存在するにすぎません。たとえば、ある人が一〇〇〇万円を銀行に預けたからといって、銀行はそれに対応する一〇〇〇万円の現金をつねに保持しているわけではありません。現実には、この一〇〇〇万円の大部分は銀行の帳簿のなかの数字として存在するだけです。

他方、預金者のあいだで預金を相殺することができるかぎりでは、帳簿のなかの記録であるにすぎない預金が実際に支払いを実現するものとして機能することができます。たとえば、AもBも同じC銀行に預金口座をもっていて、Aに一〇〇〇万の預金、Bに二〇〇万の預金があるとします。このとき、AがBから購入した商品の代金としてBにたいして額面八〇〇万円の小切手を振り出して支払いをし、BがこれをC銀行に持ち込むならば、Aの預金から八〇〇万円が引かれ、二〇〇万円という額が記帳され、他方、Bの預金には八〇〇万円が加えられ、一〇〇〇万円という額が記帳されることになります。この取引において現金はいっさい介在していませんが、それでもAによるBへの八〇〇万円の支払いが実現されています。このように預金は流通手段のようにも機能しうるので、この預金の機能を指して「預金通貨」と呼ぶこともあります。

もちろん、預金が支払いを実現する手段として機能するためには、両者の預金が同じ銀行にある必要はありません。AがC銀行に、BがD銀行に口座をもっていたとしても事態は変わりません。Aが振り出した小切手をBがD銀行に持ち込み、D銀行がこのC銀行宛の小切手をC銀行が誰かから入手したD銀行宛の小切手と交換するのであれば――そして両者の小切手に差額がある場合にはそれを貨幣で決済することができれば――やはり同じ結果になります。ここでも、互いに小切手を相殺することができるかぎりでは、現金の介在なしに、銀行業者の帳簿の数字を書き換えるだけで取引が成立するのです。

銀行業者が受け入れた預金が貨幣的資本として運用され、収益をあげるだけでなく、同時に、帳簿の数字を書き換えることによって取引を成立させる「預金通貨」として機能することができるならば、資本は二倍にも三倍にもなるようにみえます。こうして、信用制度の発展とともに、資本はその実際の資本価値の何倍にも膨れ上がってみえる、という現象が生じるのです。

銀行資本の架空性

銀行の準備ファンドは、資本主義的生産が発達している諸国では、平均的には、**蓄蔵貨幣**として現存する貨幣の量を表現しており、そしてこの**蓄蔵貨幣**の一部分は、それ自身また**紙券**から、つまり、けっして**自己価値**ではない、金にたいするたんなる支払指図から成っている。それゆえ、銀行業者の資本の最大の部分は、純粋に架空なものである（すなわち**債権**（手形と公的有価証券）および株式（将来の収益にたいする所有権原、支払指図））。この場合次のことを忘れてはならない。すなわち、銀行業者の引き出しのなかにあるこれらの紙券が**表している、資本の貨幣価値**は、その紙券が**確実な収益**にたいする支払指図（公的有価証券の場合のように）であるか、または現実の資本にたいする所有権原（株式の場合のように）であるかぎりでさえも、まったく**架空なもの**であって、それはこれらの紙券が表している**現実の資本**の価値からは離れて調整されるということ、あるいは、これらの紙券がたんなる収益請求権である（そして資本**ではない**）場合には、**同一の収益にたいする請求権**が、絶えず変動する**架空な貨幣資本**で表現されるのだ、ということである。そのうえに、この架空な銀行業者資本の大部分は、**彼の**資本を表しているのではなく、利子がつくかどうかにかかわらず、その銀行業者のもとに**預託している**公衆の資本を表している、ということが加わる。（①525、E487）

前の項目でみたところからも明らかですが、銀行資本は二重の意味で架空的なものだと言えます。まず、銀行の準備ファンドの一部は架空資本の形態をとっており、これらの有価証券の価格は現実の資本価値を表すものではありません。さらに、これらの架空資本の形態をとっている銀行資本そのものが、自己資本だけでなく、「その銀行業者のもとに預託している公衆の資本」によっても構成されているという事情があります。つまり、預金の大部分はそれに対応する現金が存在しない無準備の債務であり、あくまで帳簿上の相殺による決済が可能なかぎりで、妥当なものとして成立しているにすぎないということです。後でみるように、このような銀行資本の架空性は、なんらかの事情によって信用システムが動揺するやいなや、顕わになります。

Ⅲ　貨幣的資本と実物資本

この「Ⅲ」の部分は、第二章第三節の市場価値や生産価格の形成にかかわる議論と同じように、記述が錯綜《さくそう》しており、普通に読み進めていってもなかなかその議論の骨格を摑《つか》むことはできません。そこで以下では、マルクスのいう「比類なく困難な問題」――貨幣的資本と実物資本の関係にかかわる問題――の解決にとって特に重要だと思われる論点を中心にみていくことにしましょう。

なお、マルクスは「比類なく困難な問題」として、貨幣的資本と貨幣量の関係にかかわる問題も提示していますが、こちらのほうは断片的な叙述にとどまっていますので、議論の道筋を明確化するためにも、以下では基本的に言及しないでおきます。

貨幣的資本の蓄積と実物資本の蓄積との関係という比類なく困難な問題

これから取り組もうとしている、この信用の件全体のなかでも比類なく困難な問題は、次のようなものである。……本来の貨幣資本の**蓄積**。これはどの程度まで、現実の**資本蓄積**の、すなわち拡大された規模での再生産の指標なのか、またどの程度までそうでないのか? いわゆる**資本のプレトラ**(この表現は、つねに貨幣的資本について用いられるものである)――これは過剰**生産**と並ぶ一つの特殊的な現象をなすものなのか、それとも過剰**生産**を表現するための一つの特殊的な仕方にすぎないのか?(①529、E493)

ここで提出されている問題は、形式的には次のような問題として理解することができます。貨幣的資本の蓄積、すなわちいわゆる金融市場に投下される資本の増大は、その資本価値の出所が剰余価値であるかぎりでは、実物資本――産業や商業などに投下されている資本のことで、「現実資本」という言葉も同じ内容を意味します――の蓄積、すなわち実体経済に投下される資本の増大に依存しています。しかし、他方で、前者と後者がつねに対応関係にあるわけではありません。この両者の関係を解明するのが、ここでの課題となります。

とはいえ、ここで重要なのは、どのような問題意識から以上のような問いが立てられているのかということです。手がかりとなるのは、「資本のプレトラ」という言葉です。ご記憶のとおり、この言葉はすでに第三章で登場しており、そこでは利潤率の低下を利潤量によって埋め合わせることができず通常の仕方では産業に投下することのできない「分散した小資本の大群」が発生することを意味していました。つまり、「資本のプレトラ」とは資本の過剰生産――利潤率の低下によって資本の生産拡大が困難になる状態――の表現にほかなりませんでした。

第三章では示唆されるにとどまっていましたが、じつは、本章でみてきたような信用制度を前提するならば、このような「資本のプレトラ」は銀行のもとに集積された貨幣的資本の過剰という形態をとって現象します。それゆえ、ここで提起されている問題は、第三章でその本質を「資本の過剰生産」として把握した「資本のプレトラ」を、実際に信用制度のもとでとっている形態に即して再把握し、それによって資本蓄積と貨幣的資本の関係について解明することだと言えるでしょう。

国債や株式は貨幣的資本の投下部面であって、貨幣的資本そのものではない

国債も株式も、またその他各種の有価証券も、貸付可能な資本にとっての、すなわち利子を生むものとなるべく予定されている資本にとっての**投下部面**である。国債や株式は、この資本を貸し出すための（投下するための）形態である。しかし国債も株式も、それらの形態で投下される**貨幣的資本**ではない。他方、信用が再生産過程で直接的役割を演じるかぎりでは、産業家や商人が手形割引や貸付を受けたいと思うとき、彼が必要とするものは、株式でも国債証券でもない。彼が欲するものは、**貨幣**である。（ほかのどんなやりかたでも貨幣を調達することができない場合には、むしろ彼はそれらの有価証券を質に入れたり安く売ったりするのである）。この**貸付可能な資本**の蓄積こそは、われわれがここで取り扱わなければならないものである。しかもまさに、貸付可能な「貨幣的」資本のそれである。ここで問題にするのは、家屋や機械等々の、つまり固定資本の貸付ではない。それは、産業家や商人が彼らどうしのあいだで再生産過程の循環の内部でなしあう**前貸**でもなくて……問題となるのは、もっぱら、**銀行業者**（媒介者としての）**によって**産業家や商業家にたいしてなされる**貨幣貸付**なのである。（①531f、E495f）

「貨幣的資本」について考えるときに明確にしておかなければならないことは、貨幣的資

本そのものはあくまで貸付可能な「貨幣」資本であり、その貨幣的資本の投下先である国債や株式などの有価証券とは区別されなければならないということです。すでにみたように、それらの有価証券は利子生み資本から派生してきたものであり、資本を金融部面で運用することによって一定の収益（利子や配当）を得るという意味では、貨幣的資本と同様のものとして現れてきます。じっさい、余剰の貨幣的資本が増大すれば、それだけ有価証券に投下される貨幣的資本も増大し、有価証券の価格は膨れ上がるでしょう。このような関連があるにもかかわらず、貨幣的資本そのものとその投下部面である有価証券は画然と区別されなければなりません。というのも、現実の産業や商業において直接に投下することができるものは、あくまで貨幣だけだからです。

貨幣的資本は貸付可能な貨幣資本にほかならず、そのとき貸し付けられるのは産業資本家や商業資本家が実際に支払いにあてたり、それを産業や商業に投下して実物資本として機能させることのできるもの、すなわち貨幣にほかなりません。国債のように流動性の高い——すなわち貨幣に転換することが容易な——有価証券であれば、貨幣と同様に安全性の高い資産だと考えることができますが、それでも国債によって支払ったり、産業や商業に資本を投下したりすることはできません。現実の産業や商業において決定的なのは、あらゆる商品との直接的交換可能性を独占している貨幣なのです。

純粋な商業信用において貸されるものは貨幣的資本ではない

……この場合〔純粋な商業信用、すなわち産業資本家や商業資本家どうしが手形などによって互いに与え合う信用〕において貸されるものは、けっして**遊休資本**ではなく、その所持者の手のなかでその**形態**を変えなければならない資本であり、その所持者にとってはたんなる**商品資本**であるという形態で存在する資本、すなわち、再転化させられなければならない、すなわち貨幣に転化されなければならない資本である。……

再生産的な循環の内部での**信用**（銀行業者の信用は別として）**が多い**ということは、貸付のために提供されて有利な投下を求めている**遊休**資本が多いということではなくて、再生産過程で資本が**大いに充用されている**ということである。この場合に信用が媒介するものは、(1)生産的資本家が問題になるかぎりでは、ある段階から別の段階への生産的資本の移行、互いに噛《か》み合い食い込み合っている生産諸部門の関連であり、(2)商人が問題になるかぎりでは、商品が貨幣と引き換えに最終的に売られるかまたは他の商品と交換されるかするまでの、ある手から別の手へのその商品の移行である。（①538、E499）

前の項目の引用文においても述べられていましたが、貨幣的資本として貸されるものは文字通り貨幣にほかならず、手形などの形態において産業資本家や商業資本家どうしが与え合う信用は貨幣的資本ではありません。たとえば、産業資本家や商業資本家のあいだで互いに与え合う信用が豊富だということは、遊休して貨幣的資本となる資本が多いということを意味しません。むしろ、そのような信用が豊富だということはそれだけ産業や商業が活発に行われているということですので、資本が産業や商業で大いに用いられており、遊休資本が相対的に少ないということになります。

利子率の変動は貨幣的資本の量に左右されるのであって、通貨の量からは影響をうけない

利子率の**変動**……は、貨幣的資本の量の状況に左右される〔信頼等々のようなそのほかのすべての事情が**同じままだとすれば**〕。すなわち、それ自体として商業信用に媒介されて再生産的当事者たち自身のあいだで貸し付けられる**生産的資本**とは**区別**される、鋳貨や銀行券という貨幣の形態で貸し付けられる資本の量の状況に左右される。

だがそれにもかかわらず、この貨幣的資本の**量**は**通貨の量**とは異なるものであり、またそれからは独立したものである。

たとえば、二〇ポンドが一日に五回貸し付けられるとすれば、一〇〇ポンドの貨幣的資本が貸し付けられたわけであり、このことはまた同時に、この二〇ポンドがさらに少なくとも四回は（最初の貸し手は除いて）購買手段または支払手段として機能したということを含んでいるはずである。というのは、同じ貨幣が、もし購買や支払いという媒介なしに五人のあいだで貸し付けられたのだとすれば、したがってそれが少なくとも四回は資本の転化形態（商品、それには労働能力も含まれる）を表さなかったのだとすれば、この貨幣はただ、それぞれ二〇ポンドの五つの債権を構成するだけだからである。（①555f、E516）

これまでのところで、ここで扱われる貨幣的資本についてのイメージはかなりクリアになったと思いますが、もう一点注意しなければならないことがあります。それは、貨幣的資本の量はいわゆる「通貨」、すなわち流通手段の量とは異なるものであり、それからは独立したものだということです。

そもそも貨幣的資本と流通手段としての貨幣はその経済的形態規定がまったく違いますので（流通手段の量がどう決まるかの詳細についてはマ189をご覧ください）、両者のあいだに比例的な関係がないのは当然のことです。この引用文でマルクスはあらためてこのことを説明しています。たとえば、同じ二〇ポンドの貨幣片で五回の貸付が行われるならば――たとえばAがBに二〇ポンドを貸し、BがそれでCに支払いをして、今度はCがDに二〇ポンドを貸し……といった具合に――一〇〇ポンドの貨幣的資本が貸し付けられたことになりますが、ここで流通手段として機能する貨幣はあくまで二〇ポンドであり一〇〇ポンドではありません。

にもかかわらず、両者は混同されてしまいがちです。というのも、マルクスが指摘するように、「逼迫期《ひっぱく》」には「流通の絶対量が規定的なものとして利子率と一致する」（①601、E545f）ため、両者が比例関係にあるように見えるからです。恐慌のさいには産業資本家や商業資本家どうしのあいだでの信用取引がうまくいかなくなるため、流通のためにより多くの貨幣が必要とされるようになり、貨幣的資本が逼迫し、利子率が高騰します（利子率は利子生み資本として機能しうる資本、すなわち貨幣的資本をめぐる需給関係によって決まるのですから、一般に、貨幣的資本が豊富であれば利子率は低くなり、貨幣的資本が逼迫していれば利子率は高くなります）。このとき、たとえ「政府書簡」（①601、E546）（イングランド銀行に法定限度に拘束されることなく銀行券を発行する権限を与えた政府書簡）によって銀行がより多くの銀行券を供給することができるようになったとしても、それらは過去に形成された債権債務関係を決済するための手段、すなわち支払手段として用いられるため、必ずしも流通手段の増大につながるわけではありません。

以上のような場合には、流通手段の不足が貨幣的資本の逼迫＝利潤率の高騰と同時に生じるということがありえます。しかし、一般的には両者は比例関係にはありません。たとえば、産業が活性化した結果、流通手段が増大したとしても、まさに活性化した産業に投資するために貨幣的資本への需要が高まるなら、貨幣的資本は逼迫するでしょう。逆に、産業が停滞し、流通手段が減少したとしても、まさに産業が停滞しているために貨幣的資本への需要が低迷するなら、貨幣的資本は豊富に存在するでしょう。

形態規定による違いを無視して、「貨幣」一般として捉えてしまうと貨幣的資本の量と通貨量とのあいだになんらかの比例的な関係があるようにみえてしまうのですが、両者がまったく異なる原理で規定されることを考えれば、それらが独立に運動することは明らかです。この視点は、近年の金融緩和政策が貨幣的資本の増大をもたらしたにもかかわらず、流通手段の増大をもたらさなかったことを考えるうえでも重要になります。

銀行制度の発展による貨幣的資本の増大は生産的資本の増大を表現するものではない

さらに、貨幣的資本の膨張は、銀行制度が普及したために（たとえば、イプスウィッチの例を見れば、そこでは一八五七年までのわずか数年に、借地農業者のもとでの預金が四倍にもなった）、つまり以前は私的蓄蔵貨幣であったもの、あるいはまたたんなる鋳貨準備でもあったものが、一定の期間を限っていつでも**貸付可能な資本**に転化する、ということからも生じるが、貨幣的資本のこのような膨張を、**生産的資本のなんらかの増大**を表現するものだと言うことはできない（それは、預金に利子をつけるようになったために生じたロンドンの株式諸銀行での預金の増大と同様である）。生産規模が同じままであるかぎり、それはただ、生産的資本に比べての貸付可能な貨幣的資本の過多をもたらすだけである。だからこそ利子率が低いのである。（①541f、Ｅ505）

さて、ここからはいよいよ貨幣的資本の増大と資本蓄積（以下、たんに資本蓄積という場合は現実資本の蓄積を意味します）との関係を考察していくことになります。まず、マルクスは産業循環──すなわち、「近代産業がそのなかで運動する回転循環──沈静状態、活気増大、繁栄、過剰生産、恐慌、停滞、沈静」（①433、Ｅ372）──の特定の局面にかかわりのない、貨幣的資本の増大傾向について指摘しています。

ここでは、銀行制度の発展によってもたらされる貨幣的資本の増大は生産的資本の増大とは直接には関係ないということが述べられています。というのも、このタイプの貨幣的資本の増大は、基本的には産業資本家や商業資本家、賃労働者や自営業者たちの私的な貨幣蓄蔵や私的な支払い準備が預金に転化することによって起こるからです。つまり、こうした貨幣的資本の増大は、銀行制度の発展とともに人々が手持ちの貨幣を銀行に預けるようになったために発生したものであり、実体経済の規模の拡大によって発生したものではありません。かりに資本蓄積が停滞した状況でこのような貨幣的資本の増大が発生すれば、利子率は低下します。

現実の資本蓄積に対応する貨幣的資本の蓄積

すでに見たように生産的資本家が行う実体的な蓄積は再生産的資本の諸要素そのもので行われるのにたいして、すべての貨幣資本家が行う蓄積は直接にはつねに貨幣形態で行われる。だから、信用制度の発展や貨幣業務の巨大な集積は、それ自体として、貨幣的資本の蓄積を、現実の蓄積とは異なった形態として促進せざるをえない。貨幣的資本のこうした発展は、つまるところ現実の蓄積の一結果である。というのも、その発展は再生産過程の発展の結果なのであり、またこれらの貨幣資本家の蓄積源泉となる利潤は、ただ、再生産的資本家が手に入れる剰余価値からの一控除分〔同時に**他人の**貯蓄の利子の一部分の取得〕でしかないのだからである。それは、同時に再生産的資本家諸階級の犠牲において、蓄積するのである。（①557、E518f）

……**利潤**のうち、収入として支出されないで蓄積に向けられる部分、といっても再生産的資本家にとって自分の事業のなかでは直接の使い途《みち》のない部分。……この利潤量は資本そのものの量が増大するのにつれて増大する（利潤率が下がる場合でさえも）。収入として支出されるべき部分はだんだんと消費されていくが、そのあいだは預金として銀行業者のもとで**貨幣的資本**を形成する。だから、利潤のうち収入として支出される部分の増大でさえも、一時的な、しかし絶えず繰り返される**貨幣的資本の蓄積**として表現されるのである。〔利潤のうちの〕もう一つの、**蓄積**に向けられている部分も同様である。だから、信用制度とそれの組織との発展につれて、収入の（再生産的資本家たちの消費の）増大でさえも**貨幣的資本の蓄積**として表現されるのである。そして、このことは、収入がだんだんに消費されていくかぎりでは、すべての収入にあてはまる。つまり地代、比較的高級な形態の労賃、不生産的諸階級の収入、等々にもあてはまる。（①558、E519f）

ところで、利潤のもう一つの部分、すなわち収入として消費されるものとして予定されていない部分について言えば、それが**貨幣的資本**に転化するのは、ただ、それが直接に、それを生みだした生産部面での事業の拡張に充用されない場合だけである。このようなことは二つの原因から生じうる。一つの原因は、この部面が必要な資本で飽和状態にあるということである。もう一つの原因は、資本として機能できるようになる前に、蓄積がまずもって、この特定の事業での新たな資本の充用の量的関係に規定された或る程度の大きさに達していなければならない、ということである。だから、蓄積はさしあたりまず**貨幣的資本**に転化して、他の諸部面での生産の拡張に役立つのである。（①585f、E523）

ここでは、貨幣的資本の増大が究極的には現実資本の蓄積に依存していることが指摘されています。その理由はきわめてシンプルで、貨幣資本家の蓄積源泉となる利子の出所は、つまるところ産業資本家が取得する剰余価値にほかならないからです。

さらに、マルクスは現実資本の蓄積にともなって貨幣的資本そのものが増大することを二つの観点から論じています。産業資本家が取得する利潤は資本蓄積に充てられる部分と産業資本家自身の個人的消費に充てられる部分に分けられますが、いずれも一旦《いったん》は貨幣の形態をとらなければなりません。利潤がとる、この二つのタイプの貨幣形態がそれぞれ貨幣的資本の源泉となるのです。

後者の資本家の収入部分から見ていきましょう。利潤のうちの収入部分は最終的には資本家が消費する生活手段や奢侈品の購入に充てられますが、もちろん一度にすべての貨幣がそれらの商品の購入に充てられるわけではなく、一定額の貨幣は資本家の手元に残り続けます。それゆえ、この部分が銀行に預けられているならば、貨幣的資本を形成することになります。第三章でみたように、現実資本の蓄積とともに利潤量は増大していく傾向にありますから、このようにして形成される貨幣的資本もまた増大することになります。

マルクスも指摘しているように、この理屈が当てはまるのは産業資本家の利潤部分だけではありません。商業利潤であれ、利子であれ、その他の金融収益であれ、次章であつかう地代であれ、あるいは賃労働者の収入であれ、それらが資本蓄積にともなって増大するかぎりでは、貨幣的資本の増大をもたらすことになります。その意味では、「**節約や禁欲**

の仕事（貨幣蓄蔵者たちの）は、それが蓄積の諸要素を供給するかぎりでは……それらのうちの極小のものを受け取る人びと、すなわち、労働者等々のように、銀行の破産のさいには自分が貯蓄してきたものさえもなくしてしまうような人びとにゆだねられる」（①586f、E524）ようになります。それゆえ、信用制度の発展は、賃労働者たちの節約の成果を資本が搾取のために利用することさえも可能にするのです。

　次に、利潤のうちの資本蓄積に充てられる部分について見てみましょう。一般に、資本蓄積の際には、利潤として取得した貨幣をただちに生産の拡大のために投下することはできません。若干の生産要素の増強、すなわち原料や労働力などの流動資本部分だけを増強する場合にはそれも可能かもしれませんが、より本格的に生産を拡大するために建物や機械などの固定資本部分も増強しなければならない場合には高額の資金が必要となり、そのためにはある程度の期間、資本蓄積のための財源（蓄積ファンド）を積み立てておく必要があるからです。この部分もまた、貨幣的資本を形成することになります。資本蓄積の規模が社会的に拡大すればするほど、蓄積ファンドの規模は大きくなるので、これによって形成される貨幣的資本もまた増大します。

　さらに、ここではマルクスは指摘していませんが、同様の性格をもつものに固定資本の償却ファンドがあります。これは資本蓄積をしない場合にも必要となる固定資本の更新のためのファンドですが、この部分も資本蓄積によって社会全体の固定資本が増大すればするほど膨れあがり、その結果、この部分に由来する貨幣的資本もまた増大することになります。

なお、三つ目の引用文で指摘されているように、貨幣的資本の増大は資本蓄積の行き詰まりや停滞によってももたらされます。この場合には、現実資本の蓄積のために投下されるわけでも、資本家の個人的消費に入っていくわけでもない利潤部分が増大し、これが貨幣的資本として運用されるようになるのです。なんらかの事情でこの状態が慢性化するならば、貨幣的資本の蓄積が進行することになるでしょう。多くの論者が指摘しているように、一九七〇年代以降の貨幣的資本の増大や資本主義の金融化の進展は、まさに資本蓄積の長期停滞を背景にして生じたものだと考えることができます。

とはいえ、マルクスの時代にはまだ長期停滞のような現象は生じておらず、資本蓄積の行き詰まりや停滞は産業循環の特定の局面と結びついていました。この産業循環との関連についてはこの後に考察していくことになります。

貨幣的資本の蓄積のどれもが現実の資本蓄積を示すわけではなく、恐慌のあとの停滞期には貨幣的資本の量が増大する

まず明らかなのは、**貨幣的資本**〔貸付可能な資本〕の**蓄積**あるいは増加の**どれも**が、現

実の資本蓄積あるいは再生産過程の拡大を示すわけではない、ということである。再生産過程の攪乱はいずれも〔恐慌の崩落が過ぎ去れば〕、貨幣的資本への**需要を減少させ**、かくしてそれを相対的に過剰にするだけではなく、同時にそれの供給を、したがってまたそれの絶対量を**増大させる**。だからこそ、再生産過程が縮小した〔たとえばイングランドの工業地帯の生産は一八四七年の恐慌のあとでは三分の一ほど縮小していた〕どの恐慌のあとにも、商品の価格はその最も低い点にまで下がっており、企業精神は麻痺《まひ》してしまっていて、**利子率**の水準が低いのであるが、利子率のこの低い水準がここで示しているものは、**生産的資本の収縮と麻痺**とによる**貨幣的資本**の増加にほかならないのである。（①532、E502）

さて、ここからは産業循環との関連で資本蓄積と貨幣的資本の関係を見ていきます。第一部でみたように、産業循環は「中位の活況、繁栄、過剰生産、恐慌、停滞という諸時期の一系列」（マ385）をなしています。この産業循環は第三章でみた資本蓄積の運動様式と密接に関連していますから、そこでの議論を思い出しながら読んでいくことがポイントとなります。

まず、明らかなことは貨幣的資本の増大のどれもが現実の資本蓄積を意味するわけではないということです。それを端的に示しているのが、恐慌が過ぎ去ったあとの停滞期です。

この時期には、まさに市場の状況が悪く、資本蓄積が不活性だからこそ、貨幣的資本の量が増大します。というのも、そのような時期には、一方では遊休資本が増大し、他方では貨幣的資本の需要が減少するからです。

繁栄期は貨幣的資本の豊富さが生産的資本の拡大と結びついている唯一の時点である

再生産過程がふたたびそれの繁栄の状態（これは過度緊張の状態に先行する）に達したならば、商業信用は非常に大きくなるのであるが、その場合にはこの信用には、実際にこれまた、順調な還流と拡大された生産という「健全な」土台がある。この状態では、利子率は、その最低限度よりは高くなるとはいえ、やはりまだ低い。じっさい、この時期こそは、低い利子率、したがってまた貸付可能な資本の相対的な豊富さが生産的資本の現実の拡張と同時に生じると言いうる唯一の時点である。大きな**商業**信用と結びついた還流の順調さは、貸付可能な資本の供給を、それへの需要の増大にもかかわらず、確実にして、それをその水準に維持する。他方では、いまやようやく、準備資本なしに、もしくは資本なしに事業をやる、したがってまたまったく貨幣信用だけに頼って操作をする騎乗者たちが、目につく程度にはいってくる。いまではまた、あらゆる形態での固定資本の大拡張や、新しい企業の開業が加わってくる、等々。いまや、利子はその平均の

高さにまで上がる。（①542、E505）

繁栄期においては、貨幣的資本の豊富さと資本蓄積の進行が両立することができます。たしかに、この時期には資本蓄積が活性化するために、一方では貨幣的資本への需要が増大します。しかし、他方では、市場が堅調であるため、産業資本家や商業資本家のあいだでの信用が拡大し、資本家のもとへの貨幣の還流が順調に進むので、支払手段としての貨幣にたいする需要が抑制されます。さらに、貨幣が資本家のもとに順調に還流するということは「**現実の資本蓄積に対応する貨幣的資本の蓄積**」の項目でみたような貨幣的資本の供給を確実なものにするでしょう。こうして、資本蓄積が進行しつつも、貨幣的資本が豊富で、相対的に低い利子率であることが可能になるのです。

とはいえ、この状態はやはり一時的なものであり、市場の状況が活性化するにつれ、貨幣的資本にたいする需要が高まっていき、利子は「その平均の高さにまで」上がっていきます。

貨幣的資本のプレトラが証明するものは資本主義的生産の制限以外のなにものでもない

……諸事情がすべて変わらないものと仮定すれば、資本に再転化するものとして予定される利潤の量は、得られる利潤の量に、したがってまた、諸事情がすべて変わらないものと前提すれば、現実の再生産過程の拡張に依存するであろう。しかし、この新たな蓄積がそれの充用にさいして投下部面の不足から生じる困難にぶつかる（したがって、その結果さらに、充用中の再生産的資本が支払う利子が低下することになる）とすれば、このような**貨幣的資本のプレトラ**が証明するものは、**資本主義的生産過程の制限**以外のなにものでもない。それにつづく信用詐欺は、この剰余資本の充用にたいする**積極的な**障害が存在しない、ということを証明しているのであるが、しかし、資本の**価値増殖の諸法則**、つまり資本が資本として価値増殖するさいの制限による障害は存在するのである。貨幣的資本そのもののプレトラは必ずしも過剰生産を、あるいは資本の投下部面の不足を表現するものではない。

ちなみに次のことを考えるならば、すなわち、貨幣的資本の蓄積とは、ただたんに、**貨幣**が貸付可能な貨幣として沈澱《ちんでん》する（あるいは貸付可能な貨幣という形態をとる）ことであって、この過程は、貨幣の資本への現実の転化とは非常に違うものである……こと、この蓄積は、すでに指摘したように、現実の蓄積とは非常に違った諸契機を表現していることがありうること――こうしたことを考えるなら、現実の蓄積が絶えず拡張されている場合に、貨幣資本の蓄積の拡張は、一部は現実の蓄積の拡張の結果でもありうるし、一部は現実の蓄積の拡張に伴ってはいるがそれとはまったく違った諸契機の結果でもありうる（両者の対立の場合は度外視するとしても）。現実の蓄積からは独立していながら、しかもそれに随伴するそのような諸契機によって、貨幣的資本の蓄積が膨張させられる、という理由からだけでも、循環の一定の諸局面ではつねにこの貨幣的資本のプレトラが生じざるをえないのであり、また、信用制度の発展につれて、このプレトラが発展せざるをえないのであり、したがって同時に、生産過程をそれの資本主義的諸制限を乗り越えて駆り立てることの必然性が——過剰取引、過剰生産、過剰信用が——発展せざるをえない。しかもこのことは、つねに、反動を呼び起こすような諸形態で起こらざるをえないのである。（①586、E 523f）

この文章は、「Ⅲ」の冒頭で提起されている「資本のプレトラ」と資本蓄積との関連についての問題に答えを与えるものとなっています。と同時に、この引用文で主題となる「プレトラ」は産業循環の過剰生産期に対応するものですので、過剰生産期における貨幣的資本と資本蓄積との関連についての説明も与えています。

まず、後者の視点からこの引用文をみてみましょう。過剰生産期においては、第三章でみたように、景気が過熱するなかで利潤率が低下し、ますます多くの小資本が通常の資本投下では利潤を確保することが困難になっていきます。このようにして形成された「過多な資本」が、収益を上げることのできる投下部面を求めて、「冒険、投機、信用詐欺、株式詐欺」へと駆り立てられることになるのでした。これまでの利子生み資本および信用制度についての考察を前提にすれば、このような「過多な資本」は銀行制度のもとで貨幣的資本の形態をとって現れます。つまり、「資本のプレトラ」は「貨幣的資本のプレトラ」として現象するのです。それゆえ、「このような**貨幣的資本のプレトラ**が証明するものは、**資本主義的生産過程の制限**以外のなにものでもない」ということになります。

本来であれば、過剰生産期においては利潤率が低下するなかで利潤量を増大させるためにさらなる資本蓄積が推し進められるのですから、貨幣的資本にたいする需要が増大し、利子率が高騰してもおかしくありません。しかし、加速的な資本蓄積が利潤率の低下をともないながら進行するために「貨幣的資本のプレトラ」が発生し、これによって利子率の高騰が抑制され、ある程度の上昇にとどまります。このような貨幣的資本のプレトラによる利子率高騰の抑制は、さらなる過剰生産、さらなる過剰取引（架空需要の増大）を促進することになるのです。

それだけではありません。景気が過熱している状態においては原料費や賃金の高騰、さらには超過利潤の喪失によって利潤率の低下がすすみ、資本蓄積のための投下部面がますます不足するようになるのですから、これによって発生した「過多な貨幣的資本」は「投機、信用詐欺、株式詐欺」へと、すなわち架空資本へと向かわざるをえません。というのも、一方では、利潤率低下という資本主義的生産の拡大にたいする制限が存在するにもかかかわらず、他方では、より多くの資本を投下してより多くの収益を取得しようとする衝動には制限がないからです。このような動きはいわゆる「金融バブル」を引き起こし、架空資本の価格の高騰をもたらします。こうして、恐慌を現実のものとする「契機」がさらに発展していくことになるのです。

では、これまでの考察をふまえ、「Ⅲ」の冒頭で提起されている「**資本のプレトラ**……は過剰**生産**と並ぶ一つの特殊的な現象をなすものなのか、それとも過剰**生産**を表現するための一つの特殊的な仕方にすぎないのか？」という問題について考えてみましょう。これまで見てきたように、第三章でその本質が把握された資本の過剰生産に起因する「資本のプレトラ」は、利子生み資本と銀行制度を考慮にいれるならば、「貨幣的資本のプレトラ」として現象します。その意味では、資本のプレトラとは「過剰生産を表現するための一つの特殊的な仕方にすぎない」ということになるでしょう。

とはいえ、マルクスは上記の引用文のなかで「貨幣的資本そのもののプレトラは必ずしも過剰生産を、あるいは資本の投下部面の不足を表現するものではない」とも述べています。これはどういうことでしょうか。

少し前にみたように、貨幣的資本は、産業循環の特定の局面とはかかわりなく、銀行制度の発展そのものによっても、銀行制度のもとでの資本蓄積の進展によっても増大する傾向があります。それゆえ、この意味では、「資本のプレトラ」は必ずしも過剰生産という産業循環の特定の局面とかかわりなく発生することができますので、「過剰生産と並ぶ一つの特殊的な現象をなすもの」だと言えるでしょう。このような貨幣的資本の傾向的増大は、過剰生産によって発生する「資本のプレトラ」を増幅させ、「生産過程をそれの資本主義的諸制限を乗り越えて駆り立てることの必然性」をさらに発展させることになります。

貨幣的資本が逼迫するのは遊休している生産的資本が過多のときである

再生産過程が引き続き流動的であり、したがって還流が確保されているあいだは、この信用は持続し膨張するのであって、それの膨張は再生産過程そのものの膨張にもとづいている。還流が遅れ市場が供給過剰になって価格が下落したために停滞が現れれば生産的資本の過剰があるのであるが、しかしそれは、生産的資本がそれの諸機能を果たすことができないという形態での過剰である。売ることができない大量の商品資本がある。大量の固定資本がある。しかし、商品資本は売ることができない。他方で固定資本は、再生産の停滞に伴って、一部は遊休している。信用は収縮するが、その原因は、(1)この資本が「充用されていない」から、すなわちある再生産段階に停滞していて、それの変態を成し遂げることができないからであり、(2)再生産過程の流動性への信頼が破られているからであり、(3)この商業信用にたいする需要が減少するからである。織物業者は、生産を制限しており大量の売れない織物をしょい込んでいるので、綿糸を信用で買う必要はないし、商人は織物を信用で買う必要はない、等々。

　再生産過程のこのような緊張や膨張のなかで攪乱《かくらん》が生じれば、一方ではもちろん信用欠乏が生じるのであって、掛買いするのが困難になる〔現金払いを要求するのは、つまり**慎重に**売るのは、産業循環のうちのパニックのあとにくる局面を特徴づけるものなのではあるが〕。しかしとりわけ、だれもが売らなければならないのに売ることができず、**支払うために売らなければならない**のだから、遊休していて投下を求めている資本の量ではなく自己の再生産過程のなかでせき止められている資本の量は、まさに、信用欠乏が最大であるとき（だからまた割引率が最高であるとき）にこそ、最大なのである。そのようなときには、再生産過程がせき止められているのだから、資本は実際に大量に遊休している。工場は休止し、原料は倉庫に貯蔵され、完成生産物は商品として市場にとどまり続けている。だから、このような状態を**生産的資本の欠乏**のせいにすること以上に間違ったことはない。このようなときに生産的資本の**過剰**があるのである。すなわち、それは、一部は再生産の現実の規模、この場合には収縮している規模から見て過剰なのであり、一部は麻痺している消費から見て過剰なのである。（①539、E500）

産業循環は、過剰生産期における景気の過熱をつうじて最終的には、第三章でみたように「資本の絶対的過剰生産」に陥り、恐慌期に突入します。恐慌期には生産活動が大幅に収縮し、現実資本の蓄積が停止するとともに、生産的資本の多くが機能しなくなります。他方では、信用が収縮し支払手段への需要が急増するために貨幣的資本が逼迫し、利子率が高騰することになります。

全体として見れば貨幣的資本の運動は生産的資本の運動とは逆になる

つまり全体として見れば、貨幣的資本の運動（利子率に表現されるそれ）は生産的資本の運動とは逆なのである。利子率がその平均的な高さに、すなわちその最低限度からも最高限度からも同じ距離にある中位点に達することが、豊富な貸付可能な資本と生産的資本の大膨張とが同時に生じていることを表現する。「好転」および「信頼の増大」と同時に生じる、低いとはいえ最低限度よりも高い利子率も同じことを表現する。しかし、産業循環の発端では、低い利子率が生産的資本の収縮と同時に生じ、終わりには高い利子率が生産的資本の過多と同時に生じる。「好転」に伴う低い利子率は、商業信用がわずかな度合いでしか貨幣信用を必要とせず、まだ自立していることを表現している。

この循環については、ひとたび最初の衝撃が与えられたのちに同じ事態が周期的に再生産されざるをえない、というような事情になっている。沈静の状態では、生産は、それが以前の循環中に到達した規模、そして、いまではそのための実体的土台が置かれているような規模よりも下に下がる。繁栄（中位）のときには、生産はこの土台のうえでさらに発展する。過剰取引の時期には、生産は生産諸力を極度に働かせて、生産過程の資本主義的諸制限をも越えさせるまでに駆り立てるのである。（①542f、E505ff）

どんな種類の銀行立法でも恐慌をなくすことはできない

恐慌の時期に「支払手段」が欠乏していることは自明である。手形の転換可能性が商品の変態そのものにとって代わったのであって、しかもまさにこのような時点でこそ、一部がただ信用だけに頼って仕事をすることが多くなればなるほど、それだけますますそうなるのである。恣《し》意《い》的な銀行立法（一八四四―四五年のそれのような）がこの貨幣恐慌をさらに重くすることもありうる。しかし、どんな種類の銀行立法でも恐慌をなくしてしまうことはできない。全過程が信用にもとづいているところでは、ひとたび信用がとだえて現金払いしか通用しなくなれば、信用恐慌と支払手段の欠乏とが生じることは自明であり、だからまた、全恐慌が、一見したところでは、信用恐慌および貨幣恐慌として現れざるをえないことは自明である。しかし実際に問題となっているのは、手形の貨幣への「転換可能性」だけではない。膨大な額のこうした手形が表しているのは、たんなる詐欺取引であり、失敗に終わった、また他人の資本でやられた投機であり、最後に減価している商品資本、あるいはもはやけっしてなされえない還流であって、それらがいまや爆発したのであり、明るみに出るのである。もちろん、再生産過程の暴力的な拡張のこの人為的なシステムの全体を、いま、ある銀行（たとえばイングランド銀行）が紙券ですべての山師に彼らに不足している資本を与え、すべての商品を以前の名目価値で買い取る、というようなことによって治癒させることはできない。とにかく、すべてがねじ曲げられて現れるのである。というのは、この紙の世界ではどこにも実体的な価格やそれの実体的な諸契機は現れないのであって、現れるのは地金や銀行券や手形（転換可能性）や有価証券なのだからである。ことに、国内の全貨幣取引が集中する中心地（たとえばロンドン等々）では、このような転倒が現れる。生産の中心地ではそれほどでもないが。（①543、E507）

これまでみてきたように、恐慌は信用制度をつうじて増幅されますし、また、恐慌そのものも信用の著しい収縮と支払手段の不足として現象します。それゆえ、外観だけをみれば、あらゆる恐慌は「信用恐慌、貨幣恐慌」という形態をとります。

もし恐慌がその外観どおりにたんなる「信用恐慌、貨幣恐慌」であるならば、銀行立法や中央銀行の介入によって豊富な支払い手段を供給すれば、恐慌を治癒することは可能かもしれません。しかし、実際には、それらは恐慌を緩和するにとどまり、それを治癒することはできません。というのも、恐慌の根本原因は「資本の絶対的過剰生産」であり、たんなる支払手段の不足だけが問題となっているのではないからです。

このことをクリアに理解するためには、たんなる支払手段の不足――すなわち商品の販売によって貨幣資本循環を実現する実体経済的な条件が存在するにもかかわらず、社会に供給されている貨幣が足りないために支払手段が不足するという事態――と、資本そのものの不足――すなわち、過剰生産によってそもそも貨幣資本循環を実現する実体経済的な条件が存在しないために、支払手段が不足するという事態――を明確に区別することが必要です。もし前者だけが問題になっているのであれば、銀行が資本家たちに貨幣を供給すれば資本の循環が順調に進行するので、銀行は貸し付けた貨幣を回収することができるでしょう。しかし、後者が問題になるのであれば、これをすべて銀行による貨幣供給によって解決することはできません。このような場合、資本家に貨幣を供給し「不足している資本を与え」るとしても、そもそも彼らの事業が円滑に進行する条件が失われているのですから、貸し付けた貨幣を回収することは困難であり、多くの場合、不良債権化してしまうでしょう。

もちろん、この事態に中央銀行が介入して不良債権を肩代わりすることはできますが、その介入にはやはり限界があります。というのも、そのような介入が行き過ぎれば今度は中央銀行の信用そのものが動揺することになり、兌換（銀行券と金との交換）の停止に追い込まれたり、兌換を行わない管理通貨制度のもとであっても、インフレーションが昂進し、引き締め政策への転換を余儀なくされるからです。

信用システムの貨幣システムへの転回は必然である

……信用貨幣そのものが**貨幣**であるのは、ただ、それがそれの価値について、絶対的に現実の貨幣を代表しているかぎりでのことである。地金が流出するにつれて、信用貨幣の貨幣への**転換可能性**、すなわちそれと金との同一性は疑わしくなってくる。そこから、この転換可能性を確保するために、利子率の引き上げ等々の強行処置が行われる。このことは、もろもろの間違った貨幣理論にもとづいていて、貨幣商人たち（オウヴァストン）の利害によって国民に押しつけられる間違った立法によって多かれ少なかれ激化させられることもありうる。しかし、その基礎は生産様式そのものの基礎とともに与えられているのである。信用貨幣の減価……が生じれば、それはすべての既存の関係を動揺させるであろう。それだから、商品の価値は、貨幣のかたちでのこの価値の空想的かつ自立的な定在を確保するために、犠牲にされるのである。そもそも商品の価値が貨幣価値として確実であるのは、ただ貨幣が確実であるかぎりでのことでしかない。それだからこそ、わずか数百万の貨幣のために何百万もの商品がいけにえにされなければならないのである。これはブルジョア的生産では不可避であって、この生産の美点の一つをなすものである。それ以前の生産諸様式ではこういうことは存在しない。なぜならば、それらの生産様式が運動する狭隘《きょうあい》な土台のもとでは、信用も信用貨幣も発展しないからである。労働の**社会的**性格が商品の**貨幣定在**として現れ、したがってまた現実の生産の外にある一つの**物**として現れるかぎり、貨幣恐慌は、現実の恐慌にはかかわりなく、またはそれの激化として、不可避である。他方で明らかなことは、銀行の**信用**が動揺していないかぎり、銀行はこのような場合には、信用貨幣を増やすことによってパニックを緩和し、信用貨幣を収縮させることによってパニックを助長するということである。近代産業のすべての歴史が示しているのは、もし国内の生産が組織化されていれば、地金は、事実上、ただ、国際貿易の均衡が動揺したときに、それの清算のために必要なだけであろうということである（国内は金貨幣を必要としないということである。それだから、非常の場合には正貨支払停止が行われるのである）。（①594f、E532f）

中央銀行は信用システムの軸点であり、**地金準備**はこの銀行の軸点である。私がすでに以前に「**支払手段**」のところで述べたように、信用システムから貨幣システム〔重金主義〕への転回は**必然的**である。**金属の土台**を維持するために実物の富の最大の犠牲が必要だということは、ロイドによってと同様に、トゥクによっても承認されている。……だが、金銀はなにによって富の他の諸姿態から区別されるのか？　その価値の大きさによってではない。というのも、これは金銀に物質化されている労働の分量によって規定されているのだからである。そうではなくて、富の**社会的な**性格の自立した化身、表現として区別される。この**社会的な**定在は、社会的な富の**現実の**諸要素と並んで、その外部に、**彼岸**として、物として、物象として、商品として、現れるのである。生産が円滑に進んでいるあいだは、このことは**忘れ**られている。いまや、富の社会的な形態としての**信用**が、貨幣の地位を押しのけて奪ってしまう。生産の社会的な性格にたいする信頼こそが、生産物の貨幣形態を、ただ瞬過的でしかないもの（たんなる心像）、ただ観念的でしかないものとして現れさせるのである。ところが、信用が揺らげば――そしてそういう局面は近代産業の循環のうちにつねに必然的に出現する――今度は、いっさいの実物の富が**現実に貨幣**に、金銀に転化されなければならなくなる。だが、この馬鹿げた要求はシステムそのものから必然的に生え出てくるのであり、しかも、この巨額の要求と比べられる金銀のすべては、〔イングランド〕銀行の地下室にある数百万〔ポンド〕でしかない。つまり、地金流出の諸結果のうちには、生産が現実には**社会的な過程**として**社会的な**制御に服していないという事情が、富の**社会的な**形態が富の外にある一つの**物**として存在するという事情が、きわめてどぎつく現れてくるのである。（①625f、E587ff）

重金主義〔貨幣システム〕は本質的にカトリック的であり、信用システムは本質的にプロテスタント的である。「スコットランド人は金をきらう」。紙幣としては、諸商品の貨幣定在がもつのは**たんに社会的でしかない**定在である。救いにあずからせるものは**信仰**である。諸商品の内在的な精霊としての貨幣価値にたいする信仰、生産様式とそれの予定秩序とにたいする信仰、自己自身を増殖する資本のたんなる人格化としての個々の生産当事者にたいする信仰。しかし、プロテスタンティズムがカトリシズムの諸基礎から解放されないように、信用システムも貨幣システム〔重金主義〕という土台から解放されないのである。（①646、E606）

本節で私たちは高度に発展した銀行制度、さらにはその基盤にある信用システムを舞台とした利子生み資本の諸形態とその運動についてみてきました。もちろん、さらに高度に発展した現代の金融システムからみれば原初的ではありますが、それでも第一部の商品から出発した考察は、一見したところ物質的な商品生産からはかけ離れているようにみえる高度な信用の世界にまで到達したのです。

　とはいえ、ここで重要なのは発展した高度な銀行制度あるいは信用システムの基礎にあるのは、やはり第一部で考察した商品や貨幣であり、資本主義的生産であるということです。その意味で、高度な銀行制度や信用システムに支えられた「信用貨幣」についても、その基礎にあるのは一般的等価物としての、すなわち価値体としての「貨幣」なのです。

これは、けっしてたんなる抽象論ではありません。なんらかの事情で信用が過剰になり、信用貨幣の減価が発生する事態になれば、中央銀行は金の流出をふせぐために利子率の引き上げなどの措置を強行し、銀行券と金との転換可能性を維持しなければなりません。なぜなら、資本家の力の根源は、労働の社会的な性格すなわち社会的な力が物そのものに癒着している貨幣にあるからです。もし貨幣そのものが不安定になり力を失ってしまえば、商品を販売することも、それによって利潤を得ることもすべて不可能になってしまいます。もちろん、そのような措置によって物価は強制的に引き下げられ、多くの商品の価値が犠牲になることになるので、資本家たちも打撃を被るわけですが、にもかかわらず、資本家の力の根源をなす貨幣「価値」の維持を優先しなければならないのです。

注意が必要なのは、ここで問題になっているのは信用貨幣と金との転換可能性そのものではなく、むしろ貨幣「価値」の維持だということです。そもそも信用貨幣が成立するのはその基礎にマルクスのいう「商業信用」、すなわち産業資本家や商業資本家たちが相互に与え合う信用があるからです。そして、こうした「商業信用」は資本の生産と流通が順調に進行することに依存しています。それゆえ、資本主義的生産が順調に進行するかぎり、信用にもとづく取引は安定して成立すると言うことができます。しかし、他方で、この

「土台」が動揺し、信用取引が立ちゆかなくなるなら、資本家たちは労働生産物であり、直接に価値を体現するものとしての金にすがりつくほかありません。価値が私的労働の社会的力の対象的な表現であるかぎり、相互の私的利害の対立が鮮明になって生産の私的性格がもっとも浮き彫りになる信用の収縮期にこそ、価値を直接に体現するものとしての金属貨幣の力が誰の目にも明らかになるのです。まさにこれが、かつての銀行制度において地金準備がその「軸点」に据えられていたゆえんにほかなりません。

しかし、この金属貨幣を「軸点」とした信用システムには大きな限界があります。このシステムにおいては、景気が過熱し、経済全体からみればわずかな国外への金の流出が起きたとしても、引き締めに転じざるをえません。それゆえ、まさにこれから景気が悪化していく時期に信用を収縮させるような対応をとらざるをえなくなってしまうのです。そのような状況での利子率の引き上げや銀行券の流通量の制限が、資本主義経済全体に深刻なダメージを及ぼすことは言うまでもありません。この意味では、金との兌換を基軸とする金本位制は、貨幣「価値」の安定のために、中央銀行による信用供給を抑制するシステムであったと言えるでしょう。

とはいえ、実際には中央銀行の信用は『資本論』の考察対象である経済的形態規定とは異なる力によっても支えられていました。その力こそが「国家」です。[7] 金本位制はその弱点によって幾度も機能停止に陥り、最終的には国家の力を借りて、不換制に、すなわち

「管理通貨制度」に移行することになりました。この「管理通貨制度」においては中央銀行はもはや金準備に縛られることなく信用を拡大することが可能になります。しかし、現在のようにインフレになれば、やはり金融引き締めが必要となり、それでも解決できなければ国家による緊縮政策が強行されるでしょう。結局のところ、「管理通貨制度」は、かつて金準備において集約的に現れていた資本主義システムの矛盾──「生産が現実には**社会的な過程**として**社会的な**制御に服していないという事情」──を、諸々の制度や国家へと移転するものにすぎないのです。

言うまでもなく、それが矛盾の移転であるかぎり、金本位制からの離脱によって問題が解消されることはありません。中央銀行や国家の介入能力の増大によって以前よりも恐慌を緩和することは可能になっていますが、恐慌そのものをなくすことはできませんし、その介入能力そのものにも限界があります。

さらに、このような中央銀行や国家による介入能力の限界は、この矛盾の移転そのものが不完全なものであり、本質的には金属貨幣から脱却できないということも意味しています。このことを端的に示しているのが、現在のインフレのもとで各国の中央銀行が金の購買額を急増させているという事実です。結局のところ、現実の生産システムが私的生産のシステムであるかぎり、信用システムは価値の体化物への依存をやめることはできません。マルクスが言ったように、依然として、「信用システムから貨幣システムへの転回は**必**

然」なのです。

7　マルクスは近代国家を資本主義的生産様式に照応する政治形態として把握し、それがもつ独自性についての幾つかの考察を残しています。次章においても国家についての若干の考察がなされています（648頁）。この点についての詳細は隅田聡一郎『国家に抗するマルクス』（堀之内出版）をご覧ください。

第六節　前ブルジョア的なもの

すでに第四章第七節の冒頭で確認したように、本節で問題になるのは利子生み資本の歴史そのものではなく、それが資本主義的な存在形態を獲得するにあたっての前提条件が、いかにして歴史的に形成されてきたかを解明することです。本節でも引用を中心に見ていきましょう。

高利資本

利子生み資本、またはそれの古風な形態のものは**高利資本**と呼んでもよいが、それは、それの双生の兄弟である**商人資本**とともに、資本の大洪水以前的形態に、すなわち資本主義的生産様式よりもずっと前からあって、非常にさまざまな経済的社会構成体のなかに現れる資本形態に属する。（①646、E607）

高利も商業も**与えられた生産諸関係を搾取する**のであり、それらをつくりだすのではなく、外からそれらにかかわるのである。高利は、絶えず繰り返しその生産様式を搾取できるようにするためにそれを直接に維持しようとするのであり、保守的であり、ただそれをいっそう悲惨にするだけである。生産諸条件が商品として過程にはいり商品としてそれから出てくるということが少なければ少ないほど、**貨幣**からそれらをつくりだすことはますます特別な行為として現れる。全生産が流通に立脚することが少なければ少ないほど、それだけ高利資本は栄えるのである。（①655、E623）

とはいえ、資本主義的生産様式以前の時代に**高利資本**が存在するさいの特徴的な形態には、二つのものがある。浪費をこととする貴人（おもに**土地所有者**）への貨幣貸付による**高利**、第二に、自分自身の労働条件をもっている小生産者への貨幣貸付による**高利**である。……

どちらも、つまり高利による富裕な土地所有者の破滅も小生産者たちの搾取も、ともに大きな貨幣資本の形成と集中とに通じる。しかし、どの程度までこうした過程が（現代ヨーロッパでの結果がそうであったように）古い生産様式を廃止するのかということは、またそれが資本主義的生産様式をつくりだすかどうかということは、まったく、歴史的な発展段階に、またそれとともに与えられる諸事情にかかっている。（①647、E608）

資本主義以前の利子生み資本は基本的に「高利貸」であり、収奪的な性格を持っています。というのも、資本主義以前の社会では借りた貨幣を資本として運用し、収益をあげることは――一部の商人を除いて――困難だからです。それゆえ、高利資本はそれを豊かな土地所有者に貸し付けるにせよ、あるいは農民などの小生産者に貸し付けるにせよ、それらの人々から生産手段を収奪し、あるいは労働の成果を搾取していくことになります。それによって、一方では既存の所有関係の破壊が、他方では貨幣資本の形成と集中が促進されるのです。

しかし、商品資本の発展がそれだけでは資本主義的生産様式をもたらすことがないのと同様に、高利資本による収奪そのものが古い生産様式を廃止し、資本主義的生産様式をもたらすわけではありません。結局、高利資本も生産様式にたいして外的な作用を及ぼすことができるにすぎないのであって、その破壊的作用が生産様式そのものを変革するためには第四章第七節でみたような諸条件が必要となるのです。

信用制度の発展が高利にたいする反作用として実現されるということは、利子生み資本が資本主義的生産様式の諸条件と諸要求とに従属するということである

信用制度の発展は**高利にたいする反作用**として実現される。

しかし、このことを誤解してはならない。また、けっしてそれを古代の著述家や教父やルターや社会主義者たちの考える意味にとってはならない。

このことが意味しているのは、利子生み資本が**資本主義的生産様式**の諸条件と諸要求とに**従属する**ということ以上のなにものでもないし、またそれ以下のなにものでもないのである。だいたいにおいて利子生み資本は現代の信用制度のもとでは資本主義的生産様式の諸条件に適合させられる。**高利**そのものは、存続するだけでなく、資本主義的生産様式の発達している諸国民のもとでは、すべての古い立法がそれに課していた制限から解放されるのである。利子生み資本は、資本主義的生産様式の意味では借り入れがなされないような、またなされることができないような、諸個人や諸階級にたいしては、またはそのような事情のもとでは、高利資本として現れる（高利資本という形態しかとらない）。……

資本主義的生産様式の本質的な一要素をなしているかぎりでの**利子生み資本**を、**高利**

資本から区別するものは、けっしてこの資本そのものの性質または性格ではない。それは、ただ、この資本が機能する諸条件が変化したということだけであり、したがってまた貨幣の貸し手に相対する借り手の姿がまったく変わってしまったということだけである。財産もない男が、産業家としてであろうと商人としてであろうと、信用を受ける場合でさえも、それは、彼が**資本家**として機能し、借りた資本で不払労働を取得するであろうということが信頼されて行われるのである。彼に信用が与えられるのは、**潜在的な資本家**としての彼に与えられるのである。そして、経済学的弁護論者たちによって非常に賛嘆されるこの事情、すなわち、財産はないが精力も能力も堅実さも事業知識等々もある一人の男がこのようにして資本家に転化することができる……ということこの事情は、既存の個別的資本家たちにたいしては絶えずありがたくない数の新たな射幸騎士を戦場に連れ出すものだとはいえ、資本による支配そのものを強固にし、この支配の基礎を拡大して、それが社会の下層からの新鮮な力によって絶えず補充されることを可能にするのである。それは、ちょうど、中世のカトリック教会が身分や素性や財産を問題にしないで人民のなかの最良の頭脳で構成されていたという事情が、教階制と俗人抑圧とを強固にするための主要な手段だったようなものである。下層諸階級の最もすぐれた人物を自分のなかに吸収する能力が支配階級にあればあるほど、その支配はますます強固でますます危険なのである。（①652f、E613f）

信用制度が高利資本に対抗するかたちで発展していったことは、ルターや社会主義者たちが考えたように、私的利害の追求を抑制するような「公正」な取引が発展していったことを意味するのではありません。むしろ、それが意味したのは、資本主義的生産様式が利子生み資本を従属させ、自らの発展に資するように包摂していったということでした。それゆえ、もっぱら個人的消費のために費やされる貨幣を貸し出す高利貸は廃止されるどころか、ある面では古い共同体社会の規制から解放され、全般化されたとも言えます。現在でも、「消費者金融」や「カードローン」という名の高利貸がどれだけ蔓延《まんえん》しているかは、テレビやインターネット、ダイレクトメールなどをつうじて日々垂れ流されている広告からも明らかでしょう。

しかし、他方で、利子生み資本が機能する条件は根本的に変化し、その大部分は資本主義的生産のための資金を提供するものになります。すなわち、消費者に貨幣を貸し付け彼の資産を食い潰《つぶ》したり貧困の淵《ふち》に追いやったりするのではなく、労働者を搾取し利潤を取得することのできる能力を持つ機能資本家に資金を提供し、そこから安定的に利子を取得するようになるのです。もちろん、利子生み資本であるかぎり、貨幣的資本の独占にもとづく他人の富の収奪でしかないのですが、それが社会的生産の発展に貢献するという意味では、まったく異なる社会的機能を果たすようになります。

とりわけここで強調されているのは、利子生み資本が「財産はないが精力も能力も堅実さも事業知識等々もある一人の男」をこのようにして資本家に転化することができるという、その能力です。現在でも、米国などでは、巨大銀行や巨大資本の傘下にあるベンチャー資本が多くのスタートアップ企業に出資し、成功すれば、その企業の株式を売却して莫大《ばくだい》な利益を得るということがさかんに行われています。このように銀行＝信用システムは、貨幣財産をもたないが能力のある人物を機能資本家にすることによって、「資本による支配そのものを強固にし、この支配の基礎を拡大して、それが社会の下層からの新鮮な力によって絶えず補充されることを可能にする」のです。

産業資本および商業資本への利子生み資本の従属

アムステルダム銀行（一六〇九年）は（ハンブルク銀行一六一九年と同じく）、現代の信用制度の発展のなかで一時期を画するものではない。純粋な預金銀行。この銀行が発行した手形は実際にはただ預託された貴金属（または硬貨）の受領証でしかなく、それがただその受取人の裏書きによって流通しただけだった。しかし、オランダでは商業や製造工業といっしょに商業信用や貨幣取扱業が発展したのであって、利子生み資本は発展そのものによって産業資本や商業資本に従属させられていた。このことは**利子率の低い**

ことにも現れていた（**量的に**）。……

一八世紀の全体をつうじて、オランダにならって、利子生み資本を商業資本と産業資本に従属させてその逆にはならないようにするために、利子率の**強制的な**引き下げを求める叫びが響いた（そして立法はこの趣旨で行動した）。……

高利にたいするこの**激しい**攻撃——あるいは利子生み資本の産業資本への従属——は、資本主義的生産様式のこれらの条件をつくりだす有機的創造物の、現代の銀行制度の先駆でしかないのであって、この銀行制度は、一方ではすべての死蔵されている貨幣準備を集中してそれを貨幣市場に投じることによって高利資本からその独占を奪い取り、他方では信用貨幣の創造によって貴金属そのものの独占を制限するのである。（①654f、E616f）

信用＝銀行システムは資本主義生産様式を最終の形態まで発展させる

……信用制度は私人の手による社会的生産手段（**資本**や**土地所有**の形態での）の独占を**前提**するということであり、信用制度はそれ自身**資本主義的生産様式**の内在的形態であるとともに他方ではこの生産様式をその可能なかぎりの最終の形態まで発展させる一つの媒体であるということである。

銀行システムは、形態的な組織化および集中から見て、およそ資本主義的生産様式がつくりだす最も人工的な最も発達した産物である。それだからこそ、イングランド銀行のような機関が商業や産業にたいして巨大な力を揮うのである。といっても、商業や産業の現実の運動がまったくイングランド銀行の領域の外部にあることに変わりはないのであって、この運動にたいするイングランド銀行のかかわりは受動的なものではあるが。それとともにたしかに生産手段の社会的な規模での一般的な記帳可能性や配分の形態は与えられているが、しかし、また、ただ形態だけである。すでに見たように、個別資本家、特殊的資本の平均利潤は、この資本が搾取する剰余労働によって規定されているのではなく、総資本が搾取する社会的な剰余労働の分量によって規定されているのであって、特殊的資本はそのなかから、ただこの総資本のなかで占める割合に応じて自分の分け前を引き出すだけである。資本のこの「社会的な」性格は、信用＝銀行システムの発展によってはじめて媒介され、実現される。他方では、これはさらに先に進む。信用＝銀行システムは、産業資本家や商業資本家に、社会の処分可能でまだ能動的にすでに充用されてはいないあらゆる資本を用立てるのであり、したがってこの資本の貸し手もその充用者もこの資本の「所有者」でもなければ生産者でもない。信用＝銀行システムはこのようにして資本の**私的性格**を止揚するのであり、したがって**即自的に**、しかしただ**即自的に**のみ、資本そのものの止揚を含んでいるのである。

銀行制度によって、資本の配分は、一つの**特殊的業務**として、社会的な機能として私的資本家や高利貸の手から取り上げられている。しかし、これによって同時に銀行制度は、資本主義的生産をそれ自身の諸制限を乗り越えて進行させる最も能動的な手段となり、また恐慌、思惑、等々の最も有効な媒介物の一つとなるのである。（①661f、E620f）

資本主義的生産様式のもとで発展する信用＝銀行システムの社会的性格については前節においても繰り返し述べられていましたが、マルクスはふたたび、歴史的な観点からこの問題について論じています。

マルクスが指摘するように、「**銀行システム**は、形態的な組織化および集中から見て、およそ資本主義的生産様式がつくりだす最も人工的な最も発達した産物」であり、それゆえ、その頂点にたつ中央銀行は強大な力を行使することができます。もちろん、この強大な力そのものが信用システムの全体に、さらにはその信用システムの土台にある資本主義的生産に依存していることを忘れてはなりません。実際、中央銀行でさえも恐慌にさいしては「銀行の**信用**が動揺していないかぎり」で「信用貨幣を増やすことによってパニックを緩和」（①595、E533）することができるにすぎず、あくまでも「商業や産業の運動」にたいして「受動的」にかかわることしかできないことは、前節でも指摘されていたとおりです。とはいえ、このような制約がありながらも、信用＝銀行システムは資本を配分する力を私的資本家や高利貸の手から取り上げ、それを社会的な機能にすることによって、資本主義的生産様式の社会化を促進します。銀行制度が社会のさまざまな領域から集めた貨幣的資本や、信用システムの全体が創造する信用が、私的資本家の私的資本だけでは絶対に不可能な資本主義的生産の飛躍的発展をもたらすのです。したがって、信用＝銀行システムはその貸し手の資本も、その充用者の資本ももはや私的資本ではないという意味で、「資本の**私的性格**を止揚する」ことになります。

ところが他方で、信用＝銀行システムはこのように資本主義的生産を促進することによって、「資本主義的生産をそれ自身の諸制限を乗り越えて進行させる最も能動的な手段」ともなるのであって、これによって景気の過熱、貨幣的資本のプレトラ、有価証券の価格の高騰がもたらされます。こうして、それは「恐慌、思惑、等々の最も有効な媒介物の一つ」になるのです。

それゆえ、歴史的にみれば、信用＝銀行システムは、一方では資本主義的生産様式の社会化を推し進め、新しい社会の潜在的要素を形成しながらも、他方ではごく一握りの寄生階級による社会的富の大規模な収奪を可能にするという両義的な性格をもつことになります。

社会主義的な意味での信用＝銀行制度の奇跡的な力についての幻想は、資本主義的生産様式と信用制度とについての完全な無知から生まれる

最後に、資本主義的生産様式から**アソーシエイトした労働**の生産様式への過渡期に信用システムが強力な梃子として役立つであろうということは、少しも疑う余地はない。とはいえ、それが役立つのは、ただ、この生産様式そのもののの他の大きな有機的な諸変化との関連のなかの一契機としてのみである。これに反して、社会主義的な意味での信用＝銀行制度の奇跡的な力についてのもろもろの幻想は、資本主義的生産様式とそれの形態の一つとしての信用制度とについての完全な無知から生まれるのである。生産手段が**資本**に転化することをやめれば（このことのうちには私的土地所有の止揚も含まれている）、**信用**そのものにはもはやなんの意味もないのであって、ちなみにこのことはサン＝シモン主義者たちでさえも見抜いていたことである。他方、資本主義的生産様式が存続するかぎり、利子生み資本はその形態の一つとして存続する（そして事実、これが信用システムの土台となっている）のであって、ただ、商品生産は存続させておいて**貨幣**を廃止したいと思ったあの「**人気取り著述家**」のプルードンだけが、**無償信用**という奇怪なものを、この小ブルジョア的立場のはかない願望を、夢想することができたのである。これが、すべての空虚な山師かつほら吹きの本来の戦場なのである。（①662f、E621）

さきにみたように、信用＝銀行システムは資本主義的生産様式において生産の社会化を促進する役割を果たします。それゆえ、「資本主義的生産様式から**アソーシエイトした労働**の生産様式への過渡期」においては、すなわち資本主義から共産主義への過渡期にある社会においては――その社会にいまだ資本主義的な生産関係が残存しているかぎりで――信用＝銀行システムをもちいて資本の配分を変化させることによって、資本主義的生産様式の縮小とアソシエーションにもとづく生産様式の拡大を促すことができるでしょう。

とはいえ、このようなことが可能なのは、「この生産様式そのものの他の大きな有機的な諸変化との関連」のなかだけです。すなわち、なんらかの意味で直接に生産活動にかかわる人々が連帯し、自分たち自身で生産や分配を組織するための試みを大規模に行うなかで、先ほど述べたようなかたちで銀行＝信用システムを利用するならば、なお残存している資本主義的生産関係の変革に「一契機として」役立ちうるということにすぎないのです。

マルクスがこのことをわざわざ強調したのは、生産様式そのものには手をつけずに銀行＝信用制度だけを変革すれば、社会主義を実現できると考える「社会主義者」が存在したからです。そもそも銀行＝信用制度が大きな力をもっているとすれば、それはまさに資本主義的生産様式の発展の結果にほかなりません。貨幣の力によって生産手段を排他的に独占するという資本主義的な所有形態がなければ、あるいはそれを絶えず再生産する賃労働がなければ、近代的な銀行＝信用制度が成立することはありません。銀行＝信用制度は貨幣取扱業務とならんで利子生み資本の管理をその柱としていますが、繰り返しみてきたように、この利子生み資本は資本主義的生産を前提にすることによってのみ一般化することができるからです。

それゆえ、この基礎である資本主義的生産に手をつけることなく、資本主義的生産をその土台にしている銀行＝信用制度の力を利用して社会主義を実現しようとするのは完全な「幻想」であると言わざるをえません。

たとえば、プルードンは人民銀行を設立し、金属貨幣の制約にとらわれずに無利子で銀行券を供給することで、富の収奪をなくすことができると考えました。しかし、実際には、無利子で小生産者たちに資金を供給するとしても、彼らが大資本家たちと競争しなければならないとすれば、人民銀行から借りた資金を返済することは困難でしょう。これにたいして人民銀行がさらに無利子で銀行券を供給し続けることもできますが、そうすると今度はインフレーションが発生し、人民銀行の信用供給能力そのものが毀損《きそん》されてしまいます。つまるところ、私的労働と賃労働にもとづく資本主義的生産そのものを変革しないかぎり、金属貨幣の呪縛《じゅばく》からも、利子の呪縛からも、脱却することはできないのです。

不換制への移行によって中央銀行の力が増大しているようにみえる現在、「社会主義的な意味での信用＝銀行制度の奇跡的な力についてのもろもろの幻想」はさらに強力になっています。ここでのマルクスの批判はきわめて重要な現代的意義をもっていると言えるでしょう。

コラム5　ペレール兄弟と現代の「社会主義者」

マルクスが信用制度の二面性（本書485頁）を体現する人物として挙げているイザーク・ペレールは、兄のエミールとともに一八五二年に「クレディ・モビリエ」という銀行を設立したことで知られます。この銀行は、所有している株を保証に株を発行し、調達した資金で新事業の株を買うといった手法で鉄道建設に広範に投資していきました。当然、こうした投機的な手法が長続きするわけがなく、同行は一八六七年に破産しますが、興味深いのはペレール兄弟が社会主義の一派であったサン＝シモン主義の信奉者であったということです。

サン＝シモン主義者たちは「なにか新奇な公的信用計画によって普遍的な富を創出すれば一切の階級的敵対関係は解消するに違いないという夢想を信じこんで」いました（『マルクス＝エンゲルス全集』⑫26）。ペレール兄弟はこの「夢想」を、ナポレオン三世の政府と癒着しながら、詐欺的な手法で実現しようとしたのです。マルクスは、社会主義思想の先駆者の一人であった「サン＝シモンが……詐欺の予言者に……汚職の救世主になるとは！」と嘆息し、「これ以上に残酷な皮肉の例は他にない」とまで述べています（同前27）。

しかし、この種の「夢想」はこの後も繰り返されます。近年も、一部の「社会主義者」が「中央銀行が大量の国債を買い上げ、巨額の財政出動をしさえすれば、経済成長を実現し、労働者の生活を豊かにできる」などと主張したことは記憶に新しいでしょう。もしマルクスがこのような事態を目にしたとすれば、いっそう深く嘆息したに違いありません。

第六章　超過利潤の地代への転化

資本主義的生産様式の富の基本的形態である商品の考察から出発した私たちは、長い道のりを経て、ついに資本主義的生産様式そのものから発生する最後の経済的形態規定に到達しました。それが本章で考察する「地代」です。その名のとおり、地代とは、土地を貸し出したさいの賃料にほかなりません。

この地代は、商業利潤や利子と同じように直接に剰余価値生産に関わることから生じるものではなく、派生的な収入形態の一つをなしています。しかし、他方で、地代はもはや商業利潤や利子のように実際に資本価値を投下することによって取得するものではありません。資本価値の所有や投下とはかかわりなく、たんに土地を所有しているというだけで収益をあげることができるのです。

この意味では、地代は、前章で登場した有価証券と似ています。有価証券は「資本」という外観をとりますが、実際にはなんの資本価値ももっておらず、配当や利子を取得することのできる貨幣請求権にすぎません。マルクスが言うように、まさに「架空資本」でしかないのです。それゆえ、現実の資本価値とかかわりなく収益をあげることができるという点で、有価証券と土地は共通の性格をもっています。

しかし、両者の生産活動にたいする関係はまったく異なっています。有価証券はどこまでいっても貨幣請求権にすぎず、それじたいとしては生産とは無関係であり、生産活動にとって必要なものではありません。それにたいし、土地は現実の生産活動にとって最も根本的な生産要素となります。土地はあらゆる生産活動にとって不可欠な生産手段であり、とりわけ農業や鉱業においてはその土地がそれらの生産活動に適した性質をもっているかどうかが決定的な要素となります。土地はもっとも基本的な生産要素であるにもかかわらず、資本によっては――つまり、資本が動員することのできる賃労働によっては――創造することができないものであり、せいぜいそれに一定の改良を加えることができるだけです。土地そのものを資本によって生み出すことはできませんから、土地を使用するには土地所有者に地代を支払うか、その土地を買い上げるほかありません。

では、このとき資本が支払わなければならない地代はどのようなメカニズムで決定されるのでしょうか。あるいは、土地を購入する際の価格はどのようにして決定されるのでしょうか。これを解明するのが本章の課題となります。

この問題を理論的に考察するさいに、さしあたり注目しなければならないのは農業です。というのは、生産活動にとって土地が決定的な影響を及ぼすのは農業においてであり、このケースにおいてこそ、地代は一定の経済法則にしたがって決定されるからです（鉱業にとっても土地が決定的ですが、過去の経済学者にならってマルクスは主に農業に注目します）。もちろん、現実には、工業用地であれ、商業地であれ、住宅地であれ、地代が発生します。しかし、工業用地や商業地は農業や鉱業の派生的なケース（土地そのものの性質ではなくその位置が影響を及ぼすケース）として理解することができますし、住宅地の場合にも——産業や商業が営まれるわけではないので事業用地よりも低い地代となりますが——やはり類似のメカニズムが作動します。

もうひとつ、この問題を理論的に考えるにあたって重要なのは、資本主義的生産に包摂された土地所有を想定するということです。資本は土地を創造することはできませんが、土地所有のあり方に大きな影響を及ぼし、それを根本的に変化させてきました。資本主義的生産に包摂された土地所有は、かつてのような封建的土地所有とは全く異なるのはもちろんのこと、自分の土地で農業を営む小農のケースとも異なっています。ここでは、資本家、賃労働者、土地所有者の三者が登場し、土地所有者が資本家に土地を貸し出し、資本家が賃労働者を雇って農業を経営し、それによって資本家があげた利潤の一部を土地所有者が地代として取得するという関係が成立します。

現実には、現在にいたるまで農業が資本主義的生産に完全に包摂されることはありませんでしたが、それでも、このような想定をすることには二つの意義があると言えるでしょう。ひとつは、地代という経済的形態規定を純粋なかたちで解明することが可能になるということです。これは商業資本の考察において、商業資本が担う産業資本としての側面を捨象したのと同じ理屈です。もうひとつは、マルクス自身はまったく想定しなかったことですが、本章で考察される地代と同様の収益獲得メカニズムは、今日、知的所有権やデジタルプラットフォームの独占というかたちで、資本主義的生産にかかわる多くの分野で見られるようになってきているということです。その意味では、本章で展開される考察は狭義の地代にとどまらず、広義のレントの発生メカニズムについての理論的考察として読むこともできるでしょう。

文献考証

第六章についてのエンゲルスの編集はおおむね妥当なものです。エンゲルスによって草稿に存在しない区分けがなされていますが、これには明確な根拠があるからです。マルクスは本章の草稿の最後の辺りに以下のような節分けの構想を書き残しています。

〔**地代を取り扱う**場合の項目は次のようなものである。(A) Ⅰ**差額地代**一般の**概念**。水力による例解。それから本来の農耕地代への移行。Ⅱ**差額地代No.**Ⅰ、さまざまな地片の豊度の違いから生じるもの。Ⅱ〔Ⅲ〕**差額地代No.**Ⅱ。同じ土地での継起的資本投下から生じるもの。Ⅲ〔Ⅳ〕この地代の**利潤率**への影響。(B)**絶対地代**。(C)**土地価格**。(D)**地代にかんする結論的考察**。**Ⅱはさらに次のように分かれる**。(α)**生産価格が変わらない**場合の差額地代。(β)**生産価格が下がる**場合の差額地代。(γ)**生産価格が上がる**場合の差額地代）。(それに(δ)**超過利潤の地代への転化**)。(①816f、E736)

表6.1を見ればわかるように、エンゲルスがこのプランにもとづいて章分けと区分けをしていることは明らかです。

ただし、一つだけ大きな違いがあります。マルクスは最後の節を「地代にかんする結論的考察」としていますが、エンゲルスはこれに該当すると考えられる箇所を「資本主義的地代の生成」としています。このエンゲルスによるタイトルはややミスリーディングでしょう。この箇所はたしかに資本主義的地代の生成についても扱っていますが、むしろ、ここで問題になっているのは資本主義的地代の意義を前近代的地代との比較をつうじて解明することだからです。

それゆえ、この部分については、やはりマルクス自身の構想のとおり、「地代にかんする結論的考察」というタイトルが妥当でしょう。

内容的に大きな違いがあるのは、差額地代の部分です。とりわけ現行版の「第四三章　差額地代Ⅱ――第三例　生産価格が上昇する場合」と「第四四章　最劣等地にも生じる差

第三部主要草稿(①)	現行版(E)
第6章　超過利潤の地代への転化	第6篇　超過利潤の地代への転化
a)　緒論	第37章　緒論
b)　差額地代〔手稿ではcの後に書かれています〕	第38章　差額地代。概説
	第39章　差額地代の第一形態(差額地代I)
	第40章　差額地代の第二形態(差額地代II)
	第41章　差額地代II——第1例　生産価格が不変な場合
	第42章　差額地代II——第2例　生産価格が低下する場合
	第43章　差額地代II——第3例　生産価格が上昇する場合
	第44章　最劣等地にも生じる差額地代(①だけでなく⑧も使用)
c)絶対地代〔手稿ではaの後(bの前)に書かれています〕	第45章　絶対地代
〔d)土地価格〕	第46章　建築地地代。鉱山地代。土地価格
〔e)地代にかんする結論的考察〕	第47章　資本主義的地代の生成

表 6.1

第六章　超過利潤の地代への転化	
第一節	緒論
第二節	差額地代 I)差額地代一般の概念。水力による例解 II)差額地代I、さまざまな地片の豊度の違いから生じるもの III)差額地代II。同じ土地での継起的資本投下から生じるもの
第三節	絶対地代
第四節	土地価格
第五節	地代にかんする結論的考察

表6.2

額地代」に該当する部分におけるエンゲルスによる変更および加筆の幾つかは妥当なものとは言えません。紙幅の関係で詳論することはできませんが、これはエンゲルスが実体主義的な価値論に傾いており、市場価値論を不十分にしか理解できていなかったことを反映しているように思われます。

本書では第六章を基本的にマルクス自身の節分けと節題にしたがって表6.2のように構成しています。ただし、第二節のⅣ、さらにギリシア文字で書かれている目（項の次の区分）については煩雑になるので採用していません。また、草稿ではアルファベットで節分けがなされていますが、本書ではこれまでの章の体裁に合わせ、数字よって節分けをしています。

第一節　緒論

本章で扱うのは土地所有によって得られる地代ですが、もちろん、ここでいう土地所有はかつての封建的な土地所有ではありません。本章で登場する土地所有は資本主義的生産様式に対応した近代的な土地所有であり、「**純粋に経済的な形態**」(①670、E631)をとっています。緒論では、この近代的土地所有をはじめとして、次節以降の本格的な地代論の前提となる事柄について確認していきます。

本章の課題は土地所有の経済的利用について展開することである

土地所有は、地球の一定諸部分を自分の私的な意志の専有的領域として、いっさいの他人を排除し、自由に処分するという、特定の諸人格による**独占**を前提する。このことを前提すれば、問題となるのは、資本主義的生産様式の基礎の上でのこの独占の**経済的価値**、すなわちそれの**利用**について展開することである。地球の諸部分を使用し乱用する、これらの諸人格の**法学上**の力を持ち出しても、なにも解決されない。なぜならば、この力の使用は、彼らの意志から独立した経済的諸条件に完全に依存しているからである。この法学的表象そのものは、すべての商品所有者が自分の商品を扱うのと同様の仕方で、土地所有者は土地を扱うことができる、ということ以外は、なにも意味しない。そして、この表象――自由な私的土地所有という法学的表象――は、古代世界ではただ有機的社会秩序の解体の時代にのみ現れ、近代世界ではただ資本主義的生産様式の発展につれてのみ現れる。アジアではこの表象は、ところどころでヨーロッパ人によって輸入されたにすぎない。（①668f、E628ff）

第一部第二章でみたように、資本主義的生産様式における所有、すなわち近代的所有は商品や貨幣の所持者が物象（商品や貨幣）の力に依存して互いを所有者として承認しあうことによって成立します（マ144）。貨幣所持者は自らの貨幣の力によって取引相手の商品を所持することを認めさせ、商品所持者は自らの商品の力によって取引相手の貨幣を所持することを認めさせる、というかたちで所有が成立するのです。

本章で問題となる近代的土地所有もまさにこの近代的所有の原理にしたがって成立しています。それゆえ、土地所有もそれが近代的所有であるかぎりでは――じっさいにその土地がどのような経緯で取得されたかにかかわりなく――商品一般の所有と同じように、所有者が所有者以外の意志とかかわりなく自由にそれを処分することができるという排他的な所有権を行使することができるのです。

したがって、近代的土地所有は「諸人格の**法学上**の力」、すなわちなんらかの自然法や実定法にもとづく意志の力によって成立しているのではありません。むしろ、これらの意志からは独立して成立する物象化された関係がまず存在し、この関係のもとで、それぞれの諸人格が「物象の人格化」（貨幣の人格化あるいは商品の人格化）として行為することによって成立するのです。

次節以降では、このような近代的土地所有の力を利用することによって、どのようなメカニズムで経済的収益を取得することができるかを考察していきます。

真に合理的な農業はどこでも私的所有において超えがたい制限を見出す

まったく保守的な農芸化学者、たとえばジョンストン（！）も、真に合理的な農業はどこでも私的所有において越えがたい制限を見いだすということを認めており、そのことは地球の私的所有の独占を公然と弁護する者も認めている。たとえば、**シャルル・コント**氏も私的所有の弁護を特別な目的とする二巻本でそれを認めている。彼はつぎのように述べている。「**一つの国民を養う土地の**どの**部分にも一般的な利益と最もよく調和する用途が与えられる**のでなければ、その国民はその性質から当然生まれてくるべき幸福と力に到達することはできない。その国民の富に大きな発展を与えるためには、**できれば**、ただ一つの、そしてとりわけ開明された意志がその国民の領土の各部分の処理を引き受けて、どの部分も他のすべての部分の繁栄に寄与するようにしなければならないであろう。しかし、こうした意志の存在は……土地を私有地に分割することとは両立しないであろうし……また、自分の財産をほとんど絶対的な仕方で処分できるという、どの所有者にも保証されている能力とも、両立できないであろう」。

ジョンストンやコント等は、私的所有と合理的農学との矛盾に当面して、ただ一国の土地を一つの全体として耕作する必要性を念頭においているだけである。しかし、特殊な土地生産物の栽培が市場価格の変動に左右されるということ、また、この価格変動につれてこの栽培が絶えず変化するということ、そして資本主義的生産の全精神が**直接**眼前の金儲けに向けられているということ、このようなことは、たがいにつながっている何代もの人間の恒常的な生活条件をまかなわなければならない農業とは矛盾している。その適切な一例は**森林**であって、森林はただ、それが私的所有**ではなく**、国家管理のもとにおかれている場合にだけ、いくらかは全体の利益に適合するように管理されるのである。（①670、E630f）

資本主義的生産様式は生産をめぐる知のあり方を再編し、農業においてもかつての経験的なやり方から脱して近代科学にもとづく「合理的な農業」を実現する可能性をもたらします。[8] しかし、この可能性はあくまでも潜在的なものにすぎません。なぜなら、同時に、資本主義的生産様式はその近代的私的所有によって「合理的な農業」の実現を阻むからです。

第一に、私的所有によって農学にもとづいた生産力の向上が妨げられるという問題があります。まず、ジョンストンやコントも指摘したように、私的所有によって土地が分割されることにより、農学からみて合理的な大規模な協業やより高度な生産手段の導入が妨げられます。また、これは後で差額地代論において扱う論点ですが、土地所有者が借地農業者の投下した資本の成果（科学的改良、灌漑《かんがい》設備、農場建物の築造など）を借地契約終了後に横取りすることになるため、借地農業者による土地改良へのモチベーションが下がってしまうという問題もあります。生産手段であるはずの土地が、土地所有によって生産者から切り離されてしまうことによって、生産力の合理的発展が妨げられるのです。

第二に、こちらのほうがより本質的な問題ですが、近代的私的所有の根本原理としての物象の論理――すなわち生産や交換の目的は価値であり使用価値ではない――が合理的な農業とは根本的に矛盾しているということです。もちろん、同様の矛盾は工業においても発生しますが、自然によって与えられた肥沃《ひよく》度や生物の生育に大きく依存している農業においてはこの矛盾はより顕著に現れます。その好例がマルクスがここで挙げている林業であって、もし短期的な利益だけを追求して伐採を行うならば、森林はあっという間に荒廃してしまいます。合理的な農業をおこなうには、「**直接**眼前の金儲《もう》け」にむけられている「資本主義的生産の全精神」から脱却して、「何代もの人間の恒常的な生活条件」を考慮した持続可能な生産、すなわち持続可能な人間と自然とのあいだの物質代謝の制御を目指していく必要があるのです。したがって、「真に合理的な農業」の実現のためには、たんに私的所有を国家管理にすることによって私的所有の欠陥を抑制するだけでは不十分であり、根本的には資本主義的生産様式そのものの克服が必要であることになります。

8　とはいえ、マルクスがこの後もこのような見解を維持していたかといえば、疑問符がつきます。『資本論』第一部でも強調されていることですが、そもそも近代科学にもとづくテクノロジーのあり方は資本主義的生産様式によって大きく制約されています（マ393）。たとえば、それは労働生産性の増大という意味での合理性を追求するのであって、この合理性はそこで働く人々の事情を考慮することはありません。同じように、ここでいう農学の「合理性」もまた資本主義的な観点の影響を受けた狭い意味での合理性だと考えられるでしょう。じっさい、『資本論』第一巻執筆以降、マルクスは農学の研究をすすめていくなかでその合理性の限界をより深く認識するようになっていきます。そして、晩年のマルクスは共同体研究をつうじて、むしろ前近代社会がもつ「生命力」、すなわち人間と自然とのあいだの物質代謝を制御する能力を高く評価するようになっていきます。この点の詳細については斎藤幸平『大洪水の前に』（角川ソフィア文庫）をご覧ください。

土地価格と利子率

地代は……利子と混同され、したがって地代の独自な性格が誤って理解されることがありうる。地代は土地所有者が地球の一断片の賃貸によって毎年受け取る**一定の貨幣額**で表される。すでに見たように、一定の貨幣収入はすべて**資本還元**されうる。すなわち、ある観念的な資本の利子とみなされうる。だから、たとえば中位の利子率が五%だとすれば、年額二〇〇ポンドの地代は四〇〇〇ポンドという資本の利子とみなすことができる。このようにして**資本還元された地代**が**土地の購買価格**または**土地の価値**をなすのであるが、これは一見して明らかに、ちょうど労働の価格と同じように、**不合理な**範疇である。なぜならば、土地は労働の生産物ではなく、したがって**価値を**もた**ない**からである。しかし、他面、この不合理な形態の背後には一つの現実の生産関係が隠れている。ある資本家が年額二〇〇ポンドの地代をあげる土地を四〇〇〇ポンドで買うとすれば、彼は四〇〇〇ポンドの五%にあたる通常の平均年利子を得るのであって、それは、ちょうど、彼がこの資本を利子付き証券に投じるか、さもなければそれを五%の利子で貸し出した場合と同じことである。……しかし、このような地代の資本還元は地代を前提しているのであって、逆に地代をそれ自身の資本還元から導き出したり、説明したりすることはできない。販売とは独立な、地代の**存在**がむしろここでは前提なのであり、この

前提から出発するのである。(①675、E636)

土地価格については第四節であらためて扱いますが、基本的な関係についてはすでにここで述べられています。架空資本と同様に、土地も労働生産物ではなく価値を持ちませんが、それによって地代という収益をえることができるので、その価格を資本還元によって求めることができます。

第二節　差額地代

Ⅰ　差額地代一般の概念。水力による例解

落流の例による差額地代の説明

地代のこの形態の一般的な性格を明らかにするために、一国のマニュファクチュアの大多数は蒸気機関によって運転されるが、ある少数のものは**自然の落流**によって運転される、と仮定しよう。前者のマニュファクチュアにおける一定量の製品の生産価格は一

一五であり、それらの製品には一〇〇の資本が費やされているとしよう。……

さらに、特定の数量関係はここではまったくどうでもよいのだから、水力で運転されるマニュファクチュアにおける費用価格は一〇〇ではなく九〇にすぎないと仮定しよう。これらの商品群の市場規制的な生産価格＝一一五……なのだから、機械を水力で運転する工場主たちもやはり一一五で売るであろう。すなわち、彼らはその商品を、市場価格を規制する平均価格で売るであろう。したがって、彼らの利潤は一五ではなく二五になるであろう……〔この場合、超過利潤は一〇〕。こういうことになるのは、彼らが自分の商品を生産価格**以上で**売るからではなく、生産価格**で**売るからであり、例外的に有利な条件のもとで、すなわちこの部面で支配的な生産諸条件の平均的水準をうわまわる条件のもとで彼らの商品が生産される、すなわち、彼らの資本が機能するからである。（①754、E653f）

彼〔落流を利用する工場主〕によって充用される労働の生産力の上昇は、**資本**や**労働**そのものから生じるものでもなければ、資本や労働とは別物ではあるが資本に合体されている自然力のたんなる充用から生じるものでもない。それは、なんらかの自然力の利用と結びついた、労働の生産力の**自然発生的な**増大から生じるが、といっても、この自然力は、例えば蒸気の弾性のように、同じ生産部面のすべての資本が生み出すことのできる自然力（つまり、一定の技術学的諸条件のもとで資本がこの部面で投下されるならば、自明であるもの）ではなく、落流のように、それじたい**大地の特定部分**とその付属物とを自由に利用することのできる人々だけが利用できる、**独占可能な**自然力である。このような労働の生産力の増大のための**自然条件**を生みだすことは資本によってできることではけっしてないのであり、どの資本でも水を蒸気に変えることができるのとは違うのである。このような自然条件は自然のなかにただ局地的に存在するだけであり、また、機械や石炭などのような労働によって作り出せる生産物には結びついておらず、したがって一定の資本の投下によって作り出せるものではない。それは、土地の特定の自然諸関係、土地の特定の部分に結びついている。工場主のうち落流を占有している部分は、それを占有していない部分をこの自然力の充用から排除する。なぜなら、土地は、そして水力に恵まれた土地は制限されているからである。……この自然力の占有はその占有者の手に一つの**独占**を、資本そのものの生産過程によっては作り出せない投下資本の高い生産力の一条件を形成する。このように独占することのできるこの自然力はつねに大地に付着している。……落流が、それの属する土地とともに、地球のこの部分の持ち主すなわち**土地所有者**（地球の一部の所有者）とみなされる主体の手にあるものと考えてみれば、その場合には彼らは資本の投下を排除し、資本による落流の利用を排除する。彼らは利用を許すこともできるし拒むこともできる。しかし、資本はそれ自身でこの条件を作り出すことはできない。それゆえ、このような落流の利用から生ずる**超過利潤**は、**資本**から生ずるのではなく、独占されうる、また独占されている**自然力**を資本が充用することから生ずるのである。このような事情のもとでは超過利潤は**地代**に転化する。すなわち、それは落流の所有者のものになる。……資本家自身が落流を所有しているとしても、事態は少しも変わらないであろう。彼は相変わらず一〇ポンドの超過利潤を、資本家としてではなく、落流の所有者として手に入れ、そして、この超過分は彼の資本そのものから生じるのではなく、彼の資本から分離可能な、独占可能な、その範囲が制限されている**自然力**にたいする処分力から生じるものであるからこそ、この超過分は**地代**に転化するのである。（①758f、E657ff）

……この地代はつねに**差額地代**である。というのも、それは商品の一般的**生産価格**に規定的に入るのではなく、それを前提しているからである。この地代は、つねに独占可能な自然力を自由に処分することのできる資本の個別的**生産価格**（あるいはこの自然条件のもとであるいはこの自然条件で労働する資本の個別的生産力）と資本の一**般的生産価格**とのあいだの**差額**から生じる。（①759、E659）

マルクスは農業における差額地代の説明に入るまえに、まず、落流（滝）の例を用いて差額地代の基本的原理を説明しています。

なんらかの製造業において大半の資本家は蒸気機関をもちいて工場を操業しているが、ごく一部の資本家は工場がある土地にたまたま滝があり、その滝の水力を用いて工場を操業することができるという状況を考えてみましょう。このとき、大半の資本家は蒸気機関を用いるので、蒸気機関そのものやそれを動かすための石炭のコストを負担しなければなりません。ところが、自然に存在する滝の水力を利用することのできる資本家は、これらのコストを負担する必要がありません。もちろん、水力を利用する場合でも水車などの設備は必要となりますが、そのコストも蒸気機関を利用する場合に比べれば廉価でしょう。

それゆえ、水力を利用することのできる資本家は、蒸気機関を用いる一般の資本家と比べて、少ない費用価格で商品を生産することが可能になります。ここでマルクスが述べている例で言えば、蒸気機関を使用する資本家が一〇〇の費用価格をかけて生産する商品を、水力を利用する資本家は九〇の費用価格で生産することができるわけです。

しかし、他方、彼らが生産する商品が同じものであるかぎり、それらの商品は市場において同じ価格で販売されるはずです。第二章で詳しく見たように、現実に市場を規制する市場価値（ここでは市場生産価格）は一般的にはもっとも典型的な生産条件で生産される商品の個別的価値（ここでは個別的生産価格）によって決まります。問題を単純にするために、蒸気機関を利用する資本家たちが互いにまったく同じ水準の生産力をもっていると仮定すれば、蒸気機関を利用する資本家グループの個別的生産価格がそのまま市場生産価格となります。その市場生産価格をマルクスの例にしたがって一一五（一〇〇（費用価格）＋一五（平均利潤））であるとすると、一般の資本家がそれらの商品の販売を通じて115－100＝15の利潤をあげるのにたいし、水力を利用する資本家は115－90＝25の利潤をあげることになります。つまり、たまたま自分の土地に水力があり、それを利用することのできる資本家は平均利潤の一五にくわえ、一〇の超過利潤を獲得することができるのです。[9]

第二章でみたように、超過利潤そのものは、ほかの資本家に先んじて生産力を向上させ、費用価格を低減させることに成功した資本家であれば、誰でも取得することができます。しかし、この滝の例においては、超過利潤は資本家自身の努力によって得られるものではありません。その資本家が操業する工場の土地にたまたま天然の滝が存在していたので、コストのかかる蒸気機関を利用せずに工場を操業することが可能になり、その結果、超過利潤を獲得することができるのです。つまり、ここでの超過利潤は、他の資本家が利用することのできない自然力を独占的に使用することによってもたらされることになります。

ここでカギとなるのは、超過利潤をもたらす生産力が資本によって生み出すことができるものなのか、それとも、資本によっては生み出すことができず、それゆえ独占可能なものなのか、ということです。通常のケースにおいても資本家たちは一般的な資本家よりも高性能な蒸気機関を導入することによって超過利潤を取得することができますが、その優位な生産力をいつまでも独占し続けることはできません。早晩、他の資本家たちも高性能な蒸気機関を導入し、同等の、あるいはそれ以上の生産力を獲得するからです。これにたいし、天然に存在する滝が生み出す生産力は資本家によって生み出すことができるものではありません。だからこそ、天然の滝を利用する資本家たちはいつまでもその生産力を独占的に利用し続けることができ、それによって超過利潤を得ることができるのです。

このような場合、資本家が取得する超過利潤は「**資本**から生ずるのではなく、独占されうる、また独占されている**自然力**を資本が充用することから生ずる」のですから、超過利潤はこの自然力の持ち主である土地所有者の収益、すなわち地代へと転化します。資本家たちは、土地所有者が許可しないかぎり、その土地を使用することはできません。そして、まさにその土地がもつ優位な性質によって資本家が超過利潤を取得することが可能になるのであれば、土地所有者は土地利用の条件としてそのぶんの支払いを要求するでしょう。こうして、土地の優位性によってもたらされた超過利潤は地代に転化するのです。これを「差額地代」と言います。

実際には、現実の地代はさまざまな要因から発生しますが、地代を経済的形態規定としてみた場合、もっとも基本となるのはこの差額地代にほかなりません。以下では、生産要素としての土地が重要な役割を果たす農業における差額地代について考察していきます。

9 本章においてマルクスは超過利潤を二つの仕方で計算しています。ここで引用した文脈では「超過利潤＝市場生産価格－超過利潤を取得する生産者の個別的費用価格－平均利潤」とされていますが、より一般的には「超過利潤＝市場生産価格－個別的生産価格」とされています。「個別的生産価格＝個別的費用価格〔当該資本家にとっての費用価格〕＋個別的平均利潤〔当該資本家にとっての平均利潤〕」であり、このケースのように土地の優良さによって超過利潤が発生する場合には平均利潤＞個別的平均利潤ですので、一般に後者の計算の仕方の超過利潤のほうが大きくなります。概念的な厳密性からいえば、後者の計算のほうが妥当ですが、現実の資本家がいだくイメージは前者の計算方法のほうに近いでしょう。

また、これは地代を費用価格として計算するのか、しないのかという問題にも関わります。本章では地代の生成のメカニズムを解明することを課題としているので、基本的には、地代は費用価格には含まれず、あくまで資本が取得した超過利潤が地代になるという論理構成をとっています。しかし、他方で、この関係が固定化すれば、むしろ地代は土地を利用するための費用となり、費用価格に含まれるものとして現象するでしょう。この点については次章で論じられます。

Ⅱ　差額地代Ⅰ。さまざまな地片の豊度の違いから生じるもの

差額地代Ⅰは同じ面積の土地における等量の資本が土地の豊度や地所の位置の違いのために異なる結果を生み出す場合に発生する

Ｉわれわれは、同じ面積の**さまざまな**地所における**等量の資本の不等な結果**〔またはむしろ、**異なって耕作される**地所の**等量の**部分について計算された結果〕を考察しよう。

これらの不等な結果の、資本にはかかわりのない二つの一般的な原因は、(1)土地の**豊度**、(2)地所の**位置**である。……(1)の点については、地所の**自然的豊度**のうちにはいったいなにが、またどのような**いろいろな**契機が含まれているのか、ということが論じられなければならない。第二に、差額地代のこれら二つの違った原因である豊度と位置とが、反対の方向に作用することもありうるということは、明らかである。ある土地が位置は良いが、豊度は低いということはありうるし、その逆もまた然りである。この事情は重要である、というのも、それは、一見しただけの諸事情、すなわち、なぜより良い土地から劣等な土地へと進むこともあれば、同様に、反対に進むこともありえ、また、なぜある一国のすべての土地の開墾が徐々に進むのかということを明らかにするからである。

(3)社会的生産一般の進歩は一方では、地方の諸市場をつくりだし、**コミュニケーション手段**や**輸送手段**の創造により位置を作り出すことによって、この差額地代の原因を**平等にする**ように作用し、他方で、社会的生産の進展が、すでに製造業の農業からの分離や生産の大きな中心の形成、農村の相対的な孤立化によって**地所の地方的な位置の相違**を増大させるということは明らかである。

しかし、さしあたりわれわれはこの**位置という点**は無視して、ただ**自然的豊度**という点だけを考察しよう。ここで気候的などその他のあらゆる諸契機を問わないとすれば、**自然的豊度の相違**は、**地所の化学的成分**の相違に、すなわちこの地所に含まれている**植物の栄養素**のさまざまな成分にある。とはいえ、二つの地所の**化学的成分**が等しく、その意味で**自然的豊度も等しい**と前提しても、現実の有効な豊度は、これらの栄養物が、植物の養分にとって同化可能で直接に利用可能な**状態・形態**をとっているか、そうでないかによって相違するであろう。したがって、**豊度の等しい地所**において同じ自然的豊度がどの程度まで利用可能なものとなるかは、一部は農業の**化学的**発展にかかっており、一部はその**機械的**発展にかかっているだろう。それゆえ、**豊度**は、土地の客観的属性であるけれども、経済的にはいつでも**関係**を、すなわち農業の所与の化学的および機械的**発展状態**にたいする関係を含んでおり、したがってまた、この発展状態につれて**変化するる**のである。**化学的**手段〔たとえば、堅い粘土地でのある種の流動性肥料の特別な充用やあるいはまた重い粘土の煆焼《かしよう》〕によってであれ、または**機械的**手段〔たとえば、重い土のための特別な犁《すき》など〕によってであれ、豊度の等しい土地を実際にはより不生産的にしていた障害は取り除くことができる〔また排水もそれに含まれる〕、あるいは土地種類における**順番**さえもそれによって変化することができる……。……

異なる地所の**豊度の相違**へのこれらの影響はすべて、次のことに帰着する。すなわち、**経済的**豊度にとっては、**労働の生産力**の水準、すなわち土地の豊度を**自由に使い**、利用できるようにする農業の能力——発展段階が異なっていれば異なる能力——は、土地の**化学的組成**（他の**自然的**諸契機は別として）や**豊かさ**と同様に、土地のいわゆる**自然的豊度**の一つの契機だということである。（①762ff、E663ff）

まず、マルクスはデヴィッド・リカードの差額地代論に依拠して、農業において差額地代が発生するケースについて、端的に整理します。同じ面積の土地に同額の資本が投下された場合に、その土地が持つ性質の違いのために、異なる収穫量をもたらすならば、差額地代Iが発生することになります。この具体的なメカニズムについてはこの後で詳しく見ていくことになりますが、さしあたり、ここで重要なのは、どのような土地の性質がそのような収穫量の違いをもたらすのかということです。

まず、誰でもわかるのは、土地の豊度（肥沃度）が及ぼす影響です。当然のことながら、豊かな土地は同じ面積に同じ資本量を投下したとしても多くの農作物をもたらします。その逆もしかりです。この収穫の差が差額地代の源泉になりますので、一般に、豊度が高い土地であればあるほど、差額地代が高くなる傾向があります。

なお、マルクスは一九世紀の農学の知識にもとづいていますので、豊度を決定する要因として化学的性質（その土壌にどれだけ栄養素が含まれているか）と機械的性質（土壌の通気性や保水性などが栄養素の吸収を円滑にする状態になっているか）だけが指摘されていますが、その後の農学の発展によって生物的性質（その土壌に栄養素への分解をおこなう微生物がどれだけ含まれているか）も重要な役割を果たすことがわかっています。

次にマルクスが指摘するのは土地の位置が及ぼす影響です。農作物は最終的には人間たちによって消費されることになりますので、消費地に近接していればいるほど輸送のための時間もコストも少なくなりますので、優位な土地であることになります。たとえば、同じ豊度の土地で耕作をしたとしても、消費地に近い土地はそれだけ輸送コストが下がりますので、等量の資本を投下したとしてもより多くの農作物を収穫できることになります。それゆえ、より優位な位置にある土地は差額地代が高くなる傾向があります。

このように、農業において土地がどれだけの差額地代を生み出すかは、一般に、豊度と位置という二つの要因の組み合わせによって決まります。この二つは土地そのものの自然的性質に大きく依存していますので、農業においては土地所有が経済的に大きな意味をもつようになるわけです。とはいえ、ここでマルクスが強調しているように、豊度であれ、位置であれ、自然的な要因だけによって決定されるものではなく、同時に社会的な要因が大きな影響を及ぼすことも忘れてはなりません。たとえば、農学やその他のテクノロジーの発展によって、かつては豊度の低かった土地が豊度の高い土地として耕作できるようになることもありうるでしょう。また、輸送手段の発達によって遠隔地であっても輸送コストがそれほどかからなくなったり、あるいは、消費地そのものが変化したりすることもあるでしょう。それゆえ、人間の側の要因も、農業にとっての土地の性質に影響を及ぼすことになります。

なお、以下では位置についてはさしあたり度外視し、豊度の違いだけによって土地の性質の違いを考えていきます。

差額地代Ⅰの例

四つの土地種類A、B、C、Dを想定しよう。さらに、一クォーター〔約一二・七キログラム〕の小麦の価格＝六〇シリングと想定しよう。[10] 地代はたんなる**差額地代**なのだから、最劣等地にとっては、この一クォーターあたり六〇シリングの価格＝例えば小麦の生産費〔生産価格〕、つまり＝**資本＋平均利潤**である〔ただし、生産価格＝資本＋平均利潤が成立するには固定資本の存在を捨象することが必要である〕。

Aはこの最劣等地であって、五四6/11シリングの投下で六〇シリング＝一クォーターをあげるとしよう（110：60＝100：54 6/11だから、これ〔この利潤率〕は一〇％になるだろう）（したがって、五5/11シリングの利潤）。

Bは同じ投下で二クォーターをあげ、したがって、それが一二〇シリングで販売されるとしよう（これは六五5/11の利潤すなわち六〇シリングの超過利潤となるであろう）（＝5 5/11＋60シリング）。

Cは同じ投下、すなわち五四6/11シリングの投下で三クォーターをあげ、したがって、それが一八〇シリングで販売されるとしよう〔超過利潤＝一二〇シリング、総利潤＝一二五5/11〕。

Dは四クォーター＝二四〇シリング＝一八〇シリングの超過利潤をあげるとしよう。

われわれは次のような表I〔590頁の上〕を得るだろう。

それぞれの地代は

D＝185 5/11シリング－5 5/11シリング、すなわちDとAの差額、

C＝125 5/11シリング－5 5/11シリング、すなわちCとAの差額、

B＝65 5/11シリング－5 5/11シリング、すなわちBとAの差額となり、

B、C、Dにとっての総地代＝六クォーター＝6×60＝360シリング、したがって＝DとAの差額、CとAの差額、BとAの差額の合計となるであろう。（①764f、E665f）

ここでは差額地代以外の地代は存在しないということが前提されていますので、土地種類B、C、Dが取得する地代はいずれも差額地代となっています。B、C、Dはいずれも最も豊度の低い土地、すなわち最劣等地であるAよりも高い豊度を持っていますので、同じ資本投下であってもAよりも多くの収穫を得ることができます。このAとの差額が、それぞれの土地所有者が得ることのできる地代となるわけです。もう少し詳しくみてみましょう。

まず、ここでは一般的利潤率は一〇％であると仮定されています。また、社会全体の小麦の需要をみたすには、このなかでも最も劣った豊度しかもたないAにも資本を投下する必要があるとされています。さらに、地代だけを純粋に考察するために、それぞれの資本のあいだに資本じしんによって生み出された生産力の違い――すなわち、新たな機械やテクノロジーを導入するなど、それぞれの資本家の努力によって生み出された生産力の違い――はまったく存在しないということが仮定されています。

このような場合に、もしマルクス均衡が成立するとすれば、この生産部面、すなわち小麦の生産に投下されている資本はいずれも一〇％の利潤率をあげることができていなければ

資本	利潤	生産物	生産物中の地代	地代
A)54 6/11 シリング	5 5/11 シリング	1クォーター	0	0
B)54 6/11 シリング	65 5/11 シリング	2クォーター	1クォーター	60シリング
C)54 6/11 シリング	125 5/11 シリング	3クォーター	2クォーター	120シリング
D)54 6/11 シリング	185 5/11 シリング	4クォーター	3クォーター	180シリング
合計		10クォーター	6クォーター	360シリング

表I

ばなりません。なぜなら、A、B、C、Dの資本の生産力の違いは、資本家たち自身によってはどうすることもできない土地の豊度の違いに起因しており、もし土地の豊度が低いために一〇%の利潤率を達成することができないとすれば、その資本をほかの産業部面へと投下するだろうからです。

生産力の違いを資本自身の努力によって挽回《ばんかい》することができる状況であれば、一時的に一般的利潤率を実現できないからといって、資本家たちがただちに他の生産部面に移動するとはかぎりません。他の生産部門に移ったからといって、そこで優位な生産力を確保できる保証はないからです。実際、第二章でみたように、典型的なケースにおいては、市場生産価格の水準はその生産部門のすべての資本家に平均利潤を保証するものではなく、その生産部門において多数を占める資本家に平均利潤をもたらすものにすぎませんでした。

しかし、土地の豊度が決定的な重要性をもつ農業においては事情が異なります。土地という資本家にはどうにもならない要因で恒常的に一般的利潤率を下回る状況が継続するのであれば、資本家たちはもはやその土地には資本を投下せず、他の生産部門に移るでしょう。なぜなら、少なくとも他の生産部門においては、自分ではどうにもならない要因によって劣位におかれることはないからです。

それゆえ、マルクス均衡を実現することのできる農作物の市場生産価格は最劣等地に投下される資本の個別的生産価格と一致することになります。なぜなら、最劣等地に投下した資本家が平均利潤を取得することが可能な水準の価格でなければ、最劣等地に投下する資本家がいなくなり、小麦の需要を満たすことができなくなってしまうからです。そうなれば、供給不足のため、小麦の価格は最劣等地における平均利潤の取得が可能になる水準まで上昇せざるを得ないでしょう。この例でいえば、最劣等地Aの個別的生産価格である小麦一クォーター＝六〇シリングまで小麦価格が上がることによって、はじめてAに資本投下する資本家に平均利潤をもたらすことができるでしょう。それゆえ、小麦の均衡価格である市場生産価格は、小麦一クォーター＝六〇シリングとなります。

他方、B、C、DはAよりも高い豊度をもっているので、同じ資本投下であってもそれぞれAよりも一、二、三クォーターだけ多い小麦を収穫することができ、それがまるごと超過利潤となります。こうして、B、C、Dに投下した資本のそれぞれが取得することのできる六〇、一二〇、一八〇シリングの超過利潤が、B、C、Dの土地所有者が得ることのできる差額地代に転化することになります。

10 以下ではポンド表記とシリング表記が併記されているケースが頻繁に見られますが、見やすくするためにシリング表記に統一しています。

虚偽の社会的価値

差額地代一般について述べておくべきことは、**市場価値**〔市場生産価格〕が**生産物量の総生産価格**を超えているということである。たとえば表I〔590頁〕をとってみよう。一〇クォーターに六〇〇シリングの費用がかかっているのは、市場価格がAの生産価格によって規定されているからである。**現実の生産価格**は、次のとおりである。

A）　一クォーター＝六〇シリング、　すなわち　一クォーター＝六〇シリング

B）　二クォーター＝六〇シリング、　すなわち　一クォーター＝三〇シリング
C）　三クォーター＝六〇シリング、　すなわち　一クォーター＝二〇シリング
D）　四クォーター＝六〇シリング、　すなわち　一クォーター＝一五シリング
合計　一〇クォーター＝二四〇シリング、すなわち**平均**一クォーター＝二四シリング

一〇クォーターの現実の生産価格は二四〇シリングに等しいが、それは六〇〇シリングで、すなわち二五〇％高く売られる。一クォーターあたりの現実の平均価格は＝二四シリングであるが、市場価格は六〇シリングであり、二五〇％高い。

これが、資本主義的生産様式の基礎の上で（競争によって）貫徹する**市場価値**による規定である。これは、ある虚偽の社会的価値を生み出す。このことは、土地生産物がしたがう**市場価値**の法則から生じる。すなわち、生産物の交換価値に［もとづく］**社会的な**規定から生じるのであって、**土地**やその豊度の相違から生じるのではない。社会の資本主義的形態が止揚され、それをアソシエーションとして考えるならば、一〇クォーターは二四〇シリングに含まれている社会的労働時間の量をあらわすだろう。したがって、社会はこの土地生産物をそれに含まれている現実の労働時間の二1/2倍で買いはしないだろう。土地所有者という階級の基礎はそれにともなってなくなるだろう。……した

がって……資本主義的生産がアソシエーションによって止揚される場合に、生産物の**価値**は同じままである、と言うのは誤りである。同じ種類の商品にとって**市場価値**が同じであるということは、価値の社会的性格が、資本主義的生産様式の基礎のうえで、また一般に個々人の商品交換にもとづく生産のうえで貫徹する仕方である。社会（消費者としてみた）が土地生産物にたいして過多に支払うもの、それは土地生産物での社会の労働時間の実現のマイナスをなすのであるが、それがいまや社会の一部分、すなわち土地所有者のプラスをなすのである。（①772、E673f）

じつは、これまでみてきた差額地代論はマルクスの価値論全体にとっての重要な論点を提起しています。というのも、ここでは土地所有という要素が入り込むことによって、本来の生産価格からの市場生産価格の乖離《かいり》が一般的に発生することになるからです。

第二章でみたように、市場価値や生産価格はすでに価値から乖離していました。しかし、それでも、生産価格の価値からの乖離は資本の有機的構成が平均構成から乖離する度合いによって規定されており、それゆえ全体をみれば総価値＝総価格が成立しました。市場価値や市場生産価格の場合にはもはや総価値＝総価格が成立しないとしても、それらは典型的には多数を占める生産者グループの個別的価値ないし個別的生産価格によって規定されており、市場価値ないし市場生産価格の価値ないし生産価格からの乖離は限定的なものでした。

さらに、第四章においては、商業利潤が商業資本へと分配されることによって生産価格が再定義されることになりますが、結局のところ、商業利潤が産業資本の取得した平均利潤を分配したものである以上、この新たな生産価格も既存の生産価格を部分的に修正するものでしかありませんでした。

つまるところ、資本主義経済システムの内部においては利潤の最大化のために賃労働を動員する資本こそが社会的総労働の配分を実現する主体であり、そうであるかぎり、さまざまな歪曲《わいきょく》を被るとしても、価値法則は量的にも貫徹せざるをえません。

ところが、地代論で考察される農業や鉱業においては、土地という独占可能な生産要素の所有という契機が全面的に入り込むことにより、価値法則からの量的な乖離が全般化するようになります。この引用文の例からも明らかなように、ここでは総生産価格（二四〇〇シリング）と総市場生産価格（六〇〇〇シリング）はまったく一致していません。つまり、差額地代に転化する超過利潤分の三六〇〇シリングはほんらいの生産価格と無関係に土地所有の力によって生み出された交換力であり、したがって価値の実体である抽象的人間的労働の裏付けを持っていません。このように、価値実体の裏付けを持たず、もっぱら独占可能な生産要素の所有によって生み出された交換力のことをマルクスは「虚偽の社会的価値」と呼びました。

この虚偽の社会的価値にはそれに対応する価値実体がありませんので、その交換力を行使することは社会全体からの純粋な収奪となります。もちろん、第五章でみた架空資本の売買もその裏付けとなる価値がない以上、純粋な収奪となることがありえます。とはいえ、基本的に架空資本は貨幣的資本の投下部面であるため、その売買そのものが直接に社会からの収奪となるわけではなく、主として産業循環のなかでのバブルの形成と崩壊をつうじて社会に負担を負わせるというかたちをとることになります。それにたいし、虚偽の社会的価値の形成による社会からの収奪は、生産要素の独占が形成されるところではどこでも発生しうるのです（なお、『資本論』体系においては労賃は労働力の再生産費に一致すると仮定されていますので、この仮定のもとでは虚偽の社会的価値による社会からの収奪はつまるところ資本家が取得した剰余価値からの収奪となります）。

ただし、ここで注意しなければならないのは、土地所有が価値法則からの乖離を全般化し、虚偽の社会的価値を発生させるからといって、それによって価値法則が廃棄されるわけではないということです。この引用文で述べられているように、むしろ、虚偽の社会的価値は第二章で解明された市場価値の法則から発生するのです。

このことは一面では、ここでマルクスが指摘しているように、同じ商品にたいしては一つの同じ市場価値ないし市場生産価格が成立し、それをつうじて社会的総労働の配分がおこなわれるという市場システムの本質的特徴が、超過利潤の発生根拠となっていることを意味しています。しかし、それだけではありません。土地の独占を根拠とした農作物の独占価格もまた、市場価値の法則に服しており、その独占の力によってどこまでも独占価格をつり上げることはできないということを意味しています。

実際、この場合の市場生産価格も依然として最劣等地の個別的生産価値に制約されています。また、ここでは最劣等地Aの小麦がその個別的生産価格で販売されても社会的に需要が存在することが前提されていますが、実際には、需要の価格弾力性が作用するため、市場生産価格が上昇すればそのぶん需要が収縮し、そもそもAでの生産が不要になるというケースも考えられます。もちろん、小麦のように人々の生活習慣のなかに深く組み込まれた農作物であれば、需要の価格弾力性は低く――つまり価格の影響によって需要が上下することは少なく――多少値上がりしたとしても消費量は落ちないでしょう。しかし、この例のように極端に小麦価格が上昇するのであれば、需要が収縮してAが生産から脱落し、Bの個別的生産価格が市場生産価格を規定するようになるという事態も十分考えられます。いかに独占可能な生産要素の所有が強力な経済的力をもつといっても、やはりそこには限界があるのです。

このように、マルクスは、土地所有の介入によって価値法則からの乖離が全般化するような状況においても、そこに価値法則が強力に作用し、事態を規制していることを明らかにしました。これが可能だったのは、第二章でみたように、マルクスが価値法則をたんなる総価値＝総価格としてではなく、マルクス均衡の観点から把握したからにほかなりません。

Ⅲ　差額地代Ⅱ。同じ土地での継起的資本投下から生じるもの

差額地代Ⅱとはなにか

これまで差額地代を、豊度の異なる**等しい土地面積**での等しい資本投下の**異なる生産性**の結果としてのみ考察してきた。したがって、**差額地代**は最劣等の地代を生まない土地に投下された**資本**と優等地に投下された**資本**との相違によって規定されていた。この場合には、資本投下は**別々の**地面に**並**行してなされていたのであり、したがって、資本の新たな投下にはそのつど土地の外延的耕作、耕作面積の拡張が対応していた。しかし、結局、**差額地代**は、事実上、土地への**等量の諸資本**の生産性の相違の結果でしかなかった。いま、それぞれ生産性が異なる**資本量**が**次々に同じ**地所に充用される場合と、あるいは、それらが**別々の**地面に**並行して**充用される場合とでは、結果は同じことになるだけだとしても、二つの場合のあいだになにか区別がありうるだろうか？（①778f、E686）

われわれははじめに差額地代Ⅱの場合の**超過利潤**の形成だけを考察し、さしあたりこ

の超過利潤の**地代**への転化が生じうるための諸条件については問題にしないことにしよう。

その場合に明らかなことは、**差額地代Ⅱ**はただ**差額地代Ⅰ**の別の表現にすぎないもので、事実上は差額地代Ⅰと一致するものだということである。差額地代Ⅰの場合に、さまざまな土地種類の豊度の相違が**作用する**のは、ただ、この相違が次のことを**もたらす**かぎりでのことである。すなわち、土地に投下された諸資本が**等しい大きさである**場合に、あるいは、諸資本の**大きさの割合**からみて、それらの諸資本が**不等な**結果（生産物）を**もたらす**かぎりでのことである。このような不等が、同じ土地に継起的に投下されて異なる結果をもたらす別々の資本にたいして生じるか、あるいは、さまざまな土地種類に投下されて異なる結果をもたらす別々の資本にたいして生じるかによっては、豊度の差、その生産物の差には、したがってまたより生産的に投下された資本部分にとっての差額地代の形成には、なんの相違も生じえないのである。（①786f、E690）

これまで差額地代はもっぱら豊度の異なる土地への資本投下から発生するものと想定されていました。しかし、実際には、同じ土地に次々と資本投下をおこなうことによっても、差額地代は発生します。これを差額地代Ⅱと言います。

すこし考えてみればわかりますが、超過利潤が地代に転化する際の困難にかかわる問題や、あとで詳しく述べるような特殊なケースをのぞいて、差額地代Ⅱは差額地代Ⅰとかわるところはありません。基本的には継起的に行われる資本投下の生産性が最劣等地の生産性を上回っているかぎりで、それは差額地代を生み出すことができるからです。以下で、この具体例についてみてみましょう。

差額地代Ⅱの例

……**追加資本**が、最初に**投下された諸資本**に比例して超過生産物をあげ、したがって超過利潤を形成するが、**その率が低下**して、諸資本の**増大**に比例しない場合[11]。

〔草稿ではここに次頁の表が入る。〕

……唯一の前提は、地代を生む土地種類のどれか一つでの追加資本投下は超過利潤をあげるが、それは資本の増加割合にたいして**減少する**割合で、であるということである。この減少の限界は、ここの表の仮定では、最優等地Dへの第一次資本投下の地代である三クォーター＝一八〇シリングと、最劣等地Aへの同額の資本投下の生産物である一クォーター＝六〇シリングとのあいだを動いている。資本の投下による最優等地の生産物は、継起的資本投下が最優等地Dで行われようと、DとAとのあいだの超過生産物をあげるなんらかの土地で行われようと……超過生産物をあげない最劣等地Aの生産物は、

	エーカー	資本（シリング）	平均利潤（シリング）	一般的利潤率	個別的生産価格の総額（シリング）	生産物（クォーター）	市場生産価格の総額（シリング）	超過利潤（シリング）	超過利潤率	貨幣地代（シリング）
A	1	50	10		60	1	60	0	0	0
B	1	一次資本投下50	10		60	2	120	60	120%	60
		二次資本投下50	10		60	1.5	90	30	60%	30
		合計100	20		120	3.5	210	90	90%	90
C	1	一次資本投下50	10		60	3	180	120	240%	120
		二次資本投下50	10	20%	60	2	120	60	120%	60
		合計100	20		120	5	300	180	180%	180
D	1	一次資本投下50	10		60	4	240	180	360%	180
		二次資本投下50	10		60	3.5	210	150	300%	150
		合計100	20		120	7.5	450	330	330%	330
合計	4	350（一次投資200、二次投資150）	70		420	17	1020	600（一次投資360、二次投資240）	約171%（一次投資180%、二次投資160%）	600（一次投資360、二次投資240）

その生産物の最低限界をなしている。(①794ff、E700f)

ここでは、需要が拡大し、また、BやCやDで経営している資本家が資本蓄積をおこなうことができる状態になり、追加の第二次資本投下が行われるというケースについて考察されています。また、ここでは第二次資本投下が第一次資本投下よりも低い生産性で行われることが想定されています。この表からも明らかなように、差額地代Ⅱの場合も基本的には差額地代Ⅰとまったく同じように考えることができます。

したがって、第一次投資と第二次投資によって得られた結果を土地種類ごとに合計して考えたとしても、結果はなにもかわりません。たとえば、第一次投資と第二次投資を区別することなく、D全体で一エーカーあたり一〇〇の資本を投下することができ、それが七・五クォーターの収穫をもたらすので、結果として三三〇の超過利潤をえることができた、というように考えたとしても、得られる結果はまったく変わりません。こうして、ほとんどの場合、差額地代Ⅱは差額地代Ⅰに解消されることになります。

それでは、なぜ差額地代ⅡをⅠと区別して考える必要があるのでしょうか。以下では、差額地代Ⅱに固有の問題についてみていきたいと思います。

11 なお、これ以降の本節で登場する表はいずれも筆者による若干の簡略化および修正が施されています。また、関連して本文上の数字の一部も修正しています。

地主と借地農業者の闘争

　さまざまな分量の資本にたいする**超過利潤**とさまざまな超過利潤率とは、ここでは、どちら〔差額地代ⅠとⅡ〕の場合にも同じように形成される。そして、地代とはこの超過利潤の一つの**形態**にほかならないのであり、超過利潤が地代の実体をなしているのである。しかし、いずれにしても、第二の方法〔差額地代Ⅱ〕では、超過利潤の地代への転化にとっては、すなわち資本主義的農業者から土地所有者への、すなわち土地の占有者への超過利潤の移転を含むこの形態変化にとっては諸困難が生じる。そのため、公的な農業統計にたいするイングランド借地農業者たちの頑強な抵抗が生じる。したがって、彼らの資本投下の現実の成果の評価をめぐる彼らと地主の間の闘争も生じる。いずれにしても、**地代**は地所の賃貸借に際して決められる。一方では、継起的な資本投下から生じる超過利潤は、いずれにしても、**賃借契約**が続くかぎり、借地農業者のポケットに流れ込むのである。それだから、長期の**賃貸借**を求める借地農業者の闘争が起きるのであり、また逆に、地主が優勢であるならば一年解除可能契約が増加するのである。

　したがって、上記のことから明らかなのは、**不等な結果をもたらす等量の諸資本が**等面積の土地に**相並んで**投下される**か**、あるいはそれらの資本が**同じ土地部分に継起的**に投下されるかは、**超過利潤の形成**の法則にとってはなにも変えはしないとはいえ、**超過利潤の地代への転化**にとっては、それがある重要な相違を生み出し、後者の方法は、この転化をより狭くまたより不確定な限界に閉じ込めるということである。したがって、より**集約的な**耕作が行われている諸国では……**土地評価人**の仕事が……ひとつの非常に重要な、複雑で、困難な仕事になってくるのである。より恒久的な土地改良の場合には、賃貸借契約の満期において、人工的に高くされた土地の豊度の差はその自然的豊度の差と重なり合ってしまい、したがって、**地代**の評価は土地種類の間のさまざまな豊度一般の評価と一致する。それにたいして、超過利潤の形成が経営資本の高さによって規定されているかぎりでは、一定の高さの経営資本のもとでの**地代の高さ**は、その国の**平均地代**に加算され、したがってまた、新たな借地農業者は同じように集約的な仕方で土地の耕作を継続するのに必要な資本量を自由に処分できるということを要求されるのである。（①779f、E687f）

一般に、それぞれの資本家が土地独占の力によって取得することのできた超過利潤がそのまますべて地代に転化するかどうかは不確定です。というのも、そもそも基準となる平均利潤そのものが現実には不確定なものですし、また、その土地を利用する資本家の経営がすべて透明になっているわけでもないからです。それゆえ、純粋に経済法則を考えれば、差額地代の源泉が土地独占にもとづく超過利潤にあるとはいえ、実際の差額地代の水準は土地所有者と資本家の階級闘争によって左右されることになります。

このような観点から考えたとき、資本の継起的投下によってもたらされる差額地代Ⅱは非常に重要な意味をもつことになります。というのも、地代は資本が収益を獲得したあとにではなく、借地契約を結ぶときに確定されるからです。そのため、資本家からみれば、借地期間が長ければ長いほど、継起的投資によってさらなる利潤を獲得するチャンスを得ることができますので、有利です。この場合、資本家は継起的投資からえられる利潤を、超過利潤もふくめて丸ごと自らのポケットに収めることができます。逆に、地主から見れば、借地期間が長ければ長いほど、不利になりますので、彼らは一年更新の借地契約を要求するようになり、実際に、これが一般化していったのです。

なお、借地契約の短期化は、継起的投資にともなう差額地代の取り逃しを防止するという以上の意味があります。もし資本家が合理的に農業を経営するならば、一般に土地は改良されていくはずですが、この資本家による改良の成果は土地の自然的豊度と融合するので、新たな借地契約の際にはその資本家が成し遂げた土地改良の成果がそのまま資本家が支払うべき地代に転化してしまいます。借地契約が長期にわたる場合には、そのあいだに資本家たちは改良の果実を取得できるので土地改良へのモチベーションは維持されるでしょうが、もし短期契約になってしまえば、改良の果実をほとんど獲得しないうちにそれが地代に転化してしまうので、土地改良へのモチベーションは大幅に低下してしまうでしょう。こうして、土地所有は合理的な農業への障害として立ちはだかるのです。

また、ここでは、新たな契約においてこれまでなされた継起的投資を織り込んで地代を設定するとすれば、集約的な農業を可能にするような大きな資本をもった借地農業者でないかぎり、農業を経営することができなくなっていくことが指摘されています。それゆえ、問題を純粋に経済的に考えるかぎり、土地所有の障壁は農業の参入に必要な資本規模をますます拡大することにもなるでしょう。農業の発展にともなう必要資本量の増大については次の項目で詳しく考察します。

標準的資本投下の必要性は最劣等地における差額地代Ⅱを消滅させる

どんな土地も資本投下なしでなんらかの生産物（たとえば小麦）をもたらしはしない。それゆえ、単純な差額地代、すなわち**差額地代Ⅰ**の場合でも、もし、Aすなわち生産価格を規制する土地での一エーカーはこれこれの量の生産物をこれこれの価格であげるといい、また、B、C、D、すなわち優等な土地種類がとても多くの**差額生産物**を生み、したがってまたこの規制的な価格ではこれこれの額の貨幣地代をあげるというならば、

> その場合には、つねに、与えられた生産諸関係のもとで**標準的**とみなされる**一定量**の**資本**が充用されるということが前提されているのであり、それはちょうど、工業でも**商品**をその生産価格で販売することができるためには**一定の最小限度の資本**が必要であるのと同様である。……
>
> それゆえ明らかなのは、**差額地代Ⅱ**では、**差額地代Ⅰ**そのものでは展開されない一契機が考察に入ってくるということである。というのも、差額地代Ⅰは、一エーカーあたりの**標準的資本投下**がどのように変動しても、それにかかわりなく存続できるからである。この契機は、一方では、土地Aでの別々な資本投下の結果の消失であり、その結果、生産物は一エーカーあたりの平均生産物として現れる。それは、他方では、一エーカーあたりの**資本投下**の**標準的最小限**または**平均的な量**の**変化**であり、その結果、この変化は**土地の属性**として現れるのである。最後に、それは、**超過利潤**の**地代**という形態への転化における相違となる。（①812ff、E718f）

差額地代Ⅱに固有なもう一つの問題は、差額地代Ⅱにおいては市場生産価格の決まり方がより複雑になるということです。まず、この引用文で述べられている「標準的資本投下」の問題があります。

差額地代Ⅱを形式的に考察するならば、最劣等地において最劣等投資がなされている場合、この投資はつねに市場生産価格を決定するようにみえます。しかし、かならずしも最劣等地における最劣等投資が市場生産価格を規制するとは限りません。たとえば、逐次的に投下される資本がより生産性が高く、しかもそのような逐次的な資本投下が最劣等地の資本家にとって一般化するならば、そのようにして一般化した標準的な規模で資本投下をおこなわない資本家たちは競争において劣位におかれ、平均利潤を獲得することさえ困難になってしまうからです。つまり、そのようなケースでは、追加的な資本投下は小麦の販売価格を引き下げ、ほかの最劣等地の資本家たちに対抗するための手段になるのであって、販売価格を維持したまま超過利潤を取得するための手段にはなりません。土地の豊度とは異なり、資本投下額の大小は資本家たち自身の努力に左右されるものですので、それによって独占価格を形成することはできないのです。とはいえ、他方では、前の項目でみたように、土地所有者たちは次の契約更新の際には拡大された資本規模を基準にして地代を設定しますので、実際上は、標準的資本投下の生産性そのものが土地の生産性として現れてくることになります。

最劣等地において差額地代が発生するケース

穀物にたいする需要が増大し、供給が充たされることができるためには、地代を生む地所での生産力の不足した**継起的資本投下**によるか、または土地Aでの同様に生産力の下がっていく追加的資本投下によるか、あるいはまた土地Aよりも劣等な新たな地所での**資本投下**によるかでしかないと仮定しよう。

優等な地所の代表として土地Bをとってみよう。

Bでの一クォーター（一〇〇万クォーターなど）の増産のために、追加資本投下は、**市場価格**が一クォーターあたり六〇シリングというこれまでの規制的生産価格よりも高くなることを必要とする……。もしこの一クォーターがBでの追加資本投下によって、Aでの同量の追加資本によるよりも――あるいは例えばBでの追加資本投下が七五シリングで一クォーターを生産できるのに一クォーターを八〇シリングでしか生産できない土地A^{-1}に下降することによるよりも安く生産されうるならば、その場合には土地Bでの追加的資本が**市場価格**を規制するであろう。

……この場合〔Bへの第三次投資がAの生産性を下回り、一クォーターの個別的生産価格が七〇シリングとなる場合〕には、Aの一エーカーは一〇シリングの地代をあげるだろう。しかし、最劣等地Aではなく、優等地Bが、七〇シリングという生産価格を規制するであろう。この場合には、もちろん、以前からの耕作地と同じように位置が良くてAと同じ地味の土地は使用することができず、より大きな生産費を費やすAでの**第一の資本投下**や土地種類A^{-1}へ逃避が必要であることが想定されている。したがって、**差

額地代Ⅱが継起的資本投下によって作用するならば、**生産価格の上昇の限界**は**優等**地によって規制されることがありうるのであって、また**差額地代Ⅰ**の基礎である**最劣等地**もまた地代を生むことがありうるのである。こうして、たんなる**差額地代**の場合でも、すべての耕作地が地代を生むことになるであろう。……

〔草稿ではここに次頁の表がはいる。〕（①827f、E 747ff）

差額地代Ⅱにおいては最劣等地においても差額地代が発生することがあります。たとえば、この引用文のように、優等地における最劣等投資の生産物の個別的生産価格が市場生産価格になるというケースです。ここでは、Bにおける第三次投資が最劣等投資となり、その個別的生産価格（七〇シリング）が市場生産価格となっています。

では、どのような条件のもとでこのようなことが可能になるのでしょうか。たとえば、小麦にたいする需要が増大し、既存の土地で追加投資をおこなうか、未耕作の土地に投資することが必要になった場合に、最劣等地Aに追加投資するよりも、あるいは新たな未耕作の土地A^{-1}に投資するよりも、Bに追加投資したほうが、個別的生産価格が安くなるのであれば、追加投資はBでおこなわれるでしょう。しかし、そのとき同時に、Bへの追加投資の個別的生産価格が既存の市場生産価格よりも高いとすれば、市場生産価格はこのBへの追加投資による個別的生産価格の水準まで上昇しなければなりません。そうでなければ

エーカー		資本投下（シリング）	平均利潤（シリング）	生産物（クォーター）	クォーターあたりの個別的生産価格（超過利潤）（シリング）	貨幣地代（シリング）
A	1	50	10	1	60(10)	10
B	1	1)50	10	1)2	30(40)	125
		2)50	10	2)1.5	40(30)	
		3)58 1/3	11 2/3	3)1	70(市場生産価格)	
C	1	1)50	10	1)3	20(50)	265
		2)50	10	2)2.5	24(46)	
D	1	1)50	10	1)4	15(55)	405
		2)50	10	2)3.5	17 1/7(52 6/7)	
合計	4	408 1/3	81 2/3	18.5		805

ば、Bへの追加投資は平均利潤を取得することができず、そのような投資はおこなわれないだろうからです。こうして、追加投資の生産性が最劣等地の生産性よりも低く、かつ、その追加投資が優等地においてもっとも有利な条件で行われるならば、優等地への追加投資の個別的生産価格が市場生産価格を規制し、それによって最劣等地にも地代をもたらすことになるのです。

さらにマルクスは、最劣等地において投資が改良的に行われたり、生産力が減退するかたちで行われたりする場合にも、なんらかの事情で、あるいは一時的に、それらの投資が競争によってそれ以前の投資と融合し、平均化することがなければ、最劣等地において差額地代が発生しうることを指摘しています。

第三節　絶対地代

第二節では差額地代が主題になっていましたので、最劣等地は——前節の最後にみた例外的なケースを除いて——なんの地代も生まないという前提で考察がおこなわれていました。しかし、現実には、最劣等地だからといってその所有者が無償で資本家に貸し出すことはありえません。では、この場合の地代はどのように説明することができるのでしょうか。

ひとつの方法としては、後述する「本来の独占価格」によって説明するというやり方があります。しかし、これはそのときどきの市場の状況に依存した超過利潤について説明するものであり、最劣等地の地代の説明に適したものだとは言えません。それにたいし、本節で述べられる「絶対地代」論は、最劣等地においても一般的に発生する地代について説明するものになります。以下でその発生メカニズムについて見ていきましょう。

絶対地代の発生メカニズム

……**生産価格**は、諸商品価値の均等化から生じるのであり、この均等化は、さまざまな生産諸部面で消費されたそれぞれの資本価値を償却した後に、総剰余価値を、それが個々の生産諸部面で生み出された割合に応じてではなく（あるいは、同じことであるが、さまざまな生産諸部面の諸資本が運動させる剰余労働の割合に応じてではなく）、したがってまたそれらの生産物に含まれている割合に応じてではなく、前貸された諸資本の大きさに比例して配分するのである。ただこのようにしてのみ、**平均利潤**も、平均利潤を特徴的要素とする商品の**生産価格**も生じるのである。……

……この均等化の基礎にあるものは、前に論じたように、社会的総資本がさまざまな生産諸部面のあいだに絶えず新たな割合で配分されることであり、諸資本の不断の出入移動であり、ある部面から他の部面への移転可能性、要するに、社会的総資本の独立の諸部分が同じように利用することができる投下場面としてのこれらのさまざまな生産諸部面のあいだでの諸資本の自由な運動である。この場合に前提されているのは、諸資本の競争にとって、たとえば、商品の**価値**がその**生産価格以上**であるような、すなわち、生産された**剰余価値**が**平均利潤**以上であるような生産部面では、価値を生産価格まで引き下げ、したがってまたこの生産部面の超過的な剰余価値を資本が利用可能なすべての生産諸部面に比例的に配分することを妨げるような**制限**はなにもないか、たとえあってもそれはただ偶然的で一時的な**制限**でしかないということである。しかし、もし反対のことが起きて、資本がある外的な力にぶつかり、この力を資本がまったく克服できないかただ部分的にしか克服できず、またこの力が特殊な生産諸部面での資本の投下を制限し、前述のような剰余価値の平均利潤への一般的均等化を完全にあるいは部分的に排除するような諸条件のもとでしか資本の投下を許さないならば、明らかに、そのような生産諸部面では、商品の生産価格を超える商品価値の超過分によって**超過利潤**が生まれるのであり、これが**レント**[12]に転化し、利潤にたいして独立化されうるのである。ところが、資本が土地に投下される場合には、このような外的な力および制限として、**土地所有**が資本に、あるいは、**土地所有者**が**資本家**に相対するのである。

　土地所有はここでは障壁なのであり、この障壁はこれまで未耕作または未賃借であった土地への新たな資本投下を、関税を取り立てることなしには、すなわち地代を要求することなしには許さないのである。（①703f、E769f）

第二章でみたように、一般にマルクス均衡——社会的総労働の均衡的配分——が成立するには、どの資本も、その資本の有機的構成とはかかわりなく、その大きさに比例した利潤を取得することができなければなりません。すなわち、どの資本も平均利潤を獲得することができなければならず、どの資本の利潤率も一般的利潤率に均等化されていなければなりません。

それゆえまた、ここでは、マルクス均衡を実現する商品価格は生産価格（費用価格＋平均利潤）によって規定され、価値によっては直接には規定されなくなります。いまや、価値による規定は、それが平均利潤の水準を規制するというかたちで間接的に反映されるだけです。

とはいえ、以上のことが成立するのは、異なる生産部面のあいだで自由に資本が移動することができる場合だけです。つまり、利潤をめぐる資本の競争にとって、一般的利潤率への均等化を実現するための障害が存在しないか、存在したとしても一時的なものでしかない、という場合だけです。もし、ある特定の生産部面においてこのような競争が「ある外的な力」によって恒常的に制限され、その生産部面への参入が困難になるとすれば、その生産部面においては利潤率の一般的利潤率への均等化は発生しないでしょう。そして、その生産部面における商品の市場価値は、その部面への資本の参入が制限されているのですから、生産価格よりも高くなるでしょう。したがって、なんらかの「外的な力」によって競争が制限された生産部面においては、一般に平均利潤をうわまわる超過利潤が発生することになります。

しかも、このとき、「外的な力」は恒常的に作用し続けるのですから、場合によっては、超過利潤は「レント」（賃料）になりうるでしょう。つまり、その超過利潤は「外的な力」によって可能になったものなので、その「外的な力」の所有者に帰属するものとして利潤から独立することが可能になるでしょう。

マルクスは、まさに、このような「外的な力」の典型が農耕地の所有であると述べています。農耕可能な土地は限られていますから、たとえ最劣等地であったとしても、それを所有しているのであれば、利潤率を均等化させる資本の競争を妨げ、超過利潤をもたらすことができます。それゆえ、最劣等地の所有者であっても、この超過利潤を地代として取得することができるのです。このように、土地所有の力で利潤率の均等化を妨げることによって取得できるのが「絶対地代」にほかなりません。

差額地代であれ、絶対地代であれ、土地所有が資本家の競争を妨げ、一種の「独占価格」を生み出すことをつうじて発生するものですが、そのメカニズムはまったく別物です。差額地代の場合、それぞれの資本によってはどうにもならない農耕地の豊度や位置とはかかわりなく、それらが平均利潤を取得することができなければマルクス均衡は成立しない、という事情から発生するものでした。それゆえ、それは相対的に優位な豊度や位置を独占することから発生するものであり、たとえ資本家が自由に産業部面を移動することができると仮定したとしても発生することができました。

ところが、絶対地代の場合はそうではありません。絶対地代は、むしろ、農耕地の独占をつうじて農業への自由な資本の参入を妨げることによって発生します。そもそも土地そのものが限られたものですし、さらに、その土地が農耕可能であるかどうかも地形や土壌の化学的、物理的、生物学的性質に依存しています。農学の発展とともに土地改良が可能になっていくとはいえ、農耕地は資本が自在に生み出すことのできるものではありません。それゆえ、豊度や位置の優位性がどうであれ、つまりたとえそれが最劣等地であったとしても、それが土地所有者に独占されているかぎり、農業への資本の自由な参入が妨げられ、そこで生産された生産物に独占価格を設定することが可能になるのです。

次に問題になるのは、では、このようにして発生する絶対地代の水準はどのようにして決定されるのか、ということです。差額地代の場合、基本的には、最劣等地の個別的生産価格と優等地の個別的生産価格との差額がそれを規定していました。同じように、絶対地代の場合にも、その水準を規定するものはあるのでしょうか。以下でこのことについて見ていきましょう。

12　基本的にRenteは「地代」と訳していますが、この文脈では地代に限定されない、より一般的な「レント」として解釈しました。この点については本節の最後の項目もご覧ください。

絶対地代の源泉は農業生産物の価値と生産価格の差額である

本来の農業では資本の構成が社会的平均資本の構成よりも**低い**とすれば、このことは、一見して、発展した資本主義的生産様式の諸国では、農業が製造業と同じ程度では進歩せず、**相対的に**小さい程度で進歩するということの表現であろう（したがって、このことは進歩があるかどうかではなく、ただその**程度**にのみかかわる）。このような事実は、他のすべての、部分的には決定的な**経済的な**事情は別としても、化学や地質学や生理学の（さらにとりわけ、それらの農業への応用の）遅れた、一部はまったく幼い発展に比べて、力学的諸科学の（とりわけそれらの応用の）発展はずっと早くから急速に進んできたことからも説明されるであろう。ともかく、農業そのものの進歩が、資本の可変部分にたいする不変部分の相対的に大きな増大のうちに表され、また表れてきたということは、疑う余地のないものであり、ずっと以前から知られている。資本主義的生産様式が支配的なある一定の国、たとえばイングランドにおいて、農業資本の構成が**社会的平均資本**の構成よりも**低い**かどうかは、ただ統計的にのみ解決できる問題であり、これについて詳細に立ち入ることは、われわれの目的にとっては余計なことである。いずれにしても、理論的に確実なことは、ただこの前提のもとで**のみ**農業生産物の**価値**はその**生産価格よりも高く**なりうるということ、すなわち、与えられた大きさの資本によって農業で生み出される**剰余価値**は、または同じことであるが、その資本によって動かされ指揮される**剰余労働**（したがってまた充用される生きた労働一般）は、同じ大きさの社会的平均構成の資本の場合よりも大きいということである。（①701f、E768）

前項の解説の最後で述べた問題を解決するために、マルクスは農業が工業に比べて生産力が低く、そのため資本の有機的構成が低いという事実に着目します。農業における資本の有機的構成が平均よりも低いとすれば、農業生産物については価値＞生産価格という不等式が成り立ちます。マルクスはこの価値と生産価格との差額が絶対地代の源泉をなすと考えました。つまり、土地所有が資本の競争を制限し、農業生産物の価値がその生産価格へと低下することを妨げることによって、絶対地代の源泉となる超過利潤が発生すると考えたのです。

マルクスは基本的にこのアイデアにもとづいて絶対地代論を展開していますが、この議論には致命的な弱点があります。

まず、この議論では、農業の生産力が発展して農業部門の資本の有機的構成が平均以上になった場合の絶対地代について説明することができません。たとえ農業部門の有機的構成が平均以上に高くなろうとも、農耕可能な土地が限られており、それを独占することによって資本の自由な競争を妨げることができるという事情は何ら変わりません。そうであるかぎり、依然として絶対地代は存在し続けるはずです。ところが、絶対地代の源泉を価値と生産価格との差額だと考えているかぎり、資本の有機的構成が平均以上に高度化するやいなや、絶対地代は消失してしまうのです。

つぎに、たとえ農業部門の有機的構成がつねに平均以下であると仮定したとしても、なぜ価値と生産価格の差額が絶対地代の源泉となるのかについての説得的な説明とはなっていません。もちろん、土地所有によって農業部門への自由な参入が制限されれば、農作物価格は生産価格以上に上昇するでしょうが、だからといってそれが価値と一致する保証はどこにもありません。ここでマルクスは、第二章でみたような実体主義的な価値論に引きずられて、競争が存在しない場合には商品は価値通りに交換されるはずだと想定してしまっているように見えます。しかし、次章でマルクスが強調しているように、価値法則そのものが競争によって貫徹するものであることを忘れてはなりません。

……内的な法則は、ただ彼らの**競争**、彼らが互いに加え合う圧力によってのみ貫徹するのであって、この競争や圧力によってもろもろの乖離は相殺されるのである。ここでは価値法則は、ただ内的な法則として、個々の当事者にたいしては**自然法則**として、作用するだけであって、生産の偶然的な諸変動のただなかで生産の社会的均衡を貫徹するのである。（①897、E887）

したがって、競争が抑制されるのであれば、農作物は価値どおりに交換され、それが絶対地代の源泉になるのだという議論は、マルクス自身の価値法則の理解に矛盾していることになります。とはいえ、マルクスもこの矛盾には気づいていたのではないかと思われます。というのも、マルクスはこの第三部主要草稿（地代論の部分は一八六五年に執筆）においては、農作物の市場価値が一般的なケースでは価値に一致するという『一八六一―一八六三年草稿』までの議論を放棄しているからです。

実際に絶対地代に転化するのは価値と生産価格の差額のうちの一部分である

〔絶対〕地代が、価値と生産価格との差額の全部に等しいか、あるいは、この差額の大なり小なりの一部分だけに等しいかは、まったくただ、需要にたいする供給の状態と新たに耕作に引き入れられた地所の広さとにかかっているだろう。（①704、E770）

土地所有は土地生産物の価格をその生産価格以上に引き上げうるとはいえ、市場価格がどれほど生産価格を超えて価値に近づくか、つまり、所与の平均利潤を超えて農業で生産された剰余価値がどの程度まで地代に転化し、どの程度まで剰余価値の平均利潤への

一般的均等化に参加するかは、土地所有ではなく、一般的な市場関係に依存する。(①706、E772)

以上の引用文にみられるように、マルクスは農作物の市場価値がつねに価値に一致するのではなく、価値と生産価格のあいだの値をとり、その範囲のなかで具体的にどの水準に落ち着くかは「一般的な市場関係」に依存すると述べています。それゆえ、ここでは、すでに価値実体論からの脱却が始まっているとみて良いでしょう。しかし、他方では、価値を農作物の市場価値の上限としているために、依然として有機的構成が高度化した場合の絶対地代を説明することはできない、という限界があります。

それでは、マルクスの本来の価値論に合致するかたちで、絶対地代の水準について説明することは可能でしょうか。この点については、マルクスにならって、「一般的な市場関係」に依存すると考えることができるでしょう。絶対地代がどれだけの水準になるかは、それによる農作物価格の上昇が需要をどれだけ収縮させるか、あるいは、現在耕作されている最劣等地よりもさらに劣る土地との競争——借り手のいない農耕地の土地所有者はさらに低い水準の地代であっても貸出に応じる可能性があります——などといった事情によって決まるでしょう。ただし、ここでのマルクスの記述のように農作物の市場価値の上限として価値を設定する必要はなく、したがって、農業部門の有機的構成が平均以上になった場合でも同様に考えることができるでしょう。他方で、価値が上限でなくなったとしても、先に述べたように需要の弾力性や供給構造による制限がかかるため、依然として市場価値の法則の制約のもとにおかれていると言えるでしょう。

なお、このように絶対地代を解釈しなおすと、絶対地代の裏付けとなる価値は――農業資本の有機的構成が平均以上となる場合には――存在しなくなってしまいますが、差額地代や次にみる独占地代の場合と同じように、絶対地代も社会からの収奪（労賃＝労働力の再生産費という仮定のもとでは剰余価値からの収奪）をなすと考えることができるでしょう。

本来の独占価格

われわれが独占価格と言うとき、一般に考えられているのは、生産物の一般的生産価格によって規定される価格にも、生産物の価値によって規定される価格にもかかわりがなく、ただ買い手の支払能力と意欲だけによって規定されている価格のことである。たとえば、一般に比較的少量でしか生産されることのできないようなまったく特別な品質のブドウを生産するブドウ畑は独占価格を生む。この独占価格が生産物の価値を超える超過分はもっぱら上流のワイン愛飲家の富と嗜好《しこう》によってのみ規定されているのであるが、ブドウ栽培者はこの独占価格によってきわめて大きな超過利潤を実現するであろう。ここでは独占価格から流出するこの超過利潤が地代に転化し、そして地代という形態で土地所有者の手にはいるのであるが、それはこの地球のなかでも特別な諸属性をそなえたこの部分にたいする彼の権原によるものである。(①717、E783)

ある商品の**独占価格**は、ただ、他の商品生産者たちの利潤の一部分を、独占価格をもつ商品に移すだけであろう。……その商品が労賃そのものを押し下げる(労賃の価値は同じままであるにもかかわらず)こともあるであろうが、そうなるのは、ただ、労賃がその物理的最低限界よりも上にあるかぎりでのことである。こうした場合には、独占価格は、実質労賃(すなわち労働者が同じ量の労働によって受け取るであろう使用価値の量)からの控除や他の資本家たちの**利潤**からの控除によって支払われることになるであろう。(①879f、E869)

マルクスは、これまで見てきた差額地代や絶対地代とは異なるケースにおいて発生しうる地代についても述べています。それは「本来の独占価格」から発生する地代です。

ここでマルクスが述べているように、その土地でしか栽培することのできないような特別な使用価値をもつ農作物が独占価格を持つことは明らかですが、ここで重要なのは、差額地代や絶対地代のケースと異なり、それが経済法則の貫徹を一般的に妨げる要素から発生するのではなく、この特別な使用価値にたいする一部の人々の欲望と支払い能力から発生するということです。つまり、「本来の独占価格」にもとづく地代とは、差額地代や絶対地代という経済的形態とはべつに、純粋な競争関係や市場関係によって発生する地代であることになります。[13]

独占地代も、差額地代の場合と同様に、その源泉は社会からの、すなわち賃労働者や他の生産部門の資本家から収奪したものとなるでしょう（労賃＝労働力価値の場合には剰余価値からの収奪となります）。

13　なお、マルクスは次章において「さまざまな生産部面での剰余価値の平均利潤への均等化が、人為的独占ないし自然独占、またとりわけ土地所有そのものの独占という障害にぶつかり、このことによって、独占の作用をうける商品の生産価格や価値を超えるような**独占価格**を強要することが可能になる」（①879、Ｅ868）という言い方もしています。それゆえ、本書のように絶対地代の上限を価値と生産価格の差額とする解釈を放棄するならば、むしろ、絶対地代を独占地代に包括してしまう解釈もできるかもしれません。しかし、本書では本章における本来の独占価格にかかわる記述を生かし、絶対地代と独占地代を区別する方向で解釈しています。

固定化された超過利潤としてのレント

さて、ここには二つの場合がある。**独占が一時的でしかなく**、その産業部門への資本投下の発展によって、それゆえ普通の資本主義的競争によって打ち破られる場合。その場合、超過利潤はレントに固定化されない。

その反対の場合。その場合、超過利潤はレントに固定化される。だが、それは再び量的には大きな変化にさらされる。たとえば地代。

他方、自然独占を形成する事業部門、たとえば鉄道のような——というのはその利潤が一般的利潤率の規定に入らない、すなわち、競争によって一般的利潤率の水準に押し下げられえないのだから——他方、そのような事業部門は、全体として、偶然的な災難がおきた場合には、一般的利潤率以下にさえ低下しうる。そして、そのような部門に投下された巨大な固定資本は撤収が困難であり、その一部については撤収は完全に不可能である。それゆえまた、社会的資本のうちのそれぞれの特定の事業部門に投下されている部分の拡大ないし縮小によってしか均等化は進展しえない。——一般的利潤率の計算において、そのような超過利潤を考慮にいれる限り、計算は、共同出資者のうちの何人かが他と同じ分け前のほかに特殊なプレミアムをうけとる会社の決算のようなものである。(⑨161)

本節の最後に、これまで見てきた地代論がより一般的な「レント」論へと拡張される可能性があったことを見ておきましょう。この引用文は晩年（一八七八年頃）のマルクスが執筆した断片からの抜粋ですが、これをみるかぎり、マルクスは地代論とは区別される、より広範なレント論を展開しようとしていたように思われます。

本章でこれまで検討してきた第三部主要草稿（①）においては地代（Grundrente）とレント（Rente）はほぼ同義語として使われており、基本的には双方に「地代」という訳語をあててきました。しかし、この引用文では、超過利潤が一時的なものではなく、したがって、「普通の資本主義的競争」によっては打ち破られないような、なんらかの障害によって固定化されうるものであれば、それはレントに転化すると述べられています。もはやレント＝地代ではなく、地代はレントの典型例として挙げられているにすぎません。

他方、この引用文では、超過利潤が固定化される産業の例として鉄道が挙げられています。鉄道に参入するには巨額の資本が必要であり、しかも資金の回収に時間がかかる固定資本が大部分をしめるために、他の産業のような競争に晒《さら》されることはなく、超過利潤が固定化しやすいということなのでしょう。もちろん、なんらかの「偶然的な災難」――たとえば、災害による鉄道設備の破壊や鉄道建設にともなう想定外の出費――によって平均利潤を割り込むような事態が発生することもありえますが、競争によって一般的利潤率の水準に押し下げられることはありません。ここでは、均等化の作用は、信用制度をつうじて鉄道産業に投下される資本量が調整されることによってもたらされるにすぎず、超過利潤の固定化を妨げるほどではないとされています。この場合、超過利潤の発生を可能とする生産手段は鉄道産業に投下された資本によって所有されていますので、この超過利潤が自立化してレントに転化することはありませんが、それでも生産手段の所有による競争の制限をつうじて超過利潤が固定化し、それを生産手段の所有者が取得することができるという意味では、この超過利潤を広義のレントとして考えることもできるでしょう。

いずれにせよ、断片的な考察ですので、ここからマルクスのレント論構想の全容を読み取ることはできませんが、この考察は現代資本主義について考えるうえでも重要な手がかりとなるでしょう。というのも、「はじめに」でも述べたように、現在、「レント資本主義」と特徴付けることのできるような資本主義的生産様式の新しい形態が台頭しつつあるからです。この点については「コラム6」もご覧ください。

第四節　土地価格

資本主義的生産様式においては、所有は商品や貨幣の力に依存して成立するものになるので、土地の所有権もまたこの近代的私的所有の原理にしたがって商品として売買されるものになります。土地価格が資本還元（地代÷利子率）によって規定されることはすでに緒論においてみましたので、ここでは土地価格という経済的形態がもたらす転倒についてみておきましょう。

土地価格という転倒した形態が地代の寄生的性格を隠蔽する

このような地代の特色をなすものは……所有者のまったくの受動性が明瞭であり、彼の能動性はただ社会的発展の進歩を搾取することだけにあり、この進歩のために、産業資本家ならまだなにかをするのであるが、この所有者は何の貢献もせず、何の危険もおかさないということである。（①714、E781）

一群の諸人格が社会の**剰余労働**の一部分を貢納として取得し、生産の発展につれてますます大きな程度で取得することを可能にするものが、ただこれらの諸人格がもっている地球にたいする私的所有の権原でしかないということは、次のような事情によって覆い隠されている。すなわち、資本還元された地代、まさにこの貢物が資本還元されたものが土地の価格として現れ、したがってまた、土地が他のあらゆる取引物品と同様に販売されうるという事情によってである。したがって、買い手にとっては、彼の地代にたいする請求権は**無償**で手に入れたものとしては、また労働やリスク、資本の企業精神もなしに無償で手に入れたものとしては現れず、その等価を支払って手に入れたものとして現れるのである。彼にとっては、すでに前に述べたように、地代は、ただ彼が土地を、したがってまた地代の請求権を購買するのに用いた資本の利子としてしか現れない。それは、黒人を買った奴隷所有者にとっては、彼の黒人所有は奴隷制度そのものによって得られたのではなく、商品の売買によって得られたものとして現れるのとまったく同じである。しかし、権原それじたいは販売によって生み出されるのではなく、ただ移転されるだけである。権原は、それが売られることができる前に、そこに存在していなければならないのであって、**一度の**販売がこの権原をつくりだすことができないのと同様に、何回もの販売も、その販売の恒常的な反復も、この権原をつくりだすことはできないのである。一般に権原をつくりだしてきたものは生産諸関係である。この生産諸関係が脱皮せざるをえない点にまで到達するやいなや、権原の、そしてその権原にもとづく一切の取引の物質的源泉、経済的および歴史的に正当な源泉、社会的な生命生産の過程から発生する源泉はなくなってしまう。より高度な経済的社会構成体の立場からみれば、別々の諸個人による地球の私的所有は、ある人間の他の人間にたいする私的所有と同様にまったくばかげたものとして現れるであろう。一つの社会でさえ、一つの国でさえ、それどころか同時代のすべての社会を一緒にしたものでさえ、大地の**所有者**ではない。

それらはただ大地の**占有者**であり、その**用益者**であるだけであって、それらは「良き家父」としてこれを改良して、次の世代に遺さなければならないのである。（①717f、E784）

本章でみてきたように、地代は資本が取得した利潤の一部を――それゆえ賃労働者たちが生産した価値の一部を――土地所有の力によって収奪することにもとづいています。産業資本家であれば、その目的が労働者の搾取にあり、さらなる労働の疎外や環境破壊をもたらすとしても、生産様式を革新し、社会的生産力の発展を促進するという役割を果たします。ところが、土地所有者たちの役割はまったく受動的なものであり、社会的発展の進歩の成果を搾取するにすぎず、この進歩に貢献することはありません。土地所有者は、自分の生産物でもなければ、人間の生産物でもない地球の一部分を排他的に独占することによって他人の労働の成果を収奪しているにすぎないのです。

しかし、このような地代の寄生的性格は土地に価格がつき、商品として売買されることによって覆い隠されます。つまり、本質的には労働者が生産した価値の一部を収奪しているにすぎないわけですが、このことがあたかも土地への「投資」にたいする正当な見返りであるかのように現象するのです。ここでは、土地の排他的独占にもとづく「虚偽の社会的価値」の取得権が資本還元されて「架空資本」となり、この「資本」としての資格によって社会的富の収奪が正当化されるという極度の転倒が発生することになります。

なぜ、このようなことが可能になるのでしょうか。資本主義的生産様式がその形象化をつうじて剰余価値生産とはかかわりなく、投資そのものが――それがじっさいに資本として機能するかどうかにかかわりなく――収益を生み出すのだという観念を生み出すからにほかなりません。前章でみたように、利子という経済的形態をつうじて資本所有が生産から切り離されて自立化し、さらに架空資本においては資本価値の所有からも切り離され、たんなる貨幣請求権への投資によって継続的な収益をあげることが可能になります。こうして、剰余価値生産とかかわりなく、たんなる資本投資から収益をあげることが可能なのだという観念が確固たるものになるのでした。まさに、この観念が、土地所有による地代の収奪を正当化するのです。

もちろん、実際には、土地への投資が地代を生み出すのではありません。地代を取得することのできる権利を生み出すのは、資本主義的生産関係そのものです。本章でみてきたように、資本主義的生産が土地所有――すなわち物象の力にもとづく土地の排他的所有――の制約にぶつかり、その競争のあり方を修正させられたり（差額地代）、あるいは、競争そのものの水準を制限されたりすることによって（絶対地代および独占地代）、発生するのが地代に他なりません。それゆえ、資本主義的生産関係が廃絶されるならば、この権利そのものが成立しなくなるでしょう。物象の力にもとづく土地の排他的所有も認められなくなるでしょう。さらに、資本主義的生産関係の廃絶をつうじてより高度な経済的社会構成体――共産主義社会――を実現するならば、現在の社会において奴隷制がまったく馬鹿げたものであるように、あらゆる土地所有は馬鹿げたものになるでしょう。たとえ、それが個人の所有ではなく、国家や社会の所有であるとしても馬鹿げたものとして現れるでしょう。なぜなら、人間にとって、それどころか地球上のあらゆる生命にとって、地球はけっして独占したり、所有したりできるものではなく、そこからさまざまな恵みを受け取ることのできる「コモン」（共有物）にほかならないからです。

第五節　地代にかんする結論的考察

本節では、前近代的な社会システムのもとでの地代と対比しながら、資本主義的生産様式のもとでの地代の特殊性について解明することが課題となります。商業資本を扱った第四章や利子生み資本を扱った第五章でも歴史的な考察が行われましたが、そこでは商業資本や利子生み資本が前近代社会においてどのような形態で存在し、それがどのような条件のもとで資本主義的生産のもとに組み入れられていくかが考察されました。それにたいして、地代はそもそも土地への資本投下によって取得できるものではなく、前節でみたように、土地の資本還元をつうじてはじめてそのような外観を獲得するにすぎません。むしろ、歴史的にみれば、地代は、商品や貨幣などといった物象的な関係からは独立した一定の共同体的関係にもとづくものでした。資本主義に対応した近代的な地代は、この共同体的関係を破壊することによってはじめて成立しうるものだったのです。

そのため、地代の場合には、商業資本や利子生み資本と異なり、歴史的プロセスをつうじてその性質が根本的に変化させられることによって、はじめて資本主義的生産様式に対応する形態が生み出されることになります。本節において問題となるのは、この近代的な地代の歴史的な特殊性を把握することにほかなりません。

地代を取り扱うことの困難はどこにあるのか

資本主義的生産様式の理論的表現としての現代の経済学の立場からみて、地代を取り扱うことの困難が本来どこにあるかを明らかにしなければならない。……困難は次のことを証明することにある。すなわち、さまざまな諸資本のもとで剰余価値が**平均利潤**へと、すなわち諸資本のそれぞれの大きさ（あるいは、諸資本が社会的資本のうちで成している可除部分）に照応した総価値――すべての生産部面を合わせた総資本が生産した――の比例的分け前へと均等化されたあとで、つまり、この均等化のあとでも、外観上はすでにおよそ分配されるべきすべての剰余価値の分配が行われたあとでも、なお土地に投下された資本が**地代**の形態で土地所有者に支払うこの剰余価値の**超過**部分はどこから出て

くるのか、ということにある。（①723f、E790）

何の理論的前提もなく素朴に考えれば、地代とは土地を貸し出すことから得られる収益です。このように地代を単純に捉《とら》えるならば、現代の土地所有者が取得する地代も、前近代社会における領主が農民から取り立てる地代も同じものだということになってしまうでしょう。もちろん、このような素朴な考えにとらわれているかぎり、資本主義社会における地代の特殊性について認識することができず、それを解明することもできません。地代を理解することの困難は、じつは、この資本主義社会における地代の特殊性を認識することにあるのです。

以下では、このような観点から、歴史的に存在したさまざまな地代の形態についてみていきます。

労働地代

労働地代というもっとも簡単な形態での地代、すなわち直接的生産者が週のうちの一部分は（事実上あるいは法学上）彼自身の労働諸用具（犂、家畜等）で（事実上）彼自身の土地を耕作し、週のうちの他の日には、地主の領地で地主のために無報酬で労働するという形態での地代を考察するならば、ここでは事態はまだまったく明らかである。……利潤ではなく**地代**が、この場合に**不払剰余労働**を表す形態である（この形態について述べている第一部第二章〔「絶対的剰余価値」の章を指す〕と比較せよ）。……さらに明らかなことは、直接的労働者が、彼自身の生活維持手段の生産のために必要な**生産手段**あるいは**労働諸条件**の「**占有者**」のままであるあらゆる**諸形態**においては、所有関係は同時に直接的な**支配・隷属関係**として現れざるをえず、それゆえ直接的生産者は不自由人として現れざるをえないということである。……というのも、直接的生産者はこの場合には、前提によれば、彼自身の生産手段（自分の労働の実現と自分の生活維持手段の創造のために必要な客体的労働諸条件）を占有しているのであり、自分の農耕を、それと結びついた農村家内工業と同様に、**自立的**に営んでおり〔たとえばインド等々におけるように、この自活的小農が互いに多かれ少なかれ自然発生的な生産共同体を形成しているということによっては解消されないような自立性。というのも、ここではただ名目上の土地所有者**にたいする**自立性だけが問題になっているからである〕、名目上の土地所有者のための剰余労働は、ただ**経済外的な**強制によってのみ、彼らから強奪されうるのであって、たとえこの強制がどのような形態をとろうともそうなのである。〔このことを奴隷経済やプランテーション経営と区別するのは、奴隷はここでは他人の生産諸条件で労働し、自立的に労働するのではないということである〕。それゆえ、**人格的な**従属関係が必要であり、人格的な不自由がどんな程度であれつねに必要であり、土地の付属物として土地に縛り付けられていることが、すなわち本来の意味での**隷属**が必要なのである。（①730ff、E798f）

商品経済が未発展な前近代的共同体においては、人々の経済的関係は商品や貨幣をつうじてではなく、人々じしんの直接的な人格的関係によって形成されていました。また、人々の生産活動の大部分は自給自足を目的としたものでした。

このような社会において地代が成立するには、直接的な支配・隷属関係が必要であることは明らかです。なぜなら、直接的生産者たち――実際に生産活動をおこなっている人々――は、土地所有者から独立に、自立的に生産活動を営んでいるからです。名目上の土地所有者にすぎない領主が彼らから地代として富を収奪するには、経済外的な強制に頼るほかありません。前近代社会における地代は、基本的に、生産者たちを土地に縛り付け、従属させることによって成り立つものになります。このような前近代社会の地代のなかでも最も本源的な形態の地代となるのが、この引用文で述べられている「労働地代」にほかなりません。

労働地代が強制労働であることは自明である

地代の最も簡単で最も本源的な形態である**労働地代**については、以下のことはきわめて自明である。すなわち、地代はこの場合には、**剰余価値**〔筆者注：現物経済において剰余価値は存在しませんが、マルクスは本節においては剰余価値という語を強制された剰余労働という意味で用いていたるように思われます〕の本源的な形態であり、それと一致するということである。……というのも、この一致はここではなおその目に見え、手でつかめるような明白な形態で存在しているからである。というのも、直接的生産者たちが自分自身のために行う労働は、ここでは、空間および時間によって、彼が所有者のために行う労働から分離されていて、後者は、直接に、第三者のための**強制労働**という野蛮な形態で現れるからである。（①732f、E800）

労働地代においては、神秘的なものは何もありません。人格的な従属関係によって自分のためのものではない剰余労働を生産者たちに強制するということが労働地代であることは明らかだからです。ここでは、近代的な地代との違いは一目瞭然《りょうぜん》です。

前近代社会における伝統の役割が剰余労働を低い水準に抑制する

幾人かの歴史家たちは、直接的生産者は所有者ではなくただの占有者であるだけであり、また実際に、法律的に彼の剰余労働はすべて土地所有者のものなのだから、およそこのような諸関係のもとでは、財産の、あるいは相対的にいえば富の独立な発展が夫役義務者や農奴の側で発展しうるということについて、驚きの言葉を述べている。とはいえ、この社会的生産関係とそれに照応する生産様式との基礎をなす自然発生的で未発展な諸関係においては、**伝統**が優勢な役割を演じざるをえない、ということは明らかである。第二に、この場合には、あらゆる他の諸事情のもとでと同様に、社会の支配的な部分の利益は現存するものを**法律**として神聖化し、その制限を権利、慣習、伝統によって神聖化された**法律的**な制限に転化することであるということは明らかである。……いま、たとえば、所有者の領地での夫役労働が元来は二日あるいは三日であったと仮定しよう。この剰余労働は、その形態が労働のあらゆる社会的生産力の未発展にもとづき、すなわち労働様式そのものの未熟さにもとづいているがゆえに、相対的に直接的生産者の総労働のなかのはるかに小さな部分を取り上げることにならざるをえず、**当然**、より発展した生産様式、またことに資本主義的生産様式の基礎のうえでと比べて小さな部分を取りあげることにならざるをえない。たとえば、週に二日の夫役労働は、こうして固定されており、慣習法によってであれ、成文法によってであれ、法律的に規制されているひとつの不変の大きさである。しかし、直接的生産者が自分で自由に使える残りの週日の**生産性**は、一つの**可変的な**大きさであって、彼の経験が進むにつれて発展するにちがいない……。（①734f、E801f）

生産物地代

労働地代の**生産物地代**への転化は、経済学的に言えば、地代の本質を少しも変えるものではない。地代の本質は、われわれがここで考察している諸形態にあっては、地代が**剰余価値**あるいは**剰余労働の**唯一の支配的な**正常な形態**だということにあり、別の言い方をすれば、地代は自分自身の再生産のために必要な労働諸条件を**占有**している直接的生産者が、この状態で包括しているすべての労働諸条件、すなわち土地の**所有者**に果たさなければならない唯一の剰余労働あるいは唯一の剰余生産物であり、また他方で、直接的生産者にたいして、**他人の所有物**であり、彼に敵対して**独立化され**人格化した労働条件として相対するのはただ土地だけである、ということでもある。生産物地代が地代の支配的なもっとも発展した形態であるかぎり、とにかく、それはつねに多かれ少なかれ、以前の形態の残滓《ざんし》と、すなわち直接に労働で支払われるべき地代と、それゆえ夫役労働と結びついており、あるいはなおそれを伴っているのであり、領主が私的個人であろうと国家であろうとこのことに変わりはない。……生産者が自分自身のために行う労働と土地所有者のために行う労働とはもはや明白に、時間的にも空間的にも区分されてはいない。このような純粋な生産物地代は、より発展した生産様式や生産諸関係のなかにも断片的に引きずられうるとはいえ、相変わらず現物経済を前提している。……この地代形態にともなって、剰余労働があらわされる生産物地代が決して農村家族の剰余労働のすべてを汲《く》み尽くすとはかぎらない。むしろ、労働地代と比べて、生産者には剰余労働の時間のための大きな余地が与えられており、彼の不可欠な諸欲求の充足のために必要な労働の生産物が彼自身のものであるように、この剰余労働の生産物が彼自身のものなのである。（①735f、E802ff）

生産物地代から発生する錯覚

地代の性質についてのひとつの錯覚は次のような事情にもとづいている。すなわち、中世の現物経済からはじまって、しかも資本主義的生産様式の諸条件とまったく矛盾しながら、**現物形態での地代**が、一部は教会の十分の一税として、一部は古い契約によって永久化された骨董品《こっとうひん》として、現代まで引きずられてきたという事情である。このことによって、地代は農業生産物の**価格**から生じるのではなく、その**物量**から生じるのであって、したがって、社会的諸関係からではなく、土地から生じるという外観が生まれる。（①728f、E795f）

みてきたように、前近代社会において地代は現物形態――生産物ないし労働の提供――という形態をとっていました。現物形態での地代はやがて貨幣地代に置き換えられていきますが、一九世紀に至っても封建的な社会関係が一部で残存しており、生産物地代（生産物の形態で納める地代）も残存していました。

このような事情から、農業においては土地という自然的な要素として大きな役割を果たすので、土地そのものの力によって余剰の生産物が発生し、これが地代の源泉となるのだ、という考えが生まれてくることになりました。これが、土地独占によってなんらかの意味での独占価格が成立し、それが超過利潤をもたらすことによって地代が発生するという資本主義に特有な地代の発生メカニズムを理解することが困難になった理由の一つです。

貨幣地代

ここでわれわれは貨幣地代を――（平均利潤を**超える**超過分でしかない、資本主義的生産様式にもとづく産業地代または商業地代とは区別して）——生産物地代の単なる形態転化から生じる地代、それゆえ、生産物地代という基礎から出発し、それゆえ、生産物地代が転化した労働地代であったように、転化した生産物地代である地代と解する。この場合には、直接的生産者は土地所有者に、生産物ではなくその価格を支払わなければならない……。それゆえ現物形態での生産物の超過分ではもはや十分ではない。その超過分はこの現物形態から貨幣形態に転化させられなければならない。それゆえ、直接的生産者は相変わらず、自分の欲求の大部分を、すなわち自分の生活維持手段の大部分を自分で生産し続けるとはいえ、彼の生産物の一部分は、**商品**に転化させられなければならず、また**商品**として生産されなければならない。それゆえ、生産様式全体の性格が多かれ少なかれ変えられる。それはその独立性を、すなわちその社会的連関からの隔絶状態を失う。それは市場諸関係に依存するようになる。いまや多かれ少なかれ生産費のなかに貨幣支出が入り込むその割合が決定的となり、またいずれにしても総生産物のうちある部分は再び再生産手段として、またある部分は直接的生活維持手段として役立たなければならない部分を超えて貨幣に転化する部分の超過分が決定的となる。しかし、地代の基礎は、それが解消に向かいつつあるとはいえ、出発点をなす生産物地代におけるのと**同じ**ままである。直接的生産者は、相変わらず相続かその他の伝統的な土地の占有者であり、彼は自分の重要な生産条件の所有者としての土地所有者に、**余分な強制労働**を、すなわち不払いの、等価物なしでなされる労働を、剰余生産物に転化した剰余労働の形態でまた貨幣に転化した剰余生産物の形態で支払わなければならない。（土地とは異なる動産や農具等々にたいする所有は、すでに以前の諸形態において、最初は事実的に、その後は法律的に、直接的生産者たちの所有に転化するのであり、そしてこのことは貨幣地代という形態の場合にはなおさら前提とされている）。最初は散在的に、やがて多かれ少なかれ国民的な規模で行われる生産物地代の貨幣地代への転化は、商業や都市工業、商品生産一般およびそれにともなう貨幣流通が、すでにかなり発展していることを前提する。さらにそれは、生産物の市場価格を前提とし、生産物が多かれ少なかれその**価値**に近似して売られるということを前提するのであり、これは以前の諸形態のもとではけっして必要なことではない。ヨーロッパの東部では部分的にはまだわれわれの目の前でこの転化が行われているのを見ることができる。（①737f、E805f）

ここでいう貨幣地代は、前近代的な関係のもとでの現物形態での地代が貨幣で納められる地代に置き換えられたものを意味します。生産物地代が貨幣地代に転化するには、その前提として、商業や商品生産が発展していることが必要ですが、次の項目で詳しくみるように、この貨幣地代そのものも農業において商品経済を浸透させる役割を果たし、資本主義的生産関係の形成を促進することになります。

貨幣地代は農業における資本主義的生産関係の形成を促進する

貨幣地代とともに、必然的に、土地の一部分を**占有し利用する**隷農民（それが国家のであれ私的所有のであれ）と土地所有者とのあいだの伝統的な慣習法的な関係は、**契約にもとづいた**、実定法の定則にしたがって規定された純粋な貨幣関係に転化する。したがって、占有者は、事実上**単なる借地農業者**になる。この転化は、一方では、その他の一般的生産諸関係が適当であれば、旧来の占有者をしだいに収奪して彼を資本家的農業者に置き換えるために利用される。他方で、それは、旧来の占有者が自分の地代支払義務を買いもどし、自分が耕作する土地の完全な所有をもつ独立な農民に転化するに至る。

現物地代の貨幣地代への転化は、さらに必然的に、無産の、また貨幣で雇われる日雇労働者という階級の形成をともなうだけでなく、これによって先行されさえする。したがって、この階級がただ散在的な発展期や、それがナショナルな規模で登場するような成熟の前には、必然的に、より恵まれた状態にあった地代支払義務を負った土地占有者たちのあいだで、彼ら自身の計算で農村賃金労働者たちを搾取する慣習が発展したが、それはたとえば、封建時代において、封建時代が支配的である一方で、財を成したある種の隷農たち自身がまた隷農を保有していたのと同様である。こうして彼らの手の中に、資本を形成し、自分自身を将来の資本家たちに転化させる手段がしだいに発展していく。これは資本主義的農業者の培養場であり——旧来の自作的土地占有者たち自身のもとでは——その発展は、農村の外での資本主義的生産様式の一般的発展によって条件付けられており、もしそれに、一六世紀に、伝統的な長期借地契約のもとで、地主たちを犠牲にして資本主義的農業者を豊かにせずにはいなかった貨幣の累進的な減価のような、特別に有利な事情が加勢するならば、特に急速に発達するのである。

さらに、地代が貨幣地代の形態をとり、それとともに耕作者と地主とのあいだの関係が契約関係の形態をとるやいなや——このような転化は、一般に、世界市場や商業およびマニュファクチュアの相対的に高い発展がすでに与えられている場合にのみ可能なのであるが——必然的に、資本家への土地の賃貸しも現れる。この資本家はこれまでは農村的制限の外に立っていたが、いまや都市で手に入れた資本や諸都市ではすでに発展していた資本主義的経営様式を、たんなる商品としての、たんなる剰余労働の取得のための手段としての土地生産物の生産を農村に移すのである。このような形態が一般的になることができるのは、ただ封建的生産様式から資本主義的生産様式への移行にさいして世界市場を支配する諸国においてのみである。地主と現実の農耕民とのあいだに資本主義的農業者が介在するようになれば、旧来の農村的生産様式から生じたあらゆる諸関係は引き裂かれる。借地農業者はこれらの耕作者たちの現実の長となり、また彼らの剰余労働の現実の搾取者となり、他方で、地主はもはやただ、この農業資本家にたいしてのみ直接的関係をもち、しかも単なる貨幣・契約関係をもつだけである。これにともなって、**地代の性質**も、部分的にはすでに以前の諸形態の間に行われていたように事実的、偶然的に変化するだけでなく、**正常的に**、その公認された支配的な形態において変化するのである。それは、剰余価値および剰余労働の正常な形態から、その剰余労働のうち搾取資本家によって利潤の形態において取得される**部分**を超える超過分に成り下がり、剰余労働の全体はいまや、すなわち利潤と利潤を超える超過分はいまや、直接的に搾取資本家によって抽出され、総剰余生産物の形態で取得され、換金される。……**利潤**はいまや、**地代**に代わって、剰余価値の正常な形態となっており、地代は、もはやただ剰余価値一般ではなく、剰余価値の一定の分肢である**超過利潤**が特殊な諸事情のもとで自立化した一形態として通用するにすぎない。……もはや土地ではなく、まさに資本こそが、いまや農村労働さえも自分と自分の生産性に直接に包摂したのである。（①739ff、E806ff）

みてきたように、地代を歴史的に考察することによって改めて明らかになるのは、そのときどきの地代のあり方が生産関係によって規定されるということです。労働や生産物による現物形態での地代は前近代的な共同体的な生産関係にもとづいていますし、貨幣地代は一定の商品経済の発展を前提しながらも依然として前近代的な生産関係がその基礎にあります。前近代的社会において地代は他人の剰余労働を取得するための典型的な形態であり、それゆえ、その実体は農民たちの剰余労働にほかなりませんでした。とはいえ、そのような剰余労働の収奪が伝統的な共同体的な秩序に基づいていたために、地代の量は固定的であり、それゆえ、農業における生産力の増大とともに農民たちのあいだでの一定の富の蓄積が可能になったのでした。

それにたいし、近代的な地代の基礎にあるのは資本主義的生産関係です。もはやここでは地代は剰余労働を取得するための典型的な形態ではありません。資本主義的生産関係においては典型的な剰余価値の取得形態は資本が獲得する利潤であり、地代はその一部である超過利潤の――しかもそれが土地所有の作用によるものであるかぎりでの――取得形態であるにすぎません。他方で、直接的生産者たちは借地農業者に雇用される賃労働者になり、生産の自立性を剝奪《はくだつ》され、富の蓄積の可能性も奪われてしまいます。こうして、資本主義的生産関係は農業部門をも自らに包摂し、地代や農業の性質を根本的に変化させることになるのです。

独自の国家形態の秘密

不払剰余労働を**直接的生産者**から汲み出すさいの独自な**経済的**形態が支配・隷属関係を

規定するのであり、この関係は直接に生産そのものから生じ、それ自身、生産を規定するものとして現れる。しかし、この上には、生産諸関係そのものから生じた経済的共同体の全姿態が、またそれと同時に、この共同体の独自な政治的姿態が築かれる。それはつねに、生産諸条件の所有者の直接的生産者にたいする直接的関係であり、この関係はそれじしん当然に労働の仕方および様式のある一定の発展段階に、したがってまた、労働の社会的生産力の発展に照応するのであるが、この関係にこそ、われわれは社会的構造全体の、したがってまた主権・従属関係の一般的政治的形態の、要するに独自の国家形態の最奥の秘密、隠された基礎を見出すのである。このことは、同じ経済的基礎が――主要な諸条件からみて――無数のさまざまな経験的諸事情、すなわち自然諸関係、種族諸関係、外部から作用する歴史的影響等々によって、現象上は、無限のヴァリエーションやニュアンスを示すことがありうるということを妨げるものではなく、これらはただ経験的に与えられた諸事情の分析によってのみ理解される。（①732、E799f）

地代論に関連して、マルクスは自らの国家論の核心を端的に提示しています。それは、「不払剰余労働を**直接的生産者**から汲み出すさいの独自な**経済的**形態」によって規定される「支配・隷属関係」を基礎として、「生産諸関係そのものから生じた経済的共同体の全姿態が、またそれと同時に、この共同体の独自な政治的姿態が築かれる」というテーゼです。

直接的生産者から剰余労働を抽出するにはなんらかの権力関係が必要となりますが、この権力関係のあり方は社会によってさまざまに変わってきます。前近代的な共同体社会においては剰余労働の抽出は直接的な人格的支配という形態をとりますが、資本主義社会においては剰余労働の搾取は物象の権力、資本の権力にもとづくものになります。このように、その社会が――それが他者の労働の搾取と収奪にもとづく社会であるかぎり――剰余労働の抽出のために必要とする権力関係のあり方は他者を支配し剰余労働を強制するという意味ではどの社会でも同じですが、その権力の形態は社会によってまったく異なるものとなります。

それでは、このような形態の違いはどこから生じてくるのでしょうか。マルクスが注目するのは、ここでもやはり労働のあり方です。その労働がどのような社会的形態で行われるのか、さらにはその労働がどのような生産力をもって遂行されるのかが、「支配・隷属関係」のあり方、すなわち「生産諸条件の所有者の直接的生産者にたいする直接的関係」のあり方を決めるのです。労働が共同体的な関係のなかで自立性をもって自給自足的に行われるならば、剰余労働を収奪する経済的形態は直接的な人格支配にならざるをえないでしょう。他方、労働が物象化された関係のなかで賃労働として自立性を失った形態で行われるならば、剰余労働の強制は「自由意志」にもとづいた労働力の購買とその消費によって可能になるでしょう。

まさに、このような他者の労働を支配するさいの経済的形態のあり方が「経済的共同体の全姿態」のあり方、さらには「この共同体の独自な政治的姿態」のあり方を規定することになるのです。剰余労働の抽出が直接的な人格的支配の形態をとる社会ではそれに対応する伝統と慣習が形成されていき、また、それを直接に正当化し維持するための封建的な政治システムが形成されることになるでしょう。他方、剰余労働の搾取が資本の権力による支配という形態をとる社会では諸々の関係が資本主義的生産のもとに包摂され、それに適合するように再編成されていくでしょう。たとえば、土地所有はもはや剰余労働を収奪する典型形態ではなく、それによって独占価格を形成することのできるかぎりで超過利潤を取得するにすぎないものになるでしょう。そして、この経済システムに対応する近代国家という形態をもつ政治システムが形成されることになるでしょう。この近代国家は、もはや剰余労働の収奪を直接に正当化し維持するのではなく、むしろ資本主義的生産関係そのものから発生する物象の権力とその「正当性」――「自由、平等、所有、そしてベンサム」（マ233）――に依拠しつつ、法律や制度をつうじて物象の権力を外的に補完するものになるでしょう。

もちろん、実際の国家がどのようなものになるかについては様々な要因が作用しますので、無限のヴァリエーションが存在するでしょう。しかし、その国家がどのような「政治的形態」をとるかは、やはり、剰余労働を抽出するさいの経済的形態、さらにはそれを規定する労働の社会的形態が規定することになるのです。

資本主義的農業は社会的物質代謝と自然的物質代謝のあいだに修復できない亀裂を生じさせる

ここでは〔小土地所有の場合には〕、土地の私的所有の形態であり結果である**土地価格**は、生産そのものの制限として現れる。大農業の場合でも、また資本主義的経営様式にもとづく大土地所有の場合でも、**所有**は同様に制限として現れる。なぜなら、それは、借地農業者にたいして、最終的には自分の利益にはならないで土地所有者の利益になってしまうような生産的な資本投下をすることを制限するからである。どちらの場合にも、土地を共同的で永久的な所有として、すなわち交代していく人間世代の連鎖の手放すことのできない存在条件および再生産条件として、意識的合理的に取り扱うことにかわって、地力の搾取と浪費が起きるのであって……小所有の場合には、労働の社会的生産力を充用するための諸手段や科学が欠けていることから、大所有の場合には、借地農業者や所有者の富をできるだけ急速に増やすためにこの手段を利用し尽くすことから起きるのであり、そしてどちらの場合にも、市場価格への顧慮から起きるのである。

小土地所有にたいするあらゆる批判は、結局は農業の制限や障害としての**私的所有**にたいする批判に帰着する。あらゆる大土地所有の反対の批判も同様である……。このような制限やこうした障害は、土地の私的所有のすべてが生産にたいして、また土地そのものの合理的な取り扱いや維持、改良にたいして設けるものであるが、小土地所有と大土地所有とではただ違った形態で発展するにすぎないのであり、弊害のこれらの独自な形態についての論争においては、弊害の究極の原因は忘れられてしまうのである。

小土地所有が、人口の圧倒的な多数が農村人口であり、社会的労働のかわりに孤立的労働を行い、したがって富も再生産の発展も、その精神的諸条件の発展も物質的諸条件の発展も、このような諸事情のもとでは排除されており、したがってまた合理的な耕作の諸条件も排除されているということを前提するとすれば、大土地所有は、それが農業人口をたえず減少していく最低限まで縮減し、またそれにたいして、たえず増大し、大都市に集積する工業人口を対置し、社会的な物質代謝と自然的な、土地の自然諸法則によって命じられた物質代謝の連関のうちに修復できない亀裂を生じさせる諸条件を生み出すのであり、それによって地力は荒廃させられ、またこの荒廃は商業をつうじて自国の境界を越えて遠くまで広められるのである。

小土地所有が、半ば社会の外に存在する野蛮人の階級をつくりだし、この階級が原始的な社会諸形態のあらゆる野蛮と文明諸国のあらゆる苦悩や悲惨を結びつけているとすれば、大土地所有は労働力を、その自然発生的なエネルギーがそこに避難し、それが諸国民の生命力の再生のための予備ファンドとしてそこで蓄えられる最後の場所である農村そのものにおいて、蝕《むしば》んでいくのである。両者、すなわち大工業と工業的に経営される農業は手を取り合う。両者を本来的に区別するのが、前者がむしろ労働力、それゆえ人間の自然力を荒廃させ破滅させるが、後者はむしろ直接に土地の自然力を荒廃させ破滅させることであるとすれば、その後の進展において両者は手を取り合うのである、というのは、工業システムは農村でも労働者たちを衰弱させ、工業と商業は農業に土地を疲弊させる諸手段を与えるからである。(①752f、E820f)

当時の農学においては、より合理的な農業を実現するために大規模な農業が望ましいのか、それとも、小規模な農業が望ましいのか、という論争がありました。この論争は、近代的私的所有のもとでの農業が現実に直面する困難を反映したものでした。小土地所有においては——とりわけ「自営農民の自由な分割地所有という形態」(①746、E815)においては——農民たちが自分の土地で自らの知識をもちいて労働することができますので、「自由な個性の発展」(マ536)のための条件が与えられますが、他方では、土地の利用が狭い範囲に限定されているために、農学によって解明された知識を全面的に活用して生産力を向上させることができません。大土地所有の場合には、農学の知識を利用するための条件が与えられますが、この生産力上昇の成果を地代として収奪されてしまうために、借地農業者が生産力の向上に積極的にならないという問題を抱えています。

しかし、マルクスによれば、真の問題は、大土地所有か、それとも小土地所有かというような問題ではありません。土地所有と農業が資本主義的生産に包摂され、ほんらい、「共同的で永久的な所有として、すなわち交代していく人間世代の連鎖の手放すことのできない存在条件および再生産条件として、意識的合理的に取り扱」われるべき土地が特定の私的個人によって排他的に独占され、農業がもっぱら短期的な金銭的な利害のために営まれるようになってしまっていることこそが根本問題なのです。このような条件下では、いかに農学が発展しようとも、それを用いて合理的な農業を営むことは困難です。

さらに、農業のもつ素材的特殊性についても考慮する必要があります。農業はきわめて複雑な自然環境に依存しています。そのため、数千年にもおよぶ歴史のなかで人類が営々と築き上げてきた経験的知識に依拠している部分が少なくなく、実際、近代的テクノロジーの論理にもとづいて農業を抜本的に再編成することは容易ではありませんでした。もちろん、そのような試みは幾度となく強引なやり方で行われてきましたが、結果として大規模な物質代謝の攪乱《かくらん》をもたらすことが少なくなかったのです。たとえば、多大な成果をあげたとされる「緑の革命」も、その実態をみれば、短期的に収穫量を増大させるかわりに土地を荒廃させるものでした。また、そうした既存の物質代謝の破壊によって、「途上国」の農民は耕作のためにつねに種や化学肥料、農薬や殺虫剤を「先進国」の企業から購買しなければならない状況に追い込まれ、借金漬けになり、経済的にも収奪されることになったのです。さらに、インドのパンジャーブのように、それによって既存の共同体社会が破壊され、政情が不安定化し、暴力的な紛争が発生した地域もありました。著名なエコフェミニストであるヴァンダナ・シヴァが指摘するように、現代進められている諸々のバイオテクノロジーによる農業の再編成も同様の危険性を孕《はら》んでいるといえるでしょう。まさに、資本主義的生産様式のもとでは「工業システムは農村でも労働者たちを衰弱させ、工業と商業は農業に土地を疲弊させる諸手段を与える」ことになるのです。

コラム６　レント資本主義

「はじめに」でも述べたように、現在、「レント資本主義」と特徴付けることのできるような資本主義的生産様式の新しい形態が台頭しつつあります。

一九七〇年代以降、資本蓄積が停滞し、産業資本の利潤を拡大するのが困難になっていくなかで資本主義の金融化が進んでいきました。また、土地や資源、さらには知的所有権などに依拠した「レント」も重要な意義を獲得するようになりました。そして二〇〇〇年代以降は、いわゆる「ＩＴ革命」の流れのなかで、デジタルプラットフォームの独占をつうじてデータを収集し、より効率的で高性能なアルゴリズムを生み出すことで莫大《ばくだい》な収益を獲得するという、新しいタイプのレントの取得が目指されるようになっています。いまや、このようなタイプのレントの取得は、いわゆる「デジタル産業」に限られません。多種多様な行動履歴の収集やモノのインターネット化をつうじて、製造業、ケアワーク、さらには商業や金融など、広範な領域で追求されようとしているのです。

資本主義の金融化は人々に借金を負わせ投資活動に導くことで資本への従属を促進してきましたが、レント資本主義もまた、人々の日常生活を包摂することで資本への従属を促すものとして作用すると考えられます。このような「レント資本主義」を分析するにあたっては、第六章でみてきたようなマルクスの地代論を土台としながらも、それを拡張し、より現代的なレント論を構築していくことが必要となるでしょう。

第七章　収入（所得）とその源泉

本章は、第三部の最終章であると同時に、『資本論』体系全体を総括する章でもあります（マルクスのプランでは第四部も予定されていましたが、そこでのテーマは経済学の歴史であり、第三部までの内容を補足するものでした）。それゆえ、第一部から第三部にかけてみてきた資本主義的生産様式の成立メカニズムについて総括しつつ、その展開の到達点であり、完成形である「資本―利子、土地―地代、労働―労賃」という「経済的三位一体」について論じていくことになります。

この「経済的三位一体」こそは、日々、私たちが経験する「現実」そのものであり、あらゆる経済学が自らの理論的前提としているものです。じっさい、資本主義社会において経済活動を営むかぎり、資本を借りるには利子を払わなければならず、土地を借りるには地代を払わなければならず、労働を動員するには労賃を払わなければなりません。それゆえ、経済学者たちにとっては、資本主義システムの分析をするさいに、資本が利子を生み出し、土地が地代を生み出し、労働が労賃を生み出すという「三位一体的定式」から出発するのは当然であるようにみえます。

もちろん、これまで『資本論』第三部の内容について詳細にみてきた私たちからすれば、これが転倒した見方であることは明らかです。商品のもつ価値は抽象的人間的労働の社会的性格の対象化によって生み出される——市場価値や生産価格の法則にしたがって一定の修正を受けるとはいえ——ものであり、それぞれの生産要素から価値が発生するわけではありません。また、そもそも利子や地代が前近代的な形態（高利貸、現物地代）ではなく資本主義的生産に合致した形態をとるには、剰余価値生産が一般化していなければならず、そのためには賃労働という歴史的に特殊な労働形態が社会的生産の大半をカバーする社会になっていなければなりません。

しかし、ここで重要なのは、経済学者たちの見方が転倒しているということではありません。むしろ、そのような転倒した見方が資本主義的生産様式そのものの転倒に根ざしており、それが実際に私たちの「現実」を構成するものとして現象する、ということが重要なのです。これまで見てきたように、利子、地代、労賃がその収入源泉から直接に生まれるという外観は、まさに『資本論』第三部のテーマである資本主義的生産様式の形象化の帰結にほかなりません。本章ではこの形象化のプロセスを総括しながら、「三位一体的定式」について検討し、さらに、この転倒した歴史的に特殊な生産様式をいかに克服することができるかについて論じていくことになります。

第三部主要草稿(①)	現行版(E)
第7章　収入(所得)とその源泉	第7篇　収入とその源泉
第1節　三位一体的定式	第48章　三位一体的定式 I II III
第2節　[生産過程の分析のために]	第49章　生産過程の分析のために
第3節　競争の外観	第50章　競争の外観
第4節　分配諸関係と生産諸関係	第51章　分配諸関係と生産諸関係
第5節　諸階級	第52章　諸階級

第七章　収入(所得)とその源泉	
第一節	三位一体的定式
第二節	再生産過程の分析のために
第三節	競争の外観
第四節	分配諸関係と生産諸関係
第五節	諸階級

上 / 表7.1　下 / 表7.2

文献考証

表7.1をご覧いただければわかりますが、第七章については現行版と大きな違いはありません。あえて指摘するとすれば、エンゲルスによる第一節（第四八章）の配列と三つの部分への区分が妥当なものかという問題がありますが、これはそれほど解釈に重要な影響を及ぼすものではありません。また、マルクスがメモ書きとして書いた括弧で括《くく》られている文章を、括弧を外したうえでそのまま元の位置に配置してしまっているという問題もありますが、これは他の章についても言えることです。

第二節の節題をＭＥＧＡ編集者は現行版にならって「生産過程の分析のために」としていますが、むしろここは経済的三位一体と再生産過程との関連について述べている箇所ですので、本書では「再生産過程の分析のために」としてあります（表7.2）。

第一節　三位一体的定式

三位一体的定式（資本―利子、土地―地代、労働―労賃）

……資本家にとっては彼の資本が、土地所有者にとっては彼の土地が、労働者にとっては彼の労働力が、あるいはむしろ労働そのものが……利潤、地代、労賃という彼らの独自な収入の三つの**異なった源泉**として現れる。……資本は、年々の労働の〔生み出した〕価値の、それゆえその生産物の一部分を**利潤という形態**に固定化し、土地所有は別の一部分を**地代という形態**に固定化し、賃労働は第三の一部分を**労賃**という形態に固定化し、そしてまさにこの転化によってそれぞれを資本家の収入、土地所有者の収入、労働者の収入に転換するのであるが、とはいえ、それによってこれらの別々の範疇《はんちゅう》に転化するような実体そのものを生み出すことはないのであって、むしろそこでは、この実体を、すなわち、物質化された社会的労働にほかならない年間生産物の**総価値**を前提としているのである。ところが、生産当事者たちにとっては、すなわち生産過程の**さまざまな要素**の担い手たちにとっては、事柄はこのような意味においては現れず、むしろ転倒した形態において現れるのである。……**資本**と**土地所有**と**労働**は、彼らにとっては三つの異なった独立な源泉として現れ、これらの源泉それ自体から、年間に生産される価値の……三つの違った構成部分が発生するのであり、したがってこの価値のさまざまな**形態**が社会的生産過程の特殊な要因の手にはいる収入として発生するだけではなく、この価値そのものが、したがってまたこれらの収入形態の実体が発生するのである。

資本―**利潤**（企業利得＋利子）、**土地**―**地代**、**労働**―**労賃**、これは、社会的生産過程のあらゆる秘密を包括している三位一体的形態である。

さらに、前にも明らかにしたように、**利子**は資本の本来の特徴的な産物として現れるが、企業利得は、それとは反対に、資本から独立した労賃として現れるので、かの三位一体的形態はまた、もっとよく見れば次のようなものに帰着する。

> **資本―利子、土地―地代、労働―労賃**。ここでは、利潤、すなわち資本主義的生産様式を独特に特徴づける剰余価値の形態は幸いにも消え去り、除かれており、すべてが完成されている。（①839f、E822・830f）

第一部から第三部第六章まで資本主義的生産様式の経済的形態規定の展開を追跡してきた私たちにとっては、利潤や地代、そして労賃の源泉が労働者の生み出した価値であることは明らかです。しかし、本書でみてきたように、この資本主義社会で経済活動をいとなむ当事者たちにとっては、事態はそのようには現象しません。むしろ、利潤は資本の産物として、地代は土地の産物として、労賃は労働の産物として現れてきます。そして、これらの独立の源泉から生じてきた利潤、地代、労賃が商品価値を構成するように見えるのです。

さらに、利潤は利子と企業利得に分裂し、利子こそが資本所有そのものから発生する収入として現れ、他方で企業利得は機能資本家の労働の成果として現象するのですから、「資本―利潤、土地―地代、労働―労賃」は「資本―利子、土地―地代、労働―労賃」に転化します。ここでは、搾取者たちの収入源泉をなす剰余価値の痕跡《こんせき》はさらに見えづらくなっています。この定式こそが「三位一体的定式」にほかなりません。

本節では、第一章から第六章までの考察をふまえたうえで、三位一体的定式という資本主義的生産様式の完成した転倒的現象形態が発生するメカニズムについて見ていくことになります。

三位一体的定式における生産要素の神秘化

……じっさい、**賃労働**が労働の社会的に規定された一形態として現れるのではなくて、あらゆる労働がその本性上**賃労働**として現れる〔あるいは、資本主義的生産関係にとらわれている人にはそのように観念される〕のだから、それによって、客体的な**労働条件**——生産された**生産手段**と**土地**——が賃労働に対立してとる一**定の独自な社会的**諸形態（それらはまた逆に**賃労働**を前提する）もまた、これらの労働条件の**素材的**定在と一致するのである。言い換えれば、これらの労働条件が一般に実在的な労働過程でとる姿態と、つまり労働過程のどんな独自な社会的形態からも独立に、それどころか、労働過程のどんな社会的形態からも独立に、これらの労働条件がとる姿態と一致するのである。それゆえ、労働から**疎外され**、**自立し**、そして**転化された**労働条件の姿、したがってその姿では**生産された生産手段**は**資本**になり、**土地**は私的所有に、すなわち**独占された**土地、所**有された土地**になっているという姿が、労働過程、すなわち生産過程一般における、**生産された生産手段**および**土地**の定在および機能と一致するのである。……

労働そのものは、合目的的な生産活動というその単純な規定性においては、その社会的形態規定性における生産手段に関連するのではなく、その素材的実体における、労働材料および労働手段としての生産手段に関連するのであって、これらの生産手段は、やはりただ素材的にのみ、ただ使用価値としてのみ互いに区別されるのであり、土地は生産されたのではない労働手段として、そのほかのものは生産された労働手段として、互いに区別されるのである。だから、労働が賃労働と一致するならば、労働条件が労働に対立してとる一定の社会的形態もまた労働条件の素材的定在と一致するのである。そのさい、**労働手段**はそのものとして**資本**であり、**土地**はそのものとして**土地所有**のもとに包摂された土地である。そのさい、労働にたいするこれらの労働条件の形態的自立化、すなわち労働条件が賃労働にたいしてとる自立化は、物としての、物質的生産条件としての労働条件と不可分な属性（規定性）であり、生産要素としての労働条件に内在的に根付いている性格である。資本主義的生産過程における労働条件の一定の社会的性格は、それらのものに自然的に、生産過程の諸要素としてそなわる物的な性格である。それだからこそ、そのさい、土地が本源的な仕事場として、自然力の領域として、あらゆる労働対象の天然の倉庫として、生産過程そのものに関与するそれぞれの役割と、生産された生産手段（用具、原料など）がそれに関与するそれぞれの役割は、資本と土地所有のもとに包摂された土地としてのそれらに帰属するそれぞれの分け前、すなわちそれらの社会的な代表者に利潤（利子）と地代という形態で帰属するそれぞれの分け前に表されるように見えざるをえないのであり、それは、労働者が彼の労働の生産過程への関与を労賃として受け取るのと同様である。こうして、地代、利潤、労賃は、土地、生産された生産手段と労働とが実在的な労働過程――たんなる人間的な自然過程として見た――で演ずる役割から生まれてくるように見えるのである。（①846ff、E832ff）

マルクスは『資本論』において資本主義的生産関係を形成するもっとも基底的な要素が一定の社会的形態における労働――私的労働および賃労働――であることを繰り返し強調していますが、三位一体的定式における神秘化においてカギとなるのもやはり労働です。三位一体的定式では、賃労働はその社会的形態を剝《は》ぎ取られ、たんなる労働一般として現象します。つまり、賃労働はほんらい労働がとる一つの特殊形態でしかないにもかかわらず、あらゆる労働が賃労働であるかのように現象します。このことによって、賃労働という特殊な労働形態によって生み出される資本もまた、その社会的形態を剝ぎ取られて、たんなる生産手段一般として現象します。「資本は、労働者の生産物が自立的な権力に転化したもの、それらの生産者の支配者および買い手としての生産物であるだけではなく、それはまたこの労働の**社会的な力**が、**しかも**この労働の**形態**において、労働の生産物の諸**属性**として労働者に相対するようになったものである」（①843、Ｅ823）にもかかわらず、あらゆる生産手段が生産のための手段として役立つその素材的性質によって資本であるかのように現象するのです。同じように、生産手段にたいしてそれを他人のものとするようにして関わる賃労働を前提としている近代的土地所有もまた、その社会的形態を剝ぎ取られ、たんなる土地所有一般として現象してきます。

こうして、すべてが社会的形態を剝ぎ取られ、社会的形態とはかかわりのない、たんなる自然素材としての労働、生産手段、土地がそのままで賃労働、資本、近代的所有によって包摂された土地であるかのように現れてきます。そうなると、この自然素材としての賃労働、資本、土地が生産過程において果たす素材的な役割から賃金、利子、地代という収益が発生してくるように見えるのです。こうして、「三位一体的定式」においてはすべてが神秘化されることになるのです。

では、このようにすべてを神秘化する「三位一体的定式」はどのようにして発生するのでしょうか。これについてはこれまでも折に触れて述べてきましたが、以下でマルクスは、第一部から第三部までの内容を振り返りながら、重層的に進行してきた神秘化のプロセスをあらためて跡づけています。このことによって、資本主義的生産様式の根本特徴がその転倒的性格にあり、それが資本主義的生産様式の神秘化をもたらしていることを明確に理解することができるでしょう。

資本主義的生産様式における重層的な神秘化の到達点としての形象化

われわれはすでに資本主義的生産様式の最も単純な諸範疇、すなわち**商品**と**貨幣**について述べたところで、神秘化的な性格を示したが、この性格は、富の素材的要素が生産においてそれの担い手として役立つところの社会的諸関係を、これらの物そのものの諸属性に転化させて（**商品**）、またもっとはっきり生産関係そのものを一つの物に転化させる（貨幣）。すべての社会形態は、それが商品生産や貨幣流通にまで到達しているかぎり、このような転倒に関与している。しかし、資本主義的生産様式においては、そしてその支配的範疇であり支配的生産関係である資本においては、このことは、この魔法にかけられ転倒した世界は、さらにいっそう発展する。資本をまず直接的生産過程において――剰余労働を汲《く》み出すものとして――考察するならば、この関係はまだ非常に簡単であって、現実の関連はこの過程の担い手である資本家自身に迫ってきて、まだ彼らに意識されている。労働日の限界をめぐる激しい闘争はこのことをはっきりと証明している。しかし、このような無媒介な部面、すなわち労働と資本とのあいだの直接的過程の部面のなかでさえも、このような簡単なことにとどまってはいないのである。相対的剰余価値と本来の独自な資本主義的生産様式の発展につれて、労働の社会的生産力が発展するのであるが、この発展につれて、この生産力も直接的労働過程での労働の社会的関連も労働から資本に移されるのであり、それによって資本はすでに非常に神秘的な存在になる。というのも、労働のすべての社会的生産力が労働そのものに対立して資本に属する力として、資本自身の胎内から生まれてくる力として現れるからである。それから**流通過程**が介入してきて、この過程の物質代謝と形態変換に、資本のすべての部分が、農業資本の部分さえもが、独自な資本主義的生産様式が発展するのと同じ程度で、ゆだねられる。この流通過程こそは、本源的な価値生産の諸関係がまったく背景に退いてしまう部面なのである。資本が直接的生産過程において汲み出し、商品のうちに実現した剰余価値がどれほどであろうと……、商品に含まれている価値も剰余価値も流通過程で実現されなければならず、そして、生産に前貸された価値の回収も、またとりわけ商品に含まれている剰余価値も、流通のなかで実現されるのではなく流通から発生するように現象する。この外観はとりわけ二つの事情によって固められる。すなわち、**収奪にもとづく利潤**は、買い手と売り手の詐欺、奸策《かんさく》、専門知識、器用さ、無数の市況に依存しているが、しかし、第二にそれは、ここでは労働時間のほかに第二の規定的な要素として**流通時間**が加わってくるという事情に依存している。この**流通時間**は、たしかにただ

> 価値形成および剰余価値形成の消極的制限として作用するだけではあるが、しかし、労働そのものと同様に積極的根拠として現れ、資本の本性から生まれた、労働とは独立な規定をもちこむようにみえる。われわれは、当然のこととして、この流通部面をそれが生みだす新たな形態規定との関連で叙述し、そこで行われる資本の姿のいっそうの発展を指摘しさえすればよかった。ところが、現実にはこの部面は競争の部面であって、それはそれぞれの個別の場合を見れば偶然に支配されている。だから、そこでは、内的な法則は――それはこれらの偶然を、大量なものにまとめあげ、内的な規制的法則にもとづいて規制する――生産当事者自身にとってはみえなくなり、分からなくなる。いまではさらに、現実の生産過程は、直接的生産過程と流通過程との統一として、新たな形象化を生みだすのであって、これらのうちではますます内的な関連の道筋はなくなっていき、生産諸関係は互いに自立化し、価値の諸成分は互いに自立的な諸形態に骨化するのである。（①848ff、E835f）

マルクスはこの一節で第一部から第二部までの内容を駆け足で総括しています。最初の神秘化が発生するのは、第一部第一篇でみた生産関係の物象化です。ここでは、人々の生産関係は商品どうしの関係として現れ、労働の社会的性格は商品じしんの属性として反映させられます。さらに、商品価値を表現するための価格形態を獲得するさいに必然的に発生する貨幣は、抽象的人間的労働の社会的性格を直接に体現する存在になり、あらゆる商品にたいする直接的交換可能性を受け取ります。こうして、まず、私的労働をつうじて形成される商品生産関係において、生産者たちが自分たちの社会的な生産活動を制御するのではなく、むしろ、彼らの生産物である商品や貨幣が社会的力をもち、彼らの生産活動が商品や貨幣のあいだでの関係によって、すなわち、自分たちの生産した商品をいくらで売ることができるのかといったことによって制御されるという、転倒が発生します。こうして、商品や貨幣にたいする物神崇拝――商品や貨幣のもつ社会的権力が人々の私的労働が形成する生産関係によって生み出されたものであるにもかかわらず、そのような生産関係とかかわりなく商品や貨幣がそれじたいとして社会的権力をもつように見えるという錯覚――が発生し、人々の生産関係は前近代社会のような自明性を喪失します。もちろん前近代社会でも伝統や宗教による神聖化は存在しましたが、それでも生産活動が現物形態をとるかぎりで存在した自明性はここでは完全に失われます。こうして、経済活動をめぐる新たな知が要請されるようになり、これが経済学（ポリティカル・エコノミー）の誕生をもたらしたのです。

この神秘化は第三篇から第五篇において展開される資本主義的生産過程においても発生します。いっけん、労働日をめぐる闘争が示しているように、そこでは賃労働が資本の価値増殖を成立させていることは自明にみえます。しかし、生産力の発展とともに資本が労働を実質的に包摂するようになると、すなわち、労働者たちの生産力が資本の組織した協業、作業場内分業、機械設備に依存するようになると、「労働のすべての社会的生産力が労働そのものに対立して資本に属する力として、資本自身の胎内から生まれてくる力として現れる」ようになり、この関係も神秘化されます。こうして、実際には賃労働者の資本にたいする従属こそが資本の権力を生み出しているにもかかわらず、むしろ、資本がそれじたいとして自らの社会的権力を生み出しているかのように見えるようになるのです。

さらに、ここではマルクスは述べていませんが、同様の事態は、第七篇で展開される資本の蓄積過程においても発生します。ここでも、ますます大きな規模で反復される賃労働が資本主義的生産関係を拡大再生産し、資本の権力を拡大再生産するのですが、資本はそのようにして増大した権力をもちいて、実際に、社会全体の生産活動を組織する力を掌握するようになります。こうして、資本が剰余価値を取得する（増大させる）ことができるかぎりでしか社会的富の生産を遂行（拡大）することができないという転倒した事態が発生し、私たちが豊かになるためには資本の自己増殖活動を推進するほかないという錯覚が生まれるのです。

このような神秘化は、第二部で展開される資本の流通過程においてさらに深化します。なぜなら、資本家は生産された剰余価値を、流通過程において商品を販売することによって実現しなければならないからです。実際、資本は商品の流通時間――販売や購買に要する時間――を短縮すればするほど、一定期間内にますます多くの剰余価値を生産し取得することが可能になるので、資本の流通過程こそが富を生み出す領域であるという錯覚がますます生じやすくなります。こうして、剰余価値はそれぞれの資本が商品を販売する力量から生じてくるようにさえ見えてきます。

そして、第三部では資本主義的生産の総過程の形象化がさらにこの神秘化を深化させることになります。このことについては、本書の全体でみてきたとおりですが、以下で、あらためてマルクスはそのプロセスを三つの局面に分けて総括していきます。順にみていきましょう。

形象化による神秘化①――剰余価値の平均利潤への転化

なによりもまず、剰余価値の利潤への転化は、生産過程によって規定されているとともに流通過程によっても規定されており、そこでは剰余価値は利潤という形態ではもはや剰余価値がそこから生じる労働に投下された資本部分には関連させられないで、総資本に関連させられており、そして利潤率は固有の諸法則によって規制され、この諸法則は剰余価値率が同じままでも利潤率の変化を生み出す（許容する）のであるが、このような剰余価値の利潤への転化は剰余価値の真の性質を、それゆえ資本の現実の駆動装置をますます覆い隠してしまう。さらになお、利潤が平均利潤に転化し、価値が生産価格に、市場価格の規制的な平均に転化すれば、なおさらそれはひどくなる。ここでは、一つの複雑な社会的過程——諸資本の平均化過程が入ってくるのであって、この過程は商品の相対的な平均価格とさまざまな生産部面での平均利潤を——それぞれの特殊な生産部面での個別的な資本投下を全く無視すれば——その現実の価値から引き離し、それぞれの資本による労働者の搾取から引き離す。……**正常な平均利潤**そのものは、資本に内在的なものであり、搾取にはかかわりのないものにみえる。（①850f、E836f）

第一部の資本主義的生産過程や資本の蓄積過程においても、すでに生産手段と直接的生産者のあいだでの転倒については解明されていましたが、それが本質的メカニズム、すなわち物象化の根源的メカニズムを対象としていたかぎりで、依然として剰余価値という経済的カテゴリーによって事態は考察されていました。しかし、このような転倒した生産関係において活動する当事者たちにとっては、資本が賃労働者から搾取する剰余価値はそのままの形態では現象せず、むしろ資本の産物としての利潤という形態において現象します。さらに、資本の競争をつうじてこの利潤が平均利潤に転化すると、利潤形態における転倒が実体化し、剰余価値による利潤の規制、価値による商品価格の規制は直接には見えなくなってしまいます。

形象化による神秘化②——平均利潤の企業利得と利子への分裂

企業利得と利子への利潤の分裂は……剰余価値の**形態**の自立化を、剰余価値の実体、その本質にたいするその形態の骨化を完成する。というのも、利潤の一部分は、他の部分に対立して、資本関係そのものからはまったく引き離されてしまって、賃労働を搾取するという機能（もちろんそれの監督と不可分である）から発生するのではなく、資本家自身の賃労働から発生するものとして現れ、そして、この部分に対立して利子が賃労働からも資本家自身の労働からも独立に、自分の固有で独立な源泉としての資本から発生するように見える。資本が最初は流通の表面で資本物神として、価値を生む価値として現れるとすれば、それが今ではまた、その最も疎外された最も独特な形態としての利子生み資本の姿において現れるのである。（①851、E837）

平均利潤が資本の産物として発生するという現象形態を基礎にして、利子が資本価値の所有そのものの産物として現象し、さらに、利潤の残りの部分が資本家の労働の産物として現象します。このような現象形態はけっして人々の錯覚ではなく、資本主義的生産様式が成立しているかぎり揺らぐことのない「社会的事実」ですので、資本は利子を生むという関係は「骨化」したものとして現れてきます。つまり、あらためて考えるまでもない、人々の生活にとっての現実として現れてきます。こうして、利子生み資本において資本はただそれが資本であるから収益を生み出すことができるのだという神秘化が完成することになります。

さらに、ここではマルクスは述べていませんが、利子生み資本を基礎にして株式や国債などの有価証券が登場すると、もはや資本が取得する収益は資本価値の所有の果実ですらなくなります。ここでは収益はたんなる貨幣請求権から得られるものとなり、この場合の資本「価値」は文字通りに「架空」のものになってしまうのです。こうして、金融収益の取得は生産の領域からいっそう切り離され、ますます神秘化されることになります。

形象化による神秘化③——土地所有による地代の収奪

最後に、剰余価値の自立的な源泉としての資本と並んで、土地所有が平均利潤の制限として、利潤（剰余価値）の一部分を一つの範疇——自分で労働するのでもなければ労働を直接に搾取するのでもなく、また利子生み資本のように道徳的で敬虔《けいけん》な慰めの口実、たとえば資本を貸し出すさいの危険や犠牲をもてあそぶこともできない範疇——に割り当てるものとして現れる。ここでは、剰余価値の一部分は直接には社会関係に結びついておらず、一つの自然要素である土地に結びついているように見えるので、剰余価値のさまざまな部分の相互間の疎外と骨化の形態が完成しており、内的関連と剰余価値の源泉はまさに生産過程のさまざまな素材的要素に結びついた生産諸関係が互いにたいして自立化することによって完全に埋没させられている。（①851f、E837f）

産業資本の競争は土地所有にその制限を見出《みいだ》し、そこから発生する独占価格が地代の発生根拠となります。しかし、当事者たちにとっては、地代の取得根拠はあくまで土地所有であり、産業資本ではありません。それゆえ、社会関係から独立に自然要素としての土地から地代という収入が――すなわち他人の生産物を取得する力が――発生するようにみえるのです。つまり、土地を貸し出せば当然に取得することのできる収益として地代は骨化して現れることになります。また、他方では、有価証券とおなじように地代が資本還元されることをつうじて、地代の取得が土地への資本投下の産物として現れてきます。こうして、地代の源泉が土地の独占によって発生した超過利潤の収奪であることはみえなくなり、土地という自然的生産要素への資本投下から得られる収入として神秘化されることになるのです。

三位一体的定式における資本主義的生産様式の神秘化の完成

資本―利潤、またはより適切には資本―利子、土地―地代、労働―労賃では、すなわち価値および富一般の諸成分とそれらの諸源泉との関連としてのこの経済的三位一体では、資本主義的生産様式の神秘化、社会的諸関係の物化、素材的生産諸関係とその社会的規定性との直接的な癒着が完成している。これは魔法にかけられた、転倒し逆立ちした世界であって、そこでは資本氏と土地夫人が社会的な登場人物として、また同時に直接にはただの物として、幽霊のようにふるまうのである。このようなまちがった外観、このような欺瞞《ぎまん》、富のさまざまな社会的要素の相互間の自立化と骨化、このような物象の人格化と生産関係の物象化、日常生活の宗教、これらのものを解消したということは、古典派経済学の大きな功績である。というのは、古典派経済学は、利子を利潤の一部分に還元し、地代を平均利潤に還元して、そうしてこの両方が剰余価値に合流するようにしているからであり、流通過程をたんなる諸形態の変態として示し、そして最後に直接的生産過程において商品の価値と剰余価値を労働に還元しているからである。それにもかかわらず、古典派経済学の代弁者たちの最良のものでさえも、ブルジョア的立場からはそうならざるをえないのであるが、自分たちが批判的に解消した外観の世界にやはりまだ多かれ少なかれとらわれており、それゆえ、みな多かれ少なかれ不徹底や中途半端や解決できない矛盾におちいっている。これにたいして、他方では、現実の生産当事者たちが資本―利子、土地―地代、労働―労賃というこの疎外された不合理な形態においてまったくわが家にいるような心安さをおぼえるのも、やはり当然のことである。なぜならば、まさにこれこそは、彼らが毎日かかわりあっており、そのなかで動きまわっている外観の姿だからである。それゆえ、同様に当然なことであるが、**俗流経済学**――それは現実の生産当事者たちの日常的表象の教師的な、多かれ少なかれ教義的な翻訳以外のなにものでもなく、これらの表象のもとにある種の理解しうる秩序をもちこんでくるのだが――は、まさにこの、いっさいの内的関連が消し去られている三位一体のうちに、自分の浅はかな尊大さの**自然な**、いっさいの疑惑を越えた基礎を見いだす。この定式は同時に支配的諸階級の利害にも一致している。なぜならば、それは支配的諸階級の**収入源泉**の自然必然性と正当性を宣言して、それを一つの教義にまで高めるからである。（①852、E838f）

本質的メカニズムの当事者たちの日常意識への現象と当事者たちの競争という二つの要因によって発生する形象化の三つの局面をつうじて、私たちはついに、「資本―利子、土地―地代、労働―労賃」という経済的三位一体に到達しました。この三位一体的定式は、資本主義的生産様式の内部で活動する当事者にとっての直接的な現象形態をそのまま表現したものであり、彼らにとっては「現実」そのものです。したがって、三位一体的定式が資本主義的生産様式の重層的な神秘化の帰結であるとしても、それはけっして人々が現実を誤って認識した結果として生まれてきたものではありません。むしろ、見てきたように、ここでの重層的な神秘化は資本主義的生産様式そのものの重層的な転倒の結果として生じたものであり、その意味では、「三位一体的定式」はこの重層的な転倒の結果をその現象形態のままに捉《とら》えたものだと言えるでしょう。

しかし、「三位一体的定式」という概念にはそれ以上の含意があります。それが「社会的諸関係の物化」、すなわち「素材的生産諸関係とその社会的規定性との直接的な癒着」です。これは、資本主義的生産様式の重層的な転倒構造の形成——本質的メカニズムにおける物象化とその深化としての現象的メカニズムにおける形象化——だけによって生成するものではありません。たしかに、利子、地代、労賃などといった収入の自立化が起こるのは、本書でみてきたような形象化が発生するからです。しかし、これがそれぞれの収入源泉にたいして「骨化」し、素材的生産諸関係とその社会的規定性とが直接的に癒着するには、経済活動の当事者たちがこれらの自立化を自明の前提として受け入れるようにならなければなりません。つまり、この癒着＝「社会的諸関係の物化」が成立するには、資本主義的生産様式の経済的形態規定がたんにその経済的な権力によって当事者たちにそれらに従うことを強制するというだけでは不十分です。その強制のもとで当事者たちがそれを強制として感じないほどに自明の事実として受け入れたとき、すなわち彼らの人格の意志や欲望の水準でそれらを受け入れたとき、すなわち、「この疎外された不合理な形態においてまったくわが家にいるような心安さをおぼえる」とき、はじめて「物化」が完成すると言えるのです。それゆえ、このような物化にこそ、資本主義的生産様式の権力がいかに強力であるかが表現されていると言えるでしょう。

第二節　再生産過程の分析のために

本節の課題

いったいどのようにして、労賃＋利潤＋地代に等しいだけの一年間に生産された価値が（労賃＋利潤＋地代）＋C〔不変資本価値〕に等しい価値をもっている生産物を買うのであろうか？　どのようにして、一年間に生産された価値は、自分自身よりも高い価値をもつ生産物を買うことができるのだろうか？（①856、E843）

わかるように、ここで提起されている問題は、すでに再生産過程の考察（**第二部第三章**）において解決されている。われわれがここでこの問題に立ち帰るのは、⑴そのときは**剰余価値**がまだ収入形態（**利潤と地代**）（すなわち**利潤**（＝企業利得＋利子）と地代）に展開されておらず、それゆえそれをこれらの形態で取り扱うことはできなかったからであり、⑵まさに**収入**としての労賃、利潤、地代という形態に、アダム・スミス以来の全経済学を貫いている、信じられないような分析上の大まちがいが結びついているからである。（①857、E844）

マルクスが述べているように、ここで提起されている問題はすでに第二部第三章において解決されています。しかし、第二部ではまだ本書で扱ってきたような収入形態が登場していなかったので、ここであらためて問題を再検討してみる必要がある、というのがマルクスが本節を設定した理由です。

しかし、少なくともこの草稿の段階ではこの問いに直接に関連するような、本質的に新しい論点は含んでいないようにみえます。というのも、本節で指摘されているのは、第二部でみたような「スミスのドグマ」――商品価値は結局はすべて利潤、労賃、地代といった収入形態に還元されてしまう――が、第三部でみた収入形態の自立化によっていっそう正当化されやすくなるということだけです。

そこで本節では、多少なりとも検討するに値する、社会全体の収入に関する論点についてのみ、とりあげておくことにします。

総収益と純収益の区別

もし無用な困難に巻き込まれたくなければ、**総収益**と**正味の収益**（純収益）を、**総収入**と**純収入**（**正味の収入**）から区別しなければならない。

総収益＝**総生産物**は再生産された生産物全体である。充用されてはいるが、消費されてはいない固定資本部分を除外すれば、総収益の価値あるいは総生産物の価値＝前貸され、かつ生産において消費された不変資本および可変資本の価値＋利潤と地代へと分解する剰余価値である。あるいは、個々の資本の生産物ではなく、社会的総資本の生産物を考えるならば、＝不変資本と可変資本をなす素材的諸要素＋利潤と地代を表す素材的諸要素すなわち剰余生産物である。

総収入は、**総生産物**ないし**総収益**のうちの、前貸され、かつ生産で消費された**不変資本**を補塡する総生産の**価値部分**およびそれによって計られる**生産物部分**の控除のあとに残る、**価値部分**およびそれによって計られる部分である。したがって、総収入＝**労賃**（あるいは生産物のうち可変資本を補塡《ほてん》し再び労働者の収入になるという規定をもつ部分）＋**利潤**＋**地代**である。純収入は**剰余価値**（それゆえ**剰余生産物**）であり、それは**労賃**の控除のあとに残り、それゆえ実際に資本によって実現されて土地所有とのあいだで分配す

ることのできる**剰余価値**（それゆえそれによって計られる**剰余生産物**）を表している。（①861、E847f）

以上からわかるように一国の商品生産も個別の商品生産と同じように考えることができます。マルクスのいう「総収益」、すなわち一国で生産される商品の総価値は、前年までに生産された生産手段のうち今年の生産において消費され生産物に移転された部分の価値＋今年の生産において新たに付加された価値によって決まります。この「総収益」のうち人々の所得となるのは、新たに生産され生産物に付加された価値の部分だけです。この「総所得」ないし「総収入」は、さらに労賃を補填する部分とそれ以外の「純収入」（①862、E848）に分かれることになります。

第三節　競争の外観

『資本論』の主題は経済的形態規定の分析であり、現実の競争をその対象とするわけではありませんが（「補論」を参照）、資本主義的生産の総過程の形象化によって発生する新たな経済的形態規定の説明に必要なかぎりで競争についても論じてきました。本節では、形象化によって発生した経済的形態規定を前提としたうえで、それらが当事者たちの経済活動、すなわち競争においてどのように現れるのかが論じられます。

第一節では収入の自立化がそれらの形態的独自性の観点から考察されましたが、本節では、それぞれの収入の量的規定性の独自性――すなわち、それぞれの収入の額を決定するメカニズムの独自性――の観点から考察されることになります。

競争においては事態が転倒して現象する

個々の資本家の間の競争においても、世界市場での競争においても、労賃、利子、地代の与えられた、前提された大きさが、**不変で**規制的な大きさとして計算に入り込む。不変というのは、それらが大きさを変えないという意味でのことではなく、それらがたえず変動する市場価格にとっての不変の限界をなしているという意味でのことである。たとえば、世界市場での競争の場合、問題となるのはただ、与えられた労賃、利子、地代を支払いながら商品を与えられた一般的市場価格で、あるいはそれより安く売って利益をあげることが、すなわち企業利得を実現することができるかどうかということだけである。

ある国では、資本主義的生産様式が一般に発展していないために、労賃と土地の価格は安いが資本の利子が高く、他のある国では、労賃と土地の価格は名目的に高いが資本の利子が安いのであれば、資本家は前者の国ではより多くの労働と土地を充用し、後者の国では比較的より多くの資本を充用するが、どの程度まで競争が可能であるかという計算において、これらの諸要因は計算の規定的要因として入り込む。したがってこの場合、経験が反論の余地なく理論的に示しており、資本家の利害計算が実践的に示しているのは、商品の価格は労賃、利子、地代によって、すなわち労働、資本、土地のそれぞれの価格によって規定され、規制されているのであって、これらの価格諸要素が実際に規制的な**価格形成者**であるということなのである。(①892、E881f)

本書では、『資本論』第三部の内容にしたがって、資本主義的生産様式の内的な本質的メカニズムが形象化をつうじて、いかにして私たちが日常的に目にしている現象的メカニズムとして生成するのかを、丹念に追跡してきました。本章のテーマである「三位一体的定式」はまさにその到達点にほかなりません。

しかし、この現実の資本主義的生産様式のなかで日々の経済活動を繰り広げている当事者にとっては、このようなプロセスはまったく目に見えませんし、そもそものようなプロセスには関心がありません。彼らが日常的に目にするのは、本質的メカニズムが現象的メカニズムへと生成するプロセスではなく、その生成の結果である「三位一体的定式」の世界です。しかも、彼らにとって問題なのは、この世界を学問的に解明することではなく、その世界の仕組みを前提としたうえで「いかに儲《もう》けるか」です。それゆえ、たとえば、産業資本家にとっては、利子は必要な資本を調達するための費用として、地代は土地を利用するための費用として、そして労賃は労働を動員するための費用として現れるのであり、この費用を前提としたうえで、いかに自分が利益をあげることができるかを追求することになります。ここでは、利子、地代、労賃のいずれもが労働者が生み出した価値が分裂したものであることは完全に見えなくなり、逆に、それぞれを利用するための費用が自分の生産する商品価格の一部を構成するものとして現れ、実際にそのようなものとして産業資本家は費用を算出します。「これらの部分は、剰余価値が分解したものであるのに、個々の資本家にとっては費用価格の諸要素として現れるので、逆に**その剰余価値の形成者**として、すなわち労賃が商品価格の別の部分を形成するように、商品価格の一部分を形成するものとして**現れる**」（①889、E877）のです。マルクスが繰り返し述べてきたように、まさに競争においてはすべてが転倒して現れるのです。

競争においてはなぜ事態は転倒して現象するのか

このような商品価値の分解の産物がつねに価値形成そのものの**前提**として現れるということの秘密は、ただ単に次のようなことなのである。すなわち、**資本主義的生産様式**は、他のどの生産様式とも同様に、絶えず物質的生産物を再生産するだけではなく、この生産物の形成の社会的な経済的諸関係を、その**経済的形態規定性**を再生産するということである。それゆえ、この生産様式の結果はたえずその前提として現れるのであって、ちょうどその前提が結果として現れるのと同様である。そして、このような、同じ諸関係の不断の再生産こそは、個々の資本家が自明のものとして、物質的な事実として、**予想する**ものなのである。資本主義的生産がその形態規定を維持する限り、新たにつけ加えられる労働の一部分はたえず労賃に分解し、もう一つの部分は利潤（利子と企業利得）に、そして第三の部分は地代に分解する。さまざまな生産要因の所有者たちのあいだの契約では、このことが**前提**されているのであって、この前提は、相対的な大きさが変動しようとも、正しいのである。さまざまな価値部分がそれぞれ一定の形象で相対するということが**前提**されているのは、その形象が絶えず再生産されるからであり、また、それが絶えず再生産されるのは、それが絶えず前提されているからである。（①889f、E879）

本書の全体を通してみてきたように、そして本章第一節において手短に総括したように、資本主義的生産様式はその形象化をつうじて必然的に三位一体的定式を生み出します。賃労働によって資本主義的生産様式が再生産されるかぎり、経済的三位一体もたえず再生産されるのです。したがって、経済活動の当事者の眼前に現れるのは、形象化のプロセスそのものではなく、その結果として成立する経済的三位一体とならざるをえません。

しかも、この経済的三位一体は、当事者たちがそれを自らの前提として行動することによって「骨化」します。このさい、とりわけ重要なのは、労働と賃労働の癒着です。賃労働者たちが自分の労働を賃労働として行うことを前提し、実際にそのように振る舞うなら、資本主義的生産関係が再生産され続け、自分の労働を賃労働としてしか遂行できないという関係のなかに置かれ続けることになるでしょう。このように「労働―労賃」という関係が骨化するならば、利子や地代についてもやはり同様のことがおこります。資本が利子を生み、土地が近代的な意味での地代を生むことを前提にして当事者たちが行動するならば、じっさいにそうした関係が次の行動の前提として再生産され続けるのです。

こうして、三位一体的定式という外観は、たんに人々の観念のなかに存在するだけでなく、人々の日々の活動にとっての不動の「現実」として現れてきます。資本主義は人間たちが生み出した一つの特殊な生産関係にすぎないにもかかわらず、人々がそれを前提して行動するがゆえに、自らもまたそれを前提として行動せざるをえず、その結果、この特殊な生産関係が再生産され続け、人間たちによってはどうすることもできない「現実」として――それがどれほどの格差や貧困、環境破壊を生み出していようとも――受容するような態度が生まれるのです。かつてフレドリック・ジェイムソンは、「資本主義の終わりを想像するよりも、世界の終わりを想像することのほうが容易だ」と述べましたが、このような「資本主義リアリズム」（マーク・フィッシャー）の基礎には、三位一体的定式があると言えるでしょう。

第四節　分配諸関係と生産諸関係

いわゆる分配関係は資本主義的生産様式に対応する生産関係の裏面である

……資本主義的生産様式は、固有の種類の、独自の歴史的規定性をもつ一つの生産様式であり、他のすべての特定の生産様式と同様に、この生産様式は社会的生産力とその発展形態の一定の段階を**自らの歴史的条件**として前提するのであるが、この条件はそれ自体が先行する過程の歴史的な結果と産物であり、それをまた自分の与えられた基礎として新たな生産様式がそこから出発するということ、この独自に社会的な、すなわち歴史的に規定された生産様式に対応する**生産関係**――人間たちが彼らの社会的生活過程のなかで、換言すれば、彼らの社会的生活の生産のなかで取り結ぶ関係――は独自の、歴史的で一時的性格を持っているということ、そして最後に、いわゆる**分配関係**は本質的にこの**生産関係**と同一であり、その裏面であり、したがって両方とも同じ歴史的に一時的

な性格を共通にもっているということである。（①895、E885）

資本主義的生産様式はそれが生み出す経済的三位一体によって不動の「現実」であるかのように現れてきますが、それでも、ジョン・スチュアート・ミルのように、「教養」と「批判的な意識」を備えた人々は資本主義の分配関係についてはその歴史的特殊性を認めるようになります。つまり、生産関係そのものはどんな社会でも資本、土地、労働を必要とするのだからそれを変革することはできないが、そこから発生する収益の分配のあり方については変革することが可能だ、という一定の「批判的」な意識が生まれてきます。実際、いまの社会でも「いまの社会は格差が開きすぎているから格差を縮小しよう」とか、「貧困者にたいして富を分配しよう」などといった主張は、資本主義的生産様式そのものを変革するという主張に比べれば、多くの人に受け入れられやすい傾向があります。

しかし、資本主義的生産関係にまったく手をつけずに分配関係だけを変革するのは不可能です。というのも、マルクスが指摘するように、資本主義的分配関係は資本主義的生産関係の裏面であるにすぎず、本質的に両者は同一だからです。このことは、前作の『マルクス　資本論』や本書で展開してきた資本主義的生産様式そのものの分析からすでに明らかだと思いますが、本節においてマルクスはこの問題――すなわち資本主義的生産関係と分配関係との関係性――をあらためて考察しています。

本源的蓄積によって形成される社会的諸条件は特定の労働形態（私的労働および賃労働）の前提となる

たしかに、**資本**（また資本が自分の対立物として前提している土地所有）はそれ自身すでにある**分配**を前提している、すなわち、労働者からの労働条件の収奪、少数の個人の手のなかでのこれらの条件の集積、他の諸個人のための土地の排他的所有、要するに「**本源的蓄積**」についての篇で展開された諸関係のすべてを前提している、と言うことはできる。しかし、このような**分配**は、人々が生産関係に対立させて分配関係に一つの歴史的な性格を与えようとする場合に考えている分配関係とはまったく違うものである。あとのほうの分配関係は、生産物のうちの個人的消費にはいる部分にたいするさまざまな権原を意味している。これにたいして、前のほうの分配関係は、生産関係そのもののなかで直接的生産者に対立して生産関係の特定の当事者たちに割り当てられる特殊な社会的機能の基礎である。この分配関係は、生産条件そのものとその代表者たちに特殊な社会的性質を与える。それは生産の全性格と全運動とを規定するのである。（①896、E886）

生産は一定の生産用具の分配から出発しなければならないから、分配はこの意味で生産に先行し、それの前提をなすと言う人があるとすれば、これにたいしては、生産はじっさいにその条件と前提を持ち、これらの条件と前提が生産の契機をなしていると答えることができる。（『資本論草稿集』①45）

まず、明確にしておかなければならないのは、ここでいう分配とは、あくまで資本主義的生産様式の内部での分配であって、その条件を形成するような「分配」ではないということです。前者は資本主義的生産関係における市場での取引をつうじて行われるものですが、後者はいわゆる「本源的蓄積」をつうじておこなわれます。具体的には、囲い込みによる土地の収奪やギルドの解体、さらには植民地や奴隷制による富の収奪をつうじて、一方では生産手段の集中が進行し、それが資本家に独占されるようになり、他方では生産手段を奪われた無所有者たちが大量に発生します。後者は、さらに国家が制定した「グロテスクなテロリズム的な法律」によって、労働力商品の担い手へと「規律化」されることになります。

さて、以上のような暴力的な生産手段の「分配」によって、はじめて資本主義的生産関係が成立するための社会的諸条件が形成されることになるわけですが、この「分配」は、すでに成立した資本主義的生産関係において売買や貸借として行われる本来の分配とは性質がまったく違っています。それじたいとしては、基本的には売買や貸借という形態をと

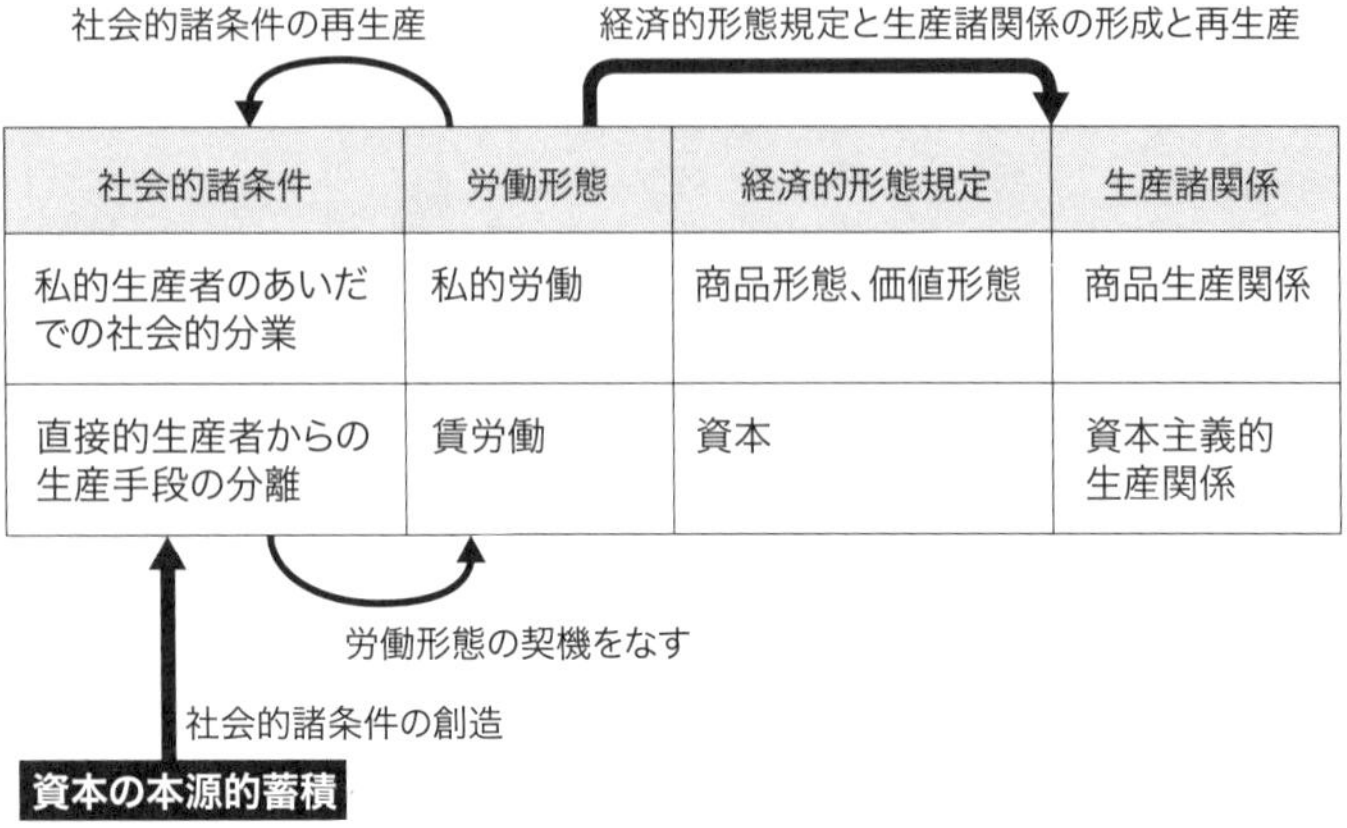

図 7.1

らずに――あるいは外形的にはそうした形態をとったとしても、その内実としては組織された暴力に依存して――おこなわれる「分配」でありながら、しかし、それは資本主義的生産関係そのものを形成し再生産するような労働形態――すなわち賃労働としておこなわれる私的労働――を可能にする社会的条件を作り出すのです。

したがって、この種の「分配」によって形成された社会的諸条件は、賃労働という労働形態にとっての「契機」をなすと言うことができるでしょう（図7.1）。いったん、賃労働という労働形態が成立すれば、それは資本主義的生産関係を形成し再生産するだけでなく、かつて「本源的蓄積」によって形成された自らのための社会的諸条件――最も本質的には直接的生産者と生産手段との完全な分離――をも同時に再生産するようになります。こうして、賃労働が成立するやいなや、かつて苛烈《かれつ》な暴力によって形成された社会的諸条件はこの賃労働を構成する「契機」となるのです。

資本主義的生産様式を特徴付けるもの①――物象化とそれにもとづく権力

資本主義的生産様式をはじめから際立たせるものは、次の二つの特徴である。

第一に、この生産様式はその生産物を**商品**として生産する。商品を生産するということは、この生産様式を他の生産様式から区別するものではない。しかし、**商品**であることがその生産物の支配的で規定的な性格であるということは、たしかにこの生産様式を他の生産様式から区別する。このことはまず、労働者自身がもっぱら**商品の売り手**として、それゆえ**自由な賃労働者**として現れ、それゆえ労働が一般に**賃労働**として現れるということを含んでいる。これまでに与えられた展開のあとでは、資本と賃労働との関係がどのようにこの生産様式の全性格を規定しているかをあらためて論証することは、余計であろう。この生産様式そのものの主要な当事者である**資本家**と**賃労働者**は、そのようなものとしては、この特定の社会的生産関係の具現化および人格化にすぎず、社会的生産過程のなかで諸個人が受け取る諸個人の一定の社会的性格にすぎない。すなわちこ

の特定の社会的生産関係の産物にすぎないのである。（①897、E886f）

さらに、すでに**商品**のうちには、そして**資本の生産物**としての商品のうちにはなおさら、資本主義的生産様式の全体を特徴づけている社会的な生産諸規定の物化も生産の物質的基礎の主体化も含まれているのである。（①897f、E887）

資本家が資本の人格化として直接的生産過程で受け取る権威、生産の指揮者および支配者として身につける社会的機能は、奴隷的、農奴的生産などを基礎とする権威形態とは本質的に違うものである。

資本主義的生産様式の基礎の上では、直接的生産者の大衆にたいして、彼らの生産の**社会的**性格が、非常に厳格に規制する権威の形態をとって、また労働過程の完全に編成されたヒエラルキーと社会的メカニズムの形態をとって、相対している――といってもこの性格は、ただ労働に対立する労働条件の人格化としてのみ生産の指揮者に与えられるのであって、以前の生産形態でのように政治的または神政的支配者などとして与えられるのではないが――その一方で、その指揮者たち、互いにただ商品占有者としてのみ相対する資本家たち自身のあいだでは、最も完全な無政府状態が支配していて、この状態のなかでは生産の社会的連関はただ個人的恣意《しい》にたいして優勢な自然法則としてその

力を現すだけである。（①898、E888）

資本主義的生産様式をもっとも根本的に特徴付ける第一の要素は、商品生産です。このことが重要なのは、それによって前近代的共同体の現物経済とはまったく異なった、物象化した生産関係が成立するからです。社会的総労働の配分は共同体的秩序によってではなく、市場における商品の売買をつうじて行われるようになり、また搾取者の権力も、政治的ないし宗教的な権威にではなく、資本の力にもとづくものになります。

資本主義のもとでの分配はすべて、このような物象化された生産関係にもとづいて行われます。そこでは収入はすべて貨幣の形態をとっており、利潤ないし利子は資本の産物としてのみ、地代は近代的所有によって包摂された土地の産物としてのみ、労賃は労働力商品――あるいはその現象形態である「労働」という商品――の産物としてのみ、取得することができるからです。したがって、収入の分配はすべてこの物象の力によって編成された権力関係のもとでおこなわれ、その影響を絶えず被ることになります。たとえば、賃労働者は資本のもとへの実質的包摂、さらには資本主義的蓄積の一般的法則の影響を絶えず被っており、そのような不利な条件のもとで資本家と交渉し、自らの賃金水準を確保しなければなりません。それゆえ、十分な労働運動がなければ、賃労働者たちは賃金水準をほんらいの労働力価値、すなわち労働力の再生産費の水準に維持することさえ困難になってしまいます。

この事実だけをみても、資本主義的生産関係を変革することなしに、その分配関係に本質的な変化をあたえることができないことは明らかです。

資本主義的生産様式を特徴付けるもの②――剰余価値生産

> 資本主義的生産様式を特に際立たせている**第二のもの**は、生産の直接的目的および規定的動機としての**剰余価値生産**である。……この資本主義的生産に独自な生産様式は、労働の社会的生産力の――といっても労働者にたいして独立した資本の力としての、それゆえ労働者自身の発展に対立している生産力の――発展の一つの特殊な形態である。価値と剰余価値のための生産は、さらに進んだ展開で明らかになったように、商品の生産に必要な労働時間、すなわち**その商品の価値**を、そのつどの現存する社会的平均よりも低くし〔**生産過程**においては。同時にそれは可能な限りその価値より高く販売する傾向を含んでいる――**流通過程**においては〕、できる限り最低限まで低くしようとする傾向（規則、規範）、とりわけ**費用価格**の最低限までの**削減**を含んでいる。（①898、E887f）

ただ、賃労働の形態にある労働と資本の形態にある生産手段とが前提されているという理由でのみ――つまりこの二つの本質的な生産動因がこの独自な社会的姿態をとっているということの結果としてのみ――価値（生産物）の一部分は**剰余価値**として現れ、またこの剰余価値は**利潤**（地代）として、資本家の利得として、資本家に属する追加の処分可能な富として、現れるのである。しかし、まさに剰余価値がそのように**資本家の利潤**として現れるからこそ、再生産の拡大に向けられており利潤の一部分をなしている追加生産手段は新たな追加**資本**として現れるのであり、また再生産過程の拡大は一般に資本主義的**蓄積過程**として現れるのである。

賃労働としての労働の形態は、全過程の姿態にとっても生産そのものの独自な様式にとっても決定的であるが、**賃労働**が価値を規定するのではない。価値規定で問題になるのは社会的労働時間一般であり、社会全体が処分することのできる労働量であって、さまざまな生産物によるこの労働量の相対的な吸収がいわば生産物それぞれの社会的な重みを規定するのである。社会的労働時間が商品の価値などにおいて規定的なものとして自分を貫徹する特定の形態は、もちろん、賃労働としての労働の形態に関連し、またそれに対応する資本としての生産手段の形態に関連するのであるが、このように関連するのは、ただこの基礎の上でのみ**商品生産**が生産の一般的な形態になるからである、等々。（①901、E888f）

資本主義的生産様式を特徴付ける第二の要素は、剰余価値生産です。これはたんに剰余生産物が資本主義においてとる形態であるというだけでなく、生産の目的そのものをなすという点で決定的に重要です。つまり、資本主義的生産様式においては剰余価値の取得に資するかぎりでのみ生産が行われるのであり、また、その増大に資するかぎりでのみ資本蓄積が、すなわち生産の拡大が行われるのだからです。

このような資本主義に特有な生産の目的が、いかに分配関係を制約し、社会の消費力を制約するかは第三章で詳しくみたとおりです。利潤を増大させることができるかぎりでは資本蓄積が活発に行われ、労働者階級の状態も改善されますが、しかし、それによって労賃が高騰するやいなや、資本蓄積によって利潤を増大させることが困難になり、資本の絶対的過剰生産に直面せざるをえません。生産の目的が利潤にあるかぎり、分配関係は資本の利害によって根本的に制約されざるをえないのです。

分配関係は生産関係とともに変革される

だから、いわゆる**分配関係**は、生産過程の、そして人間が生産過程で取り結ぶ諸関係の、歴史的に規定された独自に社会的な諸形態に対応するのであり、またこの諸形態から生ずるのである！　この分配関係の歴史的な性格は生産関係の歴史的な性格であって、分配関係はただ生産関係の一面を表しているだけである！　しかし、同じ諸形態に生産形態と分配形態が表されているのである！　ブルジョア的（資本主義的）分配は他の生産様式から生ずる分配形態とは違うのだから、この分配は、自分がそこから出てきた、そして自分がそれに属する特定の生産形態とともに消滅するのである。

ただ分配関係**だけ**を歴史的なものとして考察する見解は、なによりもまず、ブルジョア経済学にたいする始まってはいるがしかしまだとらわれている批判の見解にすぎない！　しかし他面では、この見解は、社会的生産過程を、この過程のなんの**社会的**発展もなしに個々の未開人もまた行わなければならないような、**単純な労働過程**と混同し同一視することにもとづいている。労働過程がただ人間と自然とのたんなる過程でしかないかぎりでは、労働過程の単純な諸要素は、労働過程のあらゆる社会的発展形態につねに共通なものである！　他面では、この過程の特定の歴史的な形態はそれぞれ、さらにこの過程の社会的な物質的な基礎一般と形態一般を発展させる！　ある成熟段階に達すれば、一定の歴史的な形態は脱ぎ捨てられて、より高い形態に席を譲る！　そのような危機の瞬間が到来したということがわかるのは、分配諸関係のあいだの矛盾と対立が、それゆえまたそれに対応する生産関係の特定の歴史的な姿態と生産諸力、その諸動因の生産能力および発展との矛盾と対立とが、広さと深さとを獲得したときである！　そうなれば、生産の物質的発展と生産の社会的形態とのあいだに衝突が起きるのである。

（①900、E890f）

分配関係は生産関係の裏面なのですから、もし現在の分配関係が不当であると考えるならば、生産関係そのものを変革しなければなりません。そして、この生産関係を変革するには、これを生み出し再生産する労働形態を変革しなければなりません。

とはいえ、このような生産関係の変革は恣意的に成し遂げることができるものではありません。新たな生産様式――生産者たちのアソシエーションを基礎とした生産様式――を実現するには、まず、古い生産様式のなかでそれを可能にするための社会的生産力が発展していなければならず、また、資本主義との闘いのなかで生産者たちのアソシエーションが潜在的にであれ、顕在的にであれ、ある程度拡大していなければならないのです。さらに、この条件が成熟していくなかで、資本主義的生産様式が危機に陥るならば、すなわち恐慌や環境破壊などのかたちで「生産の物質的発展と生産の社会的形態とのあいだに衝突が起きる」のであれば、変革のチャンスは訪れるでしょう。

いずれにせよ、現実に変革を実現することができるのは、人々の主体的な努力だけです。マルクスはこの変革の担い手を労働者階級に見出しました。本章、そして第三部全体を締め括るのは、まさに階級についての考察となります。

第五節　諸階級

三大階級

労賃、利潤、地代をそれぞれの収入源泉とするたんなる労働力の所有者、資本の所有者、土地所有者、つまり賃労働者、資本家、土地所有者は、資本主義的生産様式を基礎とする近代社会の三大**階級**をなしている。（①901、E892）

階級とはなにか

まず答えられなければならないのは、なにが階級を形成するのか？という問いである。そして、その答えは、なにが賃労働者、資本家、土地所有者を三つの大きな社会階級の形成者にするのか？という別の問いに答えることによって、おのずから明らかになるのである。

一見したところでは、それは**収入と収入源泉が同じ**だということである。三つの大きな社会的な集団があって、その個々の構成要素、まさにその集団を構成する個々人は、それぞれ労賃、利潤、地代によって、つまり彼らの労働力、彼らの資本、彼らの土地所有の運用によって、生活しているのである。

とはいえ、この立場から見れば、たとえば医者や役人も二つの階級を形成することになるであろう。なぜなら、彼らは二つの違った社会的集団に属しており、二つの集団のそれぞれの構成員にとってのそれらの集団の収入は同じ源泉から流れ出ているからである。同じことは、社会的分業によって労働者も資本家も土地所有者も（たとえば土地所有者は葡萄《ぶどう》畑所持者や鉱山所持者や漁場所持者や耕地所持者に）分割されていく、もろもろの利害や地位の無限の細分化についても言えるであろう。（①902、E893）

一般にマルクスの階級概念は生産手段の所有関係によって区分される社会集団として定義されると考えられてきました。例えば、一〇年ほど前に刊行された『新マルクス学事典』においては、「生産手段の有無ないし保有する生産手段の種類によって相互に区別される社会的および政治的集団」と階級を定義しています。しかし、少なくとも本節の記述に従うのであれば、このような理解は正しくありません。

本節は上記の引用文までで叙述が中断されており、未完成に終わっています。しかし、この引用の部分で、資本家階級は資本、労働者階級は労働力、土地所有者は土地といったように、諸階級はさしあたり収入源泉によって区別されるが、ここでいう収入源泉は医者や役人のような個々の職業や産業のことを意味するのではない、ということを述べています。もしマルクスが続きを書いたとしたら、この続きはどうなったでしょうか？

答えは明らかです。資本、労働力、土地が収入源泉となるのは産業や職業などの素材的規定によってではなく、その経済的形態規定によってであるということが述べられたはずです。そして、自明ではありますが、この経済的形態規定が結局は生産関係の産物であることも述べられたかもしれません。

とはいえ、ここで、生産関係を究極的に決めるのは所有関係ではないか、という疑問を持たれる方もいるのではないでしょうか。たしかに、この理解は以前は通説とされていたのですが、現在では「所有基礎論」として批判されています。とりわけ『資本論』第一部の第一章や第二章を見れば明らかなように、生産関係はけっして所有関係に還元することはできず、むしろ所有関係は生産関係のひとつの結果でしかありません。たとえば、マルクスは生産手段の私的所有が商品という生産物の形態を生み出すのではなく、むしろ私的労働が商品形態を生み出し、この商品形態のもとで商品生産に特有な近代的私的所有が成立するという議論を展開しています（マ144）。同じように、資本家による生産手段の私的所有についても、それが賃労働の前提となるとはいえ、あくまでも賃労働という特殊な労働形態によって再生産されることが強調されます（マ451および前節参照）。このような、私的所有を所与の前提とせず、それを労働形態によって動態的に捉え返すというマルクスの方法論は、マルクスの経済学批判の問題構成の核心の一つをなすと言っても過言ではありません。逆に、所有を所与の前提とする「所有基礎論」は、「三位一体的定式」と同じように、生産諸関係の結果をその前提とみる転倒した認識に陥ってしまっているのです。

要するに、マルクスの階級概念は所有ではなく、経済的形態規定、さらにはそれを生み出す生産関係によって定義されるべきである、ということになります。このような純理論的な議論はたんなる訓詁《くんこ》学のように思われるかもしれませんが、そうではありません。というのも、これによって階級闘争のイメージが決定的に変わるからです。

『資本論』第三部の結びは階級闘争論になる予定だった

最後に、かの三つのもの（労賃、地代、利潤（利子））はそれぞれ土地所有者、資本家、賃労働者という三つの階級の収入源泉なのだから――結びとして、いっさいの糞味噌《くそみそ》の運動と解体が帰着する**階級闘争**。（「エンゲルス宛の手紙　一八六八年四月三〇日」『マルクス＝エンゲルス全集』㉜64）

マルクスは、エンゲルスに第三部の概要を紹介した手紙のなかで、第三部の結びが階級闘争論となることを予告しました。しかし、先述したように、階級論そのものが途中で中断されたままであり、階級闘争についても書かれることはありませんでした。もしマルクスが階級闘争論を書いたとしたら、どのようなものになったのでしょうか。
このことを考えるうえで一つの手がかりになるのが、先ほどみたような生産関係を基軸とした階級の理解です。旧来の所有基礎論においては、階級はもっぱら生産手段の所有の有無や種類によって静態的に定義されますので、階級闘争は、固定した経済的区分をもつ集団がそれぞれの経済的利害をめぐってぶつかりあう、というイメージで捉えられてきました。ところが、階級を生産関係によって把握することによってこのイメージは一変します。たとえば、マルクスは『フランスの内乱』の第一草稿で次のように述べています。

国家機構と議会制度が、支配階級の真の生活ではなく、彼らの組織された一般的機関にすぎず、古い秩序の政治的保障、形態および表現にすぎないのと同様に、コミューンも、労働者階級の社会的運動、したがってまた人類の全般的再生の社会的運動ではなく、その組織された行動手段である。コミューンが階級闘争を廃止するのではなく、労働者階級が、階級闘争をつうじて、あらゆる階級、それゆえあらゆる階級の支配を廃止するために闘うのである。（『マルクス＝エンゲルス全集』⑰517）

労働者階級は、彼らが階級闘争のさまざまな局面を通過しなければならないことを知っている。労働の奴隷制の経済的諸条件を、自由なアソーシエイトした労働の諸条件とおきかえることは、時間を要する漸進的な仕事でしかありえないこと、……そのためには、分配の変更だけではなく、生産の新しい組織が必要であること、あるいはむしろ、現在の組織された労働にもとづく生産の社会的諸形態（現在の産業によって生み出された）を、奴隷制のかせから、その現在の階級的性格から救い出して（解放して）、全国的および国際的に調和ある仕方で調整する必要があることを、彼らは知っている。（『マルクス＝エンゲルス全集』⑰517f）

ここでマルクスが述べている階級闘争とは、たんなる「分配の変更」を求める賃上げ闘争でも、政治権力を奪取するための蜂起《ほうき》でもありません。むしろ、コミューンという新たな直接民主主義的な政治システムのバックアップのもとで、市場や資本に依存しない「生産の新しい組織」を形成し、「自由なアソーシエイトした労働」の諸条件を創出していくことにほかなりません。すなわち、階級闘争は、生産関係のあり方そのものを変革し、生産様式を再組織するための闘争なのです。

このように階級概念を刷新し、階級闘争のイメージを転換することによって、階級闘争を理論的にアップデートすることができるでしょう。旧来の階級論において問題とされるのは生産手段の所有であり、階級闘争のイメージも社会的生産をめぐる闘争、とりわけその生産物の分配をめぐる闘争に限定されがちでした。しかし、この新たな階級概念のもとでは階級闘争はより広範なものとして立ち現れてくるのです。このことについて考えるために、最後に、本章第一節に登場する有名な記述をみてみましょう。

必然性の国の彼方で真の自由の国が始まる

剰余労働一般は、所与の欲望の程度を越える労働としては、いつでも存在しなければならない。資本主義システムのもとでも奴隷システムなどにおいても、それはただ敵対的な形態だけをもつのであって、社会の一部分のまったくの不労によって補足されるのである。一定量の剰余労働は、不慮の災害にたいする保険のために必要であり、そして人口の増加と欲望そのものの発達とに対応する再生産過程の必然的な累進的拡張のために必要なのであって、この拡張は資本主義的立場からは**蓄積**と呼ばれるのである。資本の文明化的な側面の一つは、資本がこの剰余労働を、生産力や社会的関係の発展にとって、またより高度な新形成のための諸要素の創造にとって、以前の奴隷制や農奴制などの形態におけるよりも有利な仕方と条件とのもとで強制するということである。生産力の発展は、一方では、社会の一部分のために他の部分を犠牲にして行う、物質的および知的利益をともなう社会的発展の強制や独占がなくなるような段階を引き寄せる。他方では、生産諸力の発展は、社会のより高度な形態においてこの**剰余労働**を物質的労働に費やされる生産一般のより大きな削減と結びつけることを可能にするような諸関係への物質的手段と萌芽とをつくりだす。……じっさい、自由の国は、窮乏や外的な合目的性に迫られて労働することがなくなるところで、はじめて始まるのである。つまり、それは、事柄の本性からして、本来の物質的生産の領域のかなたにあるのである。未開人は、自分の欲望を充たすために、自分の生活を維持し再生産するために、自然と格闘しなければならないが、同じように文明人もそうしなければならないのであり、しかもどんな社会形態においても、考えられるかぎりのどんな生産様式のもとでも、そうしなければならないのである。彼の発達につれて、この自然必然性の国は拡大する。というのは、彼の欲望が拡大し、しかし同時に、この欲望を充たす生産力も拡大するからである。自由はこの領域のなかではただ次のことにありうるだけである。すなわち、社会化した人間、アソーシエイトした生産者たちが、このような自分たちと自然との物質代謝を合理的に規制し、盲目的な力としての物質代謝によって制御されることをやめて、それを自分たちの共同的制御のもとに置くということ、力の最小の消費によって、自分たちの人間性に最もふさわしく最も適合した諸条件のもとでこの物質代謝を行うということである。しかし、これはやはりまだ必然性の国である。この国の彼方で、自己目的として認められる人間の力の発展が、真の自由の国が始まるのであるが、しかし、それはただかの必然性の国をその土台としてその上にのみ花を開くことができるのである。労働日の短縮

が土台である。（①837f、E827f）

マルクスはこの有名な一節において、「アソーシエイトした生産者たちが……物質代謝を合理的に規制し、……自分たちの共同的制御のもとに置くということ、力の最小の消費によって、自分たちの人間性に最もふさわしく最も適合した諸条件のもとでこの物質代謝を行う」ことによってこそ、共産主義社会を実現することができる、ということを示唆しています。

　前の項目でみたように、生産様式を再編成するための闘いが階級闘争だとすれば、このような人間的で持続可能な物質代謝を実現するための取り組みはまさしく階級闘争そのものにほかならない、ということになるでしょう。現在人類が直面している気候危機に対処するには、すでに述べたような生産システムの根本的変化が必要となりますが、これを実現していくための試みはまさに階級闘争なのです。これまで階級闘争とエコロジー闘争を切り離そうとする試みが両方の側からなされてきましたが、実際にはエコロジーなき階級闘争も、階級闘争なきエコロジーもありえません。

　同様のことはジェンダーやセクシュアリティの領域についても言うことができるでしょう。私たちが再建しなければならないのは、いわゆる「社会的」生産における物質代謝だけではありません。そもそも、生産を「社会的」なものと「プライベート」な生活領域に分割したものは、資本主義的生産関係そのもの、すなわち物象化による社会的生産領域の特権化にほかなりません。私たちは物象化の克服をつうじて生活領域における労働の軽視を克服しなければならないし、また、その生活領域における物質代謝の合理的かつ人間的制御にも取り組まなければならないのです。

マルクスはこのような生産および生活の全領域にわたる、すなわち「必然性の国」における自由の実現をつうじて、それをこえた「自由の国」における「真の自由」を実現することができると考えたのでした。つまり、生きていくために必要な活動における自由とは区別される、活動そのものを自己目的とした領域における自由です。こうして、マルクスは若い頃から抱いていた共産主義社会の構想――「共産主義社会、すなわち諸個人の独自で自由な発展がけっして空文句ではない唯一の社会」（『ドイツ・イデオロギー』）――を、長年にわたる経済学批判にもとづいて、さらに豊かに展開したのでした。この構想は、晩年のマルクスの研究によって、よりラディカルなビジョンへと発展していくことになります。

『資本論』第二部「資本の流通過程」のまとめ

ここでは、本書を読むために必要なかぎりで、第二部の内容を紹介しておきます。第二部のテーマは「資本の流通過程」です。すでに第一部第三章で商品流通一般についての考察は行われていましたが（マ176）、第二部では、第一部での資本主義的生産についての考察をふまえたうえで、資本の運動の一部をなす――そしてそれと関連する――流通過程（商品の売買）について解明することが課題となります。第二部は「資本の変態とその循環」、「資本の回転」、「流通過程と再生産過程の実体的諸条件」という三つの章から構成されています。順にみていきましょう。

第一章　資本の変態とその循環

第一章のテーマは資本循環です。商品をW、貨幣をGで表すと、売るために買うという資本の運動は「G―W―G′」という「資本の一般的定式」で表すことができます（マ217）。しかし、この定式はなぜGがG′（G＋ΔG）になることができるのかを示すものではあり

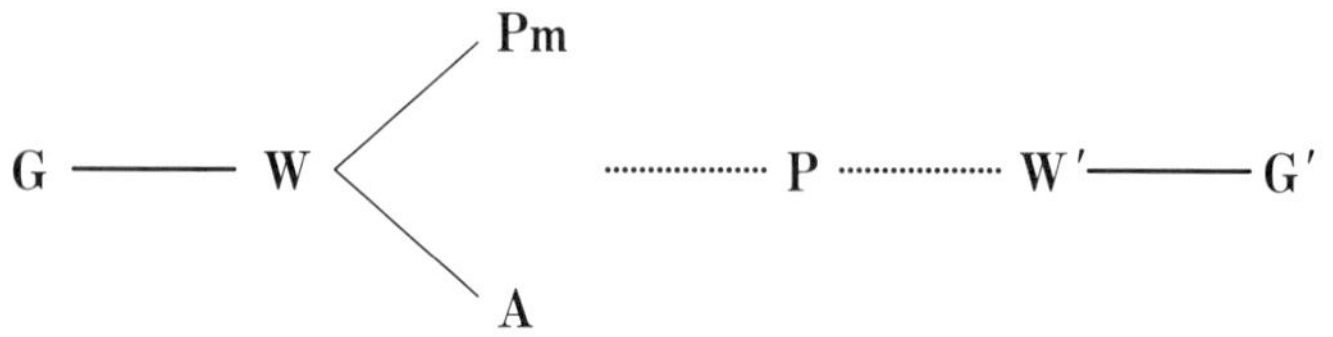

図 8.1

ません。これを可能にするのは資本家が労働力と生産手段を購買することによっておこなわれる価値増殖過程です（マ第五章）。それゆえ、労働力をA、生産手段をPm、両者をあわせた「生産資本」をPとすると、資本の運動は図8.1のように表すことができます。ここでは、「—」という記号は市場でのやり取りを示し、「…」は生産過程に入っていることを示しています。またW′はこの資本によって生産された商品を表しています。

この図からわかるように、資本の運動はその姿をさまざまに変えながらも（変態しながらも）、ひとつの循環を描いています。資本家が貨幣を支出し、労働力と生産手段を購買し、商品生産をおこない、それから完成した商品を販売して、最初に支出した貨幣額に剰余価値の分を加えた貨幣を取り戻す。そして、資本家は戻ってきた貨幣でふたたび新たな循環を開始する、といった具合です。図8.1を簡略化し、AとPmを用いずに記述すると、G—W…P…W′—G′となります。

資本は自己増殖する価値のことですから、貨幣や商品、あるいは生産要素である労働力と生産手段をコンテキストから切り離して単独で見れば、それらは資本ではありません。しかし、それらが先に見たような資本の循環運動の一部を構成しているのであれば、それらは資本であると考えることができます。それゆえ、マルクスは、資本循環のなかにある貨幣を**貨幣資本**、商品を**商品資本**、労働力と生産手段を**生産資本**と呼びました。これらの用語は第三部でも頻出しますので、忘れないようにしてください。

さて、このように考えると、G―W…P…W′―G′という循環は貨幣資本から始まり貨幣資本で終わる循環であることがわかります。それゆえ、この循環形態のことを**貨幣資本循環**と言います。貨幣資本循環は資本主義的生産の目的（価値増殖）を端的に示す循環形態であり、資本主義システムについて考える際にはもっとも重要な循環形態となります。というのも、そもそも資本の運動は、価値増殖という目的の実現が見込まれるかぎりでしか、開始されることはなく、資本の運動はすべてこの目的の実現にむけて動いていくからです。

とはいえ、資本の運動は循環運動をなしているので、必ずしも貨幣資本から出発して循環を考える必要はありません。たとえば、生産資本から循環を開始させれば、P…W′―G′―W…Pという循環形態になり、これを**生産資本循環**と呼びます。このように資本循環の始まりと終わりを変えることに何の意味があるのか、と訝《いぶか》しむ方もいるかもしれません。しかし、この生産資本循環という循環形態に注目することによって、貨幣資本循環だけを見ていたのではわからない事柄が見えてきます。というのも、この循環形態は価値増殖にとって不可欠な生産過程が順調に進行するには、その都度、W′—G′—Wという商品流通に媒介されなければならないことを明示しているからです。自らが生産した商品を販売し、それによって次の生産のための生産手段と労働力を購買することができなければ、生産を継続することができません。そして、生産を継続できなければ価値増殖をおこなうことができず、資本の循環運動は停止してしまいます。それゆえ、生産資本循環は、資本による生産の継続や拡大（生産による生産）を実現するための流通の諸条件について考えるのに適した循環形態だと言うことができます。

さらに、三番目の循環形態としてW′—G′—W…P…W′という**商品資本循環**を考えることができます（Wから始まる循環についても考えることができそうにみえますが、このWはこの資本が販売するものではなく、生産資本となるので、独自の循環形態にはなりません）。この循環形態の独自性は、出発点である商品資本W′がこの資本によって生産された商品であり、したがって剰余価値を含んでいるという点にあります。貨幣資本循環の場合には投下される貨幣資本から出発しますし、生産資本循環の場合も、出発点となる生産資本は、価値額からみれば、投下される貨幣資本と同じです。これにたいして商品資本循環の場合は、出発点となる商品資本は価値増殖過程の結果であり、その商品価値は資本家や賃労働者によって個人的に消費される価値部分を含んでいますので、彼らによる個人的な消費にも焦点があてられることになります（貨幣資本や生産資本も労働力価値の部分は含んでいますが、その部分はあくまでも労働力の購買に必要となる価値部分を表しているだけで、直接には、労働者が消費する商品の価値部分を表しているわけではありません)。それゆえ、商品資本循環は、生産活動と消費活動の絡み合い、資本の流通過程と諸個人の収入の支出との絡み合いをつうじて、いかにして「商品による商品の生産」が実現されるのかを考察するのに適した循環形態だと言うことができます。

また、第一章では、資本循環のうち流通にかかる時間と費用も問題となります。というのも、流通過程においては価値増殖が行われていないので、資本はこの時間と費用をできるだけ削減しようとする性質をもっているからです。とくに流通費にかんしては注意が必要です。流通にかかわる費用には、商品の運輸や保管など、商品の使用価値の維持および形成に役立つ労働から発生する費用と、レジ打ちなどの純粋な商品取引のための労働から発生する費用があります。前者は生産過程の延長と考えられるので、商品価値を形成しますが、後者は「純粋な流通費」と呼ばれ、価値を形成せず、商品価値の一部で補塡《ほてん》しなければならない費用です。この「純粋な流通費」は、第三部第四章の商業資本の考察において、「商業費用」という形態で登場します。

第二章　資本の回転

資本の回転とは、文字通り、ぐるぐると回って繰り返される資本循環のことです。資本循環においては資本変態の形態やそれに注目することの意義が問題となりましたが、資本の回転においてはその時間や速度がおもな問題となります。つまり、投下した資本がどのくらいの時間で一回転するのか（**回転時間**）、また、一定期間に何回回転するのか（**回転数**）といったことが問題となるわけです。

まず、回転時間ですが、貨幣で投下された資本価値の全体が再び貨幣で戻ってくるまでの時間と定義することができます。また、回転数は通常、一年間における回転数となりますので、回転数＝一年間÷回転時間となります。たとえば、回転時間が三ヶ月である資本の場合、回転数は四回となります。

資本の回転と関連して、新たな資本の区別の仕方が登場します。流動資本と固定資本です。この区別は投下した貨幣資本がふたたび貨幣資本として戻ってくる、その仕方と関連しています。たとえば、原料や労働力の購買にあてられた資金は、それぞれの貨幣資本循環（G—W…P…W′—G′）のたびごとにその全額が戻ってきます。なぜなら、それらの購買にあてられた価値はその資本循環のなかで生産された商品価値のうちにすべて含まれているからです。このように、個々の貨幣資本循環のたびごとにその全額が還流する資本部分のことを**流動資本**と言います。労働対象と労働力に投下される資本部分は一般に流動資本となります。貨幣資本循環が年に二回おこなわれるとすれば、流動資本の回転数は二回となります。

他方、機械や建物などの購買にあてられた資金は、貨幣資本循環のたびにその全額が戻ってくるわけではありません。なぜなら、機械や建物などは一回の資本循環において消費されてしまうわけではなく、長期的に使用することが可能だからです。それゆえ、それらの購買に投下された資本は、一回の資本循環で生産された商品の販売によって回収する必要はなく、その機械や建物の耐用年数にあわせて、長期的に回収すればよいことになります。たとえば、一〇億円で購入した機械の耐用年数が一〇年間であり、貨幣資本循環が年に二回行われるとすれば（すなわち流動資本の回転数が二回だとすれば）、一回の貨幣資本循環のたびごとに五〇〇〇万円ずつ還流することになります。このように、個々の貨幣資本循環においては部分的にしか貨幣資本として還流せず、長い期間を経てはじめてその全額が還流してくる資本部分のことを**固定資本**といいます。例外的なケースを除いて——耐用期間が生産時間よりも短い道具や生産時間が機械や道具の耐用年数を上回るような産業をのぞいて——労働手段に投下される資本部分は固定資本となります。耐用年数が一〇年の機械の場合には、回転時間も一〇年になるので、この固定資本の回転数は〇・一となります。

なお、以上の流動資本と固定資本との区別も第三部で頻出します。

第三章　流通過程と再生産過程の実体的諸条件

第三章では、個別の資本の流通過程にとどまらず、社会全体の資本の流通過程について考察することが課題となります。社会全体の資本とは個別の資本の総計にほかなりませんので、社会全体の資本の流通過程を考察する場合には、個別の資本が流通過程においてどのように絡み合うのか——すなわちどのように互いに商品を売買し合うのか——ということが問題になります。また、資本どうしの絡み合いだけでなく、収入を支出して資本が生産した商品を購買する諸個人の消費活動との絡み合いについても考察することが必要となります。

第一章のところでみたように、生産活動と消費活動の絡み合い、資本の流通過程と諸個人の収入の支出との絡み合いについて考察するのに適している循環形態は、商品資本循環（W′—G′—W…P…W′）ですので、本章では、商品資本循環に依拠しながら以上のような絡み合いについて考察していくことになります。

なお、第三部主要草稿の執筆を一時中断して書かれた第二部初稿では、この第三章にあたる部分の記述は非常に荒削りなものであり、概念が明確化されていなかったり、重要な問題が解決されていなかったりするところがあります。この完成度の低さを反映して、第三部主要草稿の後半部においても第二部第三章に関連する論点を十分に生かすことができていません。それゆえ、ここではその内容についてごく簡単に紹介するにとどめておきましょう。初見の方にとっては難しいかもしれませんが、さしあたり、だいたいのイメージがつかめれば大丈夫です。

まず、単純化のために、毎年同じ規模で生産と消費が行われている、すなわち「単純再生産」がおこなわれている資本主義社会を想定します。そして、この社会で資本主義的生産をおこなっている生産部門を二つに分けて考えていきます。第Ⅰ部門を、生産手段を生産する部門、第Ⅱ部門を、消費手段――資本家や賃労働者によって個人的に消費される商品――を生産する部門とします。社会のなかには何千という種類の産業があるわけですが、なぜたった二つの部門に分割するかと言えば、両部門で生産される商品の経済的に果たす役割がまったく異なるからです。第Ⅰ部門の生産物は生産手段なので生産活動において消費され、その価値は商品に移転します。また、その購買のさいには不変資本が投下されます。それにたいし、第Ⅱ部門の生産物は消費手段なので各人の生活において消費され、その価値が商品に移転することはありません。また、その購買のさいには賃労働者の収入である賃金、あるいは資本家の収入である剰余価値――ここでは資本蓄積をせずに単純再生産がおこなわれていると仮定しているので――が支出されることになります。

さて、このような区別にもとづけば、社会全体の資本の流通過程は次の二行の式で表すことができます。これが**再生産表式**と呼ばれるものです。

Ⅰ　4000c＋1000v＋1000m＝6000

Ⅱ　2000c＋500v＋500m＝3000

この表式におけるcは不変資本、vは可変資本、mは剰余価値を表し、かつそれぞれの記号のまえに書かれている数字はその記号が意味する内容の価値量を表します。たとえば、「4000c」とは不変資本の価値量が四〇〇〇であることを意味します。

この表式が直接に表しているのは、第Ⅰ部門と第Ⅱ部門のそれぞれにおける商品資本循環（W′—G′—W…P…W′）の出発および復帰点となる商品資本（W′）の価値構成です。第Ⅰ部門については、商品資本の総価値が六〇〇〇、そのうちこの商品全体の生産のために費やされた生産手段の価値（c）が四〇〇〇、労働によって付加された価値が二〇〇〇、さらにこの付加価値のうち生産に必要とされた労働力価値を補填する部分（v）が一〇〇〇、剰余価値（m）が一〇〇〇であることを示しています。第Ⅱ部門については、商品資本の総価値が三〇〇〇、そのうちこの商品全体の生産のために費やされた不変資本価値が二〇〇〇、労働によって付加された価値が一〇〇〇、さらにこの付加価値のうち生産に必要とされた労働力価値を補填する部分が五〇〇、剰余価値が五〇〇であることを示しています。

さらに、再生産表式は、以上のように商品資本循環の出発点かつ復帰点である商品資本の価値構成を示すことによって――価値構成をみればその商品がどのように生産されたかがわかるのですから――同時に、両部門の商品資本循環がたがいにどのように絡み合っているのかも示しています。そのプロセスについて具体的に見ていきましょう。単純化のために両部門の商品資本循環はいずれも一年で行われるとしておきましょう。

まず、資本家の全員が商品資本（W′）しか持っていない状態であれば、誰によっても購買がおこなわれず、商品資本循環（W′―G′―W…P…W′）の進行が不可能になってしまうので、少なくとも資本家のうち誰かは最初の時点で資本として投下せずに残しておいた貨幣を保持していることが必要になります。ここでは、第Ⅱ部門の資本家が年のはじめに二五〇〇の貨幣を保持しているほか、それぞれの部門内での資本家同士の売買に必要となる貨幣を両部門の資本家が保持していると仮定しましょう。

さて、毎年同じ規模で商品生産が行われるのですから、第Ⅰ部門の生産物である生産手段六〇〇〇のうち、四〇〇〇の生産手段は第Ⅰ部門の資本家たちのあいだで売買され、第Ⅰ部門の生産活動に用いられます。残りの二〇〇〇の生産手段は二五〇〇の貨幣を保持している第Ⅱ部門の資本家に販売され、第Ⅱ部門の生産活動に用いられます。また、この販売によって第Ⅰ部門の資本家は二〇〇〇の貨幣を入手したので、そのうち一〇〇〇を用いて労働力を購買します。労働力を販売して一〇〇〇の貨幣を入手した賃労働者たちはこれを消費手段の購入にあてます。残りの剰余価値分の一〇〇〇は資本家が自分たちの消費手段の購入にあてます。

　以上の取引をつうじて、第Ⅰ部門の資本家は前期に生産した商品をすべて販売し、剰余価値を入手すると同時に、今期の生産に必要な生産手段四〇〇〇と労働力一〇〇〇を入手することができており、前期と同じ商品を生産することができます。

　第Ⅱ部門の生産物である消費手段三〇〇〇のうち、二〇〇〇の消費手段は第Ⅰ部門の資本家および賃労働者にそれぞれ一〇〇〇ずつ販売されます。これによって、さきほど生産手段の購買のために支出した二〇〇〇の貨幣が第Ⅱ部門の資本家の手元に戻ってきます。また、五〇〇の消費手段は第Ⅱ部門の資本家のあいだで売買され、資本家たちは剰余価値を貨幣化し、それによって個人的消費のための消費手段を入手します。さらに、第Ⅱ部門の資本家は年のはじめに保持しておいた貨幣二五〇〇のうちの残りの五〇〇で労働力を購買します。五〇〇の貨幣を入手した賃労働者たちはこれによって五〇〇の消費手段を購買します。これによって、労働力の購買のために支出した五〇〇の貨幣が第Ⅱ部門の資本家の手元に戻ってきます。

　こうして、第Ⅱ部門の資本家も前期に生産した商品をすべて販売して剰余価値を実現するとともに、今期の生産に必要な生産手段二〇〇〇と労働力五〇〇を入手することができており、前期と同じ商品を生産することができます。しかも、商品の売買を媒介するために必要とされた、年のはじめに保持していた貨幣二五〇〇もすべて手元に戻ってきています。

以上の再生産表式の考察からわかるのは次の二つのことです。まず、第Ⅰ部門と第Ⅱ部門はたがいに生産手段と消費手段を売買しあっており、この取引が過不足なく成立するのは売買しあう商品の価値が互いに二〇〇〇であり、一致しているからだ、ということです。つまり、一般に単純再生産が成立するには第Ⅰ部門のｖとｍを合わせた価値と第Ⅱ部門のｃの価値が一致する必要があります。

もうひとつは、両部門において貨幣を資本として前貸――このような表現をするのはこの貨幣が戻ってくるからです――するだけでなく、貨幣を流通手段として前貸することが必要になるということです。先ほどの例で言えば、第Ⅱ部門の資本家が保持していた二五〇〇の貨幣は、個々の資本家の視点からみれば、一時的な資金不足を補うために保持しておいた遊休資本にほかなりませんが、社会的にみれば流通手段として誰かが投下しなければならない貨幣であり、この貨幣の投下は**流通手段の前貸**という規定性を与えられるのです。もし流通手段として前貸される貨幣量が不足するような事態になれば、たとえ第Ⅰ部門のｖとｍの価値と第Ⅱ部門のｃの価値が一致していたとしても、単純再生産は成立しません。この**資本の前貸と流通手段の前貸の区別**は、第三部の信用制度の考察において非常に重要な意味をもつのですが、第三部主要草稿を書いた時点ではその区別を理論的に明確化することができておらず、断片的に言及するにとどまっています。

また、第三部の信用制度の考察にかかわる重要な論点として固定資本の問題があります。ある資本が固定資本の償却をおこなっているかぎり、実現された商品価値の一部は固定資本の更新のために費用として蓄蔵され、商品の購買には支出されません。それゆえ、社会全体で単純再生産が滞りなく成立するには、固定資本の更新のために蓄蔵される貨幣額とこれまで蓄蔵された貨幣から固定資本へと投下される貨幣額が一致しなければなりません。マルクスはこの両者の不均衡も信用システムに大きな影響を及ぼし、恐慌をもたらす要因の一つとなると考えていました。

第三部ではさらに拡大再生産にかかわる問題が取り扱われ、晩年の草稿ではそれに関連するさまざまな理論的問題についての考察が行われていますが、本書に必要な範囲を大きく超えるのでここでは言及しません。ただ、本書とも関連してくる点を一つだけ指摘しておきましょう。資本蓄積の際にはある程度の資本規模が必要であるために、実際に資本蓄積をするまえにしばらく貨幣蓄蔵をしなければなりませんが、この貨幣蓄蔵の規模とこれまで蓄蔵された貨幣から資本蓄積のために投下される貨幣額の規模が一致しなければ、拡大再生産が滞りなく進行することはない、という問題が新たに出てきます。この点も信用システムに大きな影響を及ぼすことになります。

補論――プラン問題について

「人と作品」でみたように、マルクスが『資本論』の構成を固めるまでの間には様々なプランの変遷がありました。この変遷の意義をいかに理解するかという問題のことを「プラン問題」と言います。いっけん学者好みのマニアックな議論であるように見えますが、じつは、この「プラン問題」はとりわけ『資本論』第三部の内容理解と密接な関係がありま す。というのも、「プラン問題」をいかに理解するかによって『資本論』第三部の主題が何であるかの理解も変わってしまうからです。以下は、第三部の議論をある程度知っているることが前提になっていますので、初学者の方には本篇を通読した後に読むことをお勧めします。

マルクスは『資本論』の前身にあたる『経済学批判』(一八五九年刊)の序言において次のように述べています。

私はブルジョア経済のシステムをこういう順序で、すなわち、**資本・土地所有・賃労働・**

そして**国家・対外商業・世界市場**という順序で考察する。（『資本論草稿集』③203）

ここからわかるのは、『経済学批判』の考察対象が「ブルジョア経済のシステム」であり、しかもそれが「資本・土地所有・賃労働」にとどまらず、「国家・対外商業・世界市場」をも含んでいるということです。これは明らかに『資本論』の考察対象とは異なっています。それではなぜ、『経済学批判』と『資本論』には考察対象や篇別編成において食い違いがあるのでしょうか。『資本論』研究においては、この問題は「プラン問題」として検討の俎上《そじょう》に載せられてきました。以下、プランを時系列的に考察することによって、この問題について考えてみましょう。

マルクスは『経済学批判要綱』のなかで最初のプランを提示しています（一八五七年八月頃）。

(1)一般的抽象的規定。それらはしたがって、多かれ少なかれすべての社会諸形態に通じるが、それも以上に説明した意味で。

(2)ブルジョア社会の内的編成をなし、また基本的諸階級がその上に存立している諸範疇《はんちゅう》。資本、賃労働、土地所有。それら相互の関連。都市と農村。三大社会階級。これら三階級のあいだの交換。流通。信用制度（私的）。

(3)ブルジョア社会の国家の形態での総括。自己自身にたいする関連での考察。「不生産的」諸階級。租税。国債。公信用。人口。植民地。移民。
(4)生産の国際的関係。国際的分業。国際的交換。輸出入。為替相場。
(5)世界市場と恐慌。(『資本論草稿集』①62)

このプランが『経済学批判』で提示されているプランの基礎となったことは一見して明らかでしょう。とはいえ、(1)の「一般的抽象的規定」は『経済学批判』のプランには含まれていません。ここでいう「一般的抽象的規定」とは、特定の社会諸形態にだけ当てはまる規定ではなく、どのような社会諸形態にも妥当する諸規定のことを意味します。実際、「一般的抽象的規定」を冒頭におくプランが提示されている『要綱』の「序説」においては、どのような社会にも妥当する生産、消費、分配、交換の一般的規定が考察されていました。

ところが、「一般的抽象的規定」を含む当初のプランは早々に放棄されます。マルクスは一八五七年一一月頃に書かれた『要綱』の一節において次のように述べています。

I. (1)資本の一般的概念――(2)資本の特殊性。すなわち、流動資本。固定資本。(生活手段としての、原料としての、労働用具としての資本)。(3)貨幣としての資本。II. (1)

資本の量。**蓄積**。(2)**それ自身で測られた資本**。**利潤**。**利子**。**資本の価値**。すなわち利子及び利潤としてのそれ自身から区別された資本。(3)**諸資本の流通**。(α)資本と資本との交換。資本と収入との交換。資本と**諸価格**。(β)**諸資本の競争**。(γ)**諸資本の集積**。Ⅲ．信用としての資本。Ⅳ．株式会社としての資本。Ⅴ．**貨幣市場としての資本**。Ⅵ．富の源泉としての資本。資本家。次に、資本のあとには、土地所有が論じられるべきであろう。土地所有のあとには賃労働。この三つがすべて前提されたうえで、こんどはその内的総体性において規定された流通として、**諸価格の運動**。他方では、生産がその三つの基本的諸形態と流通の諸前提のかたちで措定されたものとしての、三つの階級。次には**国家**。（国家とブルジョア社会。——租税、または不生産的諸階級の存在。——国債。——人口。——外側にむかっての国家、すなわち植民地。外国貿易。為替相場。国際的鋳貨としての貨幣。——最後に世界市場。ブルジョア社会が国家をのりこえて広がること。恐慌。交換価値のうえにうちたてられた生産様式と社会形態の解体。個人的労働を社会的労働として、またその反対に社会的労働を個人的労働として実在的に措定すること）。

（『資本論草稿集』①310f）

ここでは、もはや一般的抽象的規定はプランに含まれておらず、代わりに叙述の端緒として「資本の一般的概念」が配置されています。さらに、当初のプランでは「資本、賃労働、土地所有」という順序で篇別構成が提示されていましたが、ここでは『経済学批判』のプランと同様の「資本、土地所有、賃労働」という順序が示されています。当初のプランと比較して、『経済学批判』のプランに接近していることが見て取れます。

さらに、ここで注目すべきは、最初に考察されるべき「資本」の項目の具体的な篇別編成が与えられていることです。ここで示されているプランは未整理なものであり、ここからその内容を推測することは容易ではありませんが、その直後にマルクスが『要綱』に記したプランでは、より整理された篇別編成が提示されています。

> **資本**。Ⅰ．**一般性**――(1)(a)貨幣からの資本の生成。(b)資本と労働（**他人の**労働によって媒介された）。(c)資本の諸要素、それが労働にたいしてもつ関係にしたがって分解されたもの（生産物。原料。労働用具）。(2)**資本の特殊化**。(a)流動資本。固定資本。資本の流通。(3)**資本の個別性**。資本と利潤。資本と利子。利子および利潤としてのそれ自身から区別された**価値**としての資本。
> Ⅱ．**特殊性**――(1)諸資本の蓄積。(2)諸資本の競争。(3)諸資本の集積（同時に質的な区別でもあり、また資本の大きさと作用の**尺度**でもある。資本の量的な区別）。
> Ⅲ．**個別性**――(1)信用としての資本。(2)株式資本としての資本。(3)貨幣市場としての資本。……（『資本論草稿集』①329）

前のプランと同様にヘーゲルの論理学が意識された一般、特殊、個別の入れ子構造によって、プランが構成されています。ここで重要なのは、資本の特殊性の意味が確定されることにより、資本の一般性で考察されるべき範囲が前のプランよりも明確に示されていることです。このプランでは、資本の特殊性の考察において、はじめて諸資本、すなわち複数形の資本の考察が行われますので、資本の一般性の考察においては、まだ複数形の資本の考察は行われないことになります。それゆえ、ここでの「資本の一般性」とは、複数の資本を考察することなしに解明することができる、すなわち、あたかも社会に単一の資本だけが存在するかのような理論的想定において解明することができる、資本の一般的性質であるということになるでしょう。

その後、資本の一般性の篇別編成は二つの点について変更がなされます。一方では、資本一般の考察をいきなり貨幣から始めるのではなく「⑴価値、⑵貨幣、⑶資本一般（資本の生産過程、資本の流通過程、両者の統一または資本および利潤、利子）」という順序で考察するようになります（一八五八年三月一一日ラサール宛の手紙）。他方では、資本一般内部の篇別構成が後の『資本論』第一部に近づきます（「資本にかんする章へのプラン草案」、一八五九年春ないし一八六一年夏頃）。

なお、この二点の変更にともない、マルクスが弁証法的形態による叙述の限界に気づいたことも重要なポイントです。資本一般の前に「価値」と「貨幣」の項目を置くことを決めた際、マルクスは「貨幣」の項目の内部で「貨幣の資本への転化」を論じるつもりでした（「七冊のノートへの索引」）。ところが、マルクスは一八五八年の八月から一〇月の間に『経済学批判』原初稿を執筆するなかで貨幣の概念からただちに資本に移行することは不可能であることに気づきます。

弁証法的形態で叙述することは、自分の限界をわきまえている場合にのみ正しいのだということが、この地点〔貨幣の資本への移行を論じる箇所〕ではっきりとわかる。（『資本論草稿集』③194）

こうして、マルクスはその後に執筆した「資本にかんする章へのプラン草案」では、のちの『資本論』第一部と同じように、「資本」の項目の内部で「貨幣の資本への転化」を論じることを決めました。これによってマルクスは貨幣の概念規定から資本概念を捻《ひね》り出す必要がなくなり、資本主義的生産様式において日々観察することのできる最も基礎的な資本の現象形態としての資本の一般的形式から叙述を始め、この一般的形式をそれまで獲得した商品形態と貨幣形態についての知識と対照させることで理論的展開をおこなうという叙述方法を採用することが可能になったのです。

さて、以上のような変化はあったものの、「資本」の項目においては、はじめに複数の資本を排除した資本一般を考察し、その後に競争などの複数の資本のあいだの関係が論じられ、最後に信用や株式会社が論じられる、という基本的なプランの構造は維持されました。『経済学批判』刊行後の『一八六一―一八六三年草稿』という浩瀚《こうかん》な草稿においてもマルクスはこのプランにしたがって執筆を始めています。

しかし、この『一八六一―一八六三年草稿』の執筆中に大きな転機が訪れます。マルクスはこの草稿において利潤について論じるなかで、競争について、すなわち複数の個別資本の相互作用についてまったく論じることなく、利潤について展開することは不可能であることを最終的に悟るのです。マルクスは一八六三年の一月頃に書いた一節において次のように述べています。

「資本と利潤」に関する第三部のうち、一般的利潤率の形成が取り扱われる第二章では、次の諸点を考察するべきである。一、**諸資本の有機的構成の相違**。これは、一部には、**生産段階**から生ずるかぎりでの可変資本と不変資本との区別によって、機械や原料とそれらを動かす労働量との絶対的な**量的**比率によって制約されている。このような区別は、労働過程に関連がある。また、**流通過程**から生ずる**固定資本と流動資本**との区別も考察するべきである。それは、一**定の期間**における価値増殖を、部面が異なるにつれて相違させる。二、違った資本の**諸部分の価値比率の相違**で、それらの資本の有機的構成から生ずるのではないところの相違。こうしたことが生ずるのは、価値特に原料の価値の相違からである。たとえ原料が二つの違った部面で等量の労働を吸収すると仮定しても、そうである。三、これらのいろいろな相違の結果として生ずる、資本主義的生産の**いろいろに違った部面における利潤率の多様性**。利潤率が同じで利潤量が充用資本の大きさに比例するということは、構成などを同じくする諸資本についてのみ正しい。四、しかし**総資本については**、第一章で展開したことがあてはまる。資本主義的生産においては各資本は、総資本の断片、可除部分として定立される。**一般的利潤率の形成**。（競争）。五、**価値の生産価格への転化**。価値と費用価格と生産価格との相違。（『資本論草稿集』⑧460）

この新たなプランでは、資本一般に含まれるべき「資本と利潤」においても、もはや複数の個別資本の存在は排除されていません。また、この項目のなかで一般的利潤率の形成がとりあげられていることからもわかるように、それを形成する競争についてもここで論じられることが示されています（本書第二章）。このことは、この時点でマルクスが「資本一般」という対象の限定を放棄したことを意味しています。

そもそも、社会に単一の資本のみが存在するという理論的想定は、上記の一般的利潤率の形成の場合に限らず、至る所で理論的展開に支障をきたすものでした。たとえば、第二部の社会的総資本の再生産にかかわる議論（「再生産表式」に関連した議論。第二部のまとめを参照）においても、複数の個別資本の資本循環の絡み合いを考えることなしに、社会的総資本の再生産について考えることはできません。あるいは第一部の範囲に限ったとしても、特別剰余価値という概念は競争を前提としていますし（マ第一〇章）、そもそも価値法則そのものが競争なしには貫徹することはできません（本書第二章）。社会に単一の資本のみが存在するという「資本一般」の理論的想定は根本的なところで無理があるのです。

もちろん、マルクスは何の理由もなく、「資本一般」を理論的展開の出発点としたのではありません。マルクスが「資本一般」という非現実的な想定に依拠した概念を立てたのは、理論的展開においていきなり競争から出発するならば、さまざまな理論的誤謬《ごびゅう》におちいってしまう可能性があったからでした。本書の全体で述べられているように、競争によって成立する現象形態は、それを生み出す本質的なメカニズムを覆い隠し、それを転倒させたかたちで現象させます。それゆえ、競争だけに注目し、その奥にある本質的メカニズムについて考察しないのであれば、必然的に資本主義的生産様式についての転倒した観念に陥ってしまうことになるのです。

したがって、マルクスが「資本一般」という概念を立てることによって、こうした誤りを避けようとしたことには重要な意味がありました。結果的には誤った方法論であったとしても、ロシアの『資本論』研究者であったロスドルスキーが指摘したように、それは「作業モデル」として大きな役割を果たしたのです。

それでは、「資本一般」を放棄した後、マルクスはどのような原理にしたがって『資本論』の篇別編成を構想したのでしょうか。この点について重要な示唆を与えてくれるのが『資本論』第三部第一稿です。マルクスはこの草稿のなかで次のような記述を残しています。

労賃のその価値以下への引き下げ。これはここではただ経験的に持ち出されるだけである。なぜならば、それはじっさい、この研究においてあげてもよいかもしれない他のいくつかのことと同様に、資本の一般的分析とは関係のないことであり、われわれがこの著作で取り扱わない競争などの叙述に属することだからである。(①305、E245)

最後に、労賃と労働日の均等化、したがって剰余価値率の均等化は、**さまざまな生産部面**のあいだで、そして**同じ国**におけるひとつの**同じ生産部門**におけるさまざまな投下資本のあいだでさえも、さまざまな地域的な障害によって頓挫《とんざ》するが、しかし、この障害は資本主義的生産が進展し、あらゆる経済関係がこの生産様式のもとに従属するにつれ、減少していくのである。このような摩擦の研究は労賃にかんするそれぞれの特殊研究にとっては重要であるとしても、それらは資本主義的生産の一般的研究にとっては偶然的で非本質的なものとして取り除かれうる（無視されうる）。このような一般的な研究においては、およそいつでも、現実の諸関係はそれらの概念と一致するということが前提されるのであり、あるいは同じことではあるが、この現実の諸関係は、それら自身の一般的な型を表現する（示す）かぎりにおいてのみ、述べられるのである。（①212ff、E151f）

生産関係の物象化の叙述や生産当事者じしんにたいする生産関係の**自立化**の叙述において、もろもろの関連が世界市場、その景気変動、市場価格の運動、信用の期間、産業や商業の循環、さまざまな時期の繁栄と恐慌等々をつうじて生産当事者たちにたいして、**圧倒的な**、有無を言わせず彼らを支配する**自然法則**、**盲目的な必然性**として現れ、そのようなものとして彼らに対立して貫徹される仕方にはわれわれは立ち入らない。なぜ立ち入らないかと言えば、競争の現実の運動などはわれわれのプランの範囲外にあるものであって、われわれはただ資本主義的生産様式の内的編成を、いわばその理想的平均において、叙述しさえすればよいのだからである。（①852f、E839）

以上の引用文から次の二点を読み取ることができます。

第一に、かつての「資本一般」と「諸資本」との区別にかわり、「資本の一般的分析」、

「資本主義的生産の一般的研究」、「資本主義的生産様式の内的編成」の「理想的平均」における「叙述」と「競争などの叙述」、「労賃にかんするそれぞれの特殊研究」、「競争の現実の運動」との区別が採用されています。かつての区別が、考察対象が「一般」（単一の資本）か「特殊」（複数の資本）かという区別であったとすれば、『資本論』における区別は、考察の仕方が「一般的」なのか「特殊」なのかという区別だというわけです。

第二に、この新たな区別において一般的研究ないし分析に含まれない範囲については、「われわれがこの著作で取り扱わない」、「われわれのプランの範囲外にある」「特殊研究」であることが示されています。つまり、マルクスは「資本一般」に代わる新たな区別を採用すると同時に、この区別において「一般的研究」とされたもの以外は『資本論』のプランに含まれないとしたのです。「資本一般」という非現実的な想定をしたかつてのプランにおいては、「資本一般」のみで理論的展開を完結させることは不可能でした。それにたいし、研究ないし考察の方法を「一般的」なものに限定した新たなプランにおいては、「一般的分析」そのものの内部で理論的展開をさしあたり完結させることが可能になっています。また、それによって、もともとのプランには含まれていたと考えられる賃労働や土地所有、さらには競争や信用についての特殊研究がプランから除外されるとともに、いわゆる後半体系、すなわち「国家・対外商業・世界市場」もプランから除外されることになります。

こうして、以上の考察から、『資本論』においては、もはや「ブルジョア経済のシステム」の総体は考察対象とされておらず、資本主義的生産様式が、その「一般的分析」ないし「一般的研究」に必要な範囲で、考察の対象とされるようになったことがわかります。とはいえ、依然として曖昧《あいまい》な点が残っています。それは、「一般的研究」と「特殊研究」がどのように区別されるのかという問題です。たとえば、『資本論』は「資本一般」のみを考察対象とするのではなく、「資本の一般的分析」をおこなうことを課題にするのですから、もちろんそこでは競争について考察することができ、実際に競争は市場価値論や生産価格論に関連して、さらには利潤率傾向的低下法則や地代論に関連して論じられています（本書第二章、第三章、第六章）。ところが、他方では、すでに引用したパラグラフにおいて述べられていたように、「競争の現実の運動などは……プランの範囲外にある」のであり、少なくとも競争の一定の側面については一般的研究としての『資本論』においてではなく、その特殊研究において考察されるべきであるとされています。それでは、このとき、一般的分析において扱われる競争と特殊研究で考察されるべき競争はどのような基準で区別されるのでしょうか。

この問題を解くカギは「人と作品」で考察した第三部草稿第一稿の冒頭のパラグラフにあります（34頁）。そこで述べたように、第三部の課題は「資本の過程——全体として見られた——から生じてくる具体的な諸形態を見つけだして叙述すること」でした。つまり、

第三部においては、第一部と第二部で解明された資本の生産過程と流通過程の統一としての総過程が、当事者の日常意識とそのような意識をもつ当事者が遂行する競争をつうじて、どのような「具体的な諸形態」を受け取るかが解明されるのです。

重要なのは、ここでいう「具体的な諸形態」とは経済的形態規定にほかならないということです。「商品」、「貨幣」、「資本」といった経済的形態規定は生産物にはじめから備わっているものではありません。『資本論』第一部が解明しているように、それらは特定の条件のもとでの人間たちの特殊な経済活動のあり方をつうじて生み出されるのです。けれども、それらは人間の活動の産物であるにもかかわらず、人間の活動のあり方を規制し、制御します。たとえば、資本主義システムでは、生産活動の社会的編成は、自分たちの生産した商品が売れるのか、あるいはいくらで売れるのかといったことをつうじて、すなわち、商品形態をつうじて調整され、制御されます。端的に言えば、私的生産者からなる社会では、人間たちが生産の編成と生産物の分配を直接に実現することができず、それを商品形態に依存して行わなければならないのです。このように、資本主義システムにおいては、人間たちが自らの行為をつうじて生み出した経済的形態規定が人間たちの行為や意識を枠付け、規定する力を持ちます。このような近代に固有な主体と客体の転倒をもたらす経済的形態規定の支配こそが『資本論』全体のモチーフをなしていると言って良いでしょう。第三部においても、まさに現象的メカニズムにおける経済的形態規定の解明が課題となるのです。

　どのような競争が第三部で扱われ、どのような競争が第三部から除外されるのかという問題も、この観点から解決することができます。第三部においては上記の課題の解決に必要なかぎりで競争が扱われるので、それを超える範囲の競争については考察されず、特殊研究の対象とされることになります。たとえば、市場価値を形成する競争（ある特定部門の供給構造や需要の弾力性のもとで均衡価格をもたらす競争）、一般的利潤率を形成する競争（部門間での異なる資本の有機的構成のもとで平均利潤をもたらす競争）、一般的利潤率の傾向的低下をもたらす競争（産業循環をつうじて利潤率低下法則を貫徹させる競争）などは、それらが市場価値や平均利潤などの経済的形態規定そのもの、あるいは価値法則や一般的利潤率低下法則のような経済的形態規定の性格に直接に関連する経済法則の分析に必要なかぎりでは考察されなければなりません。

　それにたいし、たとえば、「もろもろの関連が世界市場、その景気変動、市場価格の運動、信用の期間、産業や商業の循環、さまざまな時期の繁栄と恐慌等々をつうじて生産当事者たちにたいして、**圧倒的な**、有無を言わせず彼らを支配する**自然法則**、**盲目的な必然性**として現れ、そのようなものとして彼らに対立して貫徹される」という場合の競争は、たしかに価値法則を貫徹させる競争ではありますが、必ずしも経済的形態規定の解明――「**生産関係の物象化**の叙述や生産当事者じしんにたいする生産関係の**自立化**の叙述」――

に必要な競争ではありません。というのは、価値法則そのものは、最も抽象的なレベルでは、第一部の商品章でなされているように独立した私的生産者たちが構成する社会的分業から説明することができますし、より具体的なレベルで市場価値、あるいは生産価格における価値法則の貫徹を考察する場合にも、ある特定部門の技術的な供給構造や需要の弾力性のもとでの競争、部門間での異なる資本の有機的構成ないし回転速度のもとでの競争、さらにはそれらの要因が変化する状況のもとでの競争を考察すれば事足りるからです。ところが、現実の競争はこれらにとどまらない多数の諸契機の複雑な絡み合いとして現れます。そのような現実の競争の考察は経済的形態規定の分析には不要であるばかりか、かえってその性質を不明瞭《ふめいりょう》にすることになりかねないのです。とはいえ、他方では、価値法則がそのように複雑な現実の運動をつうじて貫徹するものであるかぎりでは、特殊研究においてはそのような競争の複雑な運動を考察しなければなりません。

同様のことは、マルクスが第三部草稿のさまざまな箇所で論究している競争以外の特殊研究にも妥当します。たとえば、マルクスが第五章で信用制度についての理論的概観を与えながら、他方で、「信用制度とそれが自分のためにつくりだす、信用貨幣などのような諸用具との分析は、われわれの計画の範囲外にある」(①469、E413)と述べたのは、利子生み資本にかかわる経済的形態規定の解明に必要な限りでのみ、信用制度を考察するということを意味するのです。

以上の考察から、マルクスのいう「資本の一般的分析」の意味を確定することができます。ここでいう分析の一般性とは、漠然と「一般的にあれこれと反省」することではなく、経済的形態規定がさまざまな特殊な素材に担われうるという意味での（多種多様な使用価値が商品形態をとりうる）、あるいは、さまざまな特殊な諸制度のもとでも変わらずに存在しうるという意味での（どれほど貨幣をとりまく諸制度が変容しようとも価値形態は変化しない）、一般性なのです。この意味で、「資本の一般的分析」とは、つまるところ、資本主義的生産様式そのものの経済的形態規定の分析にほかなりません。

さらに、以上のような「資本の一般的分析」において、「資本一般」を立てることなしに、前述したような、競争の考察から派生する誤りを回避できていることも明らかでしょう。マルクスは対象にかんして「一般」「特殊」「個別」という区別を立てるのではなく、『資本論』のプラン全体を資本主義的生産様式そのものの経済的形態規定の考察に限定したうえで、はじめに資本主義的生産様式の発展諸形態の本質的メカニズム（資本主義的生産様式のあらゆる現象的な運動を規制する価値および剰余価値の次元でのメカニズム）にかかわる経済的形態規定を生産過程、流通過程の順で分析し、その後、この本質的メカニズムの分析を前提したうえで総過程の現実の運動を――とはいえ、多種多様な諸契機が複雑に絡み合う現実の運動そのものではなく、それが当事者の日常意識とそれらの意識にもとづく競争をつうじて新たな経済的形態規定を生み出すかぎりでの現実の運動を――分析しました。このような理論構成をとることにより、マルクスは、それぞれの経済的形態規定の考察において必要なかぎりでたえず競争の契機を考慮に入れながら、同時に、競争にまつわる理論的誤謬も回避することが可能になったのです。

あとがき――『資本論』第三部を読むための文献案内

前作の『マルクス　資本論』も五〇〇頁を超える大部の本だったのですが、今回はさらに大部の本になってしまいました。書店で手に取られたときに「分厚い！」と思われた読者の方も多かったのではないでしょうか。

出来上がった本の厚さからすると意外かもしれませんが、本書の執筆にあたっては全体の分量を削る作業にかなりの労力を費やしました。最初の原稿の時点では一〇〇〇頁を優に超えるくらいの分量があったのですが、できるだけ簡潔にポイントをつかんでいただけるように、削減のための努力を重ねました。それでも、重要ポイントをはずさずに、全体像を正確に理解していただくためには、どうしてもこのくらいの分量が必要でした。やはり、『資本論』第三部草稿がそれだけ豊富な内容を含んだ著作だということなのでしょう。

そういうわけで、本書はあくまで『資本論』第三部の全体像を把握することを目標としており、個々の細かい論点をすべてカバーしているわけではありません。また、ところどころ示唆はしていますが、抽象的な理論枠組みにかかわる議論について詳細に説明しているわけではありません。そこで読者の皆さんが、これらの点について、ご自分で理解を深めるさいに有益だと思われる文献を紹介しておきたいと思います。

本書を通読したあと、そのまま個々の論点についてさらに深めていく方向にいってもよいのですが、そのまえに、あえて本書とは異なる解釈の筋を示している著作にあたってみてもよいかもしれません。異なる解釈と比較することによって本書の解釈の独自性やそのメリットについてより深く理解することができますし、また、さまざまな解釈の可能性を認識することによって事柄をより立体的に理解することができるからです。

その点でまずおすすめしたいのは、

富塚良三・服部文男・本間要一郎（編集代表）『資本論体系』全一〇巻（有斐閣、一九八四―二〇〇一年）

です。当時の資本論研究者の多くが参加して刊行された、非常に充実した『資本論』解説書です。このうち『資本論』第三部を解説しているのは第五巻「利潤・生産価格」、第六巻「利子・信用」、第七巻「地代・収入」となります。多くの研究者が執筆しているので必ずしも統一的な解釈が示されているわけではありませんが、全体としてオーソドックスな解釈が示されていますので、日本の『資本論』研究における通説を知るには適した著作だと言えるでしょう。また、研究史上の論点や論争についても網羅的に紹介していますので、これから学術的に『資本論』を研究したいという方にとっては必読文献となるでしょう。

次におすすめしたいのは、

森田成也『新編　マルクス経済学再入門』上・下（社会評論社、二〇一九年）

です。やや癖がありますが、多くのことを考えさせてくれる著作です。森田氏の解釈の特徴は、マルクスの議論そのものを批判の俎上《そじょう》に載せることによって、より整合的なマルクス経済学体系を打ち立てようとしていることにあります。その意味で、できるだけマルクスのテキストに忠実に『資本論』を理解していこうという本書とはかなり解釈が異なっています。かつて宇野弘蔵も森田氏と同様のスタイルで資本論を研究し、「宇野派」と呼ばれる学派を形成するほどの影響力を誇りましたが、宇野派の解釈が非常に独特で難解であるのにたいし、森田氏の解釈は基本的には旧来の「マルクス主義」のオーソドックスな解釈を基盤としていますので、比較的理解しやすいと思われます。

次に個々の論点にかかわる文献を紹介しましょう。本書でも第二章にかなり大きな紙幅がさかれていることからわかるように、生産価格の形成をめぐる問題については、マルクスの記述が不鮮明であったこともあり、長年にわたって論争が繰り広げられてきました。この「転形問題」論争について概観するには、フレッド・モーズリー『貨幣と総体性 「資本論」におけるマルクスの論理のマクロ貨幣的解釈と「転形問題」の終焉（仮題）』（森本壮亮監訳、堀之内出版、近刊予定）

を参照するのがよいでしょう。モーズリー氏は一九八〇年代以降に台頭した「新潮流」に属しており、あくまでその立場からではありますが、「転形問題」論争の概要を、数式をほぼ使うことなく、わかりやすく示してくれています。また、この著作は、本書と同様に、マルクスの理論体系においては費用価格は所与とされており、その「転形」について考える必要はない、という立場に立っており、その点が詳細に説明されているのもその長所だと言えるでしょう（なお、日本でも大谷禎之介、大野節夫、小西一雄、宮川彰、森本壮亮の各氏によって同様の解釈が示されています）。他方で、生産価格の形成メカニズムについてはほとんど考察がなされておらず、この点では本書の解釈とは立場を異にしています。「転形問題」から派生して独自の発展をとげた、いわゆる「数理マルクス経済学」について知りたいという読者の方には、

松尾匡編著『最強のマルクス経済学講義』（ナカニシヤ出版、二〇二一年）

の「第Ⅱ部 数理マルクス経済学」がおすすめです。数理マルクス経済学の基本が丁寧に

説明されています。これを読めば、本書でみたようなマルクスの価値論が数理マルクス経済学の価値論とはまったく異なることが理解できるでしょう。

また、生産価格の形成メカニズムの説明には成功していないものの、その前提となる市場価値論の形成メカニズムの解明に大きな貢献をしている著作として、

イ・イ・ルービン『マルクス価値論概説』（竹永進訳、法政大学出版局、一九九三年）

を挙げることができます。抽象的人間的労働の理解に混乱がみられるために、不必要に入り組んだ議論になってしまっているのが残念ですが、市場価値論だけでなく、物神性や物象の人格化など、さまざまな論点で先駆的な議論をおこなっています。まさに『資本論』研究史上に残る名著だと言えるでしょう。原著の初版は一九二三年にロシアで刊行され、大きな反響を呼びましたが、残念なことに、著者のルービンはスターリンによる「大粛清」の犠牲になり、一九三七年に命を落としました。

なお、市場価値論については、

伊藤誠『価値と恐慌』（伊藤誠・江原慶訳、岩波書店、近刊予定）

も重要な洞察を与えてくれます。これは宇野派の代表者の一人であった伊藤氏が英語で刊行した著書の翻訳であり、宇野派の価値論のもっとも良質な部分が提示されている著作だと言えるでしょう（なお、筆者による宇野派の商品論および貨幣論にたいする批判については、降旗節雄『新版　貨幣の謎を解く』（白順社、二〇二〇年）の「解説」をご覧ください）。

生産価格論とならんで論争の的となってきた利潤率低下法則について理解を深めるためには、

大谷禎之介・前畑憲子編『マルクスの恐慌論』（桜井書店、二〇一九年）

が頼りになるでしょう。収録されているいずれの論文も優れていますが、とりわけ前畑氏による熟慮を重ねた重厚な論考は『資本論』第三部第三章をより精緻《せいち》に読み解く上で大きな手がかりを与えてくれるはずです。

さらに、難解な第五章の利子生み資本論については、

久留間健『貨幣・信用論と現代』（大月書店、一九九九年）

小西一雄『資本主義の成熟と転換』（桜井書店、二〇一四年）

小西一雄『資本主義の成熟と終焉』（桜井書店、二〇二〇年）

宮田惟史『マルクスの経済理論』(岩波書店、二〇二三年)
大谷禎之介『マルクスの利子生み資本論』全四巻(桜井書店、二〇一六年)
三宅義夫『マルクス・エンゲルス　イギリス恐慌史論』上・下(大月書店、一九七四年)

がおすすめです。

久留間氏の著作は現行版しか検討していないという欠点があるものの、第三部第五章と第二部第三章「流通過程と再生産過程の実体的諸条件」との関係を考察しており、資本の前貸と流通手段の前貸の区別が信用論にとっていかに重要かを教えてくれます。小西氏の著作はいずれもマルクスの信用論の要諦《ようてい》を示しながら、それが現実の資本主義の考察にどう活《い》きてくるかをクリアに描き出しており、現代資本主義の分析としても優れています。また、宮田氏の著作は、第五章のなかでもとくに難解な現実資本の蓄積と貨幣的資本の蓄積の関係を、利潤率低下法則との関連で、明快に解き明かしている点で優れています。

とはいえ、マルクスの利子生み資本論は非常に豊富な内容を含んでおり、なにか一つの筋の説明に収斂《しゅうれん》させることができるものではありません。その意味で、第三部第五章の草稿を徹底的に検証し、その全容を解明した大谷氏の著作は、私たちがマルクスの利子生み資本論について考察し、それを現実分析の武器として活かしていくうえで、大いに役立つでしょう。学術的な見地からみても、これこそが草稿研究であると言えるほどの記念碑的著作であり、今後の草稿研究が目指すべき一つの到達点を示していると言えるでしょう。最後の三宅氏の著作はマルクスとエンゲルスの記述にもとづいて一九世紀のイギリスの恐慌の歴史を克明に描いたものです。第五章の草稿を正確に理解するためには、当時のイギリスの信用制度についてのある程度の知識が必要となりますが、この三宅氏の著作は十分な知識を与えてくれるでしょう。

商業資本論や地代論についてはかつては研究がさかんに行われましたが、現在は低調であり、おすすめできる文献はなかなか見当たりません。地代論を対象としたものではありませんが、それを理解するための前提として、農学についての知識を得るには、

祖田修『近代農業思想史』(岩波書店、二〇一三年)

が役立つでしょう。基本事項が教科書的に説明されていますので、門外漢であっても農学の発展史の概要をつかむことができます。

本書はこれまで私が執筆したもののなかで最も苦労した著作となりました。前作の『マルクス　資本論』を書き終えたあと、草稿の翻訳作業を行いながら、第三部が対象とする

広大な領域についての先行研究を渉猟し、整合的な解釈を追求するという作業をひたすら繰り返しました。それでも、『資本論』第三部の全体像はなかなかみえず、ようやくその輪郭が見えてきたのは二〇二一年に朝日カルチャーセンターでおこなった『資本論』第三巻講座のときでした。その輪郭を手がかりに、二〇二二年の秋頃から本書の執筆を開始したのですが、予想以上に執筆が難航し、最終的に脱稿するまでに一〇ヶ月程度を要することになりました。

執筆過程でたえず直面したのが、本書で繰り返し指摘した、第三部草稿の完成度の低さです。私自身、あれほど草稿研究の重要性を強調しながら、先行研究の印象にとらわれていたために、第三部があくまで草稿であり、未完成であることを甘く見ていました。それでも検討に検討を重ね、マルクスが意図していたと考えられる論理の筋をなんとか見つけ出し、それによって統一的な解釈にまとめあげることができました。

もちろん、これが完全な解釈だというつもりはありません。第二部第一稿と第二部第八稿の完成度がまったく異なるように、第三部第一稿とその最終版の完成度はまったく異なったはずであり、その最終版がどのような構成になったかまで詳細に検討できているわけではないからです。あくまで本書の課題はマルクスが残したテキストをできるだけ正確に読み解くことにあります。その意味では、『資本論』第三部研究には、まだまだ広大な未踏の領域が残されていると言えるでしょう。

そのような限定性にもかかわらず、本書を刊行したのは、「はじめに」で述べたように、『資本論』第三部の理論が現代資本主義の分析に、そしてその変革にとってますます重要になっているからにほかなりません。

一方では、資本主義の危機が深刻化するなかで、グローバルな規模で若年世代の左傾化がすすみ、保守的な日本でさえも斎藤幸平さんの『人新世の「資本論」』が五〇万部を超えるベストセラーになるなど、変化の兆しが現れています。しかし、他方では、商品経済が私たちをいっそう強力に包囲し、資本主義がますます強大になるなかで、気候危機への対策は遅れ、格差拡大もとまりません。

この希望と諦念が併存する混沌《こんとん》とした歴史的分岐点において、もはや小手先の改革論ではどうにもならないことははっきりしています。人類を世界史的な危機に陥れながら、いまだその力を失っていない資本主義システムに対抗するには、既存の権力関係や観念にとらわれることなく、想像力豊かに変革を構想し、実践することがカギとなるでしょう。『資本論』第三部はまさにそのような構想と実践において、『資本論』第一部とともに、「最強の理論的武器」となるはずです。

最後に、本書の編集に尽力していただいた麻田江里子さん、朝日カルチャーセンターでの『資本論』第三巻講座の機会を与えてくださった荒井清恵さん、本書の草稿に目を通しコメントしていただいた斎藤幸平さん、隅田聡一郎さん、翻訳のチェックを手伝っていただいた竹田真登さんに、心からお礼を申し上げます。

二〇二三年九月

佐々木隆治

索 引

佐々木隆治（ささき・りゅうじ）
1974年生まれ。立教大学経済学部教授。一橋大学大学院社会学研究科博士課程修了、博士（社会学）。日本MEGA（『新マルクス・エンゲルス全集』）編集委員会編集委員。著書に『マルクス　資本論』（角川選書）、『カール・マルクス「資本主義」と闘った社会思想家』（ちくま新書）、『マルクスの物象化論［新版］資本主義批判としての素材の思想』（堀之内出版）などがある。

角川選書 1007

マルクス　資本論《しほんろん》　第《だい》3巻《かん》
シリーズ世界《せかい》の思想《しそう》

令和 6 年 1 月 24 日　初版発行

著　者　佐々木隆治《ささきりゅうじ》
発行者　山下直久
発　行　株式会社 KADOKAWA
東京都千代田区富士見 2-13-3　〒 102-8177
電話 0570-002-301（ナビダイヤル）
装　丁　片岡忠彦　　帯デザイン　Zapp!
印刷所　横山印刷株式会社　　製本所　本間製本株式会社

●お問い合わせ
https://www.kadokawa.co.jp/（「お問い合わせ」へお進みください）
※内容によっては、お答えできない場合があります。
※サポートは日本国内のみとさせていただきます。
※Japanese text only

定価はカバーに表示してあります。

ISBN978-4-04-703714-4 C0310

角川選書

この書物を愛する人たちに

詩人科学者寺田寅彦は、銀座通りに林立する高層建築をたとえて「銀座アルプス」と呼んだ。
戦後日本の経済力は、どの都市にも「銀座アルプス」を造成した。
アルプスのなかに書店を求めて、立ち寄ると、高山植物が美しく花ひらくように、書物が飾られている。

印刷技術の発達もあって、書物は美しく化粧され、通りすがりの人々の眼をひきつけている。
しかし、流行を追っての刊行物は、どれも類型的で、個性がない。
歴史という時間の厚みのなかで、流動する時代のすがたや、不易な生命をみつめてきた先輩たちの発言がある。
また静かに明日を語ろうとする現代人の科白がある。これらも、
銀座アルプスのお花畑のなかでは、雑草のようにまぎれ、人知れず開花するしかないのだろうか。
マス・セールの呼び声で、多量に売り出される書物群のなかにあって、
選ばれた時代の英知の書は、ささやかな「座」を占めることは不可能なのだろうか。
マス・セールの時勢に逆行する少数な刊行物であっても、この書物は耳を傾ける人々には、
飽くことなく語りつづけてくれるだろう。私はそういう書物をつぎつぎと発刊したい。
真に書物を愛する読者や、書店の人々の手で、こうした書物はどのように成育し、開花することだろうか。
私のひそかな祈りである。「一粒の麦もし死なずば」という言葉のように、
こうした書物を、銀座アルプスのお花畑のなかで、一雑草であらしめたくない。

一九六八年九月一日

角川源義